한국현대사
다이제스트100

4
한국현대사
다이제스트100

초판 1쇄 펴낸 날 ㅣ 2023년 6월 9일

지은이 ㅣ 김은식
펴낸이 ㅣ 홍정우
펴낸곳 ㅣ 도서출판 가람기획

책임편집 ㅣ 김다니엘
편집진행 ㅣ 차종문, 박혜림
디자인 ㅣ 이예슬
마케팅 ㅣ 방경희

주소 ㅣ (04035) 서울시 마포구 양화로7안길 31(서교동, 1층)
전화 ㅣ (02)3275-2915~7
팩스 ㅣ (02)3275-2918
이메일 ㅣ garam815@chol.com

등록 ㅣ 2007년 3월 17일(제17-241호)

4
한국현대사
다이제스트100

KOREA

김은식 지음

가람
기획

머리말

　오늘날 역사의 의미를 곱씹는 이들이 흔히 가장 먼저 떠올리는 것은 '모든 역사는 현재의 역사'라고 했던 크로체의 말이다. 역사는 과거의 것이지만 현재적인 의미가 있다. 하지만 그 중에서도 한국현대사, 즉 우리가 속해 있는 한국이라는 사회가 최근 100여 년 안에 겪은 사건들을 돌아보고 되새기는 일의 현재적 의미는 특히 구체적이고 명료하다. 지금 우리가 경험하는 삶의 조건들과 밀접하게 연관되어 직접적인 영향을 미친 것들이기 때문이다.

　이 책은 우리나라가 해방된 1945년으로부터 제 20대 대통령 선거가 치러진 2022년 사이에 일어났던 100개의 사건을 돌아본다. 77년이란 우리의 부모 혹은 조부모가 살아갔던 삶의 배경이었으며 길다면 길고 짧다면 짧은 시간이다. 그리고 같은 사회 속에서 살아간다고 해도 삶이란 다양하고 복잡한 것이기에 그 시간 속에서 100개의 사건을 고른다는 것은 생각보다 촘촘한 것일 수도 있고 반대로 너무 성긴 일일 수도 있다. 어쨌거나 이 책을 집필하면서 염두에 둔 목표는 한국현대사에 관한 대강의 인식을 형성함으로써 현재 한국 사회의 구조와 성격들이 어떻게 형성되어왔는지를 이해하게 하는 것이었고, 그 과정에서 살펴볼 100개의 사건들은 각각 인과관계로 연결된 것은 아니지만 하나의 흐름 속에서 선후관계를 이어온 것이다.

　정치, 경제, 사회, 문화, 교육, 예술 등 다양한 분야로 나누어 역사를 탐구하기도 하지만 본질적으로 사회는 동시에 다양한 방식으로 이루어지는 수많은 사람들의 삶의 총체이며, 통합적으로 이해되어야 한다. 이 책에서 다루는 사건들은 주로 정치사의 영역에서 다루어진 것들이라고 할 수 있는데, 그것은 사회를 구성하고 운영하는 원칙과 방식들이 결정되고 변화된 가장 직접적인 계기들이었기 때문이다. 예컨대 각각 20여 번씩 치러진 대통령 선거와 국회의원 선거, 그리고 9번의 개헌과 2번의 군사정변을 전후해 우리 사회의 목표와 금기와 속도와 방식이 모두 급격히 변화했으며, 그에 따라 경제와 문화와 교육과 예술 역시 다른 방향과 양상으로 움직였다. 물론 그런 정치적 사건들은 배후의 다양한 맥락과 배경 위에서 발생하고, 또 당시로서는 아무도 계획하거나 예상하지 못한 파급효과들을 만들어냈다. 그런 거시적인 변화의 흐름을 동시에 이해하기 위해 역시 그 단면을 보여주는 사건들을 짚어내려는 노력을 병행했는데, 만약 좀더 중요한 사건을 놓치거나 간과했다면 전적으로 필자의 공부가 부족하거나 여전히 시야가 좁은 탓일 것이다.

한국인들에게 36년간의 식민통치는 일방적인 고통을 강요받은 시간이었던 동시에 그 고통에 대한 직시를 통해 과연 우리 사회가 나아가야 할 방향은 무엇이었던가를 함께 고민한 시간이기도 했다. 그래서 우리는 해방과 더불어 암묵적이지만 압도적인 공감 속에서 그 이전의 한국사를 지배했던 왕정과 신분제 등의 전근대적 유산을 폐기처분했고, 민주공화국이라는 새로운 틀을 만들어냈다. 그리고 그 후 77년의 역사는 그 출발점에서는 아직 막연했고 불투명했던 민주공화국이라는 정체성을 보다 구체화시키고 또 현실화시킨 시간이었다.

우리는 종종 실망스러운 현재 앞에서 좌절하거나 분노한다. 때로는 우리 사회가 뒷걸음친다거나 쳇바퀴를 돈다는 느낌을 받기도 한다. 그래서 어떤 이들은 직면한 현실을 향해 말버릇처럼 '유사 이래 최악'이라거나 '헌정 이래 최악'이라는 표현을 꺼내기도 한다. 하지만 한국인이라는 이름으로 함께 걸어온 77년을 돌아보며 스스로를 조금 더 너그럽게 볼 수 있었으면 한다. 인간은 실수를 반복하는 존재지만 동시에 조금씩이나마 실수로부터 배울 줄도 아는 존재이기도 하기 때문이다. 몇몇의 독자들이라도 이 책에서 우리 사회가 저질러온 실수와 그것으로부터 느리게나마 무언가를 배워온 과정을 발견하고, 그것을 통해 우리가 대면하고 있는 현실을 절망이 아닌 희망이 섞인 과제로 바라볼 수 있게 된다면 필자는 그것으로 충분히 만족할 수 있을 것이다.

이 책의 집필을 마무리하는 2023년 5월의 시점에 한국 사회에서는 또다시 낙관과 비관의 전망들이 엇갈리고 있다. 길고 어두웠던 코로나 팬데믹의 터널을 막 빠져나오면서 회복의 희망이 부풀기도 하지만 동시에 그 터널의 짙은 그늘에 가려있던 우리 사회의 고질적인 걱정거리들이 다시 볕 아래 드러나며 묵었던 근심까지 더해 어깨 위에 얹고 있다. 짧게는 당장 침체된 경제로부터 길게는 출산절벽과 고령화로 인한 여러 사회적 우려들까지, 그리고 북한 핵문제와 일본의 방사능 오염수 방류로 인해 예상되는 난감한 문제들로부터 글로벌 환경위기까지. 그리고 그런 문제들 앞에서 지나치게 태평하거나 혹은 심각하게 굴절되어있는 것으로 보이는 정치권의 인식과 대처까지. 하지만 이 엄중한 현실 앞에서 우리가 예감하는 낙관과 비관 사이의 어느 경로를 걸어가더라도 삶과 역사는 계속될 것이고, 그 어느 시점에선가는 다시 오늘을 돌아보며 평가하고 복기하고 뭔가 교훈을 찾아낼 것이다. 그래서 후대인들이 어떻게 평가할지는 모르지만, 당대인들이 먼 훗날 오늘을 돌아볼 때는 부디 후회가 남지 않기를. 역사를 생각할 때 더욱 굳어지는 마음이란 대략 이런 것이 아닌가 싶다.

김은식

차례

해방:
(1945년 8월 15일)

　1945년 8월 15일 정오 일본방송협회의 라디오 방송을 통해 일본 천황 히로히토가 직접 낭독해 녹음한 조서가 재생되었다. 일명 '옥음방송'이라 불리는 사건이었고, 그 방송을 기점으로 2차 세계대전은 마무리되고, 한반도에 대한 일본의 지배도 종식되었다. 당시 방송된 조서의 내용은 대략 다음과 같다.

　짐은 세계의 대세와 제국의 현 상황을 감안하여 비상조치로서 시국을 수습하고자 신민에게 고한다.
　짐은 제국정부로 하여금 미·영·중·소 4개국에 그 공동선언을 수락한다는 뜻을 통고하도록 하였다. (중략) 일찍이 미·영 2개국에 선전포고를 한 까닭은 실로 제국의 자존과 동아의 안정을 간절히 바라는 데서 나온 것이며, 타국의 주권을 배격하고 영토를 침략함은 본디 짐의 뜻이 아니었다. 그런데 교전한 지 이미 4년이 지나 육해군 장병과 신하와 백성들이 각각 최선을 다했음에도, 전국이 호전된 것만은 아니었으며 세계의 대세 역시 우리에게 유리하지 않다. 뿐만 아니라 적은 새로이 잔학한 폭탄을 사용하여 무고한 백성들을 거듭 살상하였으며 그 참해가 헤아릴 수 없는 지경에 이르렀다. 교전을 계속한다면 결국 우리 민족의 멸망을 초래할

뿐더러, 나아가서는 인류의 문명도 파각할 것이다. (중략) 짐이 제국정부로 하여금 공동선언에 응하도록 한 것도 이런 이유다.

생각하건대 앞으로 제국이 받아야 할 고난은 심상치 않고, 신민의 충정도 짐은 잘 알고 있다. 그러나 짐은 시운이 흘러가는 바 참기 어려움을 참고 견디기 어려움을 견딤으로써 만세를 위해 태평한 세상을 열고자 한다. (중략)

그대 신민은 이러한 짐의 뜻을 명심하여 지키도록 하라.

이 방송이 이루어진 직후에도 우리 민족이 해방되었다는 사실을 인식한 사람은 극히 적었다. 우선 라디오의 보급이 거의 이루어져 있지 않아 방송을 들은 사람 자체가 드물었고, 방송의 음질이 매우 열악했을 뿐 아니라 천황의 발음도 분명하지 않았으며, 조서의 형식도 부자연스러운 문어체의 일본어여서 들은 사람들도 정확한 내용을 파악하기 어려웠기 때문이다. 하지만 더 중요한 것은 조서 안에 '항복'이라거나 '해방' 혹은 '철수' 같은 구체적인 단어가 전혀 들어있지 않았기 때문이다.

조서의 내용에서 온갖 상황 설명과 미사여구를 제외한 실질적인 내용은 '4개국의 공동선언을 수락'한다는 것인데, 그 공동선언이 무엇을 가리키고 어떤 내용을 담고 있는 것인지를 당시의 대중이 정확히 알기는 어려웠다.

그 공동선언이란 나치 독일의 무조건 항복이 이루어진 직후인 1945년 7월 26일 미국(트루먼), 영국(처칠), 중국(장제스)의 수뇌가 독일의 포츠담에 모여 회담하는 가운데 일본에게 즉각 무조건 항복할 것을 촉구하며, 받아들이지 않을 경우 즉각적이고 완전한 파멸을 맞게 될 것이라고 최후통첩한 것을 가리킨다.

결국 극소수의 지식인 등이 당일 오후 무렵부터 그 방송의 의미를 이해하기 시작했고, 많은 사람들이 '해방'이라는 사건이 벌어진 것을 인식한 것은 다음 날인 8월 16일부터였다. 하지만 물론 조금 더 폭넓은 정보와 깊은 통찰을 가진 이들이라면 이미 그 해 5월 나치 독일이 항복한데 이어 미군이 오키나와에 상륙해 일본 본토 진입 준비를 마치면서 전쟁이 더 이상 돌이킬 수 없는 상황에 이르고 있다는 사실을 알 수도 있었다. 그럼에도 일본이 포츠담

에서 날아든 최후통첩을 무시한 채 미적거리는 사이 8월 6일과 9일에는 미군의 원자폭탄이 히로시마와 나가사키에 투하되고 같은 달 9일에는 소련군이 만주로 진입해 관동군을 쓸어내기 시작하면서 결정타를 날렸다. 제아무리 이성을 잃은 채 전쟁이 취해 있던 일본이

서대문형무소에서 광복을 맞이한 다음 날(1945년 8월 16일)의 모습. 일본 천황의 옥음방송의 내용이 모호하여 광복 당일인 8월 15일에 해방을 맞이한 사실을 아는 사람은 드물었다.

라고 해도 도저히 버틸 수 없는 상황에 이른 셈이었다. 일본은 8월 14일에 녹음해 15일에 방송한 '옥음방송'을 통해 무조건 항복의 뜻을 세계에 알렸고, 9월 2일에는 도쿄만에 진입한 미군 전함 미주리호 갑판에서 외무대신 시게미츠 마모루와 육군참모총장 우메즈 요시지로가 항복문서에 서명함으로써 공식적으로 전쟁은 종식되었다.

　모든 한국인들이 언제 인식하고 이해했느냐와 무관하게 1945년 8월 15일에 해방은 이루어졌고, 그 날은 한국현대사가 시작된 날로 통한다. 36년간 지속된 일본의 식민통치로 인해 단절되었던 한국사가 복원된 날이기도 하지만, 그날 이후 정치, 경제, 사회, 문화 등의 모든 부문에서 단절기 이전과는 완전히 다른 방식으로 한국인들이 살아가게 됐기 때문이다.

　미래란 언제나 긍정적 가능성과 부정적 가능성을 모두 품고 있는 것이며, 그래서 새 출발이란 늘 희망과 불안을 함께 안은 채 이루어진다. 해방이란 한국인들에게 '현대'라는 시대를 향한 새출발이었고, 그 순간에는 아무도 상상하지 못했을 가장 극단적인 방식으로 현실화된 희극과 비극이 교차되는 가운데 그 이후의 80여 년을 살아오고 있다.

　해방을 맞은 한국인들에게 가장 시급한 일은 당연히 정부를 구성하는 것이었다. 그리고 그 첫 번째 시도가 여운형이 주도한 건국준비위원회였다. 조

선총독부의 정무총감 엔도 류사쿠가 여
운형에게 행정권 인수를 제안했고 여운
형이 그것을 받아들였기 때문이다.

　항복 선언이 임박했음을 알게 된 조선
총독부의 입장에서 가장 중요한 문제는
한반도에 거주하던 일본인들의 안전 문
제였다. 해방 직전 한반도에 거주하는 일
본인들은 60만 명에 이르고 있었는데, 그
들에 대한 분노가 폭발 직전에 이르고 있
던 한국인들의 보복으로부터 그들의 생
명과 재산을 보호하면서 일본으로 귀환

건국준비위원회를 이끌었던, 몽양 여운형의
모습.

시키는 일에 모든 관심이 집중되어 있었다. 더구나 8월 9일에 선전포고를 하
고 소련과 만주 사이의 국경을 넘은 소련군은 일본군 최정예전력으로 불리
던 관동군을 파죽지세로 무너뜨리며 10일에 이미 한반도에 진입했고 14일
즈음엔 38도선 이북 지역 상당부분을 석권하고 있었다. 이미 독일군에 대한
잔인한 복수극을 전개해온 소련군에 대한 공포심은 총독부를 더욱 다급하게
만들었고, 여운형이 제시한 조건들을 대부분 수용할 수밖에 없게 만들었다.
여운형은 일본인들의 안전을 보장하는 대신 다섯 가지 조건을 내걸어 관철
시켰다.

1. 전국적으로 정치범, 경제범을 즉시 석방할 것.
2. 서울의 3개월 분 식량을 확보할 것.
3. 치안 유지와 건국 운동을 위한 정치 운동에 대하여 절대로 간섭하지 말 것.
4. 학생과 청년을 조직, 훈련하는 데 대하여 간섭하지 말 것.
5. 노동자와 농민을 건국 사업에 동원하는 데 대하여 절대로 간섭하지 말 것.

　조선총독부가 정권을 인계할 대상으로 여운형을 선택한 데는 이유가 있었
다. 우선 여운형은 당시 조선인들 사이에서 가장 대중적인 지지를 받고 있던

인물이었다. 그가 폭넓은 지지를 받을 수 있었던 것은 그의 독립운동가로서의 경력과 그가 가진 독특한 매력 외에도 몇 가지 배경적인 요인이 있었다. 독립운동가로서 이름이 높았던 김구와 이승만이 각각 중국과 미국에서 활동하며 수십 년간 대중과 직접적인 접촉을 할 수 없었던 것과 달리 여운형은 1929년 일본 경찰에 체포돼 국내로 압송되어 1932년 12월에 가석방된 이후 국내에서 꾸준히 활동하며 대중과 접촉한 것이 한 가지 요인이었다. 그리고 또 다른 중요한 요인은 난립하며 격렬하게 갈등하고 있던 당시의 이념적 흐름 속에서도 좌익과 우익 어느 한쪽에 치우치지 않고 모두와 협업했던 실용적인 중도파로서 뛰어난 소통능력과 중재능력을 그가 가지고 있었다는 점이다.

하지만 더욱 결정적인 이유는 그가 이미 해방되기 1년 전인 1944년 8월부터 일본이 곧 패망한다는 사실을 파악하고 중앙조직과 지방조직이 연계되고 농민, 노동자, 학생과 청년 등 다양한 계급과 계층이 참가하며 국내외의 다양한 노선의 독립운동조직들과 연계망을 갖춘 비밀독립운동조직인 조선건국동맹 결성해 조선총독부로부터 한반도의 통치권을 되찾을 실질적인 준비를 하고 있었다는 점이었다.

8월 14일 총독부로부터 치안권과 행정권을 이양받은 여운형은 그날 밤에 조선건국준비위원회를 발족시켰고, 8월 말까지는 140개 이상의 지역에 지부를 설치할 수 있을 정도로 빠르게 조직을 확대했다. 전국의 형무소에서 정치범과 경제범이 석방되었고 산하에 치안대를 설치해 질서를 유지했다. 그리고 식량대책위원회는 공출을 담당하던 총독부 산하 식량영단을 접수해 배급을 실시하기도 했다.

그런 활동의 결과 9월 6일에는 조선인민공화국이 선포되었고, 그 시점에 220개에 이르던 전국의 건국준비위원회 지부들은 인민위원회로 전환되어 중앙행정조직과 지방자치조직이 연계된 통치기구를 수립할 수 있었다.

하지만 조선인민공화국은 문을 열자마자 와해되고 말았는데, 이튿날인 9월 8일 인천항으로 상륙한 미군이 조선인민공화국을 인정하지 않고 9일부터 미군정을 실시한다는 포고령을 발표했기 때문이다. 미군은 조선인민공화국이 이룬 많은 성과들을 모두 무시한 채 조선총독부로부터 직접 행정권을 접수하는 절차를 밟았으며, 미군에 맞서 싸울 수는 없었던 조선인민공화국과 각 지방의 인민위원회는 순식간에 소멸되어버리고 말았다.

하지만 건국준비위원회의 활동이 가지는 의미는 매우 크다. 그것을 통해 일본이 항복을 선언한 8월 15일부터 미군이 상륙한 9월 8일 사이의 20여 일 동안 행정과 치안의 공백을 막고 혼란을 피할 수 있었을 뿐 아니라, 미국과 소련을 비롯한 강대국들의 간섭이 없이도 충분히 스스로 질서를 유지하며 국가체제를 만들어나갈 능력이 있었음을 입증했기 때문이다.

건국준비위원회의 활동이 순탄하기만 했던 것은 아니다. 조선총독부의 독단적인 행정권 이양 직후 일본 본국으로부터 '행정권을 미군으로 이양하라'는 지시가 내려오면서 협조는 원활하게 이루어지지 못했고, 일부 지역에서는 건국준비위원회 지부와 일본군이나 경찰 사이에 충돌이 빚어지기도 했다. 그리고 송진우를 비롯한 우파 계열이 상해에서 돌아올 대한민국 임시정부를 따라야 한다는 명분으로 합류를 거부하기도 했다. 하지만 짧은 시간 내에 예상 밖의 성과를 낸 것은 중도파에서 좌파에 이르는 폭넓은 참여가 있었고, 무엇보다 1년 이상 준비를 해온 조선건국동맹이 모체가 되었기에 가능한 일이었다.

북한 지역에서 소련군이 조선의용대를 비롯한 중국 지역 내에서 무장투쟁을 벌이던 군사조직들을 모두 인정하지 않고 무장해제를 시킨 것과 마찬가지로 남한 지역에서도 미군은 조선인들이 스스로 조직한 어떤 무장조직이나 행정조직도 인정하지 않았다. 김구를 비롯한 상해 임시정부 요인들이 모두 개인 자격으로 귀국할 수밖에 없었던 것도 같은 맥락에서 벌어진 일이었다.

일본이 패망함으로써 찾아온 해방은 한국현대사의 출발점이었고, 그 첫걸음을 한국인들은 치밀한 준비와 성실한 노력을 통해 자치조직을 만들고 운영하면서 성공적으로 내디뎠다. 하지만 이미 한반도는 세계대전 이후의 세계질서 재편과 막 태동하던 냉전질서의 한복판에 놓여 있었고, 그 냉전질서의 두 극단을 형성하게 된 미국과 소련이라는 강대국들의 이해관계에 휩쓸리며 표류하는 운명을 피하기에는 역부족이었다.

미군정:
(1945년 9월 9일)

1945년 9월 8일 인천항을 통해 상륙한 미군은 오키나와에서 일본 본토 진입을 준비하고 있던 미10군 산하 24군단이었다. 제일 먼저 7사단이 한반도를 밟았고, 그 뒤를 이어 6사단과 40사단이 상륙하면서 모두 7만 2천여 명의 병력이 주둔하게 됐다. 당초 최대한 빨리 출동해서 한반도를 점령하라는 것이 태평양사령부 사령관 맥아더 원수의 명령이었지만 9월 초 오키나와 부근에 강풍이 불면서 두 차례 지연된 끝에 바람이 진정된 9월 4일에야 출발하면서 20여일의 공백이 생긴 터였다.

하루 뒤인 9월 9일 오후 4시 조선총독부 중앙회의실에서 마지막 조선 총독 아베 노부유키가 24군단장 존 하지 중장과 미 해군 제 7함대 킨케이드 제독이 지켜보는 가운데 항복문서에 서명함으로써 정식으로 행정권을 이양했고, 그 직후 총독부 건물에 게양되어있던 일장기가 내려지고 대신 성조기가 올라갔다. 미군정의 시작이었다.

미군정은 말 그대로 미군이 정부의 기능을 담당했음을 뜻한다. 진주한 부대의 최고지휘관인 존 하지 중장이 그대로 군정의 총책임자인 사령관을 맡았고, 그 휘하 사단장들이 군정장관으로서 임무를 수행했다. 군정은 막강한

조선총독부 건물에 일장기가 내려가는 모습. 한반도에 진주한 미군은 조선인민공화국을 인정하지 않고 미군정을 실시했다.

물리력을 바탕으로 일본 식민통치세력의 잔당과 한반도 전역의 토착 무장세력을 일거에 압도했고, 그런 '힘'을 바탕으로 빠르게 치안을 유지할 수 있었다.

하지만 그들이 가진 치명적인 문제점은 그것 외에는 정부로서 가져야 할 능력도 의지도 전혀 없었다는 점이다. 물리력을 통한 안정은 정부가 해야 할 기능의 전제조건에 해당하는 것일 뿐, 통치의 대상인 대중과 소통하며, 그들이 요구와 갈등의 구조를 파악하고, 그것을 해결할 수 있는 정치력과 정책적 능력을 전개하는 것이야말로 정부의 핵심적 기능이다. 하지만 한반도에 진주한 미군들은 한국인들의 역사와 현실에 대해 무지했으며 심지어는 언어적으로 소통할 능력조차 없었다. 또한 그럼에도 불구하고 한반도 문제에 관한 전문가를 대동하거나 심층적인 조언을 얻으려는 노력조차 없었다.

가장 치명적인 것은 경제문제에 대한 무능력이었다. 전쟁 말기 일본이 마구잡이로 발행한 막대한 통화량 때문에 인플레이션이 심화된 상황에서 기업들을 움직이던 일본인 경영자와 기술자들이 귀환하고, 일본제국의 전체 영역으로 이어져있던 원료공급망과 소비망이 38도선 이남 지역으로 축소되어버리면서 산업 전반이 마비상태에 이른 것이 해방 직후의 가장 시급한 문제였다. 하지만 미군정은 기업들을 재가동하거나 수요와 공급이 모두 급격히 축소된 문제를 해결할 능력도 의지도 가지고 있지 못했다. 미군정은 당장의 행정 수요를 위해 통화량을 더욱 늘리며 문제를 오히려 악화시켰고, 시장의 기능이 완전히 마비되는 지경에 이르게 만들고 말았다. 그로 인한 민생고는 애초에 미군정을 환영했던 많은 한국인들의 마음을 돌아서게 만들었고, 이 듬해인 1946년 전국적인 총파업(9월 총파업)을 비롯한 크고 작은 저항이 나타 나게 만드는 배경이 되기도 했다.

물론 군정 당국도 좀더 나은 행정적 성과를 거두고 싶은 마음이 전혀 없을 수는 없었고, 그래서 한국인들과의 소통을 위한 시도도 없지는 않았다. 하지 만 그것이 '영어를 할 줄 아는 한국인들'을 찾아서 자문을 구하고 역할을 맡 기는 쉬운 방식이었고, 그 결과 식민통치 기간에 해외 유학을 경험했거나 고 등교육을 받을 수 있었던, 친일적인 지식인들의 입장에 기울어진 관점과 인 식을 가지게 되는 문제로 연결되었다. 식민통치 기간에 고등교육을 받은 이 들이 모두 친일파였다고 하기는 어렵겠지만, 그들이 조선총독부의 통치에 대해 덜 비판적이고 대중의 분노와 요구에 대해서는 덜 민감했던 것이 당연 한 사실이었기 때문이다. 미군 인력만으로 감당할 수 없는 각 지역의 치안 유지를 위해 일본 순사 출신들을 그대로 채용해 경찰로 활용한 것은 그런 과 정에서 이루어진 일이었으며, 가장 큰 대중의 반감을 산 요인이 되기도 했다.

그 외에 유권자의 선택에 의해 수립된 정부도 아니고 반복되는 선거를 통 해 재신임을 얻어야 하는 정부도 아닌, 점령군들에 의해 조직된 통치기구였 던 만큼 대중이 아닌 그들 군정 관료들의 편의를 위한 조치들이 많았던 점도 문제였다. 대표적으로 조선총독부가 만든 신문지법과 보안법 등을 존속시킴 으로써 대중의 자유로운 사상과 표현의 자유를 억압했고, 결과적으로 당대 의 한국인들은 '일본에서 미국으로' 지배자의 국적이 바뀐 것 외에 해방이라 는 감격을 누리기 어려웠다.

물론 한반도의 남쪽에서 미군정이 수립되던 시점에 북쪽에서는 소련군 이 군정(명칭은 소비에트 민정청이긴 했다)을 실시했다. 일본이 항복하던 시점 에 각각 한반도 북부와 오키나와로 진격하고 있던 소련군과 미군은 한반도 의 중앙에 해당하는 위도 38도선을 분할점령의 기준선으로 합의했기 때문이 다. 미군정이 1948년 8월 15일까지 3년간 지속된 반면 소련군정은 이듬해인

1946년 2월 15일에 종료되었는데, 소련군 장교로 활동한 경력이 있었으며 소련 측에 협조적인 태도를 가지고 있던 김일성이 빠르게 정치권력을 장악하면서 군이 점령군으로서의 모습을 이어갈 필요가 없었기 때문이다.

군정 이후 한국인에게 정권을 이양하는 방식과 절차를 놓고 미군과 소련군이 협의한 과정이 '미소공동위원회'였는데, 그 과정에서 이미 두 나라의 세계전략이 충돌하기 시작했고 그것은 얼마 뒤에 벌어질 동족상잔의 전쟁과 그 이후 70년 이상 한반도를 분단과 군사적 긴장, 사상적 양극화로 이어간 출발점이 되었다. 그리고 미소공동위원회를 파국으로 몰고 간 직접적인 계기가 모스크바 3상 회의와 연관된 엉뚱한 소동이었다.

모스크바 3상 회의:
(1945년 12월 26일)

모스크바 3상 회의는 제2차 세계대전이 완전히 마무리된 시점에서, 이후 세계질서 재편에 관한 쟁점들을 논의하기 위해 연합국의 주축을 이룬 미국(제임스 번즈), 영국(어니스트 베빈), 소련(바체슬라프 몰로토프)의 외무부 장관들이 소련의 수도 모스크바에 모여 벌인 회의다. 1945년 12월 16일부터 26일까지 11일간 이어진 이 회의에서는 일본과 중국, 루마니아와 불가리아 등에 관한 문제들이 두루 논의되었는데, 우리 역사에서 특히 중요한 이유는 한반도에 관한 의제가 포함되어 있었고 그 논의 과정에서 '신탁통치'에 관한 언급이 있었기 때문이다. 그리고 그 내용이 국내 언론에 의해 다소 왜곡된 채 보도되고 와전된 결과 극심한 갈등을 겪어야 했기 때문이다.

회의에서 합의된 내용 중 한반도에 관한 것은 다음과 같다.

1. 조선을 독립국으로 만들고 조선이 민주주의 원칙 위에서 발전하게 하며 장기간에 걸친 일본 통치의 악독한 결과를 신속히 청산하기 위해 '조선 민주주의 임시 정부'를 창설한다. 임시 정부는 조선의 산업, 운수, 농촌경제 및 조선 인민의 민족문화의 발전을 위하여 모든 필요한 방책을 강구한다.

2. 임시 정부 조직을 돕고 적절한 정책의 초안의 구체화를 위해 남조선 미군
사령부 대표들과 북조선 소련군 사령부 대표들로써 공동 위원회를 조직한다.
위원회는 제안을 작성할 때에 한국의 민주주의 정당들, 사회단체들과 반드시
협의할 것이다. 위원회가 작성한 건의문은 공동 위원회 대표로 되어 있는 양국
정부의 최종적 결정이 있기 전에 미·소·영·중 각국 정부의 심의를 받도록 한다.
3. 공동 위원회는 임시정부 정부의 참가 하에 조선 민주주의 단체들을 끌어들여
조선 인민의 정치적, 경제적, 사회적 진보와 민주주의적 자치발전과 또는 조선국가
독립의 확립을 원조 협력(후견)하는 방책들도 담당할 것이다. 공동 위원회의 제안은
조선 임시 정부와 협의 후 5년 이내를 기한으로 하는 조선에 대한 4개국 신탁
통치(후견)의 협정을 작성하기 위하여 미·소·영·중 각국 정부의 공동 심의를 받아야
한다.
4. 한국 남부와 북부와 관련된 긴급한 여러 문제를 심의하고 미군정과 소련군정의
행정·경제 부문에 있어서의 조화를 확립하는 방안을 마련하기 위해 2주일 이내에
조선에 주둔하는 미·소 양국 사령부 대표로서 회의를 소집할 것이다.

이 회의의 합의 내용이 국내로 전해진 것은 회의가 끝난 다음 날인 12월
27일 동아일보 지면을 통해서였다. 하지만 내용은 사실과 미묘하게 달랐는
데, '미국은 한국의 즉시 독립을 주장했지만, 소련이 반대하고 신탁통치를 주
장했다'고 보도되었기 때문이다. 실제로는 몇 년 간 꾸준히 신탁통치를 주장
한 것도 미국이고 신탁통치 기간이 상대적으로 길어야 한다고 주장한 것도
미국이었다는 점에서는 오히려 반대로 보도된 셈이기도 했다. 또한 신탁통
치가 이미 실시되고 있던 군정통치보다 억압적이거나 더 지속적인 것이라고
볼 이유도 없었고, 그것이 독립과 대비되는 의미로 받아들일 필요도 없었다.
하지만 '미국은 독립, 소련은 신탁통치'를 주장한다고 전해진 이상 '즉시
독립'에 찬성하고 '신탁통치'에 반대하는 것이 대중의 일반적인 정서일 수밖
에 없었고, 그것은 동시에 '소련 반대'로까지 이어질 수밖에 없었다.
김구를 중심으로 한 임시정부 계열의 민족주의자들이 가장 격렬하게 '반
탁투쟁'에 나선 것은 물론이었고 박헌영을 비롯한 좌익 계열도 '반탁'을 공
언하면서 신탁통치안에 대한 반대투쟁은 전민족적인 규모로 확산되는 듯했

모스크바 3상 회의에 관해 연설하고 있는 김구. 모스크바 3상 회의에 대해 지지하는 단체나 정치인에게는 테러가 가해졌고, 좌익과 우익으로 나뉘어 극단적인 이념 갈등이 벌어졌다.

다. 하지만 며칠 뒤인 1946년 1월 2일에 회의의 결과에 대해 보다 자세한 정보를 접한 좌익 계열이 '모스크바 3상 회의 합의 지지'로 돌아서자 상황이 급변했다. 미군정의 눈치를 보면서 입장표명에 소극적이었던 이승만이 오히려 '반탁' 입장을 분명히 하면서 좌익과의 대립의지를 드러낸 것이다. 김구와 이승만이 한 목소리로 외친 '반탁'은 대중을 격동시켰고, 분노한 군중은 '3상 회의 결정 지지'를 표명한 정치인들에게 테러 공격을 가하거나 그런 논조를 보인 언론사 건물을 파괴했다. 말보다 행동이 앞서는 분위기에서 자초지종을 따지는 것은 불가능했고, '반탁'을 외쳐야만 애국자로 인정받을 수 있었다.

결국 모스크바 3상 회의의 결정 자체보다도 그것이 한국으로 전해지고 갈등을 촉발시킨 과정을 통해 이후 분단과 전쟁, 그리고 오늘날까지 좀처럼 극복되지 못하고 있는 극단적인 이념갈등이 전개되는 결정적인 계기가 됐다. 특히 한편으로는 김동인과 노덕술, 김창룡 같은 악질적인 친일부역자들이 즉시 독립을 원하는 대중의 열망에 편승해 열렬한 반탁운동의 선봉에 섬으로써 위기를 모면하고 정치적으로 복권됐으며, 다른 한 편으로는 여운형, 조소앙, 김규식 등의 중도파를 비롯해 송진우 등 우익인사들까지도 '모스크바 3상 회의 결정 존중'이라는 의견을 내거나 신중한 행동의 필요성을 역설했다는 이유로 '반탁 인사', 즉 '매국노'로 몰려 지지기반을 잃고 테러리즘의 표적이 되면서 정치무대의 전면에서 밀려나기 시작했다. 그 중 송진우와 여운형은 실제로 얼마 뒤 테러공격을 받고 암살당하는 비극적 결말을 맞기도 했다.

결국 독립의 과정으로서 4개국이 공동으로 참여하는 신탁통치를 제안했던 모스크바 3상 회의의 결과는 왜곡된 보도와 대중의 오해, 정치인들의 정치적 의도들이 뒤섞인 끝에 좌익과 우익의 갈등의 골이 심화되는 최악의 결과로 이어지고 말았다.

10월 항쟁:
(1946년 10월 1일)

미군정의 실정 중 당대의 한국인들에게 가장 파괴적인 영향을 미친 것은 역시 미곡정책이었다.

해방 이전 총독부의 미곡정책은 공출제도였다. 종자를 제외한 쌀 생산량 전체를 수매하고 약간의 쌀을 비롯해 만주에서 들여온 콩 등의 잡곡들을 배급하는 방식이었다. 한반도에서 생산된 쌀의 상당량을 일본 본국과 전선의 군량미로 보내기 위한 수탈정책이었던 셈이다.

하지만 미군정이 이 수탈정책을 일시에 폐지하고 쌀의 자유로운 매매를 허용하면서 미처 예상하지 못한 대혼란이 빚어졌다. 쌀값이 순식간에 30배 이상 뛰어오르는 품귀현상이 빚어진 것이다.

이러한 쌀값의 폭등에는 몇 가지 이유가 있었다. 우선 기본적으로 쌀의 유통은 일본인들이 전담하던 영역이었기 때문에 일본인들이 일시에 철수하면서 국내의 쌀 유통망이 마비되어버린 것이 치명적이었다. 특히 식민지기 쌀 유통망은 농촌에서 도시로 고르게 공급되도록 하기 위한 것이 아니라 각지의 항구로 집결돼 일본이나 각지의 전선으로 보내지도록 구성된 것이었다. 미군정이 조선총독부로부터 행정권을 인수하는 과정은 상징적인 명목상의 것이었고, 쌀 유통에 관한 세부적인 절차와 과정에 대해 아는 바가 전혀 없었음은 물론이었다. 갑자기 쌀의 자유매매가 허용됐지만 물리적인 시장이 형성되지 못했고, 수요와 공급이 만나지 못하면서 대혼란이 벌어진 것이다.

또한 당시의 한국인들은 지금과는 비교도 할 수 없을 만큼 쌀에 대한 의존도가 높았고, 또한 오랜 세월 동안 공출제도에 의해 '쌀에 대한 욕망'이 억눌려진 상태였다. 공출제가 폐지되자 당연히 쌀에 대한 수요는 폭발했고, 그 점을 노린 상인들은 매점매석을 통해 큰 돈을 벌 수 있었다. 미군정이 매점매석이 나타날 가능성을 예측하고 그것을 통제할 방안을 마련하지 못했음도 물론이었다.

게다가 일본과 만주 등 각지에서 귀국한 동포들의 수가 200만 명에 이르면서 수요 자체가 폭발적으로 증가한 데 반해 전쟁 말기 비료의 공급이 원활하게 이루어지지 못한 탓에 쌀 생산량은 줄어들면서 쌀의 공급량 자체가 부족한 상태이기도 했다.

심지어 미군정은 한국인들에게 있어서 쌀이 가지는 중요성 자체를 이해하지 못했는데, 미군정청 식량행정처장인 스탑 소령은 쌀 부족문제에 대한 해법을 묻는 기자의 질문에 '부족한 쌀은 채소와 사과로 보충하는 것이 좋을 것이다'라고 답했을 정도였다. 프랑스 혁명 당시 왕비 마리 앙뜨와네트가 빵을 달라고 절규하는 파리 시민들을 향해 '빵이 없으면 케이크를 먹으면 되지 않느냐'고 했다는 유명한 소문(이 말은 출처가 불분명해 정확한 사실 여부가 확인되지 않는다)의 한국적 재현이었다.

결국 미군정은 5개월만인 1946년 1월에 폐지했던 공출제를 다시 부활시켰지만 문제는 조금도 개선되지 못했다. 쌀 생산가에도 미치지 못할 뿐만 아니라 폭등한 시장가격의 수십 분의 1에 불과한 수매 가격에 분노한 농민들의 저항에 직면해 쌀 수집 자체가 의도대로 이루어지지 못했기 때문이다.

1945년 가을부터 1946년 가을 사이에 수많은 사람들이 굶어죽고 유랑민으로 전락했다. 그 정확한 수가 집계되지는 않았지만 경북 청송처럼 논이 많지 않은 지역에서는 일개 군 내에서만 200명 이상이 굶어 죽었을 정도였고, 한국은행 통계에서도 전국적으로 150만 명 이상이 '요要구호자'로 분류되었던 점으로 미루어보면 전국적인 대형 재난 상황이었음을 알 수 있다.

하지만 쌀값 폭동의 더욱 심각한 점은, 그것이 다른 모든 물가에 직결된다는 사실이었다. 쌀값은 당시 노동자 최저생계비에서 가장 큰 비중을 차지했으며, 심지어 당시 각 지역에서는 대부분의 물건 가격은 변동이 심한 화폐보다도 쌀을 기준으로 정해지는 경우도 많았을 정도였기 때문이다.

식량부족과 물가폭등이 대다수의 한국인들에게 치명적인 고통을 준 것은 당연했다. 그리고 그런 생존을 위협하는 고통은, 해방이라는 거대한 사건을 경험한 역사적 감각과 상승작용하며 과감한 저항을 감행하도록 이끌었다. '36년 동안 짓누르던 일본으로부터 해방을 얻어냈는데, 왜 삶은 더욱 힘들어지는가?'라는 근본적인 의문을 더 이상 안으로 삭이는 것이 아니라 세상을 향해 터뜨리기 시작한 것이다.

1946년 9월 23일 부산에서 7천여 명의 철도노동자들이 파업을 개시한 것을 시작으로 서울을 비롯한 전국의 철도노동자 4만여 명이 파업에 돌입했고, 뒤이어 조선노동조합전국평의회(약칭 전평)의 결의에 따라 전국적으로 수십만 명의 노동자들이 총파업에 가세했다. 한국사 최초의 전국적 연대파업으로 기록되는 '9월 총파업'이었다.

9월 총파업 역시 다양한 배경과 원인이 있었다. 미군정이 인플레이션의 책임을 남조선노동당(남로당)에게 전가하기 위해 남로당이 위조지폐를 발행해 의도적으로 경제 혼란을 유발했다는 '정판사 사건'을 조작하고 남로당 지도자들을 대거 구속하는 일이 있었고, 그에 대해 남로당이 저항을 결의한 '신전술'을 채택해 노동자조직의 봉기를 유도한 것도 그 중 하나였다. 하지만 그런 조직적 행동이 실제 총파업으로 이어질 수 있게 했던 더욱 중요한 배경은 역시 식량난에서 비롯된 생활고였다. 오죽했으면 당시 총파업 선언문의 1항이 '쌀을 달라. 모든 시민에게 3홉 이상의 배급을 달라'였고 2항이 '물가가 오른데 따라 임금을 인상하라'였을까. 게다가 3항에서도 또다시 '전재민과 실업자에게 일과 집과 쌀을 달라'가 등장한다.

전국적 파업의 가장 근본적인 원인이 굶주림이었던만큼, 저항도 작업장 안에서만 이루어진 것이 아니었다. 그리고 그것이 가장 먼저, 그리고 가장 격

렬하게 분출된 것이 대구였
다. 10월 1일 아침에는 여성
과 어린이들 천여 명이 대
구부청 앞으로 몰려와 '쌀을
달라'고 외치며 시위를 벌였
는데 이들을 막아서던 경찰
이 공포탄을 쏘자 흥분한 군
중이 경찰들을 향해 달려들
어 물리적 충돌이 벌어진 사
건이 있었다. 그리고 경찰이
공포탄을 쐈다는 소식이 퍼
지면서 군중의 규모도 불어
나서 수천 명이 경북도청 앞

대구역 광장 앞의 상가 건물의 모습. 대구에서 발생한 10월 항쟁은 수만 명의 시위대가 거리로 나섰지만, 수많은 인명 피해를 냈다.

까지 행진했는데, 그 과정에서 이번에는 경찰이 실탄을 발사해 2명이 목숨을 잃는 사태로 확대되었다.

2구의 시신을 앞세우고 행진하는 시위대는 순식간에 수만 명으로 불어났고, 경찰서를 습격해 구금되어있던 정치범들을 풀어주는 격렬한 방식으로 비화하면서 경찰의 총격으로 다시 17명이 사살되자 흥분한 시위대는 경찰서 무기고를 털어 무장하면서 저항은 점차 시가전 형태로까지 발전하기 시작했다. 그리고 저항은 대구의 경계를 넘어 경북과 경남, 그리고 전남과 충남과 강원도 지역으로 번져나가기도 했다.

저항도 폭력적이었지만 진압은 더욱 폭력적이었다. 경찰은 소총 외에도 기관총과 수류탄 등을 동원해 시위대를 사살하거나 시위대 관련자들에게 보복을 했는데, 특히 경찰의 잔혹행위가 심했던 영천에서는 체포된 시위대가 생매장되거나 시위가 심했던 지역의 주민들을 경로당으로 유인한 뒤 수류탄을 던져 집단학살한 사례까지 있었다.

하지만 저항의 동기가 민생고였고, 분노의 대상도 지역 유지들과 일본 순사 출신의 경찰 등이었기 때문에 널리 확산된 것에 비해 조직적이지도 않았고 정치권력을 획득하자거나 하는 목표가 제시되지도 않았다. 그 결과 경찰의 진압이 조직화되고 군중의 희생이 늘어나면서 11월 들어서는 진정되기 시작했고, 중순 무렵에는 마무리되었다. 그 사이에 전국에서 1,000명 이상의 시위대와 200명 이상의 경찰이 사망했고, 경북 지역에서만 250곳 이상의 관청이 불타고 7,400여 명 이상이 검거되었다.

9월 총파업과 10월 항쟁은 흔히 미군정에 대한 남로당의 도전으로 발생한 사태로 알려져왔다. 하지만 광범위한 군중이 결합함으로써 파괴적인 결과로 이어진 가장 중요한 요인은 살인적인 식량난과 인플레이션이었으며, 그것은 또한 미군정의 정책적 무능과 무관심 때문이었다는 점을 간과할 수는 없다.

제주민중항쟁:
(1948년 4월 3일)

　9월 총파업과 10월 항쟁, 그리고 제주민중항쟁과 여순사건. 미군정기로부터 이승만 정권 초기까지 일어났던 많은 희생자들을 냈던 정치적 비극들은 공통점을 가지고 있다. 실정과 민생고로 인한 광범위한 불만 형성, 남로당 조직원들에 의한 발단적 사건의 돌출, 그에 대한 과잉진압과 더불어 억울한 희생자를 양산한 무차별적 공권력의 남용, 그리고 그에 대한 저항의 확산과 비극의 확대. 그리고 그 중에서도 가장 파괴적인 결과로 이어진, 가장 거대한 비극이 바로 1948년 4월 3일을 전후해서 시작된 제주민중항쟁이었다.

　발단은 사소하고 우발적인 것이었다. 1947년 3월 1일에 열린 3.1절 기념대회에 모인 군중과 경찰 사이에 벌어진 사소한 접촉에 민감하게 반응한 경찰이 발포해 6명이 사망하는 사건이 발생했고, 그것을 계기로 남로당이 총파업과 대중시위를 주동하자 경찰이 강경대응에 나서면서 사태가 점차 확대되었다.

　특히 4월 3일을 기점으로 남로당 조직이 무장봉기를 감행하면서 가두시위로 이어지던 저항의 양상은 무장대가 조직되어 경찰서 무기고를 탈취하고, 그렇게 획득한 무기를 가지고 산악 게릴라전을 벌이는 방식으로 확산되었

제주민중항쟁 당시 체포된 주민의 모습. 이승만 정부는 비무장한 대다수의 제주도민에게도 무차별적인 학살을 가했다.

다.

제주도에 주둔하던 국군 9연대장 김익렬 중령과 제주도 출신 경찰들이 평화적 사태 해결을 위한 대화를 시도해 성공적으로 이끌어가기도 했지만, 국군과 갈등관계였던 경찰 조직에서는 오히려 김익렬 중령을 용공분자로 몰아붙여가면서까지 강경 일변도로 대응했고, 경찰 병력을 증파하는가 하면 서북청년단 등 극우 민간폭력조직까지 동원해서 사태를 악화시켰다. 결국 대화를 주도하던 김익렬 연대장이 해임되면서 모든 대화는 중단되었고, 사태는 파국으로 이어지고 말았다.

1948년 8월 15일 미군정이 이승만 정부에 정권을 이양한 뒤로는 진압의 강도가 더욱 높아졌고, 더 잔인한 방식으로 이루어지기 시작했다. 1948년 10월에 제주도경비사령부 부사령관으로 부임한 송요찬은 '해안선으로부터 5km 이내를 제외한 모든 지역에 통행금지령을 내리고, 그곳에서 발견되는 모든 사람을 폭도로 간주해 사살하겠다'는 포고령을 발표했고, 실제로 그대로 이행했다. 그 포고령은 애초부터 한라산 중산간지역에 거주하던 이들은 집과 농토를 버리고 난민이 돼야 했기 때문에 비현실적인 명령이었고, 실제로 많은 이들이 그대로 남을 수밖에 없었다. 따라서 많은 제주도민들이 졸지에 폭도로 간주될 수밖에 없었고, 조직적인 학살의 희생물이 되고 말았던 것이다.

진압군은 비무장한 대다수의 주민들에게도 예외를 두지 않는 초토화작전을 전개했고, 전체 제주도민의 10% 가까운 인구를 말살해갔다. 그리고 한라산 곳곳에 고립된 채 무기도 식량도 퇴로도 없이 버티던 무장대의 기세는 1949년 6월 김달삼의 뒤를 이어 무장대 지휘를 맡았던 조천중학교 체육교사 이덕구가 사살되면서 수그러들기 시작했다. 진압군은 이덕구의 시체를 십자가에 묶어 관덕정 앞 광장에 내걸었다가 불태우기까지 했다. 하지만 학살이 중단되지 않았기 때문에 어쩔 수 없이 한라산 곳곳에 숨어있던 무장대는 항전을 계속하는 수밖에 없었고, 마지막 무장대원이 체포된 것은 무려 십여 년이 흐른 뒤인 1957년이었다.

일련의 사태를 통해 사망한 제주도민은 14,000명 안팎에 이르는데, 그것은 공식적으로 확인된 것일 뿐이기 때문에 실제 피해 규모는 그 몇 배에 이른다는 추정도 있다. 그 외에 체포되어 정상적인 재판 절차도 거치지 못한 채 전국의 교도소에 분산 수감된 이들도 1,600여 명에 이르는데, 그들 역시 대부분 전쟁중에 사형선고를 받지도 않은 채 처형되어버리고 말았다.

제주도는 오랜 세월 동안 우리 민족의 영역이긴 했지만 독특한 문화와 지역적 정체성을 가지고 발전해왔다. 그런 문화적 배경 속에서 해방 직후 지속된 미군정의 실정으로 인한 민생고가 저항적 여론이 확산되는 배경을 조성했고, 남로당의 조직적 침투와 경찰 당국의 강경한 대응 등의 요인들이 결합되면서 무장투쟁이라는 격렬한 형태의 민중항쟁이 나타난 것이다.

하지만 사건의 발단과 전개에 작용한 여러 요인, 그리고 그것과 관련된 책임들을 따지는 것을 거의 무의미하게 만든 것이 엄청난 규모의 살육극이었고, 그것에 관한 책임은 제주도민 대부분을 폭도로 몰아 조직적으로 학살한 미군정과 이승만 정부에게 돌아갈 수밖에 없다. 어떤 이념, 어떤 동기와 상황에 의한 것이라고 해도 비무장한 민간인 수만 명의 학살을 정당화할 수는 없기 때문이다.

제헌의원 선거:
(1948년 5월 10일)

미소공동위원회는 점차 파국을 향했다. 가장 중요한 쟁점은 회의에 참석할 한국인 정치단체의 범위에 관한 것이었다. 소련은 모스크바 3상 회의 결정에 대한 반대를 표명한 단체들을 제외할 것을 주장했고 미국은 제한 없이 참여시킬 것을 주장했던 것이다. 그것 자체가 위원회를 파국으로 이끌만한 중요한 문제는 아니었다. 하지만 이미 '신탁통치반대운동'을 거치면서 소련을 독립방해세력으로 낙인찍은 남한 우익계열에 대해 소련이 거부감을 가지는 것은 당연한 일이었고, 비록 오도된 것일지라도 미국은 소련에 대한 한국인들의 거부감을 활용하지 않을 수 없었다. 그리고 더욱 중요한 것은, 각기 남쪽과 북쪽에서 자기 입맛에 맞는 한국인들의 권력질서를 구축하고 있던 미국과 소련이 공동위원회를 통해 원활하게 문제를 풀어나갈 의지가 별로 없었다는 점이었다. 위원회는 처음부터 끝까지 파국이었고, 조금도 진전되지 못했다. 구성원 중 대화를 진전시킬 의지를 가진 이가 아무도 없었다는 점에서 당연한 결과였다.

미소공동위원회를 통한 한국 정부 수립이 어렵다고 판단한 미국은 1947년 9월 국제연합에 '총선거를 통한 한국 정부 수립'안을 제출했고, 총회에서 통

제헌의원 선출을 위해 5.10 선거를
진행하는 모습. 남한만의 총선거가
진행됐고, 한국사 최초로 모든 국민
에게 투표권이 주어진 선거였다.

과시켰다. 하지만 소련의 영향력이 작용한 북한 지역은 인구가 상대적으로
적었고, 인구가 상대적으로 많은 남한에서는 '반탁운동'을 거치며 좌익정파
들이 지지기반을 상실한 상태였을 뿐만 아니라 소련에 대한 반감도 극도로
강해져 있었기 때문에 남북한 총선거를 통해 수립될 정부는 친미적인 성격
이 될 가능성이 높았다. 따라서 소련이 반대하며 국제연합이 파견한 한국임
시위원단이 38도선 이북으로 진입하는 것을 막았고, 결국 1947년 11월 14일
국제연합 결의에 의해 남한만의 총선거를 통한 단독정부 수립이 이루어지게
됐다.

　물론 북쪽에서는 그쪽대로 단독정부 수립을 위한 작업이 빠르게 진행되고
있었다. 소련의 후원 속에서 정권을 장악한 김일성이 1946년 2월 북조선 임
시인민위원회를 조직해 실질적인 행정권을 확립한 뒤 주요 산업시설을 국유
화하고 농지개혁을 단행했으며 1948년 2월에는 조선인민군을 창설하기도
했다. 남한과 북한의 단독정부 수립 작업은 분단의 책임을 상대방에 떠넘기
기 위한 여러 선전전에도 불구하고 사실상 거의 동시에 이루어진 셈이었다.

　어쨌든 미군정은 해방 3주년을 맞는 1948년 8월 15일부로 남한 지역의 행
정권을 이양하기로 했고, 그에 맞춰 한국인들의 정부를 구성하기 위한 선거
를 5월 10일에 치르게 됐다. 물론 순탄하게 이루어진 선거는 아니었다. 북한
이 제외됐고, 또한 분단이라는 비극만은 피하기 위해 마지막까지 좌우합작
운동을 전개했던 김구를 비롯한 남북협상파들 역시 선거 참여를 거부했으

며, 제주지역에서도 단독정부 수립을 반대하는 좌익 계열의 봉기와 그에 대한 광범위한 유혈진압을 전개한 미군정에 의해 선거가 이루어지지 못하는 파행이 있었다. 하지만 그럼에도 불구하고 한국사 최초로 모든 국민에게 투표권이 주어진 민주적 선거였고, 그 선거의 결과로써 첫 번째 민주주의 정부가 수립되었다는 점에서 의미가 작지는 않다.

한국의 국회의원 임기는 4년이지만 첫 선거에서 선출된 제헌의원들의 임기만은 2년으로 정해져있었다. 김구와 김규식, 홍명희 등이 불참했고 박헌영이 주도해온 남로당은 활동이 불법화되어 참여할 수 없었을 뿐만 아니라 단독선거를 무산시키기 위한 각종 저항활동을 조종하기도 했다. 그래서 주요 정치세력 중에는 이승만과 한민당 계열의 우익 정파들만이 참여한 '반의 반쪽짜리' 선거라고 할 수 있었다. 그럼에도 불구하고 투표율은 그 뒤로 한 번도 깨지지 않은 95.5%의 역대 최고 투표율이었는데, 역사상 처음 정치에 참여할 권리를 얻은 감격의 표현이라고 볼 수 있을 것이다.

선거제도는 소선거구제로 치러진 지역구로만 의원 전원을 선출하며, 비례대표 제도는 없었다. 선출하는 의원의 총원은 200명이었는데, 북한 지역에 배정된 100명을 공석으로 두기로 했기 때문이다. 하지만 5월 10일에 당선된 의원의 수는 198명이었는데, 제주도의 3개 선거구 중 2개 선거구에서 투표가 진행되지 못했기 때문이다.

투표 결과는 충분히 예상할 수 있는 바와 마찬가지로 이승만 지지세력과 한민당 계열이 가장 많은 의석을 차지하는 것으로 나타났다. 이승만이 조직한 독립촉성국민회가 55석을 차지하고 한민당이 29석을 차지했다. 그 외에 광복군 총사령관을 지낸 지청천이 조직한 대동청년단이 12석, 이범석의 조선민족청년단이 6석을 확보했고, 나머지 12개 정당과 조직이 각각 1, 2석씩을 가져갔다. 반면 무소속으로 당선된 제헌의원이 모두 85명이었는데, 정당민주주의의 발전이 아직 미약했던 당시로서는 자연스러운 현상이라고 할 수 있었다.

반민특위 해산:
(1949년 6월 6일)

다른 나라의 침략으로 빼앗겼다가 되찾은 나라에서 가장 시급한 국가적 과제는 민족반역자를 처단하는 일이 될 수밖에 없다. 그것은 오랜 세월 억압받고 빼앗기고 상처받은 국민들을 위로하고 보상하는 일인 동시에, 다시는 그런 치욕적인 역사를 되풀이하지 않겠다는 의지를 분명히 하는 일이기 때문이다. 해방을 맞은 한국에서도 그것은 예외가 아니었다.

1948년 7월 17일에 제정된 대한민국 헌법의 제 101조는 다음과 같다.

"이 헌법을 제정한 국회는 단기 4278년 8월 15일 이전의 악질적인 반민족행위를 처벌하는 특별법을 제정할 수 있다."

그리고 같은 해 8월 15일에 개원된 제헌국회에서는 그 조항을 근거로 '반민족행위처벌법'을 상정해 9월 1일에 통과시켰다. 해당 법의 내용은 다음과 같다.

제1조. 일본 정부와 통모하여 한일합병에 적극 협력한 자, 한국의 주권을 침해하는

조약 또는 문서에 조인한 자, 모의한 자는 사형 또는 무기징역에 처하고 그 재산의
전부 혹은 일부를 몰수한다.

제2조. 일본 정부로부터 작위를 수여한 자 또는 일본 제국의회의 의원이 되었던
자는 무기 또는 5년 이상의 징역에 처하고 그 재산의 전부 혹은 일부를 몰수한다.

제3조. 일본 치하 독립운동자나 그 가족을 악의로 살상 박해한 자 또는 이를
지휘한 자는 무기 또는 5년 이상의 징역에 처하고 그 재산의 전부 혹은 일부를
몰수한다.

제4조. 다음 각 호의 일에 해당하는 자는 10년 이하의 징역에 처하거나 15년
이하의 공민권을 정지하고 그 재산의 전부 혹은 일부를 몰수한다.

1. 襲爵(습작)한 자
2. 중추원 부의장, 고문 또는 參議(참의)되었던 자
3. 勅任官(칙임관) 이상의 관리되었던 자
4. 밀정행위로 독립운동을 방해한 자
5. 독립을 방해할 목적으로 조직된 중앙단체의 수뇌간부되었던 자
6. 군·경찰의 관리로서 악질적인 행위로 민족에게 해를 가한 자
7. 국내에서 대규모인 군수공업을 책임 경영한 자
8. 도·부의 자문 또는 결의기관의 의원이 되었던 자로서 일정에 아부하여 그
반민족적 죄악이 현저한 자
9. 관공리되었던 자로서 그 직위를 악용하여 민족에게 해를 가한 악질적 죄적이
현저한 자
10. 일본 국책을 추진시킬 목적으로 설립된 각 단체 본부의 수뇌 간부로서
악질적인 지도적 행동을 한 자
11. 종교·사회·문화·경제 기타 각 부문에 있어서 민족적인 정신과 신념을 배반하고
일본 침략주의와 그 시책을 악질적인 반민족적 언론 저작 & 기타 방법으로써
지도한 자
12. 개인으로서 가장 악질적인 행위로 일제에 아부하여 민족에게 해를 가한 자

그리고 그 법에 근거해 1948년 10월 '반민족행위특별조사위원회', 약칭
'반민특위'가 조직되었다. 3.1 운동의 도화선이 된 2.8 독립선언에 참여한 뒤
중국으로 건너가 한국독립군과 임시정부에서 활동했던 독립운동가인 제헌
의원 김상덕을 위원장으로 10명의 국회의원이 조사위원으로 위촉되었고, 중

1949년 1월 반민특위에 체포되어 이송되어가는 최린의 모습(세 번째 안경 쓴 인물). 온 민족의 열망과 과제였던 친일청산은 이승만 정권의 방해에 막혀 해산되었다.

앙과 지역별 조사 지부를 설치하고 특별검찰과 특별재판부를 설치해 활동에 돌입했다. 약 4개월간의 조사활동을 벌인 후 1949년 1월 8일 친일기업인 박흥식을 시작으로 악랄한 친일경찰 노덕술, 최운하, 그리고 최남선, 최린, 이광수, 채만식 등의 지식인을 포함해 400여 명의 반민족행위자를 체포하고 구속했다.

하지만 권력기반 강화를 위해 노덕술 등 경찰 실력자들의 힘이 필요했던 이승만 대통령은 다섯 차례에 걸쳐 반민특위의 활동을 비난하는 담화를 발표했고, 이승만 일파에 의해 동원된 군중들은 '빨갱이 반민특위를 해체하라'고 연일 데모를 벌였다. 그리고 이에 힘을 얻은 경찰은 마침내 1949년 6월 6일 서울중부경찰서장 윤기병의 지휘로 80명의 무장한 경찰을 동원해 반민특위를 습격해 조사관들을 폭행하고 자료와 집기들을 빼앗아가는 폭거를 저지르고 말았다.

미군정이 치안 유지를 위해 건국준비위원회의 보안대를 해산하고 대신 일본 경찰조직에서 일해온 한국인들을 다시 기용한 이래 경찰은 식민지기 순사로서 활동했던 이들이 완전히 장악하고 있었다. 그런 그들에게 반민특위는 직접적인 위협이었으며, 대통령의 뜻을 확인한 순간부터 과감하게 실력행사를 시작했던 것이다.

경찰이 반민특위를 습격한 닷새 뒤인 6월 11일 이승만 대통령은 '반민특위 활동으로 인해 민심이 소요되기 때문에 어쩔 수 없이 반민특위 특수경찰대를 해산한다'는 담화를 발표했고, 반민특위 위원장 김상덕을 법무부 장관 이인으로 교체하며 해체의 수순을 밟기 시작했다.

결국 체포됐던 400여 명 중 7명에게만 실형이 선고되고 5명에게 집행유예, 18명에게 공민권 정지 등의 가벼운 처벌이 이루어졌지만 7명의 실형 선고자도 이듬해 봄 재심을 통해 모두 석방되면서 실질적으로 처벌을 받은 이는 아무도 없었다. 반민특위 활동은 철저한 실패로 끝이 나고 말았던 것이다.

반민특위의 실패는 '친일청산'의 요구가 번번이 '반공'이라는 프레임에 막히게 되는, 숱하게 반복되어온 한국사의 도돌이표가 시작된 시점이라고 볼 수 있다. 그 사건을 통해 결정적으로 친일파들에 대한 실질적인 처벌은 좌절되었지만, 그 이후 여러 가지 방식으로 되풀이된 상징적 처벌과 심판과 역사적 평가의 시도조차 늘 '용공세력의 음해'라거나 '반공의 전열을 흐트러뜨리는 시대착오적 명분론' 등의 궤변에 가로막히곤 했다. 그것은 물론 2020년대에 이르기까지도 거의 변화가 없는 현재진행형의 상황이기도 하다.

농지개혁법 선포:
(1950년 3월 10일)

　1940년대에 살았던 한국인들의 가장 큰 소망 두 가지가 있었다면 일본으로부터의 독립, 그리고 자기 땅에서 농사를 짓는 일이었을 것이다. 해방이 되던 1945년 한국인의 대부분을 차지했던 농민들 중 자신의 땅을 소유한 자작농의 비중은 30% 안팎에 불과했다. 나머지 70%에 가까운 농민들은 남의 땅을 빌려서 농사를 짓는 소작농이었는데, 소작료는 일반적으로 소출의 절반이었으며 많게는 8할에 이르는 경우도 있었다. 농기계가 거의 보급되어있지 않았던 당시에 소출의 절반 이하만으로 생계를 잇는다는 것은 그 자체로도 고통스러운 일이었지만, 미래를 위해 축적함으로써 개선해갈 수 있는 여력을 거의 가지기 어렵다는 점에서도 암담한 일이었다. 또한 그렇게 국민의 대다수가 그 해 생산한 만큼을 그 해에 소비하면서 쳇바퀴 돌 듯 살아간다면 시장을 성장시키고 자본을 축적하면서 시장경제를 발전시킬 여력 또한 만들기 어려웠다. 그래서 해방을 맞이한 한국인들이 가장 먼저 기대한 사회개혁은 농지개혁이었고, 미군정과 이승만 정부 역시 농지개혁의 필요성에 대해서는 충분히 절감하고 있었다.

　게다가 북한에서는 아직 정부가 수립되기도 전인 1946년 3월 5일부터 김일성의 주도로 전국의 임시인민위원회 조직을 통해 토지개혁이 실시되었는데, 모든 토지를 무상몰수해서 모든 농민들에게 무상분배하는 극단적 방식으로 이루어지면서 엄청난 충격파를 일으키게 됐다. 물론 토지의 소유권은 모두 국가가 가져가고 농민들에게는 경작권이 배분되며, 국가에 대해 25%의 현물세를 내게 하는 방식이었다. 그리고 그것도 사회주의식 협동농장으로 모든 농민을 집단화하는 과정에 불과한 것이기도 했다. 하지만 소작료에 비해 절반 이하에 해당하는 현물세를 내면 지주의 눈치 볼 필요 없이 농사를 지을 수 있다는 점에서 소작농들은 열렬히 환영했고, 일거에 토지를 모두 몰수당한 지주들은 분노했다. 하지만 소련의 지원을 받아 빠르게 권력을 장악한 김일성에게 도전할 수는 없었던 지주들은 남쪽으로 대거 탈출해 열렬한 반공세력을 이루었고, 이후 수많은 백색테러를 비롯한 극우적 활동을 벌이는 여러 조직과 조류들의 뿌리가 되기도 했다.

북한 지역에서 단행된 그런 토지개혁의 충격파는 곧 남쪽으로도 전해졌다. 소식을 접한 남한 지역의 소작농들은 당연히 남쪽에서도 토지개혁을 실시하라는 요구를 하기 시작했지만 몇 가지 장애물이 있었다. 가장 큰 것은 남한에서는 1946년 9월 총파업과 10월 대구에서 시작된 전국적인 민중항쟁, 1948년 제주민중항쟁과 여순사건 등으로 이어졌던 민중적인 저항들이 미군정과 이승만 정부의 공권력에 의해 철저히 진압되었고, 그 결과 소작농들이 토지개혁을 조직적으로 요구할 만한 역량을 집중시킬 여력을 남기지 못했다는 점이다. 반면 남한의 지주들은 정치적으로도 잘 조직되어 있었는데, 미군정 기간과 이승만 집권 초기까지 남한 지역에서 가장 큰 정치적 영향력을 발휘했던 한민당(한국민주당)이 바로 지주들로 구성되고 지주들의 이해관계를 철저히 대변하고 있었기 때문이다.

비록 적극성을 가진 것은 아니었지만 미군정이 1차로 시도했던 농지개혁은 한민당의 조직적인 반발로 무산되었으며, 이승만 정부가 들어선 뒤에도 제헌의회에서 가장 많은 의석을 차지한 한민당의 저항으로 난항을 겪었다. 하지만 한민당이 이승만을 명목상의 국가원수로만 세워둔 채 의원내각제 개헌을 함으로써 권력을 나누어 먹으려 하자 반발한 이승만이 한민당과 결별하면서 변수가 생겼다. 이승만 대통령이 초대 내각 구성에서 한민당 인사들을 모두 배제하는 과정에서 진보세력을 대표하던 조봉암이 초대 농림부 장관에 임명되었기 때문이다.

조봉암 장관은 한 농가가 소유할 수 있는 농지를 최대 3정보(대략 3,000평 안팎)로 제한하고, 그 나머지는 국가가 환수하는 대신 토지의 가격을 정부가 보증하는 지가증권으로 지불하는 정책을 수립했다. 그리고 환수한 토지는 소작농들에게 '5년간 수확량의 30%를 납부'하는 조건으로 분배했다. 북한의 '무상몰수 무상분배'와 다른 '유상몰수 유상분배' 방식이었다. 그런 내용의 농지개혁법은 1949년 6월에 입법된 뒤에도 한민당의 격렬한 저항에 직면해 진통을 겪긴 했지만 1950년 3월 10일에 수정작업을 마무리하고 드디어 집행되기 시작했다.

농지개혁은 지주들에게는 재앙이었고 소작농들에게는 축복이었다. 소작농들의 입장에서 '수확량 30%'는 기존에 내고 있던 소작료에 비해서도 훨씬 적은 것이었을 뿐 아니라, 그렇게 5년간 유지하면 해당 토지를 완전히 소유할 수 있다는 점에서 '무상분배'와도 크게 다를 것이 없었다. 반면 지주들의 경우 정부에 환수된 토지의 대가로 지가증권을 받긴 했지만 농지의 원래 가치가 충분히 반영되지도 못했을 뿐 아니라 인플레이션이 극심하던 당시로서는 빨리 처분하지 못하면 시간이 흐를수록 가치가 급격히 떨어질 위험성까지 떠안아야 했다. 물론 많은 토지를 환수당한 지주들에게는 일본인들이 남기고 간 기업 등을 불하하는 과정에서 특혜를 주기도 했고, 또 '토지' 일반이 아닌 '농지'만을 대상으로 삼는다는 점을 악용해 자기 소유 농지를 비농지로 전환시키는 등의 각종 편법을 사용해서 환수를 모면한 경우도 적지 않았다. 그리고 토지분배의 대상이 기존의 농민들, 즉 소작농들에게 국한되면서 '머슴'이라는 이름으로 지주의 농업경영에 부속되어있던 이들이 배제되어 이들이 불만세력으로 대두되는 등의 한계가 나타나기도 했다. 하지만 불과 1년 만에 전국 농지에서 자영농지의 비율이 30%에서 96%까지 증가했을 만큼 농지개혁의 효과는 대단했다.

물론 농지개혁을 통해 농민들의 모든 문제가 해결될 수 있는 것은 아니었다. 산업화와 경제개발 등의 필요에 의해 농산물 가격을 낮게 유지함으로써 농민들의 희생을 강요하는 정책이 지속되었고, 농민들의 경제적 곤란은 그 이후로도 좀처럼 개선되지 못했다. 하지만 '내 땅에서 농사짓고 싶은' 농민들의 아주 오래된 꿈이 이루어짐으로써 지주와 소작농 사이의 고질적인 계급 문제가 해소된 것은 중요한 진전이었고, 이후 시장경제가 성장할 수 있는 배경이 되기도 했다.

농지개혁이 발휘한 힘은 의외로 6.25 전쟁 과정을 통해 입증되었다. 농지 개혁법이 시행된지 얼마 되지 않아 6.25 전쟁이 발발하고 북한의 선전요원들은 북한에서 이루어진 토지개혁의 성과를 주로 선전했지만, 이미 각자 자신의 땅을 가지게 되었고 그래서 그것을 지키고 싶은 열망을 가지게 된 남한의 농민들은 별다른 매력을 느끼지 못했던 것이다. 남침이 시작되면 남한 농민들의 광범위한 지지를 통해 승기를 굳힐 수 있다고 믿었던 북한 정권의 계산이 어긋난 셈인데, 그런 점에서 농지개혁의 성공은 남북 체제경쟁에서의 완패 위기를 모면하게 해준 극적인 한 장면이었다고 할 수 있을 것이다.

제 2대 국회의원 선거:
(1950년 5월 30일)

　한국에서 처음 선거를 통한 평화적 정권교체가 이루어진 것은 민주당의 김대중 후보가 대통령으로 당선된 1997년 대통령 선거였다. 헌법이 제정되고 정부가 수립된 1948년으로부터 무려 50여 년의 세월이 흐른 뒤였다. 다시 말해 그 50여 년의 세월 동안 한국에서는 자유경쟁하는 정당들을 통해 국민의 의사가 정치과정에 반영되는 대의민주주의 제도가 정상적으로 작동하지 못했다고 말할 수 있다. 물론 그 원인은 그 기간 동안 반복된 정권의 위헌적 독재통치와 군사정변들에서 찾을 수 있다.

　그렇다면 그런 악순환을 막을 수 있었던 첫 번째 순간을 찾아 거슬러 올라가본다면 어떨까? 첫 단추를 성공적으로 꿰어 선거에 의한 평화적 정권교체의 전통을 일찌감치 만들 수 있었던 첫 번째 기회는 언제였을까?

　1950년 5월 30일 치러진 제 2대 국회의원 선거는 이승만 대통령 중심으로 이끌어온 대한민국 초대 정권의 2년간의 통치에 대한 첫 번째 국민적 평가라고 할 수 있었다. 1948년 5월 10일에 38도선 이남 지역에서만 치러진 제헌선거는 김구를 비롯해 단독정부 수립을 반대하는 정치세력이 대거 불참한 가운데 치러졌고, 그 결과 단독정부 수립을 적극적으로 주장한 이승만과 그 추종세력들이 주류를 형성할 수밖에 없었다.

그 제헌의회에서 치러진 간접선거를 통해 초대 대통령으로 선출된 이승만은 농지개혁을 추진해 경자유전의 원칙을 확립하는 등의 성과를 거두기도 했지만 경찰력을 장악하기 위해 반민특위를 해산하는 위헌적인 폭압을 저지름으로써 친일청산이라는 민족적 과제를 무너뜨렸고 제주 지역에서 계속되던 민중항쟁에 대한 유혈진압 강행은 국군이 분열해 무력충돌로 비화한 여순사건으로 확산되는 파국적 결과를 낳기도 했다. 그런 실정에 대한 국민들의 부정적 평가가 팽배한 가운데 2년 전 선거를 거부했던 여러 정파들이 두루 참여하게 됨으로써 그 선거는 이승만 대통령에게 불리하게 전개될 것으로 누구나 예상할 수 있는 상황이었다. 더구나, 대중적으로 명망 높았던 독립운동가이자, 임시정부 주석을 지낸 김구를 암살한 배후에 이승만이 있다는 인식이 널리 퍼진 것도 이승만에게는 불리한 요인으로 작용하고 있었다.

정권에 대한 심판의 여론이 높았던 만큼 투표율도 대단히 높아서 91.9%에 달했다. 이승만은 애초에 자신을 중심으로 하는 집권 여당의 필요성을 느끼고 있었지만 창당 과정에서 신익희, 지청천 등의 지도자들과 갈등이 빚어지자 그 무렵에는 자신을 일체의 파당과 무관한 초당적 지도자로 선전하고 있었다. 하지만 창설 초기부터 이승만이 주도해온 대한독립촉성국민회와 그것을 토대로 창당된 대한국민당이 일반적으로는 이승만 지지세력으로 분류되었다.

2년 전에 비해 10석 늘어난 총 210석을 선출한 그 선거에서 이승만의 지지세력은 대한국민당이 24석, 대한독립촉성국민회가 14석을 차지한 것 외에 역시 이승만의 주도로 지청천과 이범석 등이 이끌던 여러 우익청년단체들을 통합해서 만든 대한청년단 10석과 이승만을 지지하는 여성인사들이 만든 대한여성국민당 1석을 포함해도 모두 57석을 차지하는 데 불과했다. 각 정당들이 보유하고 있던 의석의 절반 이상을 잃은 참패였다.

그 외에 과거 한민당 소속이었던 인사들을 중심으로 구성되어 신익희가 이끌던 민주국민당이 24석을 얻었는데, 그들은 당시로서는 확실히 이승만과는 결별하고 있었지만 2년 전만 해도 이승만을 지지했던 이들 중에서 의견 차이를 보이며 이탈한 이들이었다는 점에서 명확히 '야당'으로 분류하기도 어려웠다.

그래서 이승만에 대한 비판적인 민심은 정당이 아닌 무소속에게, 그리고 기존 의원이 아닌 신인에게 향하는 것으로 나타났다. 그 선거에서 당선된 무소속 의원은 전체 의석의 절반이 훨씬 넘는 126명이었고, 1대에 이어 재선된 의원의 수는 31명뿐이었다.

선거 열흘 뒤인 6월 10일 개회된 국회에서 이루어진 국회의장 선거에는 10명의 후보가 나서 각축을 벌였지만 1차 투표를 거쳐 민주국민당의 신익희와 사회당의 조소앙, 무소속의 오화영의 대결로 압축되었고, 결국 109표로 과반의 지지를 얻은 신익희가 선출되었다. 부의장은 나란히 무소속이었던 장택상과 조봉암이었다.

이승만 지지세력 중에서는 유력한 후보가 나타나지 못했고, 원내 3석에 불과했던 비주류정당인 사회당의 조소앙이 국회의장 선거 2차 투표에서 57표나 얻은 것에서 볼 수 있듯이 원내 과반을 차지한 무소속 의원들의 성향은 뚜렷하게 반이승만적이었다고 볼 수 있다.

이러한 선거 결과는 이승만에게 재앙과도 같았다. 당시 헌법에 따르면 대통령은 국회에서 의원들의 투표로 선출하도록 되어 있었기 때문이다. 지지세력과 우호세력을 최대한 끌어모은다고 해도 원내 1/3에도 미치지 못하는 상황 속에서 1952년 7월에 치러질 대통령 선거에서 이승만의 재선은 불가능할 수밖에 없었다.

하지만 이승만의 입장에서는 기적과도 같은 격변이 일어났고, 그 격변이 만든 빈틈으로 경찰력을 동원한 과감한 승부수를 던져 정권 연장과 독재체제 공고화에 성공하는 결과를 만들어낸다. 격변은 2대 국회가 개원한 지 불과 보름만에 터진 6.25 전쟁이었고 이승만이 던진 승부수는 부산정치파동을 통한 직선제 개헌이었다.

6.25 전쟁:
(1950년 6월 25일)

1950년 6월 25일, 남한과 북한의 행정권이 미치는 영역의 경계선 역할을 하던 위도 38도선 전 구간에 걸쳐 13만 5천여 명에 달하는 북한 인민군의 전면적인 남침이 시작되었다. 그리고 그 사흘 뒤인 6월 28일에 수도 서울이 함락되고 7월 5일부터는 순차적으로 미군과 연합군들이 지원하기 시작했음에도 불구하고 끊임 없이 밀리면서 3개월이 채 되기도 전인 7월 말까지는 낙동강 이남을 제외한 경상북도의 일부와 호남, 강원, 충청 등 국토의 대부분을 내주었다. 하지만 8월 초부터 9월 중순까지의 낙동강 방어선을 잘 막아낸 뒤 9월 15일에 인천 상륙작전을 성공시키며 반전의 기회를 잡았고, 9월 29일에는 서울을 탈환했으며, 그 기세를 몰아 10월 말에는 압록강변까지 진격했지만 중국이 보낸 지원군에 밀려 다시 후퇴한 이후 중부지방에서 전진과 후퇴를 거듭하는 지루한 소모전을 시작했다. 그리고 그 뒤로 다시 2년여간 수많은 젊은이들이 죽고 죽이기를 반복한 끝에 1953년 7월 27일, 애초에 전쟁이 시작되었던 시점의 경계와 유사한 현재의 휴전선을 경계로 휴전이 성립되어 오늘에 이르고 있다.

이상과 같이 간단히 정리해본 3년간의 전쟁에 대해 우리가 기억해야 할

점들은 다음과 같다.

첫째. 이 전쟁은 이미 2, 3년 전부터 군대를 훈련시키고 소련제 무기를 확보하며 치밀하게 준비한 북한의 김일성 정권이 무력통일을 노리고 감행한 침략전쟁이다. 이 사실에 대해서는 러시아와 중국과 미국의 기밀정보가 대부분 해제된 오늘날 객관적 자료와 증거들로써 어떤 이론의 여지도 없이 입증되고 있다.

둘째. 전쟁 직후 이승만 정권은 무능했고, 무능했기에 비겁했으며, 비겁했기에 자국민에 대해서만 잔혹하게 굴며 비겁함을 가리려 했고, 그렇게 저지른 전쟁범죄가 너무 컸지만, 일말의 반성도 사죄도 없었다. 즉, 전쟁을 일으킨 것은 북한이었고 전쟁으로 인한 모든 피해에 대한 1차적인 책임도 김일성에게 있다. 그렇다고 해서 대한민국의 국민들이 감수해야 했던 수많은 고통에 대한 이승만의 책임이 조금도 경감될 수는 없다.

셋째. 전쟁은 휴전이라는 형태로 애매하게 끝났고, 그 결과 남쪽과 북쪽의 권력자 어느 쪽에 대해서도 책임을 묻지 못했으며, 오히려 두 권력자는 전쟁의 기억을 활용해 각자의 권력기반을 더욱 강화하고 도전세력을 분쇄하는 명분으로 삼았다. 그 영향으로 한반도는 남과 북으로 분단되어 끊임없이 전쟁의 공포에 시달리며 전쟁 준비에 막대한 경제적 사회적 비용을 지출해야 했을 뿐 아니라, 각자 전쟁의 위기를 핑계삼는 독재권력의 전횡을 감수해야 했고, 사상과 표현의 자유마저 상당 부분 희생당하는 비극적인 상황 안에 머물러야 했다. 물론 좀더 거시적으로 본다면, 한반도만이 아닌 중국과 대만, 베트남과 일본 등 아시아 대부분의 지역에 냉전 구도의 파급력이 가장 오래 가장 강하게 미치게 되는 매개 역할을 한반도가 했으며 각 나라에서 인권과 노동과 평화 등을 요구하는 이들이 잔인한 박해를 받는 가장 큰 요인 역시 한국에서 일어났던 전쟁과 그 이후의 분단체제였다.

여기에서는 그 중 두 번째 대목인, 전쟁 중에 드러났던 이승만 정권의 무능함과 비겁함과 잔혹함에 대해서만 짧게 설명해보도록 하자.

우선 무능함이다. 북한의 남침은 충분히 준비된 것이었고, 또 치밀하게 계획된 것이었다. 국군은 전혀 가지고 있지 못했을 뿐 아니라 대응방법도 없었던 소련제 T-34 전차 242대를 비롯한 압도적인 무기를 북한군은 갖추고 있었으며, 국군 병력의 상당수가 휴가와 외출로 자리를 비운 일요일 새벽을 택해 전선 전 구간을 통해 전면적인 기습을 감행했다. 따라서 초기 열세는 피할 수 없는 것이었다. 하지만 기습으로 인한 초기 패전의 피해보다도 더욱 큰 손실을 자초한 것은 정부와 국군 수뇌부의 무능이었다.

무기와 병력의 부족 때문에 열세에 처했다면 조직적인 후퇴작전을 통해 후방의 일정한 지점에 다시 방어선을 마련하고 그 방어선에 병력과 장비를 집중시켜 다시 결전을 벌이거나, 혹은 그 후방에 설정한 또다른 방어선을 강화하기 위한 시간을 버는 것이 전략적 상식이다. 하지만 당시 국군은 서울 시내에서 외출한 병사들을 마구잡이로 잡아들여 트럭에 실어 무작정 전선으로 투입하는 '축차투입'이라는 실수를 저질렀다. 10이라는 전력의 적군을 상대하기 위해 우리도 10 혹은 11이나 12의 전력을 모아서 재도전하는 것이 아니라, 1이나 2에 불과한 전력을 열 번 스무 번으로 나누어 적진으로 밀어넣는 실수를 했다는 의미다. 10대 10의 대결은 승패를 예측할 수 없지만 10대 1의 대결은 열 번이 아니라 수십 번을 반복해도 질 수밖에 없으며 단지 아군의 전력만 소진될 뿐이라는, 고대 병법에서도 강조하는 사실을 국군 수뇌부는 몰랐거나, 냉정을 잃고 무시했던 것이다.

'축차투입'에 이은 또 하나의 실책은 성급한 한강대교의 폭파였다. 6월 28일 새벽 2시, 국군은 한강 북쪽과 남쪽을 연결하는 유일한 길이었던 한강대교를 폭파해버렸다. 인민군의 진군을 한강선에서 막고 지연시키기 위한 당연한 선택이었다. 하지만 문제는 피란민들을 미처 충분히 대피시키지 못한 상태에서 발파가 이루어짐으로써 77명의 경찰과 군인을 비롯해 정확히 파악하기 어려운 무고한 희생자를 냈다는 점이었고, 두 번째 문제는 그 시간까지도 한강 이북의 곳곳에서 인민군을 막아내기 위한 격전을 치르고 있던 국군들의 퇴로가 차단되어버렸다는 점이다. 예컨대 문산 방면에서 27일까지 북한군의 진격을 성공적으로 저지하고 있던 육군 1사단의 경우에도 한강다리가 끊어지자 모든 중화기와 차량 등의 장비들을 포기한 채 '각자 살아 남아서 한강 남쪽에서 다시 만나자'는 사단장 백선엽의 명령에 따라 헤엄을 치거나 뗏목에 몸을 싣고 한강에 뛰어들어야 했을 정도였다. 결국 국군은 개전 이후 인민군의 화력에 의해 입은 손실보다 오히려 더 많은 병력과 장비를 한강 이북에서 잃어버린 채 도망치듯 한강을 건너거나 한강 북쪽에서 소멸했고, 그 실패는 한강 방어선마저 붕괴된 7월 초부터 한 달 이상 연전연패하며 후퇴보다는 도주에 가까운 속도로 국토를 내준 가장 큰 이유가 됐다. 더구나 한강대교가 폭파되던 그 시점에 아직 인민군은 서울로 진입하지 못하고 있었기에, 너무 성급한 결정으로 너무 큰 손실을 감수해야 했던 어리석은 행동이었다.

둘째는 비겁함이다. 전쟁에 대한 무능한 대응이 파괴적인 피해로 돌아올 것임은 이승만 대통령 자신도 잘 알고 있었고, 그래서 그는 누구보다도 빠르게 몸을 피했다. 평소 북진통일을 주장하며 미국에 무기 지원을 지속적으로 요청하고 있을 만큼 호전적이었던 그는 6월 25일 오전 10시 경복궁 경회루에서 낚시를 즐기다가 남침 사실을 보고받았지만 별다른 대응 없이 하루를 평소처럼 보냈고, 이튿날인 6월 27일 새벽 2시쯤에 급히 찾아온 서울시장 이기붕과 경무국장 조병옥으로부터 인민군이 곧 서울에 들어올 것 같다는 보고를 받고서야 부랴부랴 짐을 챙겨 3시 30분 서울역에서 특별열차를 타고 대전으로 피난을 떠났다. 그 날 아침에 '수도 서울 사수'를 결의한 국회의원들이 결의문을 전달하기 위해 경무대를 찾아왔을 때 이미 이승만은 대전에 도착해 있었을 정도로 극비리에 이루어진 '도망'이었다. 더구나 대전에 도착한 이승만은 대국민연설을 녹음해 라디오를 통해 그 날(27일) 밤 10시부터 11시 사이 반복해서 송출했는데, 내용은 이런 것이었다.

> "맥아더 장군은 우리에게 수많은 유능한 장교들과 군수 물자를 보내는 중입니다.
> 이는 빠른 시일 내에 도착할 것입니다. 나는 이 좋은 소식을 국민에게 전하고자
> 오늘 밤 이렇게 방송을 드리는 것입니다."

자신이 이미 서울을 빠져나왔다는 사실은 물론 전황이 불리하게 돌아가고 있고, 곧 서울이 함락될 것이라는 사실을 알리는 내용도 전혀 없었다. 오히려

미군 전차 앞에서 아이를 업고 있는 소녀의 모습. 김일성의 야욕으로 인해 벌어진 전쟁으로 수많은 인명피해를 낳았고, 이승만 정부 역시 국민을 지키지 못하는 무능한 대처로 큰 비극을 낳았다.

그 방송을 들은 많은 서울 시민들은 '대통령도 아직 서울에 있다'고 생각하고 피란 계획을 늦추기까지 했다. 하지만 이미 27일 오후 3시쯤 창동 방어선이 붕괴되었고 이튿날인 28일 새벽에는 미아리 방어선마저 돌파되면서 인민군의 서울 시내 진입이 시작되었다. 피란을 미루고 단잠에 빠져들었던 많은 서울 시민들이 일어났을 때는 이미 곳곳에 태극기를 대신해 인공기가 휘날리고 있었다.

셋째는, 무능함과 비겁함의 결과로, 혹은 그것을 감추기 위해 유감없이 발휘되었던 잔혹함이다. 이승만 정권은 전쟁이 터지자 전국의 형무소에 수용되어있던 정치범들과 보도연맹에 가입시켜 관리하던 좌익 활동 전력자들을 조직적으로 살해하기 시작했다. 그들이 북한의 편에 설 것을 두려워했기 때문이지만, 그 강도가 강해지고 범위가 넓어지면서 학살행위는 단순한 보복이거나 분풀이, 혹은 정권의 실정 은폐를 위한 수단으로 남용되었다. 훗날 박정희 정권에 의해 일체의 관련 자료가 폐기되어 구체적인 추정조차 어렵게됐지만, 보도연맹 관련 사망자만 최소 20만에서 최대 120만 명에 이를 정도이며 거창 등지에서 인민군에 부역했다는 의심만으로 이루어진 민간인 학살을 모두 포함시킬 경우 1961년 '전국피학살유족회'가 자체 집계한 것만으로도 114만 가량에 이른다. 일가족이 모두 학살당하거나 유족회에 참여하지 않은 이들의 가족이 포함될 수 없었던 것은 물론이다.

하지만 이러한 무능함과 비겁함과 잔혹함에 대해 이승만과 그 정부는 단한 번도 반성을 하거나 사죄하지 않았으며, 오히려 그 전쟁과 그로 인해 고착화된 분단체제를 평계 삼아 자신에게 도전하는 이들을 '간첩'으로 몰아세워 핍박하는 일을 반복했다. 심지어 그의 정부에서 장관으로 함께 일했던 조봉암을 간첩으로 몰아서 죽이고 진보당을 해산해버린 1956년의 일은, 전쟁이 끝난 이후에도 이승만이 그것을 어떻게 활용해갔는지를 보여주는 대표적인 사례다.

1950년의 전쟁은 그 자체만으로도 충분히 끔찍한 비극이었지만, 그 비극을 막고, 줄이고, 치유했어야 할 이승만 정권의 무능과 비겁함과 잔혹함과 부도덕함에 의해 몇 배 더 큰 상처를 오랜 세월에 걸쳐 우리에게 남기고 있다.

제 2대 대통령 선거:
(1952년 8월 5일)

2대 국회에서 이승만을 지지하는 세력이 차지한 의석은 아무리 많게 잡아도 1/3을 넘지 못했고, 국회의원들의 간접투표를 통해 대통령을 선출하던 당시의 헌법 아래서는 이승만이 재선되는 것은 불가능했다. 하지만 이승만은 권력의지를 조금도 늦추지 않고 있었기에 그가 선택할 수 있는 길은 한 가지, 개헌 뿐이었다. 하지만 헌법을 개정할 권한 역시 국회의원들에게 있었기 때문에 그것 역시 곤란하기는 마찬가지였다.

보다 조직적인 친위세력의 필요성을 느낀 이승만은 1951년 12월에 자유당을 창당하고 무소속 의원들을 적극적으로 끌어들이려고 했지만 결국 실패하고 원외에서 직선제 개헌운동을 배후조종하는 방식으로 움직였다. 그리고 1952년 1월 18일에는 국회에 대통령 직선제 개헌안을 상정했지만 찬성 19표 반대 143표의 압도적인 격차로 부결되면서 다시 한 번 좌절하고 말았다. 게다가 이승만의 정권연장에 반대하는 의원들은 아예 대통령제를 의원내각제로 바꾸는 개헌안을 제출함으로써 맞불을 놓았는데, 그 개헌안은 가결될 가능성이 높았고 그렇게 된다면 이승만은 곧바로 실각할 위기에 처한 셈이었다.

부산에서 국회해산을 요구하는 데모대를 향해 해산을 요구하는 장택상 총리의 모습.

결국 이승만이 마지막으로 의존할 수 있는 것은 국군 특무대와 경찰의 힘이었다. 전쟁은 군과 경찰의 힘을 키우는 배경이 됐고, 이승만은 그들을 자신의 수족으로 부리는 데 비상한 능력을 발휘했다. 이승만은 원외 세력인 자유당 조직과 정치깡패들까지 동원해 국회해산을 요구하는 관제데모와 소요사태를 벌였고, 지리산 빨치산이 임시수도 부산까지 잠입했다는 거짓 정보를 근거로 부산과 경남지역 일대에 계엄령을 선포하며 공포분위기를 조성했다. 그리고 개헌투표가 이루어지기로 되어있던 1952년 5월 26일 주로 이승만에 반대하던 국회의원 50여 명이 타고 있던 통근버스를 통째로 헌병대로 연행한 다음 그 중 10명에게 '국제공산당 관련자'라는 누명을 씌워 구속시켜버리는 폭거를 저질렀다.

그런 공포분위기 속에서 국무총리 장택상은 여당과 야당이 제출한 개헌안 중 몇 가지 요소를 골라서 만든 일명 '발췌개헌안'을 만들어 표결에 부치고 '개헌안이 통과되지 않으면 국회가 해산될 것'이라고 협박하며 의원들을 압박했다. 애초에 여당은 대통령직선제와 단원제 국회를, 야당은 의원내각제와 양원제 국회를 개헌안에 담고 있었는데 장택상이 제시한 것은 그 중 대통령직선제와 양원제를 모아서 만든 개헌안이었다.

결국 의원들은 이승만 정부의 협박에 굴복했고, 개헌안에 대한 표결은 찬성하는 의원이 기립하는 방식으로 이루어져 163명이 찬성하고 3명이 기권함으로써 통과되었다. 개헌안이 통과되자 이승만 정부는 곧바로 구속됐던

10명의 의원들을 석방했고, 계엄령 역시 해제했다.

원래 독재정치란 권력이 집중된 형태를 가리키는 말이지만, 보다 흔히 쓰이는 용법은 '불법적인' 방식의 권력행사방식에 관한 것이다. 말하자면 권력자의 공공연한 반칙 행위를 가리켜 흔히 '독재적'이라는 표현을 한다. 그런 의미에서 한국정치사에서 나타난 첫 번째 독재적 권력행사의 명확한 사례로서 들 수 있는 것이 바로 1차 개헌 과정인데, 그것을 가장 광범위하게 표현하는 개념은 '부산정치파동'이다. 전쟁중 임시수도 부산에서 벌어진 정치적 파행이었다는 의미다.

하지만, 보다 정확하게 표현한다면 그것은 이승만이 특무대와 헌병, 경찰력을 동원해 국회의원들을 협박해 강제로 개헌을 이끌어낸 일종의 '친위쿠데타'라고 할 수 있다. 정치과정에 가장 노골적인 방식으로 행정력과 폭력이 동원되어 결정을 뒤바꾼 사례였다.

그 개헌의 결과로서 이루어진 것이 제2대 대통령 선거였다. 초대 대통령이 국회에서 선출되었던 것과 달리 그 해의 선거는 한국정치사에서 최초로 국민들이 직접 자신의 손으로 최고권력자를 뽑은 사건이 되었다. 하지만 그것이 1987년에 그랬던 것처럼 민주주의를 회복하는 과정이 아니라, 반대로 민주주의를 무너뜨리고 유린하는 과정에서 이루어졌다는 점은 역사의 아이러니라고 할 수 있겠다.

아직 전쟁 중이던, 그래서 경기도와 강원도에 걸쳐 형성된 최전방 일대에서 언덕 하나 능선 하나를 빼앗기 위해 매일 수백 명이 죽어나가던 1952년 8월 5일 대통령을 선출하기 위한 전국민 직접선거가 이루어졌다. 후보는 이승만 외에 조봉암, 이시영, 신흥우가 출마했고 74.6%를 득표한 이승만이 압도적인 표차로 대통령에 재선되면서 마무리되었다. 2위는 11.3%를 득표한 조봉암이었고 3위는 10.9%를 득표한 이시영, 4위는 3.1%의 신흥우 순이었다.

득표율은 압도적이었지만 이승만에 대한 국민적 지지가 높았다고 보기는 어렵다. 지역별 득표율을 보면 부산을 비롯해 마산, 대구 등 영남 일대와 광주, 여수 등의 대도시 지역에서는 이승만이 과반수를 득표하지 못하거나 조봉암, 이시영에 밀리는 결과가 나타났기 때문이다. 부산정치파동의 내막이 알려진 지역에서는 이승만에 대한 비판 여론이 팽배했던 반면, 전쟁 와중에 정치소식에 둔감했던 전선 일대와 지방에서는 여전히 현직 대통령에 대한 재신임 여론이 높았던 것이다. 역시 전쟁 중이라는 특수한 환경에서는 현직 대통령이 가지는 프리미엄은 클 수밖에 없었기 때문이다.

그 선거의 결과로 이승만은 1956년까지 다시 4년간의 임기를 보장받을 수 있었고, 잘못된 방식으로 정권을 연장하는 데 성공한 경험은 더욱 위험한 시도를 계속하게 만드는 동기로 작용했다.

제 3대 국회의원선거:
(1954년 5월 20일)

대한민국의 역사에서 이론의 여지 없이 분명하게 '부정선거'라는 이름을 붙일 수 있는 첫 번째 선거가 1954년 5월 20일에 치러졌다. 물론 그 이전의 선거들이라고 해서 모두 공정하고 깨끗하게 치러졌다고 할 수는 없다. 경찰을 비롯한 공무원들이 정치적 중립을 지켜야 한다는 인식 자체도 희박했고, 막걸리 한 잔에 소중한 표를 팔아넘기는 유권자들도 있었다. 하지만 공권력을 동원해 경쟁 후보와 유권자들을 협박함으로써 선거 결과를 왜곡한 목적의식적인 선거부정행위가 공공연하고 광범위하게 이루어진 것은 이 때부터였다.

2년 전의 '발췌개헌'을 통해 양원제가 도입되면서 참의원과 민의원을 선출해야 했지만 그 해에는 203명의 민의원만이 선출되었다. 소선거구제는 유지되었고, 정당공천제가 처음으로 시작되었다. 그 이전에도 후보자들이 소속 정당을 내걸고 선거운동을 벌였지만, 정당의 공천을 받은 한 명씩만이 입후보할 수 있었던 것은 아니었다. 그래서 한 지역구에 두 명 이상의 후보들이 같은 정당의 간판을 달고 경쟁하는 일도 흔히 있었다.

이승만 대통령이 직선제 개헌을 위해 만든 자유당이 여당으로서 참가했고, 의원내각제 개헌안을 중심으로 모여있던 민주국민당이 주요 야당으로서 경합했다. 하지만 애초에 공정한 경쟁이 될 수는 없었는데, 이미 경찰과 군의 힘을 빌어 직선제 개헌을 이루며 재집권에 성공한 데 이어 권력기반을 확실히 다지려는 이승만의 권력의지가 분명했던 반면, 부산정치파동 과정에서 물리력 앞에서 무기력하게 굴복했던 야당의 저항의지는 이미 꺾여 있는 것이나 다름 없었다.

당시 선거를 표현했던 가장 흔한 말은 곤봉선거, 혹은 몽둥이 선거였다. 선거의 전 과정에 경찰이 깊숙이 개입했고, 유권자와 야당 선거운동원들을 향해 거침없이 경찰봉을 휘두르며 공포분위기를 조성했기 때문이다. 선관위 직원들은 특히 비타협적인 야당 정치인들의 후보등록서류를 아예 받아주지도 않았으며, 우여곡절 끝에 후보 등록을 하고 선거운동을 시작하면 어디선가 각목부대가 나타나서 휩쓸어버렸고, 투표장에는 미리 여당 후보를 찍은 표가 그득그득 담겨있는 투표함이 놓였다. 투표장에 들어서는 유권자들은 3인조나 6인조로 짝을 지어 릴레이로 투표를 함으로써 여당투표 '인증'을 했고, 개표요원들은 손에 미리 묻힌 인주로 야당 표를 더럽혀 무효표로 바꾸기도 했다. 그러다 보니 여당과 야당의 득표수를 합한 것이 총투표수와 맞는 경우가 드물었으며, 여당 후보의 득표수만으로도 총투표수를 넘기는 일조차 종종 벌어졌다.

3대 국회의원 선거 과정에서 경찰이 범죄혐의로 체포한 사람이 3,400여 명에 달했는데, 그 대부분이 야당 소속이었음은 물론이었다. 심지어 이승만 정부에서 교통부 장관과 사회부 장관을 지내고 전쟁중에 국무총리 서리를 역임하기까지 했던 허정은 선거운동원이 경찰에 연행되어 고문을 당한 끝에 죽음에 이르게 되자 결국 출마를 포기했을 정도였다. 이승만 정부에서 농림부 장관을 지내며 농지개혁을 주도했던 조봉암 역시 선거운동원이 고문 끝에 살해당했고, 후보등록 서류를 빼앗겨 입후보에 실패하기도 했다.

결국 선거 결과 총 의원 수 203명 중 56.2%에 해당하는 114석이 자유당에 돌아갔고, 야당인 민주국민당이 얻은 의석은 그 10분의 1에 불과한 15석이었다. 그 외에 무소속이 67명으로 여전히 많았지만 공천제가 실시된 영향으로 이전 선거에 비해서는 상당히 줄어들었다.

자유당의 독주에도 불구하고 선거 결과는 이승만에게 충분히 만족스러운 것은 아니었다. 이승만은 언제든지 개헌을 할 수 있는 2/3 이상의 절대다수 의석을 원했고, 그러기 위해 확보해야 하는 것은 136석이었지만 온갖 불법적인 수단을 모두 동원하고도 22석이 부족했기 때문이다.

그런 의미에서 3대 국회의원 선거는 이승만 정권에게 있어서 '절반의 성공'이라고 할 만했다. 공권력을 활용해서 의회의 절대다수 의석을 확보하려는 첫 번째 시도에 성공했다는 점에서는 성공이었지만 헌법을 마음대로 좌지우지할 수 있는 수단까지 확보하는 데는 실패했기 때문이다. 그리고 바로 그런 자신감과 한계는 이승만 정권이 점점 더 과감한 부정과 무리를 감행하게 되는 원인이 된다. 이승만의 영구집권을 위한 거듭 시도되며 점점 더 악랄해진 개헌과 부정선거의 과정들 말이다.

제 2차 개헌:
(1954년 11월 27일)

 3대 국회의원 선거에서 이승만이 공권력을 동원한 노골적인 부정을 감행하면서까지 개헌선 확보를 열망했던 데는 이유가 있었다. 2년 전 부산정치파동을 일으켜 의원들을 납치하고 구속하고 협박해가면서까지 헌법을 개정해 대통령 선출 방식을 직선제로 바꿈으로써 재선에 성공하긴 했지만, 그 두 번째 임기를 채운 뒤에도 권좌에서 물러날 생각은 없었기 때문이다. 이미 두 차례 임기를 마치게 되는 그가 권력을 연장하기 위해서는 여전히 헌법에 남아있는 '1차 중임할 수 있다'는, 즉 재선까지만 가능하게 되어있는 헌법 제55조의 조항을 바꾸어야만 했다. 따라서 이승만 정부는 위의 조항에 '이 헌법공포당시의 대통령에 대하여는 제55조제1항 단서의 제한을 적용하지 아니한다'는 부칙을 더하는 내용의 헌법개정안을 발의해 1954년 11월 27일 국회 본회의의 의결에 부쳤다.

 헌법을 개정하기 위해 필요한 의석 수는 136석이었고, 따라서 자유당 소속 의원 전원이 개헌에 찬성한다고 가정할 경우에도 무소속 의원들 중 최소한 22명을 끌어들여야 했다. 그래서 선거 직후부터 개헌 찬성표 확보를 위해 회유와 협박을 두루 동원한 총력전을 벌인 끝에 11월 중순 이후 내부적으로 최소 137표를 확보했다는 계산을 끝냈던 것이다.

하지만 표결 결과는 완전히 그 예상을 빗나간 것이었다. 재적의원 203명 중 찬성 135명, 반대 60명, 기권 7명, 무효 1명으로 집계된 것이다. 자유당 지도부가 원래 확보했다고 믿은 찬성의원 가운데 최소 2명이 반대표를 던졌거나 기권했거나, 아니면 무효로 처리가 된 것이다.

결국 개헌 표결은 부결되었고 이승만의 집권연장 의도는 무산되었다. 자유당 소속의 국회부의장 최순주에 의해 부결 선언이 이루어지기도 했을 정도였다. 하지만 이튿날인 28일 열린 자유당의 긴급의원총회에서 '203의 2/3은 135.333이고 이를 사사오입(반올림)하면 135이기 때문에 135명의 찬성은 2/3 이상의 찬성이라고 보아야 한다'는 억지 논리가 등장했다. 그에 따라 법무부 장관 조용순도 인하공대 이원철 교수와 서울대 수학과의 최윤식 교수의 의견까지 동원하며 '개헌선은 135명'이라는 유권해석을 새로이 내놓았고, 11월 29일 다시 열린 본회의에서 이틀 전의 부결선언을 취소하고 다시 가결을 선언하고 말았다. 야당 의원들이 단상으로 뛰어올라 사회를 보던 최순주 부의장의 멱살을 잡아 끌어내리고 거듭 부결을 선언했지만, 곧 경찰들의 손에 다시 끌려나가며 무력함을 곱씹는 수밖에 없었다. 그 날의 사건이 '3차 개헌'이라는 이름보다 '사사오입 개헌'이라는 이름으로 더욱 널리 알려지고 기억되게 된 사연이다.

'곤봉선거'라는 공포극을 벌인 끝에 벌인 무대에서 '사사오입 개헌'이라는 희극으로 마무리한 영구집권의 시나리오는 이후 또다른 부정선거와 폭압정치를 예고하는 신호탄이 될 수밖에 없었다. 하지만 동시에 너무나도 명백한 무리수를 통해 국민적인 반감을 불러일으킨 것은 어쩔 수 없었고, 그런 광범위한 국민적 관심은 무기력증에 빠져있던 야당 정치인들이 다시 조직화하는 계기를 만들었다.

우선 야당인 민주국민당을 중심으로 무소속에 머물고 있던 정일형 등의 반이승만 성향의 의원들이 결집하고, 사사오입 개헌이라는 무리수에 염증을 느끼고 자유당을 탈당한 김영삼과 민관식, 현석호, 이태용 등까지 합류하면서 민주당이라는 통합야당의 간판을 올리게 되었다.

사사오입 부정개헌에 항의하며 국회부의장 최순주의 멱살을 잡은 이철승 국회의원의 모습.

그 이전까지 한국의 정당구조는 매우 혼란스러웠고, 지금과 같은 여당과 야당 혹은 진보와 보수로 구분하기 어려웠다. '신탁통치'과 '단독정부수립'이라는 쟁점을 두고 극단적으로 대립하고 갈등하는 과정에서 남로당을 비롯한 좌익 계열 정치세력은 물론이고 여운형, 안재홍, 조소앙 등의 중도파와 김구 등의 우익 민족주의 계열까지 모두 제거되다시피 한 상황에서 정당들은 몇몇 정치지도자들을 중심으로 한 개인적인 인연과 친소관계에 따라 이합집산되고 있었기 때문이다. 하지만 이승만의 거듭된 노골적 반칙행위는 한국의 정치엘리트들을 '이승만의 독재정치에 대한 동조와 비판'이라는 기준으로 재편성했고, 그 두 축이 자유당과 민주당으로 형성된 것이다.

이후 자유당은 4.19 혁명 이후 소멸되었지만 이후 군사정변을 통해 권력을 장악한 박정희와 전두환은 이승만이 자유당을 조직해 자신의 친위세력을 만든 것과 유사한 방식으로 공화당과 민주정의당을 만들어 운영했고, 그 안에 속했던 정치인들은 소속 정당이 몰락한 이후에도 비슷한 방식으로 운영되는 집권 정당으로 흡수되어 정치생명을 이어갔다. 그 계보는 노태우 대통령 당시에 재조직된 민주자유당 이후 최소한의 당내 민주주의를 발전시키며 보수 민간정당으로 성장해 오늘에 이르고 있다.

반면 훗날 박정희 정권기의 신민당과 전두환 정권기의 신한민주당을 거쳐 김대중, 노무현, 문재인 대통령을 배출한 현재의 민주당이 역사적 뿌리로 삼는 것이 바로 1954년의 개헌 파동을 거쳐 1955년에 창당된 '민주당'이다.

결국 오늘날 한국 정치의 특징인 양당제 질서가 시작된 시점이 바로 1954년이라고 할 수 있는데, 그런 의미에서 사사오입 개헌의 여파는 오늘날까지도 지속적으로 전해지고 있다고 이야기할 수도 있겠다.

제 3대 대통령 선거:
(1956년 5월 15일)

'사사오입 개헌'을 통해 이승만은 다시 한 번 정권을 연장할 기회를 얻었고, 그 기회를 살리기 위해 대통령 선거라는 관문을 다시 한 번 통과해야 했다. 반면 야당은 국회에서 의석수 면에서 절대 열세에 몰린 데다 엉터리 개헌조차 막아내는 데 실패했지만 민주당이라는 통합야당 창당을 계기로 전열을 정비해 다시 한 번 도전에 나서게 됐다. 그런 이승만과 그런 야당 세력이 격돌한 사건이 제3대 대통령 선거였다.

자유당의 대통령 후보는 당연히 이승만이었고, 부통령 후보는 자유당 최고의 실력자로서 입지를 굳히고 있던 국회의장 이기붕이었다. 미국 유학 중에 이승만과 인연을 맺고 이승만의 비서로서 정치 인생을 시작한 이기붕은 누구보다도 이승만의 뜻에 충실히 따르는 인물로, 자유당을 창당하고 개헌작업을 시작부터 끝까지 총괄한 것도 이기붕이었다. 그 시점에 이승만이 이미 82세의 고령이었기 때문에 부통령은 조만간 결정되어야 할 '차기 권력자'의 유력한 후보가 되는 것뿐만 아니라 유사시에는 대통령직을 승계하게 될수도 있는 '예비 대통령'으로 꼽히고 있었다. 그런 부통령 후보로서 이기붕이지명된 것은 곧 그가 이승만의 '후계자'로 선정되었다는 의미이기도 했다.

민주당은 이승만에 반대하는 정치세력을 폭넓게 아우르면서 이루어진 정당이었는데, 크게 보면 원래 민국당 소속이었던 인사들과 그 이후 합류한 인사들로 분류할 수 있었다. 그래서 전자를 '구파', 후자를 '신파'로 흔히 지칭했는데, 그 두 파벌의 경쟁과 대립의 역사는 5.16 군사정변에 대한 민주당 정권의 적극적 대응을 불가능하게 만들기도 하고 김대중과 김영삼이라는, 두 계파에서 배출된 유력한 정치인들의 경쟁관계를 통해 이후 40년간 한국 정치의 우여곡절을 만들기도 했다. 그 선거에서 민주당의 후보직은 양대 세력이 나누어 가져갔는데, 대통령 후보는 구파의 신익희, 부통령 후보는 신파의 장면으로 결정되었던 것이다.

상해임시정부에서 활동했던 인연으로 해방 직후 김구와 행동을 함께 했던 신익희는 단독정부수립안에 찬성하면서 김구와 결별하고 이승만과 밀착해 대한독립촉성국민회의의 부의장과 국회의장을 지내기도 했지만 1949년 이후 내각 구성 문제를 두고 이승만과 결별해 민주국민당 창당을 주도하며 야당의 길을 걷기 시작한 인물이었다. 천주교와 흥사단 계열의 지식인들을 대표했던 장면 역시 초대 주미대사와 국무총리로서 이승만 정부에서 활동했고 자유당 창당에도 참여했지만 결국 이승만과 결별하고 민주당에 합류한 인물이었다.

양대 정당 외에 진보당이 조봉암과 박기출을 각각 정부통령 후보로 세우고 참여했다. 조봉암은 애초에 민주당 창당에 참여하려 했지만 그의 진보적 색채에 대한 거부감을 가진 보수야당 인사들에 의해 거부된 바 있었다. 선거가 가까워지면서 민주당과 진보당은 후보 단일화를 위한 협의를 하기도 했지만, 결국 성공하지 못했다.

그 해 선거의 성격을 상징적으로 드러내 보여주는 것이 자유당과 민주당의 선거 구호였다.

민주당이 '못 살겠다 갈아보자'로 공격하자 자유당이 '갈아봤자 더 못 산다'로 응수한 것인데, 특히 당시 민주당의 구호는 한국의 선거사를 통틀어 가장 깊은 인상을 남기고 가장 다양한 방식으로 되풀이해 활용된 희대의 명문장으로 평가된다. 이승만의 장기독재와 그로 인한 국민적 고통을 압축적인 표어 안에 잘 녹여냈고, 그럼으로써 그 선거의 성격을 이승만 정권에 대한 심판으로 규정했기 때문이다. 그에 반해 자유당의 구호는 수세적이고 소극적인 것이었고, 오히려 민주당의 구호에 대한 주목도를 더욱 높여주는 역할을 했다.

실제로 선거 과정에서 야당 후보에 대한 우호적인 분위기가 널리 감지되었는데, 국회에서 간접선거로 이루어진 1대나 전쟁 중에 치러진 2대 대통령 선거와 다른 열띤 유세장의 분위기는 한국인들이 처

제3대 대통령 후보 신익희와 부통령 후보 장면. '못살겠다 갈아보자'라는 슬로건이 눈에 띈다.

음 경험하는 것이기도 했다. 이승만 정권은 그 선거에서도 공무원 조직을 총동원하고 정치깡패들까지 동원해서 야당의 유세장을 아수라장으로 만들고 여당의 유세장에 조직된 군중을 동원하는 등의 행태를 계속했다. 하지만 야당 유세장에 자발적으로 모이는 군중의 규모가 여당 못지 않았고, 선거 결과도 누구도 예단하기 어려운 흐름으로 흘러갔다. 특히 1956년 5월 3일 한강 백사장에서 열렸던 민주당 유세에는 역사상 유례가 없는 거대한 인파가 모여들어 모두를 놀라게 하기도 했다.

하지만 선거일을 열흘 앞둔 5월 5일, 호남 지역 유세를 위해 기차를 타고 이동하던 민주당의 대통령 후보 신익희가 함일역 부근에서 뇌일혈을 일으켜 졸도했고, 급히 이리역에서 하차해 병원으로 옮겼지만 이미 숨진 것으로 확인되었다. 뜨겁게 달아오르던 선거를 순간 차갑게 식어버리게 만든 돌발적 재앙이고 비극이었다.

결국 선거 결과는 그 순간 이미 결정된 것이나 마찬가지였고, 실제 개표 결과도 다르지 않았다. 이승만이 유효투표의 약 70%를 확보하면서 30%에

그친 조봉암을 누르고 당선된 것이다. 하지만 이미 사망한 신익희를 추모하는 뜻으로 투표된 무효표가 전체 투표의 약 20%에 달할 정도였다는 점을 통해 이승만에 대한 유권자들의 거부감이 상당했음을 확인할 수 있었다.

반면 부통령 선거에서는 46.42%를 득표한 민주당의 장면이 자유당의 이기붕을 약 2% 가량의 차이로 누르고 당선되는 파란이 일어났다. 신익희에 대한 추모열기가 더해진 야당세에 자유당이 공권력을 동원해 맞서면서 치열하게 진행됐지만 진보당 부통령 후보 박기출이 중도사퇴하며 힘을 몰아준 것도 큰 역할을 했다.

관권선거로 개헌으로부터 대선에 이르는 모든 과정을 총괄하면서 '차기대통령'으로서의 입지를 확보하기 위해 모든 수단을 동원했던 이기붕으로서는 좌절스러운 결과였는데, 그 좌절감은 4년 뒤의 선거에서 그가 기필코 부통령이 되기 위해 전무후무한 부정선거를 기획하고 실행하는 직접적 동기가 되기도 했다. 바로 4.19 혁명의 도화선이 된 3.15 부정선거다.

진보당 해산:
(1958년 2월 25일)

조봉암은 일제강점기에 국제공산당 활동을 했지만 해방 이후 남로당의 박헌영과 갈등을 겪은 끝에 공산주의 조직들과의 연계를 청산하고 스스로를 사회민주주의자라고 부른 인물이다. 좌익 계열에서 오래 활동했지만 해방 후 좌익 계열의 지배적 세력인 남로당과 갈등관계였고, 여운형 등 중도세력과 친분이 깊었지만 오히려 단독정부수립반대운동에 동참하지 않고 제헌의원 선거에 참여했을 뿐만 아니라 이승만의 초대정부에 농림부 장관으로 입각해 농지개혁을 직접 주관하기도 했다. 따라서 사상적으로는 좌익에 가까웠지만 인맥은 우익에 더욱 가까웠던 독특한 인물이며, 스스로 공산주의와 결별했다고 강조했음에도 불구하고 보수정치권에서 끊임없이 배제당한 끝에 비극적 결말에 이르기도 했다. 물론 그에 대한 보수정치권의 거부감의 본질은, 사실 그의 사상에 대한 의심보다도 그가 농림부 장관으로서 강행했던 농지개혁으로 인해 큰 손해를 입게 된 전통적 지주계급 출신들이 대부분 초창기 한국 정치의 엘리트들을 구성하고 있었기 때문이기도 했다.

농림부 장관의 이력을 끝으로 조봉암은 이승만과 결별해 진보정치세력의 구심점 역할을 해왔다. 미군정에 의해 남로당이 불법화되고 대부분의 활동가들이 전쟁 중에 북한으로 넘어간 뒤 숙청당한 이후 남한 지역에 진보정치 세력은 거의 뿌리가 뽑힌 상태였지만, 그런 역설적인 상황이 조봉암의 활동 공간이 될 수 있었다. 이승만의 독재권력이 형성되고 그에 대한 도전세력 역시 전통적인 지주계급에 뿌리를 둔 극단적 우익세력들로 구성되면서 과거 여운형과 조소앙 등이 이끌던 중도파들도 갈 곳을 잃게 됐고, 그들이 '진보' 라는 광범위한 간판과 조봉암이라는 독특한 이력의 지도자 아래 모일 수 있었던 것이다.

조봉암은 2대 대통령 선거에 무소속으로 출마해 11.35%를 득표하며 2위로 기록됐고, 3대 대통령 선거에도 진보당 창당준비위원회 소속으로 출마해 민주당 후보 신익희가 선거운동 도중 사망하는 이변 속에 30%의 득표율로 역시 2위에 오르기도 했다. 그는 한국 정치의 주류는 아니었지만 진보정치세력의 대표로서 일정한 지분을 차지하는 무시할 수 없는 입지를 가지고 있던 것이다.

물론 진보당이 조봉암 한 사람만을 중심으로 한 정당이었던 것은 아니다. 1955년 9월 1일 광릉에서 조봉암 외에 상해임시정부 외무차장과 2대 국회의원을 지낸 장건상, 제헌의원을 지낸 서상일, 아나키스트 계열의 대표적인 독립운동가였던 정화암 등이 모여 혁신정당을 만들자는 뜻을 모았고 그해 12월 22일 발기인대회를 열어 창당준비위원회를 구성했다. 당시 채택한 진보당의 강령 초안은 다음과 같다.

1. 공산독재는 물론 자본가와 부패분자의 독재로 이를 배격하고 민주주의 체제를 확립하여 책임 있는 혁신정치의 실현
2. 생산분배의 합리적 통제로 민족자본의 육성
3. 민주 우방과 제휴하여 민주세력이 결정적 승리를 얻을 수 있는 조국통일의 실현
4. 교육체제를 혁신하여 국가보장제를 수립

특히 강령의 첫 부분에 '공산독재는 물론'이라는 표현을 둔 것은 진보정당의 사상적 기반과 지향점이 공산주의나 북한 체제와는 무관한 것임을 분명

히 하지 않을 수 없었던 당시의 상황을 보여준다. 그리고 그런 절박한 인식은 1956년 11월 10일 창당대회에서 있었던 조봉암의 다음과 같은 연설에서도 드러난다.

"진보당이 걸어갈 길은 뚜렷합니다. 공산 독재도 자본주의 독재도 다 같이
거부하고 인류의 새 이상인 진보주의의 진리를 파악하고 만인이 다 같이 평화롭고
행복스럽게 잘 살 수 있는 복지사회를 건설하는 것입니다."

하지만 전쟁을 겪으며 북한에서는 우익이, 남한에서는 좌익이 박멸되다시피 하며 만들어진 사상적 편향은 끊임 없이 '진보'라는 가치에 대한 의심과 오해를 만들어냈고, 이제 무시 못 할 도전세력으로 성장한 이들을 용납할 수 없었던 이승만 정권은 그런 오해를 적극적으로 활용했다.

1958년 1월 12일과 15일 검찰은 진보당 간부들이 북한의 간첩 조직과 접선한 혐의가 있으며, 진보당이 북한과 마찬가지로 '평화통일'을 주장한다는 점이 그런 내통의 증거라는 이유로 조봉암을 비롯해 진보당 간사장 윤길중, 조직부장 김기철 등의 간부들을 검거해 송치했다. 얼마 전 국군 특무대에 검거된 간첩 양명산의 취조 과정에서 조봉암에게 북한의 공작금이 전달되었고, 북한의 지령에 따른 간첩 행위가 이루어졌다는 사실을 파악했다는 것이었다. 그리고 그런 혐의를 들어 재판이 열리기도 전인 2월 25일 진보당의 등록을 일방적으로 취소해버리기까지 했다.

하지만 1심 재판을 담당한 판사 유병진은 7월 2일에 열린 선고공판에서 관련된 대부분의 혐의에 대해 증거가 불충분하다는 이유로 무죄를 선고했고, 다만 조봉암에게만 권총 한 정을 소유하고 있었다는 점에 대해 '불법무기소지죄'를 적용해 징역 5년을 선고했을 뿐이다. 다만 지금의 상황과는 다르게 전쟁 중에 주요 정부요인과 국회의원들은 호신용으로 권총을 가지고 다니는 경우가 많았고, 전쟁이 끝난 뒤에도 계속 보유하는 이들이 많았다는 점에서 조봉암의 경우가 특별한 것은 아니었다는 점을 이해할 필요가 있다. 유병진 판사는 정권의 압박 때문에 마지못해 적은 형량을 선고해 상황을 무

재판을 받고 있는 조봉암의 모습.
52년이 지난 2011년 대법원은 조봉암
에 대한 무죄 판결을 내렸다.

마하려고 한 것이었으며, 그나마도 죄책감을 느껴 죽기 전까지 기일마다 조
봉암의 묘를 찾아 사죄를 했던 것으로도 널리 알려져 있다.

하지만 이승만 정권은 조봉암에게만 내려진 징역 5년 정도의 처분으로는
만족할 수 없었다. 정권의 사주를 받은 이정재를 비롯한 정치깡패들이 '조봉
암 사형'과 '용공 판사 타도'를 외치며 법원 앞에서 데모를 벌였고, 결국 유병
진 판사의 법복을 벗긴 데 이어 대통령과 법무부 장관의 직접적인 압박을 못
이긴 2심 재판부는 이듬해인 1959년 2월 27일에 열린 공판을 통해 모든 혐
의를 인정하고 사형을 선고하기에 이른다. 그리고 그로부터 5개월 뒤인 7월
31일, 서대문형무소에서 조봉암에 대한 교수형이 집행되고 말았다.

조봉암을 사형에 처하고 진보당을 해산한 그 사건의 의미는 매우 컸다. 우
선 이승만이 장기집권에 걸림돌이 되는 이들을 제거하기 위해 무슨 일이든
할 수 있으며 그 과정에서 법원까지도 마음대로 활용할 수 있다는 사실이 확
인됐고, 동시에 북한 체제와 직접적인 연관이 없더라도 남한에서 진보적 이
념에 바탕을 둔 정치활동은 불가능하다는 인식이 자리를 잡게 됐기 때문이
다. 특히 같은 반이승만 진영이라고 할 수 있었던 민주당에서는 재판의 전체
과정에 대한 비판도 전혀 없었을 뿐 아니라 조봉암에 대한 사형 집행을 막기
위한 어떤 노력도 기울이지 않았는데, 그것은 그들이 본질적으로 이승만에
대한 저항보다 진보정치에 대한 반감이 더욱 강한 보수정치세력이라는 속성

을 드러내 보여주는 대목이기도 하다.

분단과 전쟁 과정에서 대폭 축소됐던 대한민국 진보정치의 입지는 진보당 사건을 통해 거의 소멸되다시피했고, 이후 다시 진보정치를 전면에 내건 의미 있는 정치세력이 등장하기까지는 40년 이상의 세월이 필요했다.

제 4대 국회의원선거:
(1958년 5월 2일)

1952년 1차 개헌(일명 발췌개헌)을 통해 양원제가 도입됐고, 국회는 참의원과 민의원으로 구성해야 했다. 참의원은 우선 민의원보다 2년 긴 6년을 임기로 하되 3년마다 정원의 절반씩을 선출하도록 되어있었다. 그리고 민의원보다 5살 많은 30세부터 피선거권을 가지며, 선거구도 특별시와 각 도를 선거구로 삼는 대선거구제를 채택했다. 민의원과 달리 해산제도가 적용되지 않으며, 다만 민의원이 해산될 경우 참의원도 회의를 열지 않도록 되어 있었다. 이런 별도의 방식이 적용되는 것은 참의원이 미국의 상원을 본떠서 만든 것으로서 민의원보다 좀더 특수한 권한을 가지고 있었기 때문이다. 즉, 참의원은 민의원을 통과해서 올라온 법안을 심의할 권한 외에도 대법원장, 검찰총장, 감사원장, 대사와 공사 등에 대한 인준권을 가지고 있었다.

하지만 이승만 정권 하에서 참의원 선거는 한 번도 실시되지 못했다. 개헌 직후에는 참의원 선거에서 다수 의석을 확보할 수 있다는 확신이 없었기 때문이고, 1956년 이후에는 부통령직을 야당에게 빼앗겨버렸기 때문이었다. 애초에 발췌개헌이란 이승만이 원하는 직선제를 관철시키기 위해 '양념 삼아' 야당이 제출한 의원내각제적 요소를 첨가한 것이었는데, 의원내각제를 구상하고 만든 야당의 개헌안에서는 민의원의 의장이 총리로서 내각을 이끌고 참의원의 의장이 부총리로서 보좌하도록 되어있었던 것이다. 그것을 대통령제 개헌안에 끼워넣다보니 참의원 의장이 부통령을 겸하도록 하고 있었는데, 하필 그 부통령직에 1956년 제 3대 대통령 선거를 통해 민주당의 장면이 당선되는 일이 벌어졌던 것이다. 이승만 정권은 결국 참의원 선거 자체를 거부했고, 결국 1958년 5월 2일의 총선거도 민의원만을 선출하는 방식으로 치러질 수밖에 없었다. 민의원 총원은 233명으로 다소 늘어났다.

선거는 초반부터 민주당에게 희망적인 요소가 많았다. 치열하게 달아오르다가 대통령 후보 신익희가 갑자기 사망하면서 허무하게 무릎을 꿇은 2년 전 대통령 선거에 대한 국민적인 아쉬움이 국회의원 선거에서 민주당 후보들에 대한 지지로 이어질 것이라는 전망이 많았기 때문이다. 또한 반이승만 정서를 가진 유권자들의 일정 부분을 늘 분할해 가져가던 조봉암의 진보당이 소멸되면서 어쨌거나 자유당과 민주당의 1대 1 구도가 형성된 것도 민주당의 입장에서는 나쁘지 않은 것이었다.

게다가 1957년부터 미국이 원조액을 줄이기 시작했는데, 여전히 경제성장에 대한 뚜렷한 복안을 가지지 못한 이승만 정권은 그만큼의 경기 침체를 막아낼 능력이 없었기 때문이다. 기업활동의 둔화와 인플레이션이 가시화되면서 정부에 대한 비판 여론이 확산된 것은 물론이었고, 그것 역시 야당의 입장에서 불리하지 않은 요인이었다.

물론 정권과 자유당이 믿을 것은 부정선거였고, 이전 몇 차례의 선거에서 드러났던 모습이 그대로 재연되었다. 막걸리나 닭죽 따위 음식으로 표를 사는 매표행위는 흔했고, 경찰력을 동원해 야당 후보들을 압박하는 양상도 비슷했다. 하지만 야당이 민주당으로 통합되고 대부분의 선거구에서 자유당 후보와 더불어 유력한 후보로 꼽히게 되면서 집중된 이목과 여론의 감시를 정권에서도 좀더 신경쓰지 않을 수 없었다.

실제 선거 결과에서 자유당이 127석, 민주당이 79석을 얻었고 무소속이 26석, 통일당이 1석을 차지했다. 무소속의 의석 비율은 그 때까지 4번의 선거 중 가장 적은 것이었고, 양당제 구도가 완전히 자리를 잡는 양상이었다.

비록 자유당의 의석비율이 과반에 해당했지만 민주당도 개헌저지선을 확보했기 때문에 나름대로 만족할 수 있는 결과였다. 다만 의석의 지역별 분포는 좀더 의미심장했는데, 서울시의 경우 16개의 선거구 중 14곳에서 민주당이 당선자를 내고 자유당은 1석에 불과했던 반면 영남과 호남의 농촌 지역에서는 자유당이 압승을 했기 때문이다. 이는 서울로부터 공간적으로 멀리 있고 그래서 야당의 정치력보다는 정부의 행정력이 강하게 작용하는 곳에서는 여전히 자유당의 선전과 공작이 효과를 얻고 있었지만 정치과정에 대한 정보가 빠르게 유통되는 서울을 비롯한 대도시 지역에서는 자유당 정권에 대한 불신과 불만을 무마하기 어려웠음을 보여주는 것이다. 그래서 이 무렵부터 흔히 회자되기 시작한 것이 '여촌야도', 즉 농촌 지역은 여당이, 도시 지역은 야당이 유리하다는 말이다.

　이 선거에서 있었던 유명한 에피소드 중의 하나는, 자유당과 밀착되어있던 한국 역사상 최대 규모의 폭력조직 '동대문 사단'의 총두목 이정재가 정치권력에 대한 야망을 가지고 그 첫 단계로 국회에 진출하기 위해 고향인 이천의 지역구에 많은 공을 들였는데, 서울에서 당선되기 어렵다고 본 자유당 최고의 실력자 이기붕이 이천에 출마하기로 하면서 좌절되었던 일이다. 배신감을 느낀 이정재는 부하들을 동원해 이기붕의 선거운동원이 이천에 들어오지 못하도록 물리적으로 막으면서 저항하기도 했지만, 경찰을 동원해 구속해버리겠다는 압박에 굴복하는 일도 있었다.

　그 뒤 '차기'를 기대하며 자유당 정권에 더욱 충성을 바치던 이정재와 동대문 사단은 결국 2년 후 3.15 부정선거에 항의하던 학생과 시민들에게 무차별 폭행을 가하면서 4.19 혁명의 도화선에 불을 붙이는 역할을 했고, 5.16 군사정변 직후 대중의 환심을 사야 했던 군사정부에 의해 사형에 처해지고 말았다.

4.19 혁명:
(1960년 4월 19일)

국민의 생명과 안전을 보장하고 고르게 삶의 조건을 향상시키는 일에 있어서 극도로 무능했지만 자신의 권력을 유지하는 데 있어서는 특출나게 유능했을 뿐 아니라 극적인 행운까지 함께 했던, 이승만의 정치적 생명은 1960년 봄에 이르러 종말을 맞게 된다. 바로 4.19 혁명이라 불리는 사건을 통해서였다.

이승만은 대통령에 취임한 직후부터 별다른 성과를 보여주지 못했고, 늘 민심 이반이라는 현실에 마주하면서도 전쟁과 냉전, 그리고 그것을 활용한 반공주의와 친일 경찰과 정치깡패와 부패한 정치인들을 활용하는 노회한 용인술과 그들을 통한 과감한 폭력의 활용을 통해 정권을 연장해왔다. 하지만 그 과정에서 매 순간 숨죽이고 굴복하며 그의 폭거를 용인하는 것처럼 보였던 국민의 불만은 차근차근 누적되어왔고, 그것이 폭발한 시점이 바로 1960년이었던 것이다.

결정적 계기는 1960년 3월 15일에 치러진 제 4대 대통령 선거였다. 자유당은 이승만이 4선에 도전하는 가운데 4년 전 고배를 들었던 이기붕이 다시 한 번 부통령에 도전하면서 후계자로서의 입지를 굳히고자 했고, 4년 전의 선거

제 4대 대통령 선거 포스터. 이기붕을 부통령으로 당선 시키기 위해 수많은 부정을 저질렀고 결국 이 선거로 인해 이승만 대통령은 하야하게 된다.

에서 막판 신익희 후보가 갑자기 사망하는 돌발변수로 허무하게 무릎을 꿇었던 민주당은 조병옥과 장면을 정부통령 후보로 내세워 재도전했다.

민주당은 이승만의 장기집권에 대한 비판여론에 더해 4년 전의 비극에 대한 동정여론을 등에 업었고, 역대 선거에서 늘 야당 표를 잠식했던 조봉암이 간첩으로 몰려 억울한 죽음을 당한 가운데 자유당과의 1대 1 승부를 벌일 수 있게 된 것도 유리한 요소였다. 역대 어느 선거와 비교해도 승리의 가능성이 높은 상황이었다.

물론 사상 최대의 부정선거가 준비되고 있었기 때문에 광범위한 지지가 곧바로 득표로 확정될 수 있느냐는 다른 문제였고, 또한 혹시 개표 결과 승자로 결정된다고 해도 이승만 정권이 순순이 정권을 내주었을지도 의심스러운 문제이기는 하다. 하지만 이번에도 극적인 사건이 개입해서 역사의 물줄기를 바꾸어버렸는데, 후보 등록을 마친 뒤 미국으로 가서 위장병 수술을 받은 조병옥이 수술후유증으로 심장발작을 일으키면서 선거를 한 달 앞둔 2월 15일에 사망하고 말았던 것이다.

그렇게 유일한 대통령 후보가 된 이승만의 4선이 싱겁게 확정되어버린 셈이었는데도 불구하고 자유당 정권은 준비했던 모든 역량을 쏟아부어 그 선거를 역사상 최악의 부정선거로 만들어버리고 말았다. 이기붕과 장면이 격돌하는 부통령 선거가 아직 남아있었고, 이미 4년 전에 한 번 쓴잔을 마셨던 이기붕은 반드시 부통령 자리에 올라 차기 대통령의 입지를 확고히 하는 동시에 이미 80대 중반으로 접어든 이승만의 유고시에 대통령직을 승계할 권한까지 확보하고자 했기 때문이다.

정말 그해의 선거가 객관적으로 역대 최악의 부정선거였는지는 분명하지 않다. 그 이전에도 충분한 반칙이 이루어졌으며 그 이후 박정희나 전두환 정권에서 이루어진 '체육관 선거'처럼 애초에 국민들의 투표할 권리를 원천봉쇄한 선거가 그보다 덜한 부정이었다고 할 수 있을지도 의문이기 때문이다. 하지만 3.15 선거의 경우 그것을 감행한 권력자가 얼마 뒤

이승만 대통령의 하야 소식을 듣고 전차에 올라탄 시위 군중의 모습. 4.19 혁명은 시민의 힘으로 독재권력을 종식 시킨 사건이었다.

몰락했고, 그래서 부정의 증거를 가진 몇몇 경찰과 공무원들이 구체적인 폭로를 함으로써 그 실상이 일일이 폭로되었다는 점에서 특징적인 면이 있었다.

투표함의 4할(40%) 정도를 이승만, 이기붕으로 기표된 투표용지로 미리 채워놓고 시작하는 방법, 특히 시골 지역에서는 선거에 익숙하지 않은 국민들에게 투표 요령을 알려준다는 명목으로 3~5명씩을 한 조로 묶어 함께 기표소에 들어가 투표하도록 하고, 각 조의 조장으로 자유당 지지자를 배치해 자유당 투표를 유도하는 방법, 정치깡패들을 동원해 유권자를 직접 협박하는 방법, 이미 죽은 사람의 이름을 선거인 명부에 올리고 자유당 선거운동원이 대신 투표하는 방법, 군인들의 경우 담당관 앞에서 공개적으로 기표하게 하는 방법 등등. 그리고 개표할 때도 개표장의 전선을 끊어 정전을 일으킨 후 어둠 속에서 투표함을 바꿔치기하거나 개표원을 매수해 다른 후보를 찍은 표 뭉치 위아래에 한 장씩 이기붕의 표를 씌운 후 모두 이기붕의 표로 집계하는 방법 등등. 부정의 사례는 끝이 없었고, 그 모든 방법이 총동원된 결과 이승만과 이기붕의 득표수가 전체 유권자 수보다도 많아지는 경우가 속출하

는 희극적인 장면들이 빈발하기도 했다.

결국 이미 당선이 확정되어있던 이승만과 더불어 79.2%의 득표율을 기록한 이기붕이 각각 대통령과 부통령 당선자로 확정되며 선거는 끝났다. 하지만 선거 당일부터 부정선거에 대한 항의 시위가 일어났고, 점점 더 확산되기 시작했다.

특히 선거 당일 마산에서 벌어진 항의 시위를 진압하기 위해 출동한 경찰이 시위대를 향해 발포해 9명이 사망하거나 실종되고 80명이 부상을 당하는 사건이 벌어졌는데, 그 때 실종된 것으로 보도되었던, 마산상고에 합격해 입학을 앞둔 15세 소년 김주열이 눈에 최루탄이 박힌 끔찍한 모습으로 4월 11일 마산 중앙부두에서 일하던 어부의 갈고리에 걸려 떠오르며 하나의 전환점을 만들게 된다. 그 시신의 사진이 부산일보 지면에 실린 것을 계기로 '부정선거 다시 하라'는 구호를 외치는 시위의 불길이 전국적으로 일어나기 시작했고, 4월 19일에는 10만 명 이상 집결한 서울의 시위대가 대통령 면담을 요구하며 경무대를 향해 행진하자 경찰이 무차별 사격을 가해 21명이 사망하고 172명이 부상을 당하는 참극이 일어나고 말았다.

이승만 대통령은 4월 19일 오후 3시를 기해 전국에 계엄령을 선포하고 군을 출동시켰지만, 경찰과 달리 군대는 시위대를 향해 총을 쏘기를 거부하면서 사태의 방향은 정해지게 되었다. 그로부터 1주일간 전국은 남녀노소를 가릴 것 없이 거리로 뛰어나온 수백만의 시위대로 뒤덮었고, 각지에 세워져 있던 이승만의 동상들이 파괴되고 이기붕과 유명한 정치깡패 두목들의 집이 박살나기도 했다. 그리고 4월 27일 오후 장관과 의원과 비서들까지 건의하던 하야를 끝까지 거부하며 버티던 이승만이 결국 사임서에 서명을 했고, 28일에는 이기붕 일가족이 권총으로 집단자살하며 길고 길었던 폭압과 저항의 모든 과정이 일단락되었다.

4.19 혁명은 수많은 사람들이 죽고 다친 비극이었지만 시민의 힘으로 독재권력을 종식시켰다는 점에서 엄청난 의미를 가지는 사건이었다. 물론 그것만으로 민주주의를 정착시킬 수는 없었고 또다시 짧지 않은 독재의 시간을 감수해야 하긴 했지만, 그럼에도 불구하고 이후 또다시 등장한 독재자들 역

시 이승만보다는 훨씬 더 시민의 힘을 두려워하게 만들었고, 동시에 그 독재자들에 억압받았던 국민들 역시 이승만 시대의 국민들보다는 훨씬 더 용감하게 희망을 품고 그것을 이루기 위해 행동할 수 있게 했기 때문이다.

내각제 개헌과
제 5대 국회의원 선거:
(1960년 6월 15일, 1960년 7월 29일)

이승만 대통령 하야 열흘 뒤인 6월 7일에 허정 과도내각에서 헌법 개정에 관한 논의가 시작되었고 나흘 뒤인 6월 11일에 헌법개정안에 제출되었다. 그리고 다시 나흘 뒤인 6월 15일에 국회 총회에서 찬성 203표 반대 3표의 압도적인 찬성으로 가결되면서 3번째 개헌이 이루어졌다.

3차 개정 헌법의 핵심은 대한민국 역사상 최초로 대통령제가 폐지되고 의원내각제가 도입됐다는 점이다. 비록 상징적인 국가원수로서의 대통령을 국회에서 간접선거를 통해 선출하기는 하지만 실질적인 행정권은 내각 수반인 국무총리에게 부여하는 대한민국 역사상 유일한 헌법이었다.

하지만 시민들의 저항을 통한 권력 교체 이후에 이루어진 헌법 개정이었던 만큼 그 밖에도 시민권을 신장하고 보호하는 여러 가지 내용들이 포함되어 있었다. 자유권을 제한할 수 있도록 했던 유보조항을 삭제해 자의적인 공권력 남용의 가능성을 막았고 언론, 출판, 집회, 결사의 사전허가 또는 검열제를 금지해 기본권을 강화했다. 정당 해산의 근거조항을 헌법에 구체적으로 명시함으로써 자의적인 정당 탄압의 가능성을 봉쇄하기도 했다. 또한 헌법재판소를 설치하고 지방자치제를 도입한 것도 당시 개헌안에 처음 포함된

제 5대 국회의원 선거후 민주당 집권, 민·참 합동회의 개원식

내용들이었다.

개정된 헌법에 따라 1960년 7월 29일 민의원의원(民議院議員) 선거와 참의원의원(參議院議員) 선거를 동시에 실시했고, 8월 12일에는 그 선거를 통해 당선된 민의원 220명과 참의원 43명의 합동투표에 의해 4.19 혁명을 통해 당선이 무효화된 4대 대통령을 다시 선출하는 선거를 실시했다.

우리나라 국회를 민의원과 참의원으로 나뉜 양원제로 구성하기로 한 것은 1952년, 부산정치파동 와중에 이루어진 이른바 '발췌개헌'을 통해서였다. 하지만 이승만 정권 하에서는 참의원 선거가 이루어진 적이 한 번도 없었는데, 모두 다수 의석을 차지할 자신이 없거나 참의원 의장을 확보할 수 없는 상황에 몰린 자유당이 거부했기 때문이었다. 그래서 이승만 정권이 몰락한 뒤 비로소 참의원이 처음으로 구성되었는데, 그나마 1년 뒤 5.16 군사정변에 의해 해산되어버리는 비운을 맞이하게 된다.

이승만 정권과 함께 거대한 규모를 자랑하던 자유당도 몰락하면서 통합야당인 민주당이 원내 절대 다수 의석을 확보할 것이 확실시된 것은 당연했다. 하지만 원래 이승만 정권이라는 공동의 적을 상대하기 위해 뭉쳤던 연합세력인 민주당이, 그 공동의 적이 사라진 상황에서 분열하는 것도 어쩌면 당연한 일이었다.

민주당 정치인들은 크게 구파와 신파로 나뉘었는데, 구파는 주로 민주당이 만들어지기 전 제 1야당으로서 민주당 창당의 주축을 형성한 민주국민당에 소속되어 있던 이들을 가리키며, 그들은 대부분 제헌의회 최대 정당이었던 한민당에 뿌리를 둔 이들이었다. 반면 신파는 이승만 정권의 사사오입 개헌에 분노해 통합야당 건설 작업에 동참한 민국당 외부 출신들로서 천주교와 흥사단 계열, 자유당 탈당파 등 상대적으로 다양한 배경을 가지고 있었다. 원래 구파 계열의 핵심 지도자는 신익희와 조병옥이었지만 두 사람이 각각 3대와 4대 대통령 선거 기간에 급사한 뒤 윤보선이 그 뒤를 잇고 있었고, 신파는 이기붕을 꺾고 3대 부통령을 지낸 장면을 중심으로 결속되어 있었다.

두 계파의 갈등은 선거 과정에서 격화되었는데, 지향점이나 가치관이 크게 달랐기 때문이라기보다는 보다 친밀한 사람들끼리 더욱 긴밀하게 뭉친 것으로서 강력한 경쟁상대가 사라진 상황이 만든 자연스러운 전개 과정이었다고 보는 것이 옳다. 다만 두 계파 사이의 갈등이 싸늘한 시선을 받게 되는 것은, 훗날 박정희 정권이라는 보다 크고 강력한 적이 나타난 상황 변화에도 불구하고 협력 관계로 전환되지 못함으로써 그들에게 향했던 지지자들의 기대를 배신했다는 점 때문이다.

민주당 당권을 쥔 것은 신파였고, 따라서 공천 과정에서 신파 계열 후보의 공천이 더 많았으며 그에 대한 구파의 불만이 팽배했다. 그래서 공천을 받지 못한 인사들이 무소속으로 출마해 본선거가 신파와 구파간의 경쟁으로 이루어지는 경우도 흔했다.

그럼에도 불구하고 예상대로 민주당이 원내 절대다수의 의석을 차지하는 것으로 선거는 마무리되었다. 민주당은 41.7%의 득표율을 기록하며 참의원 31석과 민의원 175석을 확보했는데, 그것은 모두 국회 의석의 절대다수인 2/3선을 넘어 70%선을 훌쩍 넘어서는 독점적인 비중이었다. 게다가 무소속으로 당선된 참의원 20명과 민의원 49명도 대부분 민주당 공천에서 탈락한 이들이었기 때문에 5대 국회는 거의 민주당 1당 체제였다고 해도 과히 틀리지 않은 구성이었다.

그 외에 혁신계 정당들인 사회대중당이 참의원 1석과 민의원 4석, 한국사회당이 참의원과 민의원 각 1석, 혁신동지연맹이 참의원 1석, 통일당이 민의원 1석을 차지하며 나름 야당의 진용을 형성해 진보당 해산 이후 소멸 위기

윤보선 대통령 취임

에 처했던 진보정당운동 회생의 계기를 마련했다. 그리고 자유당 잔존 세력이 참의원 4석과 민의원 2석을 얻어 명맥을 유지했다.

압승을 거둔 민주당은 의원내각제로 개정된 헌법에 따라 정부를 구성했다. 8월 12일에 실시된 대통령 선거에서는 전체 263표 중 208표를 얻은 구파의 리더 윤보선이 당선되었고, 윤보선 대통령은 나흘 뒤인 8월 16일에 같은 구파의 김도연을 총리로 지명했지만 신파가 다수를 차지하고 있던 민의원에서 부결되자, 결국 8월 19일 신파의 리더 장면을 총리로 지명하고서야 민의원의 찬성을 얻어 내각을 구성할 수 있었다.

하지만 압승을 거두고 대통령과 총리를 배출한 뒤에도 민주당의 갈등은 수습되거나 완화되지 못했고, 1960년 12월 14일에는 결국 신파가 주도하는 당 운영에 반발한 구파 계열 인사들이 '일당 독재를 막는다'는 명분을 내세우며 탈당해 신민당을 창당했다. 신민당을 주도한 것은 대통령 윤보선과 유진산이었고 김영삼, 박준규, 김재순, 양일동 등 구파 계열 주요 인사들이 가담했다. 물론 민주당 내 구파 인사들이 모두 탈당한 것은 아니었고, 민주당에 남아서 독자적인 세력을 형성하거나 신파에 점차 흡수된 인사들도 있었다.

어쨌거나 구파와 신파의 대결에서 승리한 것은 신파였고, 민주당 정권을 주도한 것 역시 신파였다. 하지만 구파는 비록 실권은 없었지만 상징적인 국가원수로서 대중적 영향력을 유지한 윤보선을 중심으로 민주당 정부와 치열하게 맞서면서 많은 사안을 두고 갈등하게 된다. 그런 갈등의 가장 치명적인 결과 중 하나가 바로 5.16 군사정변이었는데, 그 빌미를 제공했다는 의미에서도 그렇지만 그것이 성공하도록 방조했다는 의심을 받을만큼 윤보선 대통령의 군사정변 저지 노력이 적극적이지 못했다는 의미에서도 그렇다. 장면 총리의 신파 정권에 대한 윤보선과 구파의 적대감이 미지의 적이었던 박정희에 대한 것보다 오히려 더욱 컸던 것이 아니냐는 의심이 제기될 수밖에 없었던 것이다.

5.16 군사정변:
(1961년 5월 16일)

1961년 5월 16일 자정을 기해 제 2야전군 사령부 부사령관 박정희 소장은 육군 제 6군단 포병단, 제 30사단, 제 33사단, 그리고 제 1공수특전단과 해병대 제 2여단 등 모두 6천여 명의 병력을 동원해서 대한민국 육군본부와 국방부, 중앙전화국과 서울시청을 점령한 뒤 새벽 5시경 KBS 라디오방송국을 통해서 육군참모총장 장도영의 명의로 군사혁명위원회 설치를 발표했다. 혁명의 명분은 '반공'과 '부패와 구악의 일소', '민생고 해결' 등이었는데, 그 내용은 방송국을 장악한 아침 5시에 박종세 아나운서의 목소리를 통해 발표되고 10만 장의 삐라로 인쇄돼 군 연락기를 통해 배포된 이른바 '혁명공약' 안에 정리되어 있다.

〈혁명공약〉

1. 반공을 국시의 제일의로 삼고 지금까지 형식적이고 구호에만 그친 반공태세를 재정비 강화한다.

2. 유엔헌장을 준수하고 국제협약을 충실히 이행할 것이며 미국을 위시한 자유우방과의 유대를 더욱 공고히 한다.

3. 이 나라 사회의 모든 부패와 구악을 일소하고 퇴폐한 국민도의와 민족정기를
다시 바로잡기 위하여 청신한 기풍을 진작시킨다.

4. 절망과 기아선상에서 허덕이는 민생고를 시급히 해결하고 국가자주경제재건에
총력을 경주한다.

5. 민족적 숙원인 국토통일을 위하여 공산주의와 대결 할 수 있는 실력배양에
전력을 집중한다.

6. (군인) 이와 같은 우리의 과업이 성취되면 참신하고도 양심적인 정치인들에게
언제든지 정권을 이양하고 우리를 본연의 임무에 복귀할 준비를 갖춘다.

(민간) 이와 같은 우리의 과업을 조속히 성취하고 새로운 민주공화국의 굳건한
토대를 이룩하기 위하여 우리는 몸과 마음을 바쳐 최선의 노력을 경주한다.

　　군사정변의 과정이 순탄하기만 했던 것은 아니다. 군사행동 초기에 내각
수반인 장면의 신병을 확보하는 데 실패했을 뿐 아니라 실질적인 군의 최고
지휘관인 육군참모총장 장도영에게 합류를 권유했지만 거부당하기도 했기
때문이다. 더구나 주한미국대사와 주한미군사령관의 지지를 얻지 못했을 뿐
아니라 오히려 마셜 그린 대사와 카터 매그루더 사령관은 국군 병력을 동원
해 반란군을 진압할 것을 윤보선 대통령에게 건의하기까지 했다. 훨씬 더 많
은 병력을 동원할 수 있는 제 1야전군 사령관 이한림 중장이 반란군과 대치
한 채 출동명령을 기다리고 있었기 때문에 윤보선 대통령이 결단하기만 한
다면 정변은 충분히 진압될 수 있는 상황이었다.

　　하지만 윤보선 대통령은 그 상황을 이용한 북한군의 남침 우려를 이유로
진압명령을 거부했고, 오히려 1군 사령부에 출동을 만류하는 서한을 보낸 데
이어 육군참모총장 장도영에게 계엄군 사령관을 맡으라는 박정희의 제안을
수락하도록 권유하면서 사태는 일단락되기 시작했다. 그날 저녁 5시 30분을
기해 국회가 해산되었고 이틀 뒤인 18일 오후 1시에는 수녀원에 숨어있던
정권의 총책임자 장면이 중앙청에 나타나 마지막 국무회의를 주재한 뒤 사
임을 발표했다. 박정희가 주도한 군사정변이 성공하고, 군인들이 정치권력
을 휘두르는 시대가 시작된 것이다.

　　군사정변 직후 반응은 복잡했다. 무력을 동원해서 합법적인 정부를 전복

5.16 군사정변 당시의 박정희 소장의 모습. 오른쪽에 수류탄을 가슴에 차고 있는 사람은 차지철(당시 대위)이다.

하는 군사반란이 부당하다는 생각이 일반적이긴 했지만, 그럼에도 불구하고 4.19 혁명 이후 기대에 미치지 못했던 과거 청산이나 국정쇄신에 대한 실망 감과 미국의 경제원조가 더욱 줄어들면서 체감된 경제적 고통 때문에 뭔가 '돌파구'를 기대하는 심리도 팽배했기 때문이다. 예컨대 민주당 정부 하에서 도 처단되지 않고 가벼운 처분을 받은 뒤 풀려나 국민을 무력감에 빠지게 했 던 3.15 부정선거와 4.19 혁명 당시 폭력진압의 주역들인 내무부 장관 최인 규, 경무대경찰 서장 곽영주, 정치깡패 두목 이정재 등이 군사혁명재판을 통 해 사형에 처해진 사건은 군사정변 세력에 대한 대중의 기대감을 부풀리는 요인이 됐고, 과업을 완수한 뒤 민간에 정권을 이양하고 부대로 복귀하겠다 는 약속처럼 '일정 기간'에 국한된 것이라면 나쁠 것 없다는 판단을 하는 이 들도 적지 않았다.

　정변세력은 정부와 국회를 해산하고 '국가재건최고회의'를 구성해 2년간 의 군정을 실시한 뒤 약속대로 민정이양을 선언했지만, 그 '민정'을 담당한 것 역시 군복을 벗은 박정희와 그 부하들이었다. 품었던 기대를 접는 이들이 생겨나기 시작한 것은 그래서 역설적이게도 그들이 군복을 벗는 시점부터였 다.

제 1차 경제개발계획 발표:
(1962년 1월)

해방 이후 대한민국이 직면한 가장 중요한 과제였지만 성과는 가장 지지부진했던 분야가 경제였다. 워낙 산업기반이 빈약했고 자본의 형성도 미약했기 때문이다.

경제적 어려움은 갑작스런 일본인 경영자와 기술자들의 이탈로 인해 식민지 시대에 형성된 산업 기반들 대부분을 제대로 활용할 수 없었을 뿐 아니라 그나마도 3년간의 전쟁으로 철저하게 파괴된 영향이 컸다. 게다가 해방 직후 흉년이 이어지고 미군정의 정책 실패까지 더해지며 심화된 식량난이 장기화된 것도 문제였다. 특히 전쟁 이후 피난민과 실향민들이 서울과 부산으로 몰리면서 도시인구가 급증했지만, 도시의 산업 발달이 그 속도를 따라가지 못하면서 대부분이 실업자로 전락해 도시의 상당 부분을 슬럼화하는 형편이었다.

이런 문제를 근본적으로 극복하기 위한 대규모의 경제개발계획이 처음 입안된 것은 이승만 정권 말기였다. 1958년 초부터 1959년 말까지 2년 여에 걸쳐 '경제개발 3개년 계획'을 수립해 1960년부터 1962년까지 시행하기로 했던 것이 시작이었다. 그 계획은 미국의 원조가 점차 줄어들고 있는 상황에서 최소한의 자립경제 기반을 갖추어야 한다는 절박함에서 시작된 것이었으며, 단계적으로 차관을 도입해 산업화를 도모하고 중장기적으로는 일본과의 국교도 정상화해 경제협력을 확대한다는 구상을 담고 있었다. 하지만 4.19 혁명으로 몰락한 이승만 정권이 그 계획을 실제로 추진할 수 없었던 것은 물론이다.

이후 장면 정부는 아예 '경제제일주의'를 전면에 내세웠고, 내각 부흥부 산하에 산업개발위원회를 설치해 새로운 경제개발계획을 수립했다. 이승만 정부에서 설계된 경제개발 3개년 계획을 토대로 삼았지만 한 걸음 나아가 공업화라는 목표를 분명히 했는데, 특히 국내자본은 수입대체 공업화에, 해외자본은 수출지향적 공업화에 집중하는 이원적 구상을 포함했다는 특징이 있었다. 특히 모든 부문의 산업들을 동시에 발전시키는 대신 특정 부문에 전략적으로 집중한다는 아이디어가 들어있었는데, 그에 따라 비료, 시멘트, 철강, 정유, 전력 부문 개발에 국가적인 중점을 두고 우선 발전시킨다는 계획이었다. 하지만 수출지향적 공업화도 대부분 미국의 내수시장을 겨냥하고 있었다는 점에서 애초에 미국에 의존적인 발상에 머무는 한계가 있었다.

장면 정부의 경제개발계획의 중요한 부분을 차지하는 것 중의 하나가 국토개발계획이었는데, 1960년 11월 28일 정부가 국회에 제출한 '국토건설사업 계획서'에는 소양강댐, 춘천댐, 남강댐 건설을 비롯한 발전소 및 도로 건설, 농지개간, 수자원개발 등을 포함하는 포괄적이고 다목적인 계획이 들어있었다. 장면 정부는 그해 12월 경제 관련 장관회의를 열어 1961년분 제1차 추가경정예산에 사업비 280억 환을 사용하기로 결정했고, 이어 1961년 1월에는 「국토개발특별회계」을 제정하기도 했다. 하지만 장면 정부의 구상들 역시 5.16 군사정변으로 인해 본격적으로 실행되기도 전에 중단될 수밖에 없었다.

'기아선상에 헤매는 민생고를 해결하고 재건에 전력을 집중한다'는 내용을 혁명공약에 포함시켰던 군사정변세력에게 있어서도 경제개발은 가장 중요한 과제였다. 경제난에서 비롯된 국민적인 불만이 정변 성공의 바탕이 되기도 했지만, 동시에 같은 문제에 대한 해법을 제시하지 못할 경우 자신들 역시 버텨낼 수 없다는 사실을 충분히 인식하고 있었기 때문이다.

1961년 7월 국가재건최고회의는 재무부와 기획처, 그리고 부흥부를 통합해 '경제기획원'을 신설했는데, 그 기관의 수장인 경제기획원장은 내각에서 국무총리에 이은 제 2의 서열로 인정될 만큼 강력한 권력이 집중되었다. 경제기획원장은 정부의 모든 경제 관련 부처를 총괄하는 권한을 가졌는데, 구체적으로는 개발 계획의 수립과 정부 예산의 편성, 외자와 기술 도입 등을 총괄하는 업무 등이 모두 포괄되어 있었다.

경제기획원은 창설 직후 '종합 경제재건 5개년 계획'에 관한 구상을 발표한 데 이어 이듬해인 1962년 1월 제1차 경제개발 5개년 계획의 청사진을 제시했다. 1962년부터 1966년까지 추진될 그 계획의 핵심 내용은 다음과 같았다.

1. 농업 생산력 증대
2. 전력·석탄 등의 에너지 공급원 확충
3. 기간산업 확충과 사회간접자본 충족
4. 유휴자원 활용
5. 수출증대로 국제수지 개선
6. 기술진흥

계획 수립보다 더 중요한 것은 계획을 추진하기 위한 전제조건인 자본의 확보였다. 정변 직후부터 박정희 정권은 자본 확보를 위해 특히 광업 생산 증대를 독려하고 생산물의 상당량을 수출에 할애하기도 했다. 하지만 기간산업 기반시설을 확충하고 기술을 도입하는 데는 턱없이 부족했기 때문에 대규모 자본을 해외에서 들여올 방법을 찾아야 했고, 그런 맥락에서 시도되고 추진된 것이 한일국교정상화를 통한 일본 자금 도입, 그리고 베트남 전쟁 파병과 독일 인력 파견 등이었다.

결론적으로 해외 자본 도입은 성공적이었고, 그렇게 확보한 자본이 포항 제철공장 건설 등 산업기반 확충에 투자됨으로써 장기적인 경제개발의 바탕이 될 수 있었다. 그로 인해 1차 경제개발계획 기간 동안만 해도 당초 목표치인 7.1%를 웃도는 연평균 8.5%의 경제성장률을 이룩했고 1인당 GNP는 83달러에서 123달러로 높아졌으며, 그 추세는 이후에 더욱 가팔라졌다. 무엇보다도 경제력의 성장과 산업구조의 변화는 정치, 문화, 교육 등 사회의 모든 부문에 근본적인 변화를 일으키며 오늘날 한국 사회가 가진 여러 특징들에 직접적인 영향을 미쳤다.

하지만 해외 자본 도입 과정 자체가 숱한 쟁점과 부작용의 가능성을 내포한 것이었고, 특히 많은 젊은이들의 희생을 강요한 것이었다는 점에서 다양한 평가의 계기들을 안고 있다. 그리고 그 과정에서 만들어진 해외 의존적인 경제구조와 심화된 불평등, 그리고 유통된 자본의 상당 부분이 정권에 의해 유용되어 장기집권에 활용된 과정 등에 대해서도 다양한 층위에서 비판이 이루어지고 있다. 오늘날 한국 사회의 여러 측면을 이해하기 위해 그 시기에 입안되고 추진되기 시작한 경제개발의 과정과 그것이 내포한 여러 측면의 평가들을 함께 이해하는 것이 반드시 필요한 이유다.

제 5대 대통령 선거와 제 6대 국회의원 선거:
(1963년 10월 15일, 1963년 11월 26일)

1962년 12월 17일 국가재건최고회의가 발의한 국민투표를 통해 5차 개헌이 이루어졌다. 4.19 혁명 직후의 3차 개헌을 통해 처음 도입됐던 의원내각제가 다시 폐지되고 대통령중심제가 부활한 것이 핵심이었다. 참의원과 민의원으로 나뉘었던 양원제 국회를 단원제로 환원하는 내용도 포함되어 있었다. 그리고 새 헌법에 따라 1963년 10월 15일에 제 5대 대통령 선출을 위한 선거가 실시되었다.

5.16 군사정변을 주도해 성공시킨 후 국가재건최고회의 의장으로서 2년간 군사정부를 이끈 박정희는 육군 대장으로 예편한 뒤 혁명주도세력을 중심으로 조직한 공화당의 후보로 나섰다. 그리고 1963년 1월 1일부터 정당 활동이 다시 허용되면서 기존의 정치인들이 이합집산했는데, 대표적인 것은 4.19 혁명 직후 민주당 구파와 신파가 각각 다시 모여서 만든 민정당과 민주당이었다. 민정당은 '민정民政'이라는 당 이름에서부터 '군정軍政' 즉 군사정부에 대한 반대의 뜻을 내걸었고 의원내각제 하에서이긴 했지만 2공화국 대통령을 지낸 윤보선을 구심점으로 삼고 있었다. 그리고 민주당은 자유당에 저항했던 통합야당 민주당을 계승하는 세력을 자처했고, 여성정치인 박순천이 대

표를 맡고 있었다. 그 외에 이승만 정부에서 국무총리를 지냈던 허정, 이범석, 장택상이 각각 이끄는 신정당, 민우당, 자유당 등이 있었다.

하지만 실질적인 '현직' 후보인 동시에 기세등등한 군사정변 세력까지 등에 업은 박정희의 절대적 강세가 야권의 '후보단일화' 논의를 촉발했고, 다양한 이합집산이 이루어진 끝에 최종적으로 7명의 후보가 등록했다. 하지만 민주당과 민우당, 자유당 등이 결국 후보를 내지 않았고 허정과 송요찬이 사퇴하면서 대략적인 구도는 박정희와 윤보선의 1대 1로 압축된 것이나 마찬가지였다. 장이석과 오재영은 거의 알려져있지 않은 군소후보였고, 이승만 정부에서 외무부 장관을 지낸 변영태도 대중적인 정치인은 아니었기 때문이다.

선거 결과는 예상에 비해 근소한 차이로 나타났다. 압도적인 강세를 보일 것으로 예상됐던 박정희 후보가 유효투표의 46.64%를 득표하면서 당선되긴 했지만 윤보선 후보도 45.09%를 득표하며 선전했고, 두 후보 사이의 표 차이는 15만 6천여 표에 불과했기 때문이다. 각각 2~4%를 득표한 군소후보 3명 중 한두 사람만 사퇴했더라면 당선자가 바뀌었을 수도 있었던 셈이다.

이 선거 과정에서 가장 두드러진 특징은 '색깔론'이 대두되었다는 점이다. 물론 이승만 정권 하에서도 야당 후보를 '빨갱이'라거나 '사상이 의심스러운 자'로 몰아세운 적이 없었던 것이 아니지만, 1963년에는 야당의 후보가 여당의 후보의 사상에 관한 의문을 던졌다는 점이 달랐다.

1963년 9월 23일 KBS 방송 연설에서 박정희는 '이번 선거는 나와 윤보선 후보 개인의 대결이 아니라 민족적 이념을 망각한 가식적 민주주의와 강력한 민족적 이념을 바탕으로 한 자유민주주의 사상의 대결'이라고 주장했는데, 바로 다음 날 전주 지역 유세에 나선 윤보선이 맞장구를 치면서 '지금 민주주의와 가장된 민주주의가 대결하고 있는 것은 맞는데, 과연 어느 쪽이 가장된 민주주의인가? 지금 정부에 여순사건의 관계자가 있지 않나'라며 역공을 펼쳤다. 박정희가 과거 여수와 순천 지역에서 반란을 일으킨 남로당 군사 조직의 비밀 조직원이었다는 사실을 상기시킨 것이다.

실제로 박정희는 대구 지역 좌익의 중심적 인물로서 10월 항쟁 때 살해된

형 박상희의 영향으로 남로당에서 활동한 이력이 있었고, 그 점에 대한 의문을 품은 이들이 적지 않았다는 점을 이용한 공격이었다. 물론 박정희가 '이미 오래 전에 확실히 전향했다'고 강조하며 '매카시즘적 공세를 중단하라'고 반박했지만, 사상논쟁의 여파는 적지 않았다.

그런데 결과적으로 윤보선의 색깔론은 파장을 일으키는 데는 성공했지만 그 파장은 야당에게 결코 유리하게 작용하지 않았다. 두 가지 이유 때문이었다. 우선 진부한 사상논쟁이 선거판을 지배하면서 군사정변의 부당성과 군사정부의 실책들에 대해 지적하고 비판함으로써 박정희에 대한 비판적인 여론을 확산할 기회를 잃어버렸다는 점이다. 특히 4.19 혁명을 통해 이룬 민주적인 정부를 불과 1년 만에 군대를 동원해서 전복한 군사정변에 대한 비판적인 여론이야말로 야당이 의지해야 할 가장 중요한 자산이었지만 그 카드를 너무 쉽게 놓아버렸다는 것이다.

또 한 가지는 기존 야당의 지지자들 중에서도 진보적 이념을 가지고 있거나, 혹은 미군정기와 전쟁을 전후한 시기에 벌어진 '빨갱이 사냥'의 과정에서 피해를 입었던 가족과 지역민들의 공포심을 자극해 그들이 오히려 박정희 후보 지지로 돌아서게 하는 역효과를 냈기 때문이다.

대표적으로 그 선거에서 윤보선은 수도 서울에서 압도적으로 앞선 것을 비롯한 경기, 충청, 강원 지역에서 승리하고도 영호남 지역에서 패배했는데, 그것은 조직력과 금권, 관권 동원력에서 앞선 박정희와 공화당이 농촌 지역에서 유리했기 때문이기도 하지만 10월 항쟁과 제주민중항쟁, 여순사건, 거창양민학살사건 등 '이념전쟁'의 희생자들이 양산됐던 지역에서 윤보선에 대한 거부감이 심했기 때문이기도 했다.

결국 군사정변의 리더 박정희는 군복을 벗고 민간인으로 변신해 대통령의 자리에 오르며 정권을 안정화했고, 군사정변에 의해 야당으로 전락한 옛 민주당 정권 세력은 민정이양 과정에서 정권을 되찾을 절호의 기회를 미세한 차이로 날려버리고 말았다. 그리고 그렇게 군사정부에서 민간정부로 옷을 갈아입은 정변 세력이 본격적으로 권력 기반을 강화한 계기가 한 달 뒤에 치러진 국회의원 선거였다.

5대 대통령 박정희 취임선서

제 6대 국회의원 선거가 치러진 1963년 11월 26일은 제 5대 대통령 선거로부터 불과 한 달 뒤였다. 따라서 대통령 당선자를 배출한 공화당에 유리한 환경에서 치러진 선거였으며, 그에 더해 집권당에 유리하도록 개정된 선거법으로 인해 공화당이 압도적인 비율의 의석을 차지한 선거였다. 그 해 선거에 적용된 선거법은 군사정변 직후 의회가 해산된 사이에 최고회의에 의해 개정된 것이었고, 당연히 공화당에게 유리하게 되어 있었기 때문이다.

개정된 선거법의 핵심은 무소속 출마의 제한과 비례대표제의 도입이었다. 비례대표 선출을 위한 별도의 선거과정이 있었던 것은 아니고, 각 지역별로 이루어진 선거에서 각 정당 후보자가 얻은 표의 합을 그 정당의 득표로 계산해서 전국구 의석을 배분하는 방식이었다. 하지만 의석 배분 방식이 매우 일방적으로 제 1당에게 유리하게 되어있었다. 득표율 기준으로 제 1당의 득표율이 50%에 미달할 경우에는 전국구 의석의 절반을 배분하며, 제1당의 득표율이 50%를 넘는 경우에는 전국구 의석의 2/3까지 배분하도록 했기 때문이다.

선거법 개정과 함께 제정된 정당법도 큰 변화를 가져왔다. 개정된 선거법에 의해 무소속 후보의 출마는 허용되지 않았기 때문에 반드시 정당의 공천을 받아야 했는데, 정당의 창당 요건도 강화되었기 때문에 기존 정당에 속하지 않은 정치인들의 출마는 어렵게 됐다. 정당을 창당하기 위해서는 서울, 부산 및 각 도 가운데 다섯 곳 이상의 시·도당을 두도록 했고 지구당은 지역구 선거구 총수의 1/3 이상을 의무적으로 설립하도록 했기 때문에 최소한 44개 이상의 지구당 창당이 요구되었고, 각 지구당의 당원 수도 최소 50인 이상을 채워야 했다.

그 외에 소선거구제는 유지되었고, 의원 정수는 175명으로 축소되었으며, 그 중 131석은 지역구, 44석은 전국구로 구성되었다.

결국 유리한 제도와 환경에 힘입어 공화당이 전체 의석의 63%에 육박하는 110석을 차지했고 그 뒤를 이어 민정당과 민주당이 40석과 14석, 자유민주당과 국민의당이 9석과 2석을 확보했다.

실제 공화당의 득표율은 33.5%에 불과했는데도 그 두 배에 가까운 의석을 차지할 수 있었던 것은 물론 유리한 제도의 도움 덕분이었지만, 비슷한 성향을 가진 야당들이 4개로 나뉘어 표를 나눈 덕도 있었다. 주요 4개 야당의 득표율을 합하면 50%를 넘었지만 의석수의 합은 37%에 해당하는 65석에 불과했기 때문이다.

한 달 사이에 처러진 대통령 선거와 국회의원 선거를 모두 승리한 군사정변 세력은 행정부와 의회를 장악한 힘을 기반으로 과감한 정책들을 전개했고, 그것은 하나 하나가 전에 없던 거대한 논쟁과 파장을 몰고 왔다. 그 과정에서 거대한 저항이 일어나기도 했지만 동시에 강력한 지지기반이 마련되기도 했는데, 그것은 오늘날에도 역대 대통령 중 가장 논쟁적이고 호감과 혐오감이 엇갈리는 인물로 박정희가 꼽히는 이유가 되고 있다.

베트남 파병:
(1964년 9월)

베트남 전쟁은 매우 복잡한 역사적 맥락 속에서 시작되고 전개되었으며, 한국은 그 과정에 깊숙이 개입해 상처를 주고 또 상처를 입었다. 베트남 전쟁이 특히 복잡하게 전개된 것은 그 배경에 식민주의와 세계대전, 그리고 냉전의 역사가 뒤섞여있었기 때문이다.

19세기에 프랑스의 식민지로 전락했던 베트남은 2차 세계대전 중 일본에 의해 점령되었고, 호치민이 이끄는 좌익 계열의 독립운동세력에 의해 북부 지역 상당 부분이 해방된 상태에서 종전을 맞이했다. 그러자 같은 시기 한반도에 미국과 소련이 진주했던 것처럼 베트남은 북위 17도선을 기준으로 북쪽은 중국 국민당군이, 남쪽은 영국군이 점령했는데, 중국은 얼마 뒤 국공내전이 본격화되면서, 영국 역시 멀지 않은 인도와 미얀마 지역 자국 식민지의 독립운동이 본격화되면서 각각 베트남 점령을 유지할 수 없는 상황에 빠지게 된다. 결국 중국이 철수한 북쪽 지역은 자연스럽게 호치민에 의해 장악되었지만, 영국이 점령했던 남쪽 지역을 원래 지배했던 프랑스에게 넘기고 떠나면서 베트남의 국민적 저항에 불이 붙기 시작한다.

베트남 국민들이 프랑스의 귀환을 거부한 것은 당연한 일이었고, 남쪽의 독립운동세력은 북쪽을 장악한 호치민과 자연스럽게 연계해 반프랑스 활동을 벌이게 된다. 그러자 프랑스는 1946년 11월 23일 북베트남의 항구도시 하이퐁에 대대적인 공습을 단행해 6,000명의 무고한 시민들을 희생시킨 사건을 시작으로 외인부대와 아프리카 용병부대를 포함해 무려 50만의 대병력을 동원해 북베트남을 침공했다. 하지만 북베트남군을 중심으로 한 베트남인들은 무기와 장비와 병력 면에서의 압도적인 열세에도 불구하고 게릴라전으로 응수하며 8년 동안이나 집요하게 프랑스군을 괴롭힌 끝에 1954년 디엔비엔푸 전투에서 대승을 거두며 승리를 굳힐 수 있었다. 1954년 7월 21일, 스위스 제네바에서 체결된 휴전협정에 의해 북위 17도선을 기준으로 북베트남과 남베트남으로 분단됨으로써 전쟁 이전 상황으로 돌아간 셈이었는데, 7만 명 이상의 전사자를 낸 프랑스의 패배가 분명했지만 10만 명 이상이 전사하고 국민 대부분이 삶의 기반을 잃게 된 북베트남도 전쟁을 더 이상 감내하기 어려웠기 때문이다. 그리고 남쪽 지역에서도 베트남인들 대부분이 호치민을 지지하고 있었기 때문에 형식상 휴전이긴 했지만 프랑스가 물러간 이후의 남베트남이 곧 붕괴하고 통일국가를 이루는 것은 그리 어렵지 않을 것으로 여겨졌기 때문이기도 했다.

하지만 그 무렵 한반도에서 벌어진 좌우진영의 격돌이 '무승부'로 끝나고 전 세계적인 냉전구도가 강화되면서 상황이 달라졌다. 베트남 전체가 공산주의화되는 것을 용납할 수 없게 된 미국이 프랑스의 뒤를 이어 남베트남에 개입하기 시작했기 때문이다.

1955년 10월 26일, 남베트남에서는 프랑스에 의존해 유지되며 남쪽 지역을 지배하고 있던 바오다이 황제가 퇴위하고 응오딘지엠이 이끄는 베트남공화국이 수립됐지만 부정부패는 여전했고, 국민적 지지를 얻지 못한 채 무력의 의존해 권력을 유지하는 상황이었다. 그런 상황은 다양한 저항세력들의 활동을 자극했고, 그 대부분이 북베트남과 연결되면서 후방 곳곳에서 게릴라전이 이어지는 혼란스러운 상황이 10여 년간 지속되었다.

그리고 1964년, 미국의 군함이 북베트남 통킹만 인근에서 공격을 받았다고 주장하는 일명 '통킹만 사건'을 계기로 미군이 북베트남을 상대로 한 전쟁을 시작했고, 북베트남 지역에 대한 대대적인 폭격을 시작하면서 우리가 흔히 알고 있는 베트남 전쟁이 시작되었다. 북베트남의 정규군 외에도 남베트남에서 활동하던 저항세력, 즉 '베트콩'이 연계해 집요하고 처절한 게릴라 전술을 통해 맞서며 1973년까지 10여 년을 버텨냈고, 베트남은 결국 세계최강인 미군마저 밀어내며 통일을 완수하기에 이른다.

이렇게 '베트남 전쟁'이란 프랑스, 일본, 그리고 다시 프랑스와 미국을 상대로 20년 이상 이어간 베트남인들의 전쟁이었다. 그리고 한국은 '자유우방 수호'라는 명분과 '군장비현대화'와 '경제재건'이라는 실리를 좇아 그 전쟁에 개입해 미군의 보조부대 역할을 수행했다.

한국은 1964년 9월 의무대와 태권도 교관단을 파견한 것을 시작으로 1967년 8월까지 4차례에 걸쳐 국군을 베트남에 파견했다. 미국은 국제사회의 여론을 의식해 명목상 연합군 형태를 취할 필요가 있었고, 미군의 희생에 대한 우려가 컸던 국내 여론이나 전쟁비용을 최소화해야 했던 경제적 이유에서도 한국의 파병을 강력히 요구했기 때문이다.

소규모의 비전투부대였던 1차 파병과 달리 대규모의 전투병력이 포함된 2차 파병부터는 파병동의안 통과를 두고 국회에서 여당과 야당이 격돌했고, 사회적으로도 큰 논쟁이 시작되었다. 야당은 특히 전투병력의 해외 파견이 국제분쟁의 소지가 있다는 점과 베트남의 상황이 혼란스러워 파병 부대원들의 안전을 보장할 수 없다는 점을 지적했다. 국제연합을 비롯한 관련 국제기구에 가입되어있지도 않았던 한국의 입장에서 대규모 파병을 하는 것은 국제법적 근거가 약했기 때문이다.

하지만 6.25 전쟁 당시 받았던 16개국의 지원에 보답하여 '반공' 전선에서 싸운다는 명분에 공감하는 국민이 적지 않던 시절이었고, 미군의 지원을 통해 국군의 장비를 현대화하고 일정한 경제적 이익을 취할 수 있다는 점도 긍정적 여론에 힘을 실었다. 또한 박정희 정권의 입장에서도 미국과의 관계를 공고히 할 수 있다는 점을 매력적으로 느낄 수밖에 없었다.

결국 총 5만 명, 연 인원 30만 명에 이르는 한국군이 베트남 전쟁에 참전해 1965년부터 1973년까지 8년에 걸쳐 56만 3,387건의 작전을 수행했다. 그 과

베트남 파병식의 모습. 한국 정부는 자유우방수호, 군장비현대화, 경제 재건을 내세워 베트남 파병을 결정했다.

정에서 미군을 오히려 능가하는 용맹을 발휘해 큰 전과를 남긴 것도 사실이 지만, 동시에 현지의 역사와 문화에 대해 무지한 상태에서 적극적으로 전투를 수행하고 몰입하는 과정에서 민간인 학살 등의 오점을 남긴 것도 사실이었다.

한국군 전사자 및 사망자는 공식적으로 5,099명으로 발표되었고, 부상자는 1만여 명에 달했다. 전쟁 직후 군 당국은 한국군 포로는 한 명도 없었다고 발표하면서 그 이유로 '한국군은 너무나 용감해서 포로가 없었다'고 설명했는데, 나중에 베트남에 억류되었거나 북한으로 보내진 국군 포로들의 실체가 확인되기도 했다.

민간인 학살 문제에 대해서는 김대중 대통령이 공식적으로 사과를 한 적이 있고, 그 이후에도 몇 차례에 걸쳐 사과의 의사를 전한 적이 있다. 하지만 베트남 국내 정치적 상황 등과 연관되어 민간인 피해에 관한 자세한 조사가 이루어지지 않고 있으며, 그에 따라 사과도 막연한 수준에 머물 수밖에 없었다.

베트남 전쟁을 계기로 한국은 미국과의 동맹관계를 더욱 굳힐 수 있었고, 미군의 지원으로 전투부대 대부분의 병력이 M16 소총으로 무장할 수 있었던 것을 포함해 장비의 현대화를 이룰 수 있었으며, 그 외에도 다양한 채널로 이루어진 미국의 지원을 통해 경제개발계획 추진에 필요한 자본을 확보할 수 있었다. 하지만 수많은 젊은이들이 전쟁터에서 막대한 인명피해를 입었고 또 그 이상의 피해를 입혔다는 점에서 기본적으로 비극이며, 동시에 '반공'이라는 이념에 대한 당위가 더욱 강조되며 유신체제로의 전환을 비롯해 국내적 인권상황의 악화를 가져온 하나의 계기가 됐다는 점에서도 안타까운 사건이었다.

한일협정 체결:
(1965년 6월 22일)

베트남 파병을 통해 한국이 얻은 경제적 이익은 10억 달러에 이르는 것으로 추산된다. 하지만 그것은 10년간 군인들의 월급으로부터 한국 기업들에게 허용되었던 군납 사업의 매출 등을 모두 합한 것이며, 1960년대 초반에 국한하면 규모는 상대적으로 크지 않았다. 따라서 경제개발계획을 원활하게 추진하기 위해서는 보다 큰 규모의 현금이 일시에 정부의 손에 들어와야 했다. 박정희 정권이 집권 초기에 대중적 반감에도 불구하고 일본과의 국교 정상화에 나선 데는 그런 이유가 있었다.

물론 한일관계 회복을 원한 것은 박정희 정권만은 아니었다. 6.25 전쟁 특수를 누리며 패망의 충격을 회복하기 시작한 일본은 가장 가까운 한국 시장을 개척할 필요가 있었고, 미국의 입장에서도 예산의 부담을 조금이라도 덜면서도 소련-중국-북한-북베트남의 결속이 강화되면서 점증하는 동북아시아 지역에서의 공산주의권의 압력에 대처하기 위해 한국과 일본이 협력해 안보거점으로서의 기능을 해줄 것을 기대하고 있었다.

특히 일본은 박정희가 과거 일본사관학교를 졸업한 만주군 장교 출신이라는 점에서 각별한 친근감을 느끼고 있었고, 군사정변이 성공한 직후 일본 총리 이케다 하야토가 가장 먼저 한국의 신정부를 지지한다는 의사를 표명하기도 했었다. 그 답례로 정변 6개월 후인 1961년 11월 22일 일본을 방문한 박정희는 이케다 총리를 직접 만나 협조를 요청하기도 했다. 한일국교정상화에 관한 구상은 이미 그 시기부터 시작되고 있었다.

그리고 1962년 10월 21일 미국 방문길에 일본에 들른 중앙정보부장 김종필이 일본 외무장관 오히라 마사요시를 만나 한일국교회복과 관련된 조건에 관한 1차 협상을 벌였고, 미국에서 돌아오던 11월 12일에 다시 2차 협상을 벌여 합의안을 도출했다. 협상 과정이 비밀이었기 때문에 합의문 대신 메모 형식으로 합의 결과가 기록되어 흔히 '김종필-오히라 메모'라고 부르며, 김종필과 오히라 양자의 요구사항과 합의내용이 각각 기록되어있다. 그 내용은 다음과 같다.

〈 김종필 메모 〉

1. 청구권은 3억 달러로 하되 6년 분할 지불한다.
2. 장기 저리 차관도 3억 달러로 한다.
3. 한국의 대일 무역 청산 계정 4천6백만 달러는 청구권 3억 달러에 포함하지 않는다.

〈 오히라의 메모 〉

1. 청구권은 3억 달러까지 양보하되 지불기한은 12년으로 한다.
2. 무역 계정 4천6백만 달러는 청구권 3억 달러에 포함한다.
3. 차관은 청구권과 별도로 추진한다.

〈 합의 사항 〉

1. 무상공여로 3억 달러를 10년에 나누어 제공하되 그 기한을 단축할 수 있다. 한일 청산계정에서 대일 부채로 남은 4천5백73만 달러는 3억 달러 중에서 상쇄한다.
2. 대외 협력 기금 차관으로 2억 달러를 10년에 나누어 제공하되, 그 기간은 단축할 수 있다. 7년 거치 20년 분할 상환, 연리 3푼 5리(정부 차관)

3. 수출입은행 조건 차관으로 1억 달러 이상을 제공한다. 조건은 케이스에 따라 달리한다. 이것은 국교정상화 이전이라도 실시할 수 있다.(민간 차관)

간략히 정리하자면 36년간의 식민통치 기간에 우리 민족을 억압하고 수탈한 일본과 국교를 회복하는 조건으로 '3억 달러의 보상금과 3억 달러의 차관'을 요구한 한국에 대해 일본은 '3억 달러를 보상하되 해방 시점에서 일본에게 지고 있던 빚 4,600만 달러는 제외하고, 차관은 따로 논의하자'고 맞섰던 것이다. 그리고 결국 '3억 달러에서 4600만 달러를 제외'한다는 점은 일본의 입장을 존중하되 3억 달러의 차관을 제공한다는 점은 한국의 입장을 따르는 방식으로 합의가 이루어진 셈이었다. 청구권 자금 지급 기간도 6년과 12년으로 갈린 입장이 '10년 이내'로 타협되었다.

비밀협상을 통해 대략적인 합의를 이룬 한국과 일본 양국은 각각 관련 내용을 미국과 협의하고 동의를 얻으며 공식 조약 체결을 위한 준비를 마쳤고, 1964년 초부터는 국내에서도 '곧 한일국교 회복을 위한 협정이 체결된다'는 소식이 전해지기 시작했다.

5.16 군사정변 초기 지식인과 대학생 층의 거부감은 예상보다 크지 않았다. 당시 지성계를 대표하던 잡지 『사상계』를 이끌던 장준하도 군사정변을 '혁명'이라고 부르며 지지했을 정도였다. 당시 군사정변 주도세력이 공공연히 '4.19 정신 계승'을 표방하며 부패하고 무능한 기성 정치세력 일소를 공언한 데 대한 지지와 '민족정기를 바로 세우겠다'는 혁명공약에 대한 공감 때문이었다. 하지만 한일협정 체결 시도는 그런 기대를 무너뜨린 결정적인 계기가 됐다.

1964년 1월 정부가 일본과 국교회복을 위한 협상을 하겠다고 발표하고 2월에는 정부와 여당이 3월 중에 대일 교섭을 시작하겠다는 방침을 발표했다. 그러자 1964년 2월 22일 제 1야당인 민정당이 정부와 여당의 한일 교섭 구상에 관한 반대를 당론으로 정해 발표하면서 여론이 달아오르기 시작했다. 그리고 1964년 3월 5일 정부와 여당 연석회의를 통해 3월 10일 농상회담으로 시작해 12일부터 본회담, 4월에 외무부장관회담을 개최한다는 한일협

한일협정에 반대해 서울 대생이 일본 상품을 태우고 있는 모습. 한일협정 체결은 당시 국민들에게 대일굴욕외교라 불렸다.

상 스케줄을 발표하자 다음 날인 3월 6일 민정당, 민주당, 자유민주당, 국민의당 등 모든 야당과 사회, 종교, 문화단체 대표 등 각계 인사 200명이 주축이 되어 '대일굴욕외교반대 범국민 투쟁위원회'를 결성했고, 3월 9일에는 서울 종로예식장에서 구국선언을 채택하고 반대투쟁에 총궐기할 것을 결의한 뒤 투쟁위원회 의장을 맡은 윤보선 전 대통령이 선언문을 낭독했다. 그리고 1964년 3월 24일, 서울에서 5,000여 명의 대학생들이 한일수교에 반대하는 시위를 벌인 것을 비롯해 전국의 주요 도시에서 8만여 명이 시위에 참가하였다. 군사정변 이후 처음으로 학생들의 시위가 발생한 날이었다. 특히 서울 대학교 문리대생들은 교정에서 일장기와 함께 박정희와 김종필의 인형을 불태우고 무기한 단식농성에 돌입했으며, 서울 시내에서는 일부 고등학생들도 시위에 동참했다. 1주일간 시위를 벌인 대학생들은 3월 30일 11개 대학 학생 대표들의 명의로 요구사항과 박정희 대통령에 대한 면담 신청서를 제출하고 일단 학교로 돌아갔지만 박정희 정부가 일체의 요구를 무시하자 4월 19일을 기점으로 다시 거리로 나서기 시작했다. 그리고 시위가 절정에 달한 6월 3일에는 수만 명의 학생과 시민이 종로에 모이고 중앙청 앞으로 행진하며 경찰과 물리적 충돌을 벌여 4.19 혁명의 기억을 되살리기도 했다.

시위가 확산되자 정부는 6월 3일 저녁 8시를 기해 비상계엄령을 선포해 모든 집회와 시위를 금지하고 대학에 휴교령을 내리는 한편 언론보도와 출판물에 대한 사전검열, 영장 없는 압수·수색·체포·구금, 통행금지시간

연장 등의 조치를 취하는 동시에 4개 사단 규모의 군 병력을 서울에 투입해 강경 진압에 나섰다. 그 결과 학생과 정치인, 언론인 등 1,120명이 대거 체포 되고 348명은 내란 및 소요죄로 구속되었다.

강력한 반대운동에도 불구하고 박정희 정권은 회담을 지속해 1965년 2월 에는 기본조약을, 4월에는 어업협정을 조인했고 1965년 6월 22일에는 한일 기본조약이 정식으로 조인되었다. 그리고 8월 14일 여당 단독으로 국회가 열려 한일기본조약에 대한 비준이 이루어졌다. 그리고 그 결과 1965년 12월 18일 오전 중앙청에서 두 나라의 국교 정상화를 최종적으로 매듭짓는 기본 조약 및 협정에 대한 비준서가 교환되었다.

한일국교정상화를 통해 당시 한국과 일본, 미국 정부는 각자가 원하는 것 을 얻을 수 있었다. 한국은 경제개발자금을 얻었고 일본은 한국 시장 개척을 시작할 수 있었으며 미국은 냉전질서를 유지하기 위한 동아시아 안보 거점 을 마련했다.

하지만 여전히 식민통치의 기억을 생생하게 가지고 있던 당대의 한국인들 은 자존심에 큰 상처를 입었고, 특히 징용과 징병, 종군위안부 등으로 직접적 피해를 입었던 이들과 유족들은 애매하게 마무리된 청구권 협상으로 인해 일본 정부로부터 직접적인 사과와 보상을 받을 길을 잃었다. 독도를 비롯한 영토와 영해, 그리고 어업권 관련 분쟁의 씨앗을 남긴 것도 문제였다.

그리고 4.19 혁명을 주도했던 학생과 비판적 지식인들이 박정희 정권에 대 한 기대를 버리고 저항을 시작한 계기가 되었고, 박정희 정권은 그에 대한 강경한 진압을 시작하며 이후 15년 이상 지속될 폭력적 통치의 스타일을 노 출하고 말았다.

제 6대 대통령 선거와 제 7대 국회의원 선거:
(1967년 5월 3일, 1967년 6월 8일)

한일국교정상화를 계기로 단합해서 저항하는 야당과 재야, 대학생과 비판적 지식인들을 비상계엄령을 동원해 억누르는 과정에서 박정희 정권의 통치 스타일이 분명히 드러났다. 강력한 추진과 강경한 진압, 혹은 노골적인 일방통행. '민족적 민주주의'를 내세웠던 박정희의 반민족주의적 행태와 일방적 통치에 대해 야당과 국민이 실망한 것 이상으로 박정희 역시 야당과 국민에게 실망했기 때문이다. 박정희 대통령은 특히 한일협정 반대투쟁의 전면에 나선 윤보선을 비롯한 야당 지도자들에 대해 '국가의 미래에 대한 깊은 고민 없이 대중의 감정을 선동해 정권을 장악하려는 자들'이라는 인식을 가지게 되었다.

그런 인식은 더 이상 야당을 국정의 파트너로서 협의의 대상으로 보는 것이 아니라 억누르고 제압해야 할 대상으로 보게 했다. 그러기 위해서는 자신이 대통령직을 더 오래 유지하고, 국회 내에서 압도적인 다수 의석을 확보해야 하며, 필요하다면 검찰과 경찰, 혹은 중앙정보부를 통한 회유와 협박을 포함한 모든 공권력을 활용해야 한다고 생각하게 되었다. 그리고 그런 인식을 행동으로 옮긴 첫 단계가 1967년 5월과 6월에 각각 치러진 제 6대 대통령 선거와 제7대 국회의원 선거였다.

1967년의 정치환경은 박정희 정권에 불리하지 않았다. 베트남 파병과 한일협정 과정에서 분출됐던 비판 여론이 2년 여의 시간이 흐르면서 희석된 반면 베트남과 일본에서 자금이 들어오기 시작하면서 경제성장이 가시화되기 시작했기 때문이다. 그리고 특히 4년 전의 선거에서 경쟁했던 민정당의 윤보선 후보가 이번에도 야당 후보로 나섰는데, 그 때도 이미 '낡은 느낌'이 약점으로 지적됐던 그가 새삼 신선한 모습으로 지지를 확장할 계기는 거의 보이지 않았다. 윤보선을 내세운 민정당은 슬로건과 공약을 통해서도 새로운 모습을 전혀 보여주지 못했는데, 선거구호로 '부정부패와 썩은 정치를 바로잡겠다'는 일반론이 제시됐을 뿐 국정의 방향을 어떻게 전환할 것인지에 대한 전망을 전혀 보여주지 못한 것이다. 게다가 야권의 모든 정당들이 저마다 후보를 내세우면서 분열한 것도 박정희 대통령의 입장에서는 호재였다.

선거 결과는 15만 표 차이로 접전을 벌였던 4년 전과 달리 120만 표 가까운 차이가 벌어진 박정희 후보의 낙승이었다. 오재영, 김준연, 전진한, 이세진 등 네 명의 야권 후보들이 각각 1~2%의 득표율을 기록하며 표를 나누기도 했지만 박정희는 단독으로 유효투표의 51.44%를 득표했을 정도였다.

대선과 한 달 간격으로 치러지는 총선에서도 공화당의 우세는 의심의 여지가 없었다. 하지만 공화당은 그 선거에서 단순우세가 아닌 절대우세를 원했고, 그것을 이루기 위해 노골적인 부정선거를 감행하게 된다. 이승만이 그랬듯, 박정희 역시 헌법에서 허용하고 있던 마지막 임기를 시작하던 그 시점에 이미 헌법 개정을 통한 임기 연장을 구상하고 있었던 것이다.

이승만 정권의 몰락을 가져왔던 3.15 선거(1960년 3월 15일에 치러진 제4대 대통령 선거)와 더불어 6.8 선거(1967년 6월 8일에 치러진 제7대 국회의원 선거)도 부정선거의 대명사로 회자되곤 하는데, 무엇보다도 부정에 동원된 공권력의 스케일이 달라졌기 때문이다.

농촌 지역을 중심으로 막걸리나 고무신을 배포해 표를 사는 행위가 만연한 것도 여전했고 지역 주민 단체 관광을 미끼로 선거운동을 벌이는 방식이 새롭게 일반화되기도 했다. 하지만 더 중요한 것은 그 선거에서 여당 후보들이 도로와 교량 건설이나 기업 유치 등 대규모 지역 개발 공약을 남발한 뒤 장관과 총리들이 그 지역을 돌며 힘을 실어주는 방식의 관권선거가 광범위하게 이루어졌다는 점이다. 예컨대 야당의 유망한 젊은 정치인이었던 김대중을 낙선시키기 위해 공화당은 체신부 장관 출신 김병삼을 목포 지역구에 공천한 뒤 목포에서 대통령과 부총리를 중심으로 경제 관련 부처 장관과 기관장들이 모두 모여 호남 개발을 위한 대책을 논의하는 국무회의를 열었을 정도였다. 대통령을 중심으로 한 국가조직 자체가 여당 후보들의 당선을 위해 움직인 선거였던 셈이다. 물론 선거운동 과정 뿐 아니라 투표와 개표의 모든 과정에서도 공개 투표, 대리 투표, 매표, 투표장 폭력 사건, 개표 조작 등의 반칙은 계속되었다.

결국 신민당은 서울과 부산의 지역구 대부분을 차지했음에도 불구하고 농촌 지역 대부분을 내주며 45석에 그쳤고, 공화당은 전체 의석의 73.7%에 해당하는 129석을 확보했다. 공화당 단독으로 개헌이 가능한 충분한 의석을 확보한 셈이다.

하지만 광범위하게 자행된 부정선거의 정황과 증거들이 너무 많았기 때문에 대학가를 중심으로 6.3 사태 이후 최대 규모의 시위가 확산되었고, 정부에서도 적당한 타협선을 찾는 수밖에 없게 되었다. 결국 공화당 후보 1명의 당선이 취소되고 7명의 당선자가 제명되면서 공화당의 의석수는 121석으로 줄어들었다. 물론 그것으로도 개헌선은 유지된 셈이기도 했지만, 제명된 의원들도 대부분 공화당과 함께 행동한 끝에 공화당에 재입당했기 때문에 별 차이는 없었다.

그렇게 노골적인 반칙과 무리수를 불사하며 제 7대 국회 의석의 2/3 이상을 확보한 이유는 물론 개헌이었고, 그 개헌의 목적은 두 번으로 제한되어있던 대통령의 임기를 세 번으로 늘리는 것이었다.

북한 특수부대 청와대 습격 사건:
(1968년 1월 21일)

1968년 발생한 북한 특수부대 청와대 습격 사건은 1968년 1월 17일 북한 민족보위성 정찰국, 일명 124부대 소속 공작원 31명이 국군 대위 복장으로 군사분계선을 돌파한 뒤 임진강을 건너 파주를 지나 청와대 북쪽 300m 거리의 세검정 고개까지 침투했던 사건이다. 그들은 침투 이틀째인 20일에 파주 법원리 산 속에서 나무를 하던 4형제와 마주쳤지만 '억압받는 무산 계급'인 그들이 남한을 해방하기 위해 내려온 자신들을 고발하지 않을 것이라는 생각으로 풀어주었다. 그런데 그들의 생각과 달리 곧바로 신고가 접수되면서 추격을 받게 된다. 하지만 군 당국은 침투한 북한 공작원의 능력과 의도에 대해 제대로 파악하지 못해 큰 낭패를 당하게 된다. 그들의 목표가 청와대라는 사실을 예상하지 못해 파주 일대에만 포위망을 전개했는데, 공작원들이 예상보다 두 배 이상 빠른 하루 10km 이상의 속도로 남하하면서 포위망을 돌파해버렸을 뿐 아니라 청와대 직전에 이를 때까지 별다른 저항을 만나지도 않았기 때문이다.

결국 그들은 21일 밤 10시 쯤 세검정 근처에서 순찰중이던 서대문경찰서장에게 발견되었지만 '훈련중이던 육군 방첩대 소속 장교들'이라고 둘러대

북한 특수부대 청와대 습격 당시 총격을 받은 나무의 모습. 김신조를 비롯한 북한 특수부대원들이 침입한 루트는 2006년부터 점차 민간인들에게 개방되었다. (사진출처: 해외 문화홍보원)

며 통과했고, 군부대와 소통하며 훈련중인 병력이 없다는 점을 확인한 경찰들에 의해 자하문 초소에서 저지되어 교전을 벌이게 된다. 특히 초소 근처로 올라오던 시내버스를 국군 지원병력으로 오인한 공작원들이 수류탄을 던지고 흩어져 도주하기 시작했고, 이후 곳곳에서 벌어진 교전으로 29명이 사살되고 1명이 생포되었으며 1명이 다시 군사분계선을 넘어 북쪽으로 도주하며 마무리되었다. 그 때 생포된 1명의 이름이 김신조였기 때문에 흔히 '김신조 사건'으로도 불리게 됐다. 당시 우리 쪽에서도 종로경찰서 최규식 서장과 제1사단 15연대장 이익수 대령이 교전 중 피격당해 전사한 것을 비롯해 군경 25명과 민간인 7명이 사망했고 52명이 부상을 당하는 손실을 입었다.

북한이 그런 무모한 시도를 감행한 이유에 대해서는 여러 가지 추측이 제기되어왔다. 우선 한일국교가 회복됨으로써 한미일 동맹이 강화되고 베트남전쟁에 국군이 가세하며 동아시아 지역에서 공산주의 블록이 수세에 몰린 상황을 타개할 필요가 있었다는 점을 짚어볼 수 있다. 실제로 이 사건으로 인해 국군의 베트남 파병에 다소 제동이 걸리기도 했고, 미군의 관심이 분산되면서 북베트남 측에 간접적인 도움이 된 것도 사실이었다.

그리고 남로당에서 활동한 이력이 있는 박정희가 주도한 군사정변이 일어났을 당시 북한이 기대했던 것과는 정반대의 반공적인 색채가 오히려 강화되자 그 권력 기반이 공고화되기 전에 상황을 한번 흔들어놓으려고 했다는 분석도 있다. 특히 1967년에 치러진 양대선거를 통해 점점 노골화되는 독재권력에 대한 국민적인 거부감과 비판 여론을 확인해보거나 자극할 필요가 있었다는 것이다.

하지만 북한의 의도가 무엇이었든, 그 사건이 한국 사회에 미친 영향은 매우 다양한 영역에서 나타났다. 우선 남북간의 긴장이 고조되면서 남북 양쪽에서 보다 강경하고 권위주의 체제가 고착화되는 계기가 됐다는 점이다. 남한에서는 이 사건이 박정희 정권이 유신체제를 수립하는 중요한 계기 중의 하나가 되었으며 북한에서도 모험적인 도발의 책임을 지워 반대 세력을 숙청하면서 김일성의 독재체제가 더욱 강화되는 계기가 됐다.

그리고 북한의 무력 도발에 대한 경계심에서 비롯된 여러 제도들로 인해 한국인들의 생활에 큰 변화가 일어나기도 했다. 대표적으로 모든 국민에게 주민등록번호가 부여되고 주민등록증이 지급되어 어디서든 자신의 존재를 증명하게 한 것이 그 때부터였다.

또한 군사력 증강과 북한군의 후방지역 침투를 통한 비정규전에 대비하기 위해 예비군이 창설되고 육군 3사관학교가 창설되었으며, 군대 내에도 '5분 대기조'와 유격 훈련이 바로 이 사건을 계기로 생겨났다. 또한 이 사건과 더불어 베트남 전쟁, 미군 일부 철수 등이 겹치면서 군 복무기간이 연장되었고 그에 따라 복무 중이던 병사들의 전역일 또한 미뤄졌으며, 육군과 해병대는 6개월(36개월), 해군과 공군은 3개월(39개월)씩의 복무기간이 연장되었다. 그리고 고등학교와 대학교에 교련실습 시간이 배정된 것도 그 사건이 계기가 되었으며, 안보위협 대비가 우선이라는 이유로 서울에서 개최하기로 했던 아시안게임 개최권을 반납하기도 했다.

그 외에 일명 '김신조 루트'라고 불리는 북한 공작원들의 침투로도 2006년부터 2020년 사이에 순차적으로 해제되어 등산객들을 맞이하기까지 수십 년간 대부분 폐쇄되기도 했다.

6차 개헌:
(1969년 10월 17일)

1967년 대통령 선거와 국회의원 선거에서 대승을 거둔 박정희 대통령과 공화당은 이듬해부터 개헌 작업을 시작했다. 핵심은 두 번으로 제한되어있는 대통령의 임기를 세 번 이상으로 늘려 박정희의 재집권을 가능하게 하는 것이었다.

물론 국회 의석의 2/3 이상을 확보한 공화당 의원들이 결속하기만 한다면 언제든지 개헌안 처리는 가능했다. 하지만 대통령의 임기를 늘리는 개헌은 야당의 결사적 반대 뿐만 아니라 늘 국민적인 저항을 불러온 사안이었다. 개헌에 성공하더라도 그렇게 마련된 또 한 번의 기회에서 국민들의 외면을 받아 낙선한다면 아무 의미가 없었다.

게다가 국회에서 개헌안을 통화시키기 위해 넘어야 할 고비가 한 가지 더 있었는데, 공화당 의원들이 모두 개헌에 찬성하는 것이 아니라는 점이었다. 5.16 군사정변의 실질적인 기획자이자 박정희의 후계자로 가장 유력했던 김종필과 그를 추종하는 '김종필계' 의원들은 박정희 대통령이 헌법에 정해진 임기를 채운 뒤 물러나고 김종필이 다음 대통령 선거에 공화당 후보로 출마하는 것이 순리라고 생각하고 있었다.

3선 개헌안을 변칙통과시킨 후 회의장을 빠져나가는 공화당 의원들

1968년 초 공화당의 윤치영 의장과 '반 김종필'계 길재호 의원이 3선 개헌의 필요성에 대해 언급하기 시작했고, 김형욱이 이끌던 중앙정보부가 적극적으로 움직이기 시작했다. 1969년부터는 당내에서 '반 김종필'을 대표하던 길재호, 김성곤, 김진만, 백남억이 앞장서서 개헌찬성 서명을 받았고, 반대하는 의원들에 대해서는 중앙정보부의 협박과 회유가 이어졌다. 김종필의 핵심 측근인 재선의원 김용태가 중앙정보부에 끌려가 고문을 당하는 일까지 벌어지자 개헌에 반대하던 김종필조차 개헌 찬성으로 돌아설 수밖에 없었고, 심지어는 야당인 신민당 소속의 조흥만, 연주흠, 성낙현 의원까지 포함한 122명에게서 개헌 지지 서명을 받아내 1969년 8월에 개헌안을 발의하는 데 성공했다.

개헌안의 주요 내용은 대통령의 3기 연임을 허용하는 것 외에 대통령에 대한 탄핵소추 발의선을 의원 30인 이상에서 50인 이상으로 상향 조정해 탄핵을 어렵게 만들었고, 국회의원이 장관 등 기타 직위를 겸할 수 있도록 허용하는 내용도 포함됐다.

당연히 대학가에서부터 반대 시위가 시작되었고 야당인 신민당은 소속 의원 44명을 모두 제명하고 당을 해산한 뒤 그 중 41명만 모아 다시 재창당함으로써 개헌에 찬성한 3명의 의원직을 박탈해버렸다. 당시 무소속 출마를 금지하던 선거법상 정당에 속하지 않은 사람은 국회의원이 될 수 없었고 창당의 조건도 까다롭게 만든 점을 이용한 것이다.

그런 우여곡절 끝에 1969년 9월 8일 헌법개정안이 국회에 상정됐고 13일 표결을 선포하자 신민당 의원들은 단상을 점거했고 13일 자정이 지날 때까지 버텨내는 데 성공하며 한 고비를 넘긴 것으로 보고 한 숨 돌렸다. 하지만 따로 연락을 받고 움직인 공화당 의원들은 이튿날인 9월 14일 새벽 2시 태평로 국회의사당 건너편에 있던 국회 제3별관에 모여 표결을 진행해 단독으로 개헌안을 통과시켜버렸다. 이효상 국회의장의 사회로 불과 6분만에 이루어진 날치기의 결과는 찬성 122표, 반대 0표, 불참 49표였다.

야당은 개헌안 통과 무효를 선언했고 학생들의 반대 시위도 격렬해졌지만 정부는 모두 무시한 채 10월 17일 국민투표에 부쳤고, 총 유권자의 77.1% 참여에 65.1% 찬성으로 최종적으로 가결되었다.

현직 대통령의 임기 연장을 위한 개헌이라는 점에서 많은 국민들이 반감을 가진 것은 분명했다. 그럼에도 불구하고 개헌안이 통과된 것은, 공무원 조직과 공화당 조직을 총동원해 국민을 압박하고 동원한 정권의 노력과 공작 때문이기도 했지만 산업화가 본격화되면서 급속히 호전되고 있던 경제적 상황이 긍정적 배경으로 작용한 덕분이었다.

어쨌든 다시 한 번 기회를 얻게 된 박정희는 2년 뒤인 1971년 제 7대 대통령 선거에 나서게 되고, 김대중이라는 운명적인 라이벌을 만나 한국정치사상 가장 치열한 승부를 벌이게 된다. 그리고 그 선거의 결과와 과정은 박정희가 더 이상 국민을 향해 '표를 달라'고 외치지 않겠다는 결심을 나름의 방식으로 실천하는 중요한 계기가 된다.

전태일 분신:
(1970년 11월 13일)

전태일 분신 사건은 대구 출신으로 초등학교를 중퇴한 뒤 17세부터 청계천 평화시장에서 일하며 가족의 생계를 책임졌던 재단사 전태일이 스스로 목숨을 끊음으로써 노동자들의 현실을 고발하고 노동문제에 대한 사회의 인식을 이끌어 낸 사건이다.

전태일은 같은 공장에서 일하는 여성 보조재단사가 폐결핵에 걸렸는데도 병원조차 가지 못한 채 오히려 병을 숨겨야 했고, 결국 그것이 드러나자 해고당하는 것을 보면서 큰 충격을 받는다. 자신도 어린 나이에 공장 일을 시작해 가난하고 힘든 노동자의 현실에 대해 잘 알고 있었지만, 노동자의 생명이 한낱 돈벌이의 도구 이상의 가치로 존중받지 못한다는 사실을 새삼 절감했던 것이다. 평소에도 더 힘들고 가난한 어린 노동자들에게 밥을 사주느라 몰래 굶거나 버스비가 없어 걸어서 퇴근하곤 했던 전태일은 그 일을 계기로 현실의 비참함과 부당함을 새삼 깨닫고, 모든 노동자들의 최소한의 삶의 조건을 보장받는 방법을 찾기 시작했다.

그러던 중 전태일은 우리나라에 이미 노동자의 권리를 보장하는 근로기준법이라는 것이 존재한다는 사실을 알게 되고 희망을 품게 된다. 그리고 한

평화시장에 세워진 전태일 동상. 그의 희생은 한국 노동 운동사의 출발점이 되었다. (사진출처: 대한민국역사박물관)

글보다 더 많은 한문으로 이루어진 난해한 문장의 근로기준법을 도저히 읽을 수도 이해할 수도 없었던 그는 청계천 헌책방에서 사전과 해설서를 사서 공부하기도 하고, 그래도 이해할 수 없는 내용은 같은 동네에 살던 대학생을 찾아가서 묻기도 해야 했다. 그 과정에서 그는 그가 보고 듣고 경험해온 노동현장의 현실 대부분이 근로기준법에 저촉된다는 사실을 알게 되었고, 동시에 자신의 권리를 찾기 위해 노동자들이 배워야 한다는 사실도 깨닫는다. 이후 전태일은 '바보회'라는 모임을 만들어 동료 노동자들과 함께 공부하고 행동하며 자신들의 권리 찾기 위해 노력한다.

하지만 전태일은 이미 보장된 권리를 찾는 일도 어려운 현실 앞에서 다시 좌절하게 된다. 이미 법으로도 정해진 노동자의 권리를 찾기 위해 노동청을 비롯한 여러 관청을 찾아가 호소하기도 하고 법을 위반하는 사업주들을 고발하기도 했지만 돌아오는 것은 현실의 개선이 아니라 오히려 '빨갱이'로 몰려 감시를 받고 고용주들에게 알려져 해고를 당하는 일이었기 때문이다.

결국 법이 있어도 지켜지지 않는 노동자들의 권리에 좌절한 전태일은 관청에 호소하는 대신 모든 노동자와 세상을 향해 호소해야 한다고 생각하게 되었다. 그래서 1970년 11월 13일, 청계천 앞에서 근로기준법 화형식을 치르며 노동 현실과 괴리된 허수아비일 뿐인 법에 대해 고발하려고 했지만, 그 계획마저 경찰과 고용주 측에서 동원한 폭력배들에 의해 짓밟히자 자신의 몸을 불태우는 극단적인 방식으로 자신의 뜻을 세상에 알리게 된다. 그는 결국 23살의 어린 나이에 눈을 감았지만, 그가 현실에 좌절하지 않고 싸우며 죽음을 맞이하던 순간까지 외쳤던 말들은 이후 한국 사회에 엄청난 파장을 미쳤고 많은 사람들의 생각과 행동을 바꾸었으며, 그럼으로써 한국 사회의 모습을 바꾸었다.

그가 몸을 불태우는 가운데 외쳤던 '근로기준법을 준수하라! 우리는 기계가 아니다! 일요일은 쉬게 하라! 노동자들을 혹사하지 말라!'는 말은 근로기준법이라는 법이 존재하며 그 법에 어긋나는 노동현실 또한 존재함을 세상에 알렸다. 그리고 한문으로 씌어있는 난해한 문장의 근로기준법을 띄엄띄엄 읽어내며 했던 '나에게 대학을 나온 친구가 있었더라면'이라는 말과 역시 분신 현장에서 했던 '내 죽음을 헛되이 하지 말라'는 외침은 이후 노동문제에 관심을 가지고 노동현장으로 달려가 노동자들의 친구가 되고자 한 수많은 대학생과 젊은이들을 통해 한국 노동운동의 본격적인 역사를 시작한 계기가 되었다.

전태일이 조직하고 목숨을 바쳐가며 지킨 청계피복노조에 이어 1970년대에 동일방직, 콘트롤데이타, 반도상사, 원풍모방, YH무역 등 많은 사업장에서 노동조합이 세워졌고, 1987년 6월 항쟁 직후 7, 8, 9월 노동자 대투쟁 과정에서 대부분의 사업장으로 확산되게 된다. 전태일의 분신은 한국 노동운동사의 실질적인 출발점이 되었다.

전태일의 사망 후 그의 가족들도 모두 노동운동에 투신했는데, 특히 전태일의 어머니 이소선 여사는, 가난 속에서 남은 자녀 여럿을 돌봐야 하는 어려움 속에서도 거금의 장례비를 전달하며 청계피복노조의 해산과 전태일의 죽음에 관한 침묵을 요구한 정보기관의 요구를 단호히 뿌리치고 노동자들과 함께 하는 삶을 택해 '노동자들의 어머니'라고 불리게 됐다. 전태일의 여동생 전순옥도 그의 뒤를 따라 노동운동가가 되었고, 영국에서 한국 노동운동사 연구로 박사학위를 받은 후 귀국해 19대 국회의원을 역임했으며 남동생 전태삼도 노동운동과 민주화운동에 헌신했다. 2020년 11월 12일 대한민국 정부는 노동계 인사로는 최초로 전태일에게 국민훈장 무궁화장을 추서했다.

제 7대 대통령 선거:
(1971년 4월 27일)

1969년 중앙정보부의 맹활약과 절대다수 의석을 확보한 공화당의 날치기 전술에 힘입어 강행처리된 '3선 개헌' 덕분에 박정희는 대통령 선거에 나설 세 번째 기회를 얻었다. 김종필계와 반김종필계로 나뉘어있던 공화당은 오히려 개헌 과정에서 강요받은 일종의 '공범의식'으로 단합되어 있었고, 무리한 방법을 통해 얻은 기회인만큼 반드시 박정희를 당선시켜야 한다는 절박함까지 공유하고 있었다.

반면 개헌 저지에 실패한 직후 당수 유진오가 뇌졸중으로 쓰러지는 악재까지 겹친 신민당은 유진산이 이끌고 있긴 했지만 지리멸렬을 면치 못하고 있었다. 윤보선의 측근으로서 구파 계열 야당 정치인들의 중간 리더 역할을 해온 유진산은 당내 정치인들과 소통하거나 대중을 향해 발언하는 일보다는 여당 의원들과의 물밑교섭에 능한 모사형 정치인이었고, 그래서 야당 정치인으로서의 '선명성'에 대해 끊임 없이 의심받아온 인물이었다. 리더의 책사 역할을 할 때 능력을 발휘할 수 있지만 리더의 자리에는 어울리지 않는 사람이었던 셈이다. 얼마 후 야당을 궤멸의 위기로 몰아넣게 되는 '진산파동'은 그런 유진산의 단점이 가장 극단적으로 드러난 사건이기도 했다.

하지만 그런 지리멸렬한 상황이 오히려 반등의 기회로 작용했다. 1969년 11월 8일 당시 42세의 젊은 나이에 4선 의원으로서 신민당 원내총무를 맡고 있던 김영삼이 기자회견을 갖고 대선 출마를 선언하면서 당내 젊은 정치인들이 전면으로 나서는 계기를 만든 것이다. 그 뒤를 이어 1970년 1월 24일 45세의 3선 의원 김대중이 역시 대선 출마를 선언했고 2월 12일에는 48세의 3선 의원 이철승도 출마를 선언했다. 이른바 '40대 기수론'의 등장이었다.

유진산 당수는 세 젊은 정치인의 패기를 '구상유취'라는 말로 일축했다. 통합야당인 민주당이 처음 창당되고 3대 대통령 선거에 신익희 후보를 내세운 이래 야당의 대선 후보는 늘 당내 주요 계파 리더들의 협상에 의해 결정되었기 때문에 신진들의 출마선언과 경선 요구는 당내 중진들의 입장에서는 일종의 '주제 넘는' 행동으로 보였던 것이다.

하지만 젊은 의원들을 비롯해 당원들 대부분이 '40대 기수'들의 출현과 그들의 주장을 환영했고, 당 지도부도 어쩔 수 없이 대세를 수용하게 되면서 한국정치사의 한 고비가 넘어가게 된다. 그 후로도 수십 년간 최고권력자에 의해 만들어지고 최고권력자를 위해 운영되던 여당은 큰 변화를 겪을 수 없었지만, 최소한 야당의 경우에는 원로들의 협의와 타협이 아니라 당원과 유권자들과의 소통을 통해 지도자가 세워지는 민주적 운영이 그 때부터 시작되었기 때문이다.

그 결과 1970년 9월 29일에 신민당 대통령 후보 지명 투표가 열렸고, 1차 투표에서 유진산의 지원을 받은 김영삼 후보가 1위를 했지만 과반 득표에 실패하면서 이어진 2차 투표에서는 이철승 지지표를 흡수하는 데 성공한 김대중 후보가 48표 차이로 역전했다.

김대중 후보는 역대 대통령 선거에 나선 야당 후보 중 가장 젊었고, 그만큼 역동적으로 선거에 임했다. 가장 오랜 기간 동안 가장 많은 지역을 순회하며 유세를 벌였고, 특히 구체적인 공약을 중심으로 유권자들을 설득해갔다. 대표적으로 향토예비군 폐지와 노사공동위원회 설치, 비정치적 접촉으로부터 시작해 정치적 문제로 접근하는 단계적 방식의 남북대화 등은 시대를 앞서간 훌륭한 공약이었고 유권자들 사이에서도 큰 반향을 불러 일으켰다.

유진산이 야당 후보가 될 것으로 보고 쉬운 승리를 예상했던 박정희 후보 측은 김대중 후보가 일으킨 야당의 바람을 잠재우기 위해 막대한 자금을 쏟아붓는 방법을 택했다. 그 선거에서 공화당은 최

김대중 신민당 대통령 후보의 모습.

소 700억 원 이상의 선거자금을 집행했는데, 그것은 당시 국가 예산의 15%에 육박하는 거액이었다. 그런 거액을 투입해 지역개발 공약을 남발하고 유세장마다 대규모 청중을 동원하고 유권자들에게 현금을 뿌리며 표를 샀다. 군인 표를 통째로 쓸어가고 부재자 투표를 조작하는 방법도 동원했다. 그리고 박정희 후보의 출신지인 영남의 인구가 김대중 후보의 출신지 호남보다 많다는 점을 이용해 지역감정을 자극하는 전략도 적극적으로 구사했다.

투표 결과는 95만 표 차이로 앞선 박정희 후보의 당선이었다. 하지만 역대 최대 규모의 선거자금이 투입되고 국가조직이 총동원된 선거에서 여당이 거둔 아슬아슬한 승리는 역설적으로 패자인 김대중 후보를 주목하게 만들었고, 그가 이후 박정희의 최대 라이벌로서 야당을 대표하는 인물로 떠오르는 계기가 되었다.

선거운동 과정에서 '박정희가 당선되면 대통령제를 총통제로 바꾸어 영구집권에 나설 것'이라는 김대중의 공격에 대해 박정희는 '이번이 진짜 마지막 선거 출마'라고 반박했지만, 결과적으로 두 사람의 말은 모두 맞는 것으로 판명되고 말았다. 세 번의 대통령 선거를 경험한 박정희는 '선거라는 지긋지긋한 짓'을 더 이상 하고 싶지 않다고 토로했지만 동시에 권력 연장의 꿈도 버리지 못했고, 끝내 선거 없이 영구집권하는 길을 택했기 때문이다.

제 8대 국회의원 선거:
(1971년 5월 25일)

대통령과 국회의원의 임기가 4년으로 같던 당시까지는 두 선거가 늘 같은 해에 치러졌고, 특히 한 달 앞서 치러지는 대통령 선거의 결과가 국회의원 선거의 결과에도 큰 영향을 미쳤다. 대통령 선거에서 늘 집권당의 후보가 당선된 것은 마찬가지였지만 야당 후보가 선전한 해에는 국회의원 선거에서도 야당에 대한 높은 지지가 나타났고, 그 결과는 야당이 많은 의석을 확보하거나 그런 결과를 억지로 막기 위한 정권의 무리수가 국민적인 저항을 불러오는 것이었다.

1971년에도 마찬가지였다. 4월 27일에 대통령 선거가 치러졌고 한 달 뒤인 5월 25일 국회의원 선거가 이어졌다. 대통령 선거에서 박정희 대통령이 모든 역량을 총동원한 끝에 신민당 김대중 후보의 거센 추격을 뿌리치고 승리를 거두었지만, 그 승리가 예상보다도 훨씬 적은 차이에 의해 갈린 것이었고 그나마 숱한 반칙에 의한 것이었다는 점에서 불안감이 있었다. 그런 불안감을 지우기 위해서도 공화당에게 국회의원 승리의 필요성은 절박했다. 3선 개헌과 치열한 대선 과정을 거쳐 취임할 대통령의 안정적인 국정 수행을 위해 최대한 많은 의석을 확보해야 했기 때문이다. 그리고 최소한 박정희 대통

8대 국회 개회식에서 박정희 대통령의 모습. 여당인 공화당은 선거를 통해 113석을 차지했지만, 개헌을 진행하기엔 부족한 숫자였다.

령의 마음 속에는 이미 또 한 번의 개헌에 대한 구상이 들어있었고, 따라서 가능하다면 다시 한 번 개헌선 이상의 안정의석을 확보할 필요가 있다고 생각하고 있었다.

반면 야당인 신민당은 비록 패배했지만 신선한 후보와 공약을 제시함으로써 희망을 보여주는 데 성공하며 희망을 가질 수 있었음에도 불구하고 선거 직전 '진산파동'이라고 불리는 뜻밖의 소동을 치르는 악재를 만났다. 당 대표인 유진산이 제 8대 국회의원 선거 후보 등록 마감일인 1971년 5월 6일에 갑자기 자신의 지역구인 서울 영등포 갑구 출마를 포기하고 전국구 1번 후보로 등록한 것이다. 영등포 갑구를 신민당 후보가 없는 지역구로 만들어버림으로써 공화당 후보가 자동으로 당선되는 것이나 마찬가지가 되게끔 한 행동이었다. 그 지역구에 입후보한 공화당 후보는 박정희 대통령의 조카사위로서 재무부 이재국장을 지내면서 은행장들을 한 손에 쥐고 흔들었던 장덕진이었다. 늘 여당과의 뒷거래에 관한 의심을 사고 있던 유진산이, 공화당에게 핵심 지역구 한 곳을 그냥 넘겨주는 노골적인 뒷거래를 한 셈이었다.

신민당 청년 당원들이 들고 일어난 것은 당연했다. 특히 유진산의 집 앞으로 몰려든 청년 당원들은 유진산에게 당대표직과 전국구후보직을 모두 내려놓고 정계를 은퇴할 것을 요구했고, 중앙당사로 달려간 당원들은 대표실에 걸려 있던 유진산의 사진을 떼어 불태우기까지 했다. 하지만 정작 소동의 원인을 제공한 유진산은 이틀간 소식을 끊고 잠적해버렸다.

대통령 후보였던 김대중이 나서서 유진산을 당에서 제명하고 총선 기간 동안 자신이 당대표 권한대행을 맡는 수습안을 제안했지만 유진산과 비교적 친했거나 김대중과 라이벌 관계였던 김영삼, 이철승, 이중재, 김재광, 김형일 등의 반대로 좌절됐다. 결국 신민당은 유진산의 처리와 당대표 권한대행을 정하는 문제를 두고 김영삼, 이철승 등을 중심으로 한 주류와 김대중 중심의 비주류로 갈려 논쟁을 벌이는 와중에 선거운동 기간을 맞이하게 됐다.

결국 선거라는 일정에 밀려 총선 기간에 한해 전당대회의장인 김홍일이 당대표 권한대행을 맡도록 하는 타협안이 만들어졌고, 그 타협안에 동의하지 않았던 김대중도 별다른 대안이 없어 결국 수용하는 수밖에 없었다.

그런 파동을 겪으며 계파간의 갈등이 노출된 상태에서 임한 선거에 당력을 충분히 집중시킬 수 없는 것은 당연한 일이었다. 하지만 막상 선거전이 시작되고 '40대 기수'로 떠오르며 야당의 미래를 상징하게 된 김대중과 김영삼, 이철승 등이 자신의 지역구 외에도 전국적인 순회유세를 벌이기 시작하자 유권자들도 반응했다. 대선에서의 안타까운 패배에 대한 동정여론도 살아났고, 3선 개헌이라는 전횡을 저지르며 점점 이승만의 길을 따라가는 박정희에 대한 견제의 요구도 일어났다.

결과적으로 신민당은 유진산이 장덕진에게 내준 영등포 갑구 1석을 제외한 서울의 18석을 모두 석권한 것을 비롯해 65개의 지역에서 당선자를 내고 전국구로 24석을 보태 모두 89석을 차지하는 선전을 기록했다. 공화당은 113석을 차지해 원내 1당이 되긴 했지만 의석 비율은 개헌선에 한참 못 미치는 55.4%에 불과했다.

결국 박정희는 3선에 성공했지만 또 한 번의 개헌을 기대하기 어려운 상황에 몰렸고, 신민당은 비록 대통령을 배출하지는 못했지만 과거 어느 때보다도 안정적인 견제의 수단을 확보했다. 나름의 균형이 이루어진 셈이었고, '논쟁과 타협을 통한 안정'이라는 양당제 정치의 장점을 살려나갈 수 있는 환경을 조성한 셈이었다. 하지만 불과 1년 뒤 박정희는 개헌보다 더 강력한 무기를 꺼내 들며 역사의 수레바퀴를 뒤로 돌리게 된다. 바로 '유신'이다.

와우아파트 붕괴와
광주대단지사건:
(1970년 4월 8일, 1971년 8월 10일)

 1960년대 이후 급격한 산업화와 더불어 대도시의 인구도 빠르게 늘어났다. 특히 1960년에 244만 명 수준이던 서울의 인구는 해마다 30만 명 가까운 유입이 이어지며 1970년에는 540만 명에 이를 정도였다. 물론 산업화의 진전에 따라 일자리가 늘어나면서 인구의 유입을 유도하는 것은 자연스러운 일이었지만, 주택의 보급은 그만큼 빠르게 늘어날 수 없다는 점이 문제였다. 특히 서울은 이미 500년 이상 수도로서 기능해온 전통의 대도시였기에 신생 계획도시들에 비해 추가적으로 집을 지을 여력이 많지 않았고, 당시의 산업화가 저곡가정책으로 인한 농촌의 피폐화와 동시에 진전된 것이었기 때문에 서울로 유입되는 인구의 상당수는 양질의 일자리를 얻지 못한 채 밀려드는 '무작정 상경자'들이었다.

 그 결과 서울시의 주택 사정은 꾸준히 악화해 1960년에도 이미 61.8%에 불과했던 주택보급률은 1970년에 56.7%까지 떨어졌고 기형적인 형태의 주거행태가 성행하게 될 수밖에 없었다. 서울시민의 절반 가량이 남의 집 방 한 칸을 빌려서 사용하는 '셋방살이'나 판잣집, 천막집 등의 '무허가주택'에서 살아야 했는데, 특히 무허가주택은 1972년에 서울시가 항공촬영을 통해 정밀한 실태조사를 벌였을 때 187,554채로 파악돼 전체 서울시 주택의 약 20% 이상을 차지할 정도였다. 이런 상황은 주거복지의 차원을 넘어, 당시 정권이 주력하던 경제성장을 저해할 수밖에 없었다. 적절한 주거환경의 공급 없이는 양질의 노동력 공급과 재생산 역시 한계에 이를 수밖에 없는 것이기 때문이다.

박정희 정권 고위층 내부에서 서울의 과밀화문제가 적극적으로 논의되기 시작한 것은 1960년대 말이었다. 그 시기부터 경제성장을 위한 합리적인 공간 활용의 중요성에 대한 공감대가 형성되었고, 국공유지를 무단 점유하고 있는 도시빈민들을 범법자로 인식하기 시작했으며, 서울시의 각지에 빼곡이 들어차있던 무허가주택들을 '처리'해야 한다는 정책목표가 굳어졌다.

그런 배경에서 서울시가 '불량건물 정리계획'을 수립한 것은 1967년 9월 26일이었다. 136,550동의 무허가주택에 거주하는 233,535가구 1,270,358명을 '처리대상'으로 삼아 작성된 이 계획은 크게 세 부분으로 구성되어 있었다. 첫째는 '대단지 집단이주계획'으로서 76,650동의 불량주택을 철거한 뒤 거주자들을 경기도에 조성할 대단지로 집단이주시키는 것이 골자였다. 둘째는 '불량주택 개량계획'으로서, 비교적 상태가 양호한 46,000동에 대해 개조작업을 거쳐 허가를 내줌으로써 양성화한다는 내용이었다. 마지막, 셋째는 '공동아파트 건립계획'으로서 14,000동의 불량주택을 철거한 뒤 철거민들을 새로 지을 시민아파트에 입주시킨다는 것이었다. 국공유지에 골조만 지어 분양하고 가구당 20만 원 안팎의 비용은 연리 8%로 15년간 분할 상환하도록 하며, 배선과 배전, 인테리어를 포함한 부대비용은 입주자가 직접 부담하도록 하는 방식이었다. 그런 경우 부대비용을 제외하고 할부금과 관리비를 합해 쌀 반 가마 가격 정도에 해당하는 월 2,300원 정도를 부담하면 합법적인 주택을 소유할 수 있었다.

이는 나름대로 무허가주택 처리를 위한 체계적이고 방대한 규모의 종합적인 대책이라고 할 수 있었다. 최소한 철거민들에게 '대안'을 제시했고, 막대한 재정 투자계획과 연결했다는 점에서 현실성도 있었다. 하지만 문제는 지나치게 짧은 기간 동안 완수하겠다는 욕심, 그리고 계획을 따라가지 못한 재

붕괴된 와우 아파트의 모습. 서울의 불량건물 정리계획은 졸속실행의 부작용을 가장 극적으로 보여준다. (사진출처: 서울특별시 소방재난본부)

정적 뒷받침과 여러 지점에서 개입된 무수한 부정과 비리로 인한 졸속한 실행과정이었다. 그리고 그런 졸속실행의 부작용이 가장 극적으로 드러난 것이 '와우아파트 붕괴사건'이었다. 1970년 4월 8일 새벽 6시 와우동의 5층짜리 시민아파트 한 동이 무너져 내려 34명이 사망하고 40명이 중경상을 입는 참사가 발생했던 것이다.

사건 직후 시공업체 사장과 공사과장, 현장기사와 마포구청장, 마포구건축과장 등이 즉시 구속되거나 지명수배되고 전국적으로 이루어진 긴급안전점검 결과 드러난 또 다른 아파트 부실공사의 책임자 5명이 구속되었다. 그리고 시민아파트 계획을 총괄한 서울시장 김현옥과 차일석, 김정오 부시장도 경질되면서 시민아파트 건설계획 역시 실질적으로 중단되었다. 박정희 대통령은 김현옥 시장의 후임 양택식 시장을 임명하는 자리에서 '시민아파트 건립계획을 백지화하고 앞으로 건립하지 말라'고 지시하기도 했다.

시민아파트 건설계획이 중단된 뒤 '광주대단지'는 서울시 곳곳에서 대량으로 발생하는 철거민들을 수용할 유일한 통로가 됐다. 하지만 대단지 건설은 더뎠고, 철거행정이 강화됨에 따라 철거민의 수는 폭발적으로 증가했다. 게다가 1972년 봄에 치러진 두 차례의 치열한 선거는 행정이 갖추어야 할 최소한의 합리적 과정을 무너뜨렸고, 그로부터 도출된 부작용들은 광활한 황무지에 내쳐진 철거민들에게 고스란히 전가될 수밖에 없었다.

광주대단지 계획의 골자는 서울시에서 발생할 철거민 60만여 명 중 단기적으로 20만 명 이상을 경기도로 집단 이주시킨다는 것이었다. 그러기 위해 대규모 주거단지를 조성해 가구당 20평 안팎의 토지를 분양한 뒤 경공업 공장들을 유치해 자급적 정착생활이 가능하도록 하는 동시에 서울로 통하는 도로를 정비해 서울 출퇴근도 가능한 위성도시로 발전시킨다는 것이었다. 주택 건립은 각자 자비로 하되 서울시 예산에서 일부를 보조하도록 함으로써 예산 지출을 최소화하고, 철거민들 입장에서는 일단 최소한의 비용으로 자기 소유의 토지를 마련하게 함으로써 정착의 의지를 가지게 유도하는 것이 핵심이었다.

서울시내에 대규모 정착지를 조성할만한 국공유지가 남아있지 않은 상황에서 중장기적으로 76,650동의 무허가주택을 철거함으로써 발생할 60만 명 이상의 철거민을 수용할 대단지는 경기도로 나갈 수밖에 없었다. 하지만 안보상의 이유 때문에 경기 북부는 원천적으로 고려대상에서 제외되어 있었고, 수원 쪽은 이미 대도시화되어 거주지역이 광범위하게 형성되어있었을 뿐만 아니라 땅값도 너무 비싸다는 문제가 있었다. 동쪽의 양평은 지리적으로 강과 산지가 뒤섞여 있어 대규모 주거단지를 조성할 만한 넓은 부지를 찾기가 어려웠다. 그런 맥락에서 광주군 중부면 일대는 가장 무난한 선택지였다. 위치의 유리함 외에 국공유지의 비중이 높았을 뿐 아니라 임야가 60%를 차지하고 있어 매입 단가도 낮은 장점이 있었기 때문이다.

1968년 5월 7일자 건설부고시 제 286호에 의해 해당 지역 300만 평이 서울시의 '주택지경영사업'의 대상지로 선정되어 토지 매입이 시작되었다. 그리고 이듬해인 1969년 9월 1일부터 시작해서 그 해에만 3,301가구 14,150명의 철거민이 1차 이주를 시작했다. 그리고 1970년에는 7만 여 명, 1971년에는 4만여 명이 추가로 군용트럭이나 쓰레기차에 실려 서울시 곳곳의 철거현장으로부터 광주대단지로 옮겨졌다. 하지만 그 때까지 그곳에는 구획된 토지 외에 생존에 필요한 기반시설은 거의 조성되어있지 못했다. 서울로 통하는 도로와 전기는 물론이고, 상하수도도 없었고 공동화장실도 부족해 생활의 편의 이전에 수인성 전염병 등 각종 질병의 위험에 그대로 노출되어 있었다. 사정이 그렇게 되자 경기도 광주군에서는 서울시의 '철거 보류'를 거듭 요청하기도 했지만 번번이 묵살되곤 했다.

게다가 마침 다가온 1971년 제7대 대통령 선거 과정에서 박정희 정권은 당장의 득표를 위해 각종 선심성 정책과 자금 살포를 남발했고, 그것은 그대로 부동산 투기 열풍으로 돌아와 대단지 이주 계획의 발목을 잡았다. 1970년 12월 18일에 부동산투기억제세법상의 토지거래 면세점을 20만원에서 50만원으로 인상하는 법개정안이 국회재정경제위원회를 통과됐고, 유례없이 치열했던 1971년 4월의 대통령 선거 과정에서 살포된 자금은 자연스럽게 물가 상승과 부동산투기열풍으로 이어졌다. 철거민 안정대책으로 마련된 시민아파트나 광주대단지의 입주권들이 전매되기 시작한 것이다. 예컨대 1971년 3월 18일과 19일에 진행된 광주대단지 유보지 공개입찰에서 가장 높은 가격에 낙찰된 토지는 평당 20만 9천원에 달했는데, 그것은 당시 서울의 중심지인 종로구 안국동이나 통의동의 상업용지 땅값과 맞먹는 수준이었다.

두 차례의 선거가 모두 마무리되고 두 달이 지난 1971년 7월 3일, 경기도청은 주민들에게 토지대금을 납부하라는 고지서를 발부했는데, 그 금액이 처음 약속했던 가격의 최소 4배에서 최대 8배에 달했다. 처음 약속한 토지대금은 평당 2천 원씩 20평이었지만 실제로 청구된 금액은 평당 8,000원에서 16,000원에 이르렀고, 이를 7월 말까지 일시불로 내지 않으면 6개월 이하 징역 또는 벌금 30만 원을 부과한다는 내용까지 포함되어 있었다.

주민들은 들끓었고, 1971년 7월 17일 제일교회에 100명의 주민이 모여 '불하가격 시정위원회'를 결성했다. 그리고 7월 28일에는 시정위원회를 투쟁위원회로 개편하고 8월 10일에 주민궐기대회 공지하는 삐라 3만 장을 배포했다. 그리고 8월 10일, 5만 명이 넘는 주민들이 모여들었다. 그런데 그날 주민들과의 면담을 약속했던 양택식 서울시장이 교통사정 때문에 늦는 돌발적인 문제가 발생했고 흥분한 주민들은 성남출장소로 달려가 건물에 불을 지르고 세워져 있던 관용차량들을 탈취해 타고다니며 파출소를 비롯한 관공서들을 차례로 파괴했다. 경찰 700명이 긴급 투입되어 진압에 나섰지만 주민들은 투석전을 벌이며 맞섰고, 그 과정에서 100여 명이 부상을 당하기도 했다.

결국 폭동을 주도한 주민들 20명이 구속되고 2명이 수배되었으며, 2명은 실형, 19명은 집행유예가 선고되었다. 정부에서도 주민들의 요구를 일부 수용해 광주대단지를 성남시로 승격시키고 지방세를 경감하며, 분양가를 인하하고 긴급양곡 2,500톤을 방출해 주민들의 생활고를 해소하기로 했다. 그 외에 직업안정소를 설치해 취업을 알선하고 공장을 앞당겨 완공하며 상하수도 및 도로도 정비해주기로 약속했다. 하지만 성남시 승격과 공장 완공, 상하수도 및 도로 정비는 기존에 추진하던 것을 조금 앞당기거나 '앞당기겠다고 약속'한 것에 불과하기 때문에 큰 의미는 없었고 지방세 경감과 지가 인하 및 전매입자와 철거민 동등 대우는 입주권 전매자들에게만 혜택을 주는 내용이었다. 그 와중에도 자신들을 위한 요구를 제시하지 못한 철거민들은 별 혜택을 받지 못한 셈이다.

시민들의 저항을 경험한 뒤 철거민에 대한 서울시의 태도는 더욱 완강해졌다. 1972년 1월 21일 양택식 서울시장은 휘하의 공무원들에게 무허가건물 발생 근절을 위한 지침을 내려 '앞으로 50동 이상의 무허가 건물이 발생할 경우 해당 지역의 구청장과 경찰서장을 동시에 파면'하겠다고 선언하고 '단 1동만 발생해도 구청장과 경찰서장 책임 하에 24시간 내에 철거하라'고 지시했다. 또한 강력한 집행을 위해 특별단속요원 260명을 편성해 상시 대기하도록 하고 36대의 기동차량까지 배치해 감시활동을 강화하도록 했을 뿐 아니라, 3개월 단위로 항공촬영을 하고 분석함으로써 무허가건물의 증감 상황을 정밀하게 확인하도록 했다. 양택식 시장은 그로부터 열흘 뒤인 1월 31일 서울 도심의 대표적인 무허가주택 밀집단지인 청계천 지역에 대한 대대적인 강제철거를 지휘한 뒤 전후사진을 남겨 앞으로 이루어져야 할 철거작업의 시범을 보였다. 그리고 박정희 대통령의 지원 아래 항공촬영을 통해 그동안 파악되지 않던 7천여 채의 무허가주택을 새로 발견하는 등 전국적으로 26만 3천 채, 서울에만 16만 8천 채의 무허가주택의 존재를 확인하기도 했다. 그 결과 1972년 무허가건물 발생건수가 월 평균 1천 채에서 80채 수준으로 격감했으며, 서울시의 인구 유입도 일시적으로나마 둔화되기도 했다.

광주대단지 이주계획은 시민아파트 건설계획과 더불어 박정희 정권과 김현옥 서울시장 체제가 내놓은 1970년대 초 서울시 도시문제 해법의 양대 축이었다. 하지만 시민아파트 구상은 1970년 4월 와우아파트와 함께 붕괴되었고, 대단지 이주계획 역시 1971년 8월의 광주대단지사건과 함께 좌초했다.

그런데 더 큰 문제는 계획들이 실패로 끝났다는 점이 아니라, 그 두 가지 모두 계획 자체의 모순이나 한계가 드러나기 전에 졸속 실행과정에서의 문제로 인해 좌절됐다는 점이었다. 박정희 정권은 거대한 파열음을 내며 무너진 두 가지 계획을 서둘러 거두어들였지만, 그것을 대신할 방안을 끝내 내놓지 않았다. 서울 시내의 무허가주택을 철거하고 그곳에 살던 주민들을 몰아낸다는 전제를 포기할 수는 없었기 때문에, 결국 그 이후의 양상은 '대책 없는 철거'로 일관되고 말았던 것이다.

오늘날까지도 한국에서 '철거'란 가장 가난하고 약한 사람들에게 가해지는 가장 폭력적인 사회적 압력으로 인식되며 여러 영화와 드라마, 만화 등을 통해 재현되기도 한다. 그런 역사의 출발점에 와우아파트와 광주대단지사건이라는 대안이 최악의 방식으로 실패한 역사와, 그 이후 손을 놓다시피 한 정부의 무책임이 있다.

또한 광주대단지사건은 조직되지 못한 분노가 사회적인 악영향을 가져온다는 점을 보여주는 사례라고 할 수 있다. 정책의 시행 과정에서 드러난 폭력적이고 졸속한 면에 대한 강력한 비판과 저항을 전개함으로써 그것을 저지했음에도 불구하고, 보다 나은 정책으로의 전환이 아닌 '무대책'으로의 전환이라는 결과를 만들어내고 말았기 때문이다.

한국사회는 산업화의 과정 못지않게 급속하고도 성공적인 민주화과정을 걸어왔다. 그 민주화의 과정이란 부정한 국가권력에 맞서 싸운 다양한 계층과 집단들의 노력과 희생들이 모인 결과로 인식되어왔고, 따라서 국가권력에 저항한 다양한 사건과 에피소드들 대부분은 민주화운동의 한 부분으로 폭넓게 평가받아온 경향도 있었다. 2000년대 이후 새로이 조명되기 시작한 광주대단지사건은 민주화운동사의 경계선에 위치해 있다고 할 수 있으며, 그것이 '폭동'이나 '항거'냐에 관해 해마다 되풀이되는 작은 논쟁 또한 그런 사정을 반영한다고 볼 수 있다.

7.4 남북공동성명:
(1972년 7월 4일)

1969년 7월 25일, 미국 대통령 닉슨은 미 해군 태평양사령부의 기지가 있는 괌에서 발표한 성명을 통해 '미국은 앞으로 베트남 전쟁과 같은 군사적 개입을 피할 것이며, 아시아 여러 나라들은 강대국에 의한 핵 위협을 제외한 내란이나 침략에 대해 스스로 대처해야 한다'고 선언했다. 일명 '닉슨 독트린'이었다. 그리고 이 선언을 기점으로 1940년대 후반부터 1960년대 사이에 중국과 한국과 베트남에서 벌어진 내전에 미국과 소련이 직간접적으로 개입하며 달아올랐던 동서 양 진영의 대결은 갑작스러운 반전의 국면으로 들어서게 된다.

아시아에서 미국의 군사적 개입을 지양한다는 닉슨 독트린은 그 군사적 개입의 가능성을 가장 민감하게 경계하던 중국을 안심시켰고, 마침 이념논쟁과 영토분쟁을 겪으며 멀어진 소련 대신 미국과 밀착하게 만들었다. 미국과 중국은 1971년 키신저와 저우언라이 회담에 이어 1972년에는 닉슨 대통령이 직접 중국을 방문해 마오쩌둥과 회담하며 극적인 화해를 이루었다. 그러자 소련 역시 고립을 피하기 위해 화해 분위기에 편승해야 했고, 미국과 소련이 상호전략무기제한협정(SALT)을 맺으며 군비경쟁의 시대를 군축의 시대로 전환하는 계기가 됐다.

'데탕트'로 불리는 이러한 세계사적 변화는 한반도에도 변화를 요구했다. 특히 1971년 유엔 총회에서 상임이사국의 지위를 유지하던 대만(중화민국)이 축출되고 중국(중화인민공화국)이 그 자리를 대체하게 되면서 국제연합의 틀 안에서 미국-일본-한국-대만을 잇는 자유주의 동맹을 통해 소련-중국-북한의 사회주의 블록에 대항한다는 개념이 기초부터 흔들렸다. 한국도 한편으로는 자력 방위능력을 갖추는 동시에 화해 무드에 동참함으로써 고립을 피해야 하는 과제를 안게 된 것이다.

1972년에 이루어진 7.4 남북공동성명은 그런 변화의 산물이었다. 박정희 대통령의 특명을 받은 중앙정보부장 이후락은 1972년 5월 2일부터 5일까지 평양을 방문해 김일성의 동생인 김영주 중앙조직부장과 비밀회담을 가진 뒤 김일성을 만났다. 그리고 같은 해 5월 29일부터 6월 1일 사이에는 북한의 부수상 박성철이 역시 극비리에 서울을 방문해 이후락과 회동한 뒤 청와대로 가서 박정희를 만났다. 그렇게 최고 권력자의 밀사가 남과 북을 오가며 의견을 조율한 끝에 1972년 7월 4일, 이후락 중앙정보부장과 김영주 조직지도부장의 이름으로 7.4 남북 공동성명이 발표되었다. 성명 내용 중 가장 핵심이 되는 '통일의 원칙'은 다음과 같다.

첫째, 통일은 외세에 의존하거나 외세의 간섭을 받음 없이 자주적으로 해결하여야
한다.
둘째, 통일은 서로 상대방을 반대하는 무력행사에 의거하지 않고 평화적 방법으로
실현하여야 한다.
셋째, 사상과 이념, 제도의 차이를 초월하여 우선 하나의 민족으로서 민족적
대단결을 도모하여야 한다.

그 외에 남북 적십자 회담을 추진하고 서울과 평양을 연결하는 상설 직통 전화를 설치하며, 남북 조절 위원회를 구성한다는 합의 역시 도출되었다.

이 성명은 무엇보다도 남북한 정부가 '평화적인 방법으로 통일한다'는 원

남북공동성명 성명 발표하는 이후락 중정부장. 남북공동성명에서 도출한 합의점인 평화통일과 자주적 방식은 추후 통일 논의를 나눌 때 밑바탕이 되었다.

칙에 대해 처음으로 합의하고 발표했다는 점에서 큰 의미가 있다. 전쟁을 치른 뒤 남북한은 서로를 반드시 제거해야만 할 대상으로 인식해왔으며, 따라서 '무력통일'만이 유일한 통일의 방법으로 공언되어 왔다. 이승만 정권 하에서의 조봉암, 5.16 군사정변 직후의 조용수 등이 '평화통일'을 주장했다는 이유로 간첩으로 몰려 사형당했던 것은 그런 역사의 단면이었다.

하지만 남북한의 최고권력자이자 무력통일을 주장해온 두 세력의 정점에 있던 김일성과 박정희가 직접 개입해서 도출한 합의점에 '평화통일'과 '자주적 방식'이 들어있다는 사실은 극적인 반전이자 비로소 다양한 현실적인 통일 논의가 시작될 수 있는 출발점이 되었다. 공동성명 발표에 이어 2년 뒤인 1974년 8월 15일에 광복절 기념식을 통해 박정희가 발표한 '한반도 평화정착, 상호 문호개방과 신뢰 회복, 남북한 자유총선거'라는 '평화통일 3단계 기본원칙' 역시 그렇게 시작된 통일 논의의 한 사례였다.

하지만 곧 통일이 이루어질 것이라는 국민적인 기대에도 불구하고, 성명 발표 이후 실질적인 남북관계의 진전은 전혀 없었다. 오히려 박정희 정권은 같은 해 10월 17일 계엄령을 선포해 헌법과 국회의 기능을 정지시킨 뒤 '유신체제'의 시작을 알렸는데, 그것은 오히려 성명 발표 이전보다도 더욱 강경한 북한에 대한 적대적 인식을 강요하고 다양한 평화통일 논의를 근본적으로 봉쇄하는 시대로의 회귀를 의미했다.

그런 역설적인 상황 전개는 북한에서도 비슷했다. 같은 1972년 북한은 사회주의헌법을 제정하여 조선로동당의 우월적 지위를 명시하고 주체사상을 헌법 규범화했으며 주석 직을 신설해 김일성이 취임함으로써 영구집권의 발판을 마련했기 때문이다. 남북한의 권력자들이 국제적 고립을 피하고 국내적 반발을 무마하기 위해 7.4 남북공동성명이라는 이벤트를 합작하며 평화무드에 편승하는 제스처를 취했지만, 이면에서는 각각 자신들의 권력을 비정상적으로 강화하는 작업을 벌인 것이다.

그럼에도 불구하고 이 성명이 전혀 무의미한 것은 아니다. 오늘날 한국 보수주의와 반공주의의 상징적 인물인 박정희에 의해 주도되고 공언된 원칙인 만큼 '자주적 평화통일'은 누구도 부정하거나 후퇴시킬 수 없는 고정된 원칙의 지위를 가지게 되었고, 더 이상 무력통일을 주장하는 의미 있는 세력이 등장할 수 없었던 가장 중요한 이유가 되었기 때문이다.

그리고 그 이후 여러 계기를 통해 남북한은 통일의 원칙과 방법에 대해 조금씩이라도 진전된 합의를 이루어왔다. 1991년에는 서로를 인정하고 존중하며 비방하거나 파괴 및 전복하려 하지 않는다는 원칙을 담은 남북기본합의서가 작성되었고, 2002년 6.15 남북공동선언과 2007년 10.4 남북공동선언, 2018년 4.27 판문점선언은 남북한 최고지도자가 직접 만나고 협의해서 이룬 합의들을 담고 있다.

8.3 사채동결조치:
(1972년 8월 3일)

1972년 8월 3일 정부는 대통령긴급명령 제15호로 '경제의 안정과 성장에 관한 긴급명령'을 발표했다. 그날 0시를 기해 모든 기업 사채를 '월 이자 1.35%(연 16.2%), 3년 거치 후 5년 분할 상환'으로 조정한다는 내용이었다. 그 순간 기업주들은 환호했지만 한푼 두푼 모은 돈을 은행보다 더 높은 이자를 약속하던 기업들에 직접 예치했던 서민들은 좌절했다.

1960년대 중반부터 시작된 정부 주도의 산업화는 빠르게 기업들의 덩치를 불렸다. 일본, 베트남, 서독 등에서 들여온 해외 자본을 시중 금리보다 훨씬 싸게 공급했기 때문에 기업들 입장에서는 일단 받을 수 있는 만큼 받은 다음 사업 구상을 시작했고, 마땅한 사업 성과가 없으면 또다시 빚을 내서 기업을 유지해갔기 때문이다. 하지만 아무리 낮은 이율이라고 해도 빚은 갚지 않은 한 쌓이기 마련이고, 생산활동을 통해 갚을 돈을 벌지 못하면 또다시 빚을 내야 하는 악순환에 빠질 수밖에 없다. 기업들은 은행에서 돈을 빌리기 어려우면 사채를 동원했는데, 당시 사채의 상당 부분은 직원들이 월급의 일부를 회사에 적립하거나 서민들이 은행 대신 기업에 직접 '저축'하는 방식으로 이루어진 것들이었다.

1960년대 후반에 이르면 상당수의 기업들은 한계 상태에 이르고 있었다. 1971년 대통령 선거 이전까지 경제 성장의 가시적 성과를 극대화해 과시하고 싶었던 박정희 정권은 원화 환율을 낮춤으로써 수출실적을 끌어올렸지만, 대부분 막대한 외채를 쓰고 있던 기업들은 더 많은 돈을 이자로 내야 하게 되면서 오히려 실적이 악화되는 낭패를 당해야 했다. 또한 1971년 8월 미국의 닉슨 대통령이 금과 달러의 교환을 중단한다는 선언을 하면서 국제금융시장이 경색되는 일이 겹쳤다. 베트남 전쟁을 수행하는 과정에서 발생한 막대한 재정적자를 감당하기 어렵게 되면서 나온 조치였는데, 그 발표를 계기로 추가적인 해외 자본 도입도 어려워졌을 뿐 아니라 일부 외채의 상환 압력까지 이어지게 됐다. 결국 상당수의 기업들이 빚더미에 올라 도산 직전에 몰릴 수밖에 없었다.

1969년 5월의 조사에서 자본규모 상위 83개의 기업 중 45%가 부실기업체로 분류되었는데, 오늘날까지 대기업의 지위를 유지하고 있는 제일제당(CJ), 제일모직(삼성), 한국비료, 금성사, 현대건설, 대한항공, 효성물산 등도 당시 부실기업 명단에 이름을 올리고 있었다. 부실기업들은 은행에서 자금을 빌리기 어려웠기 때문에 사채에 대한 의존도가 특히 높았다. 당시 은행의 대출이율은 20~30%선이었고, 사채이율은 30~50%까지 이르고 있었다.

그런 상황은 박정희 정권에게도 큰 위기였다. 1971년 대통령 선거에 국가예산의 15%에 육박하는 자금을 쏟아부을 수 있었던 것도 해외 자본 도입 과정에서 특혜를 입은 기업들의 '협조' 덕분이었기 때문이다. 기업들의 도산은 정권을 지탱해온 한 축이 무너지는 것을 의미했으며, 동시에 정권의 최대 치적으로 선전해온 경제성장에 흠집이 난다면 대중적 지지도 역시 주저앉을 수밖에 없었다. 더구나 유신이라는 친위쿠데타를 준비하고 있던 당시의 박정희로서는 최소한의 대중적 지지가 필요했고, 따라서 어떻게든 기업들의 줄도산을 막고 외형적인 경제성장의 추세를 유지해야 했다.

1971년 6월 전국경제인연합의 요청으로 박정희 대통령과의 면담이 성사됐다. 이 면담에는 전경련의 회장인 김용완 경방 회장과 부회장인 신덕균 신동방 회장, 정주영 현대 회장이 참석했고 정부 측의 박정희 대통령과 김종필

총리, 김학렬 부총리, 남덕우 재무장관 등이 동석했다. 이 자리에서 기업들의 사채 문제를 해결해달라는 요청을 박정희가 받아들였고, 그에 따라 발표된 것이 사채동결조치였다.

긴급명령이 발표된 이후 일주일간의 신고 접수가 이뤄졌다. 신고된 사채에 한해서만 제한된 조건으로나마 상환을 받을 수 있기 때문에 곧 신고가 줄을 이었다. 8월 3일부터 8월 7일까지 신고된 사채는 40,677건, 3,456억 원에 달했는데 이는 전체 통화량의 약 80%이자 국내 여신잔액의 34%에 달하는 것으로서 애초에 정부가 예상한 규모보다도 2배 이상 많은 것이었다. 특히 신고된 사채의 90% 이상은 300만 원 이하의 소액이었고, 이는 당시 사채의 지배적인 유형이 오늘날처럼 '기업화된 음성적 자금'이 아니라 '서민들의 쌈짓돈'이었음을 말해준다. 당시 정부도 그런 소액채권자들을 보호하기 위해 30만 원 미만은 즉시, 50만 원 미만은 6개월, 100만 원 미만은 1년 6개월, 200만 원 미만은 3년, 300만 원 미만은 4년 안에 동결에서 해제하도록 했지만 서민들의 타격은 불가피했다. 당시 연평균 물가상승률이 15%에 이르던 시점에 연 이자 16%는 거의 무이자나 다름 없는 것이었고, 그나마 일정 기간 동안 묶이면서 학자금으로 혹은 결혼자금으로 쓰려던 계획들도 모두 어긋나버리게 됐기 때문이다.

8.3 조치의 효과는 경제성장률이 1972년 7.2%에서 73년 14.8%로 늘어남으로써 나타났다. 하지만 서민들의 주머니를 털어 기업들의 빚을 탕감해준 그 조치의 정당성에 대한 이견은 묵살되면서 서민들은 무력감을 다시 한 번 곱씹었고, 기업인들은 '벌여놓으면 언젠가 정부가 해결해준다'는 그릇된 믿음을 가지기 시작했다.

오늘날 한국 사회를 지배하는 많은 대기업들이 그 시점을 계기로 자리를 잡았으며, 한국 고도산업화의 주요 병폐로 꼽히는 대부분의 문제들이 심화되기 시작한 것 역시 그 무렵이었다. 박정희 정권이 설계하고 주도한 산업화와 경제성장 과정에서 여러 가지 공과 과를 찾을 수 있겠지만, 8.3 조치는 그것이 의도되고 작동되고 누군가의 희생을 강요해온 과정을 가장 압축적으로 보여준다고 말할 수 있다.

유신선언:
(1972년 10월 17일)

1972년 10월 17일 박정희 대통령은 〈특별선언〉을 발표하고 계엄령을 선포해 국회를 해산하고 제 3공화국 헌법을 정지시켰다. 〈특별선언〉의 내용은 다음과 같다.

1. 1972년 10월 17일 19시를 기하여 국회를 해산하고, 정당 및 정치 활동을 중지시키는 것을 포함하여 현행 헌법의 일부 조항의 효력을 정지시킨다.
2. 일부 효력이 정지된 헌법 조항의 기능은 비상국무회의에 의하여 수행되며, 비상국무회의 기능은 현행 헌법의 국무회의가 수행한다.
3. 비상국무회의는 1972년 10월 27일까지 조국의 평화통일을 지향하는 헌법개정안을 공고하며, 이를 공고한 날로부터 1개월 이내에 국민투표에 부쳐 확정시킨다.
4. 헌법개정안이 확정되면 개정된 헌법 절차에 따라 늦어도 금년 연말 이전에 헌정 질서를 정상화시킨다.

그리고 다음 날 18일엔 계엄사령관 육군대장 노재현의 명의로 〈계엄포고〉 1호를 발표했는데, 그 내용은 다음과 같다.

1972년 10월 17일 19시를 기하여 하기 사항을 포고함

⑴ 모든 정치 활동 목적의 옥내외 집회 및 시위를 일절 금한다. 정치 활동 목적이
아닌 옥내외 집회는 허가를 받아야 한다. 단, 관혼상제와 의례적인 비정치적 종교
행사의 경우는 예외로 한다.

⑵ 언론 출판 보도 및 방송은 사전검열을 받아야 한다.

⑶ 각 대학은 당분간 휴교조치한다.

⑷ 정당한 이유 없는 직장 이탈이나 태업 행위를 금한다.

⑸ 유언비어의 날조 및 유포를 금한다.

⑹ 야간통행금지는 종전대로 시행한다.

⑺ 정상적 경제활동과 국민의 일상 생업의 자유는 이를 보장한다.

⑻ 외국인의 출입국과 국내 여행 등 활동의 자유는 이를 최대한 보장한다.

이 포고를 위반한 자는 영장 없이 수색, 구속한다.

당시 헌법에는 대통령의 국회해산권이 없었다. 하지만 박정희는 군대를
동원해서 강제로 국회를 해산하고 모든 정치 활동과 정당 활동을 중단시켰
고, 야당의 주요 의원들을 연행해 육군보안사령부에 감금하고 고문했다. 그
리고 일체의 저항과 보도와 비판을 봉쇄한 상태에서 헌법개정안을 제시했
고, 한 달 뒤인 11월 21일에 개헌에 관한 찬반투표를 실시했다. 찬반투표에
관해 박정희는 다음과 같이 덧붙였다.

> "만일 국민 여러분이 헌법개정안에 찬성치 않는다면 나는 이것을 남북대화를 원치
> 않는다는 국민의 의사 표시로 받아들이고 조국 통일에 대한 새로운 방안을 모색할
> 것임을 아울러 밝혀 두는 바입니다." (1972년 10월 17일 박정희의 특별 선언 중)

헌법개정안에 찬성하지 않을 경우 다른 방법을 찾아보겠다는 일종의 협박
이었다. 헌법개정안의 주요 내용은 다음과 같았다.

1. 대통령 직선제를 통일주체국민회의에서 대통령을 뽑는 대통령 간선제로 변경
2. 대통령이 국회의원의 3분의 1을 임명할 권리 부여

3. 국회의 국정감사권과 국정조사권 폐지

4. 대통령에게 헌법의 기본권을 중단할 긴급조치 등을 시행할 권리를 부여

5. 대통령에게 모든 판사의 임명권을 부여

6. 대통령의 임기는 6년으로 늘리고, 연임 제한도 폐지

7. 대통령에게 헌법개정권과 국회해산권 부여

헌법개정안에도 표현되어있는 것처럼 박정희 대통령은 입법, 사법, 행정 3권 위에 군림하는 국가의 영도자로 자리매김되어 누구의 견제도 비판도 받지 않는 상태에서 자의적인 권력을 행사할 수 있게 보장하는 헌법이었다. 스스로 '한국적 민주주의'라고 표현했지만, 가장 극단적으로 '민주주의'와 반대되는 질서를 담은 헌법안이었던 셈이다.

극도의 공포 분위기와 강요된 침묵 속에서 국민투표는 실시되었고, 누구의 감시나 견제도 받지 않는 상태에서 투표와 개표 역시 박정희 정권의 뜻대로 진행되었다. 흔히 '부정선거'라고 불리는 투표들은 그나마 지켜보면서 항의를 하고 고발을 하는 사람이 있을 때 성립되는 것인데, 유신헌법 국민투표는 가결을 독려하는 행위 외의 어떤 것도 불가능한 상황이었기에 애초에 '부정'을 주장할 여지조차 봉쇄된, 근본적으로 가장 완벽한 형태의 부정투표였던 셈이다. 그 결과 투표율 91.9%, 찬성 92.2% 이상의 압도적 찬성률로 개헌안이 통과되면서 유신체제가 성립했다.

박정희의 집권 기간은 유신 선포 이전과 이후로 나뉜다. 그 중에서도 헌법에서 정한 절차에 따라 집권하고 통치한 전반기에 대해서는 비판과 옹호가 엇갈리고 공과 과의 비교가 가능하지만, 유신헌법에 의지해 모든 견제와 비판 위에 군림한 후반기에 대해서는 별다른 논쟁의 여지가 있기 어렵다. 그것은 명백한 독재였을 뿐 아니라 현대인이 상상할 수 있는 최악의 독재체제였고, 근본적인 반칙이었다.

박정희는 그렇게 1972년부터 그가 암살당한 1979년까지 7년간 제왕적 권력을 누렸으며, 또 한 번의 군사정변을 통해 권력을 장악한 뒤 유신체제의 유산을 그대로 물려받은 전두환에게도 다시 8년간 절대권력을 이어주었다.

1017 특별선언을 보는 시민
들의 모습. 한 달 뒤, 박정희
대통령의 권력 유지를 위한
헌법 개정안이 국민투표에
붙여졌다.

결과적으로 한국인들은 도합 15년간 실질적인 유신체제의 희생물이 되었고,
1987년 6월 민주항쟁을 통해서야 그 그늘을 벗어나기 시작할 수 있었다.

박정희는 개헌안이 통과된 한 달 뒤인 1972년 12월 15일 유신헌법에 따
라 제8대 대통령 선거를 서울 장충체육관에 모인 통일주체국민회의에 의
한 간선제로 다시 치렀고, 단독후보로 나서 선거인단 2,359명 중 무효표 2표
를 제외한 2,357표를 얻어 99.92%의 득표율로 당선되었다. 그리고 6년 뒤인
1978년에도 똑같은 과정을 통해 선거인단 2,581명 중 2,578명이 참가해 1표
의 무효표를 제외한 2,577표를 얻어 99.88%를 득표함으로써 제9대 대통령
에 당선되었다. 1963년의 제5대 대통령 선거부터 시작해 대통령 5연임에 성
공한 셈이었다.

물론 박정희가 암살당한 뒤에도 비슷한 과정은 되풀이되어 1979년 12월
6일에는 공석이 되어버린 대통령직을 채우기 위해 급히 치러진 제10대 대
통령 선거에 최규하 후보가 박정희만큼의 일치단결된 지지를 끌어내지는 못
했지만 역시 96.29%의 득표율로 당선되었다. 그리고 또 한 번의 군사정변으
로 권력을 장악한 전두환에게 합법적인 권력을 안겨주고 군사정변 과정에서
사퇴한 최규하 대통령의 빈 자리를 채우기 위해 이듬해인 1980년 8월 27일
에 곧바로 치러진 제11대 대통령 선거에서는 전두환이 99.37%로 당선되기
도 했다. 유신체제가 연장되는 것에 대한 국민적 염증을 무시할 수 없었던
전두환은 얼마 뒤 비본질적인 부분에서 약간의 수정을 거친 개헌을 통해 선
거인단의 규모도 늘리고 비록 들러리긴 하지만 경쟁 후보들까지 세워가며

정성을 들인 1981년 2월 25일의 제 12대 대통령 선거에서 90.11%의 득표율로 조금이나마 덜 민망한 당선자가 되며 권력 기반을 다졌다.

유신헌법의 독소조항들 대부분이 제거된 것은 1987년 6월 민주항쟁 이후에 이루어진 9차 개헌에 의해서였다. 그리고 2018년 대법원은 1972년 10월 17일 비상계엄에 따라 발령된 계엄포고령이 헌법상 보장된 국민의 기본권을 침해한다며, 위헌·위법해 무효라고 판단했다.

제 9대 국회의원 선거:
(1973년 2월 27일)

　1973년 2월 27일 유신헌법에 따른 첫 번째 국회의원 선거가 치러졌다. 그 선거에서 전체 의석은 219석이었고 그 중 146석의 지역구 의원은 중선거구제로 각 선거구에서 2등까지 당선되었으며 73석의 유신정우회(유정회)는 통일주체국민회의를 통한 간선제로 선출되었다. 국회의원 임기가 6년으로 연장되었지만 유정회는 3년이었다. 전국구 제도는 사라졌고 무소속의 출마도 다시 허용되었다. 전체 의석의 1/3에 해당하는 73석을 대통령이 임명하는 것이나 마찬가지인 유정회가 차지한 채 시작하는 선거였기 때문에 유권자들이 흥미를 느끼기 어려웠고, 유신체제의 주도세력인 공화당과 유신개헌을 막지 못한 무기력한 야당 신민당 모두에 실망한 유권자들도 많았다. 하지만 정부의 강요에 가까운 투표 독려로 투표율은 72.9%로 유지되었다.

　유신헌법에 대한 비판만으로도 죄가 될 수 있는 상황에서 특별한 선거 이슈가 있을 수 없었다. '유신에 동참하라'는 공화당 후보들과 '견제할 힘을 달라'는 신민당 후보들 사이에서 별다른 논쟁이 벌어질 수도 없는 조용한 선거였다. 다만 4년 전 선거에서 서울의 핵심 지역구 하나를 박정희의 조카사위에게 넘겨주려다가 쫓겨났던 '진산파동'의 주역 유진산이 다시 신민당 대표로 복귀하자 그에 비판적인 몇몇 정치인들이 탈당해 '민주통일당'을 만든 것이 그나마 화제가 될 만한 사건이었다. 양일동이 대표를 맡은 가운데 김홍일, 장준하 등이 참여해 '선명야당'을 내세운 민주통일당은 선거 직전에 급조되면서 조직력과 자금력 면에서 큰 어려움을 겪으면서도 전국적으로 10%의 득표율을 기록하며 선전했지만, 각 선거구에서 2위 안에 진입하는 후보를 많이 배출하는 데는 실패했다. 결국 공화당이 73석을 얻어 유정회와 함께 정확히 2/3의 의석을 확보했고, 신민당은 52석, 민주통일당은 2석을 각각 차지했다. 무소속은 19명이 당선되었다.

하지만 공화당의 득표율은 38.68%로 신민당의 32.55%에 불과 6% 앞섰을 뿐이며 민주통일당을 포함한 전체 야당보다는 오히려 적은 수준이었다. 불공정한 제도에 의해 절대 다수 의석을 차지하긴 했지만 공화당과 유신체제에 대한 국민적 평가가 결코 긍정적이지 않았음이 확인된 대목이다.

물론 유신체제를 수립하는 순간부터 이미 야당이나 국민의 비판에 일일이 신경 쓰지 않겠다는 박정희 정권의 의지가 드러났다고 할 수 있다. 그럼에도 불구하고 대중의 반감과 비판적 시선에 전혀 무감각할 수는 없었는데, 완벽히 봉쇄되고 억압된 선거에서나마 권력자를 향한 비판적 투표가 의미를 가질 수 있음을 보여주는 사건이 5년 뒤에 벌어지게 되기 때문이다.

제 1차 오일쇼크:
(1974년 1월 1일)

1948년에 이스라엘이 건국된 이후 이스라엘과 주변 아랍 국가들은 4차에 걸친 전쟁을 치렀고, 네 번의 전쟁에서 모두 패배한 아랍 측은 몇 차례에 걸쳐 석유를 활용해 국제사회에서의 정치적 영향력을 회복하려는 시도를 했다. 하지만 기대한 만큼의 성과를 거두지는 못했는데, 아랍 국가들의 충분한 단합을 이끌어내는 데 실패했을 뿐 아니라 미국의 개입으로 베네수엘라와 인도네시아 등 비아랍권 산유국들이 원유를 증산해 방해했기 때문이다. 하지만 1973년 10월의 제 4차 중동전쟁 기간에 사우디아라비아의 석유 장관 아메드 자키 야마니가 주도한 감산이 시장을 흔드는 데 성공했고, 전 세계에 경제적 충격을 가했다. 이것이 제 1차 오일쇼크(석유파동)다.

야마니 장관은 그 이전까지의 석유무기화시도가 실패한 이유를 너무 극단적인 '금수조치' 방법을 썼기 때문이라고 생각했다. 완전 금수조치는 당장 아랍 산유국들에게 큰 경제적 부담을 강요하게 되기 때문에 적극적인 참여를 끌어내기 어려웠다. 따라서 그는 원유 생산을 5%씩만 줄이는 방법을 제안했는데, 그것은 부담스럽지 않은 방식이었기 때문에 모든 아랍 산유국들이 적극적으로 참여한 것은 물론이고 이전까지 증산에 나서 방해하던 비아랍 산유국들마저 경제적 이익을 노리고 감산과 가격 인상에 나서면서 결국 동참하게 하는 효과를 냈다.

그런 판단은 정확했고, 감산 시도 한 달 만에 국제원유가는 1배럴 당 2.9달러에서 12달러로 4배 이상 폭등했다. 아랍 산유국들 외에 소련, 그리고 미국의 영향력 아래 있던 베네수엘라와 인도네시아, 나이지리아까지 감산에 동참하면서 과거 유가 상승을 억제하던 요인들이 모두 사라지자 시장이 패닉에 빠져버린 결과였다.

결국 미국을 등에 업은 이스라엘에게 일방적으로 당하면서도 늘 국제적으로 고립됐던 아랍 국가들은 석유를 무기화하는 데 성공함으로써 일본과 유럽 여러 나라들의 지지를 얻어내는 데 성공했고, 미국의 절대적인 영향을 받던 한국마저도 1973년 12월 17일 아랍을 지지하는 선언을 하기에 이른다.

석유 감산은 제4차 중동전쟁이 끝난 이후에도 5개월가량 계속되어 1974년 3월에 중단되었다. 감산을 주도한 사우디아라비아는 이후 석유 시장에서 절대적인 권위를 가지게 되었으며, 그 밖에도 대부분의 산유국들이 오일쇼크를 통해 엄청난 이익을 얻었다. 하지만 수입 석유를 통해 산업을 발전시켜온 유럽과 동아시아 국가들, 그리고 경제질서에 대한 주도권에 상처를 입은 미국 등은 큰 충격을 받을 수밖에 없었다.

특히 중화학공업을 육성하기 시작하던 한국 경제가 입은 타격은 컸다. 한국은 자본과 자원과 소비시장을 모두 해외에 의존하는 경제구조를 갖고 있었기 때문에 석유파동이 촉발한 자금경색과 자원 가격 상승과 소비감소의 충격을 동시에 받을 수밖에 없었고, 불황 속의 물가상승이라는 스태그플레이션이 나타났다. 1975년 소비자 물가는 전년 대비 24.7% 상승하였으며, 국제수지는 18.9억 달러의 적자를 기록했다.

정부는 1973년 12월 4일 유류가격의 30% 인상 등 10개 품목의 가격 인상을 고시했다. 전기요금은 5%, 배합사료 25.5%, 분유 10.8%, 설탕 16.7%, 비료 30%가 각각 인상됐는데, 석유류와 전력 등 에너지 가격의 인상은 전체 공산품 가격과 버스 등 대중교통 요금, 화물 수송비 인상으로 이어졌고 사료와 비료 가격 인상은 축산물 가격과 농업 경영비 상승에 영향을 미쳤다. 당시 조금씩 난방용으로 석유 난로를 쓰는 가정이 늘고 있었는데, 등유값이 28% 올랐을 뿐 아니라 많은 주유소에서 등유가 품절되면서 석유통을 들고 주유소 앞에 길게 줄을 서는 풍경이 흔해졌다. 그런 상황은 불안심리를 자극해 화장지, 비누 등 각종 생필품 사재기 현상이 나타나기도 했다.

정부는 동요를 최소화하기 위해 1974년 1월 14일 대통령긴급조치 제3호인 '국민생활 안정을 위한 대통령 긴급조치'를 발령했는데, 유신체제에서 발령된 긴급조치들 중 유일하게 정치적 표현과 저항을 억압하는 것이 아니라 민생을 위한 것이었다. 조치의 내용은 저소득자에 대한 조세부담 경감과 사치성 소비 억제, 자원의 절약과 개발 및 노사간 협조 강화 등이었다.

그에 따라 정부는 자동차의 운행을 줄이기 위해 구급차, 취재차, 외국인차를 제외한 8기통 이상의 고급 승용차는 일체 운행을 금지시켰고, 승용차의 공휴일 운행도 전면 금지했다. 또한 시내버스의 정거장 구간도 이전보다 더 멀게 조정했으며, 택시도 윤번제로 운행하게 했다. 그리고 초·중·고등학교의 겨울방학 기간이 연장됐고, 공공건물과 병원 등에는 석유를 사용하는 난방시설 가동을 멈추고 연탄난로를 새로 설치하도록 했다. 당시에 새로 지어지던 아파트는 엘리베이터를 각 층의 중간쯤에 서도록 설계해 위 아래층이 함께 사용하도록 하기도 했다. 또한 관공서는 보일러 가동 시간을 하루 평균 6시간으로 단축하고 전등 수도 3분의 1로 줄여 공무원들이 추위와 어둠에 떨어야 했고, 자전거를 이용한 출근과 등교가 장려되면서 자전거가 에너지 절약의 상징으로 떠오르기도 했다. 오후 7시쯤이면 한국전력의 가두방송차가 골목마다 누비고 다니며 절전을 호소했고, 시내 유흥가도 영업을 중단하다시피 해야 했다. 이후 정부는 국내 유전 개발에 많은 투자를 했지만 큰 성과를 거두지는 못했고, 석탄을 통해 석유를 대체하려는 시도가 광범위하게 이루어지면서 강원도의 탄광촌에 새삼 활기가 돌기도 했다.

하지만 오일쇼크가 한국경제에 부정적인 영향만을 미친 것은 아니었다. 반대로 '오일달러'를 통해 호경기를 맞게 된 중동에 건설붐이 일어나면서 많은 국내 기업과 건설노동자들이 중동으로 진출해 외화를 벌어들이면서 충격을 상쇄하기도 했기 때문이다.

제 10대 국회의원 선거:
(1978년 12월 12일)

　1973년에 치러진 제 9대 국회의원 선거에 이어 다시 한 번 유신헌법에 따라 국회의원이 선출되었다. 이전 선거와 같은 중선거구제로 154명을 지역구에서 선출했고, 77석은 유신정우회에게 할당해 모두 231명을 뽑았다.

　국회 절대다수의 의석이 집권세력에게 보장된 것도 여전했고 선출된 의원들이 국정감사와 국정조사를 할 수 있는 권한도 없는 허수아비 신세를 벗어날 수 없었다는 점도 같았다. 하지만 그런 형식적인 선거였음에도 불구하고 1973년 치러진 국회의원 선거는 '유신의 몰락이 시작된 계기'로 꼽힐 만큼 중요한 의미를 만들어냈다.

　제 10대 국회의원 선거는 유신체제에 대한 중간평가의 의미를 가지고 있었다. 유신선포 이후 처음 치러진 선거를 통해 선출된 국회의원들이 6년간의 임기를 마친 뒤 다시 치러지는 선거였기 때문이다. 이미 대통령을 선출하는 과정에 참여할 권리를 봉쇄당했을 뿐 아니라 유신체제에 대한 일체의 비판과 소박한 표현조차 할 수 없게 된 국민들로서는 국회의원 선거가 정치적 의사를 표현할 유일한 기회였기 때문이다.

　따라서 정부와 공화당은 조금이라도 더 많은 득표율로 더 많은 의석을 차

박정희 대통령과 신민당 총재 김영삼의 모습. 신민당 내 강경파인 김영삼이 주도권을 잡으며, 신민당은 유신체제에 강력히 저항했다.

지해 유신체제에 대한 국민적 지지를 과시하고자 했고, 신민당은 장기화되어가는 철권통치에 좌절하고 무기력한 야당에 실망해 투표를 포기하려는 유권자들을 설득해 비판적 민심을 확인시키고자 했다.

선거는 이미 결정되어있던 대로 여당의 절대다수 의석 확보로 마무리되었다. 하지만 그 내용은 충격적이었다. 지역구 154석 중 공화당이 68석, 신민당이 61석을 확보했고 통일당이 3석, 무소속이 22석을 차지해 유신회의 77석을 합치더라도 집권세력이 전체 의석의 2/3 이상을 확보하는데 실패했기 때문이다. 더욱 충격적인 것은 득표율이었는데, 공화당의 득표율은 31.70%에 불과해 32.82%를 득표한 신민당보다도 오히려 1.1%가 낮았던 것이다. 물론 '선명야당'을 표방하던 군소정당 민주통일당이 얻은 7.4%를 합치면 그 격차는 더욱 커졌다. 의석 수와 무관하게 공화당과 박정희 정권의 완벽한 정치적 패배였던 셈이다.

유신체제에 대한 보편적인 반감 외에도 당시 선거에 직접적인 영향을 미친 요인들이 있었다. 선거가 치러지던 1978년에만 '3대 부정사건'이라 부르는 사건들이 이어졌는데, 6월에는 압구정동 현대아파트 특혜분양 사건이 터졌고, 8월에는 경상북도 교육위원회가 교사자격을 부정 발급한 일이 폭로돼 파문을 일으켰으며, 신민당 소속으로 3선 개헌에 찬성해 배신자로 낙인찍힌 뒤 민주공화당으로 건너갔던 성낙현 의원이 가난한 여고생을 지속적으로 성추행한 사실이 알려지기까지 했다. 그 외에도 새로 도입된 부가가치세에 대한 반감이 번졌고, 중동 특수를 누리며 부풀려졌던 건설사들의 부실이 드러나며 건설주가 폭락하는 일도 있었다.

선거결과에 격분한 박정희 대통령은 선거 패배의 원인이 경제정책 실패에 있다고 판단해 대통령실장과 경제기획원장을 경질했다. 하지만 선거 결과에 고무된 신민당은 자신감을 회복했고, 당내 경선에서 온건파를 대표하던 이철승의 발언권이 줄어든 반면 강경파의 리더 김영삼이 득세해 당권을 장악했다. 김영삼은 야권 성향의 무소속 의원 7명을 입당시켜 68석으로 몸집을 불렸고, 3석의 통일당과도 긴밀한 공조체제를 만들어 대정부 투쟁의 전열을 갖추었다.

이 선거가 유신몰락의 서곡이었다고 평가되는 이유가 거기에 있다. 우선 선거 결과를 통해 유신체제에 대한 광범위한 반감이 확인되었을 뿐 아니라, 그런 선거 결과가 무기력하고 타협적이던 야당을 일깨워 보다 적극적으로 박정희 정권에 맞서게끔 고무했기 때문이다. 하지만 박정희 정권은 그렇게 확인된 민심을 수용하거나 야당과 협력하려는 의지가 전혀 없었고, 그로 인해 조성된 긴장 속에서 YH 노동자들에 대한 유혈 진압과 김영삼 총재 제명 등의 무리수를 두게 되었으며, 그 결과가 부마항쟁을 비롯한 대중적 저항을 촉발해 10.26 암살 사건의 배경으로 작용했기 때문이다.

부마항쟁:
(1979년 10월)

1979년 10월 16일 부산대학생 2,000여 명이 유신체제를 비판하는 시위를 벌인 다음 교문 밖 진출을 시도했다. 하지만 전투경찰대가 최루탄을 쏘며 진압하기 시작했고, 밀려난 학생들이 달아나자 그 뒤를 쫓아 학교 안으로 진입했다. 그러자 학교 안에서 무차별적으로 최루탄을 쏘고 학생들을 체포하는 경찰들의 모습에 분노해 시위에 합세하는 학생들이 오히려 더 늘어났고, 이번에는 5,000명 이상으로 불어난 학생들에게 경찰들이 밀려나면서 전세가 역전되었다. 그리고 경찰들을 밀어낸 학생들이 시내로 쏟아져나오자 이번에는 시민들이 합세해서 시위의 규모가 걷잡을 수 없이 커졌다. 그렇게 시작된 시위는 부산과 마산으로 번지며 수십만 명이 참여하는 거대한 저항으로 발전했고, 결국 박정희의 암살과 유신체제의 몰락으로 이어지는 직접적인 계기가 됐다.

애초에 16일 부산대의 시위는 소규모 교내 시위로 계획되었지만 약속된 시간에 참여하는 학생이 적어 무산된 것이었다. 하지만 도서관에서 자연발생적으로 모인 학생들이 뒤늦게 교내를 행진하면서 불어났고, 숫자가 많아지자 자신감을 얻어 시내 진출을 시도한 것이었다. 애초에 계획되고 조직화된 시위가 아니었던 만큼 시내로 진출한 뒤에도 특별한 행선지가 있다거나 한 것이 아니었다. 따라서 수십 명씩 무리지은 학생들이 부산 시내의 골목길을 달리며 '유신 철폐'와 '독재 타도' 구호를 외치는 식이었는데, 일정한 광장에 집결한 시위대를 흩어놓는 데 익숙했던 전투경찰들은 오히려 그런 방식에 제대로 대응하지 못하고 혼란에 빠졌다.

특히 그날 오후부터는 부산대생들이 시내로 진출했다는 소식을 들은 고신대와 동아대 학생들이 오후부터 합류해 부산 시내 곳곳으로 확산되었고, 시민들도 학생들의 시위에 박수를 보내고 빵과 물을 전달하는가 하면 전투경찰의 진압 시도는 방해하면서 지지의 뜻을 표현했다. 그리고 저녁으로 접어들어 퇴근한 직장인들과 가게 문을 닫은 상인들이 합세하면서 그 규모는 훨씬 불어나게 된다. 그래서 저녁 7시 무렵에는 부영극장 앞 대로에 5만 명 이상의 군중이 모이면서 전투경찰이 진압할 수 있는 한계를 넘어섰다.

애초에 계획되지 않은 시위였던 만큼 늦은 시간까지도 시위를 마무리할 수 있는 사람도 없었다. 시민들은 늦은 밤까지 귀가하지 않고 시내를 행진하며 '유신철폐 독재타도', '김영삼 제명 철회' 등의 구호를 외쳤고, 일부는 파출소를 공격해 유리창을 모두 부수고 박정희 사진을 꺼내 불태우기도 했다. 그날 시위대의 공격을 받아 파괴된 파출소는 모두 11곳이었다.

다음 날인 10월 17일에는 부산대가 임시휴교를 결정했다. 하지만 전날과 다름 없이 많은 학생들이 교정에 모여 교문 앞을 막은 전투경찰과 투석전을 벌였고, 다시 저지선을 뚫고 시내로 진출해 전날과 비슷한 양상의 시위를 벌였다. 전날 진압작전에 실패한 전투경찰은 더 강경한 태도로 진압봉을 휘둘렀지만, 오히려 더욱 자극받은 학생과 시민들은 전날보다도 더 많은 경찰서와 관공서를 파괴하며 맞섰다. 그날 다시 10곳의 파출소가 파괴되고 경남도청 현관의 유리도 돌에 맞아 부서졌다.

상황이 심각해지자 정부는 18일 새벽 0시를 기해 부산 지역에 계엄령을 선포하고 특전사 병력 2,000명을 투입해서 무력 진압을 시도했다. 하지만 그날은 마산에서도 경남대학생 1,000여 명이 부산의 시위에 호응해 시위를 시작했고, 부산에서와 마찬가지로 마산 시내로 진출해 시민들과 합세해 전투

시민들의 시위를 진압하기
위해 마산으로 진입하는
특전사 군인들. 부마민주
항쟁은 박정희 정권의 몰
락을 가져온 원인 중 하나
가 되었다. (사진출처: 대한
민국역사박물관)

경찰과 투석전을 벌였다. 마산 시내에서의 시위는 부산보다도 더욱 격렬했
고, 마산의 공화당사와 파출소, 방송국이 불태워졌다. 수출자유지역에 밀집
해있던 노동자들, 그리고 4.19 혁명의 도화선 역할을 했다는 자부심이 높은
마산 지역의 고등학생들까지 대거 합세한 결과였다. '부산항쟁'이 '부마항쟁'
으로 확산되는 순간이었다. 그러자 정부는 10월 20일 0시를 기해 마산과 창
원 일원에도 위수령을 발동하고 군대의 투입을 지시했다.

당시 부산과 마산에는 육군 특전사 제 1여단과 제 3여단, 그리고 포항에
주둔하던 해병 1사단의 제 7연대와 2연대가 계엄군으로 편성되어 투입됐다.
당시 투입된 특전사와 해병대 군인들은 경찰과는 비교할 수 없을 만큼 과격
하고 폭력적인 방식으로 진압 작전을 벌였는데, 시위대뿐만 아니라 주변에
서 구경을 하거나 박수를 치던 행인들 중에서도 진압군에게 구타를 당해 부
상을 당하는 이들이 속출했고 19일 새벽에는 사망자가 발견되기도 했다.

당시 박정희 정권 핵심부 안에서 부마항쟁에 대한 대응 방식을 놓고 의견
이 엇갈렸다. 중앙정보부장으로서 당시 부산과 마산을 직접 방문해 현장을
지켜본 김재규는 '시위의 원인은 잘못된 정책과 세금, 너무 낮은 임금과 제
약된 노동권'이라는 보고서를 작성했고, 그들의 요구를 무겁게 받아들여야
한다고 주장했다. 하지만 차지철은 '탱크로 밀어 캄보디아에서처럼 2, 3백만
명만 죽이면 조용해진다'는 폭언을 서슴지 않았고, 불행히도 박정희는 차지

철의 생각에 더 가까이 있었다. 그리고 그 의견의 대립은 김재규가 박정희와 차지철을 향해 방아쇠를 당긴 직접적인 이유 중의 하나가 되었다.

부산과 마산 시민들이 그토록 격렬하고 광범위한 저항을 벌인 이유는 몇 가지로 추려볼 수 있다. 우선 배경에는 급격히 악화되던 경제 상황이 있었다. 1차 오일쇼크의 충격을 벗어난 직후 오히려 중동의 건설붐에 편승하며 다시 고속성장을 시작했던 경제가 중화학공업에 대한 무리한 중복투자의 부작용으로 위기를 맞이했고, 마침 다시 터진 2차 오일쇼크의 여파와 맞물리며 가파른 물가상승으로 이어졌기 때문이다. 특히 부산과 마산 일대에 밀집한 중소업체들은 원자재 값이 상승하고 자금시장이 경색되면서 경영난을 겪게 되는 경우가 많았고, 그런 상황은 서민들의 생활에 직접적인 충격을 주고 있었다. 더구나 1977년 7월에 신설된 부가가치세는 중소상공인들의 불만에 불을 붙인 계기로 작용하기도 했다.

그런 배경 위에서 부산과 경남 지역을 대표하는 야당 정치인이었던 신민당 총재 김영삼이 국회에서 제명되는 사건이 벌어졌다. 1978년 제 10대 국회의원 선거에서 실질적으로 승리한 신민당은 대정부 강경투쟁 노선으로 기울었고, 그 흐름을 주도하며 당 총재직에 오른 김영삼은 유정회 소속 백두진을 국회의장으로 선출하는 과정을 보이콧하고 신민당사를 YH 여성 노동자들의 농성장으로 개방해주며 박정희의 심기를 거슬리고 있었다. 그 와중에 8월 9일에는 신민당사로 진입해 진압 작전을 벌이던 경찰에 의해 농성중이던 YH 노동자 김경숙이 사망하는 사건이 발생했고, 그 직후인 9월 12일에는 김영삼이 미국 시사주간지 〈뉴욕타임즈〉와의 인터뷰에서 '미국이 공개적이고 직접적인 압력을 통해 박 대통령을 제어해주기를 희망하며, 이를 위해 대한민국에 대한 원조를 중단하기 바란다'는 발언을 했다. 공화당과 유정회는 그 발언이 '국회의원으로서 품위를 잃은 사대주의적인 망동'이라는 이유로 10월 4일 국회에서 여당 단독으로 김영삼의 의원직을 박탈하는 '징계안'을 처리해버렸다. 김영삼의 제명은 부산과 경남 지역민들의 감정선을 건드려 유신체제에 대한 근본적인 반감을 일깨우는 계기가 되었다.

항쟁 과정에서 모두 1,563명이 연행되었고 87명이 군법회의에 회부되었으며 그 중 20명에게 실형이 선고되었다. 하지만 얼마 뒤인 10월 26일 박정희가 김재규가 쏜 총에 맞아 숨지면서 대부분은 기소 취하와 즉결심판을 통해 석방되었다.

부마항쟁은 1년 뒤에 광주에서 일어난 광주민주화운동과 더불어 한국의 민주화를 이끈 결정적인 계기였고, 시민들의 힘을 보여준 사건이었다. 하지만 시민의 힘으로 권력자를 끌어내거나 항복을 받아내기 전에 권력층의 내부 분열로 국면이 전환되면서 '마무리되지 못한 혁명'으로 남게 됐고, 그런 점에서 충분히 평가되고 기념되지 못한 면이 있었다. 그나마 부마항쟁에 참여하기도 했던 문재인 대통령 재임 중이던 2019년부터 10월 16일이 국가기념일로 지정되고 부마민주항쟁기념식이 국가행사로서 치러지게 됐다.

박정희 대통령 암살 사건:
(1979년 10월 26일)

　1979년, 박정희 정권이 막다른 골목에 몰렸다는 사실은 여러 면에서 감지되고 있었다. 1차 오일 쇼크를 극복한 이후 다시 빠른 속도로 성장하던 경제가 과잉투자의 부작용이 드러나며 정체하기 시작했고, 마침 다시 터진 2차 오일 쇼크로 큰 타격을 입으며 물가와 실업률이 급등하는 문제로 이어졌다. 또한 미국의 신임 대통령 카터가 내세운 인권외교가 박정희의 유신체제와 마찰했고, 카터 행정부가 주한미군 철수 가능성을 시사하며 압박하자 박정희는 핵 개발 계획을 추진하면서 더욱 큰 균열을 만들고 있었다. 그 와중에 신민당사에서 농성하던 YH무역 여성 노동자가 경찰의 진압 과정에서 목숨을 잃는 사건이 벌어졌고, 그 사건과 연관되어 미국이 박정희 정권에게 직접적인 영향력을 행사해야 한다는 외신 인터뷰를 빌미로 신민당 김영삼 총재의 의원직을 제명한 강경 대응이 부산과 마산의 민주화운동으로 이어져 군대를 투입하고도 진압에 어려움을 겪고 있었다.

　그런 1979년 10월 26일 저녁 6시, 박정희 대통령은 청와대 비서실장 김계원과 경호실장 차지철, 중앙정보부장 김재규와 궁정동의 안가에서 저녁을 겸한 술자리를 가졌다. 그 자리에는 22세의 광고 모델 신재순과 24세의 가

수 심수봉이 동석했고, 안가의 다른 방에는 김재규가 초대한 육군참모총장 정승화가 있었다. 궁정동 안가는 중앙정보부가 관리하는 시설이었기 때문에 안팎은 중앙정보부 요원들이 경비하고 있었고, 청와대 경호원들도 따로 식사를 하고 있었다.

그 무렵 대립 관계였던 차지철과 김재규는 술자리 중에도 신경전을 계속한 것으로 전해지며, 도중에 밖으로 나온 김재규는 심복인 박흥주, 박선호 대령에게 방 안에서 총성이 울리면 밖에서 중앙정보부 요원들을 동원해 청와대 경호원들을 사살하도록 지시했다. 그리고 7시 40분 무렵 준비가 완료되었다는 부하들의 보고를 받은 김재규는 차지철과 박정희를 권총으로 쏘아 암살했고, 밖에서는 약속대로 중앙정보부원들이 청와대 경호원들을 제거했다. 그날 궁정동 안가 안에서만 박정희와 차지철을 비롯해 모두 7명이 사망했다.

암살에 성공한 김재규는 다른 방에 있던 육군참모총장 정승화와 함께 육군본부로 가서 자신이 박정희를 사살한 사실을 숨긴 채 계엄령을 선포해야 한다고 주장했다. 계엄령이 선포되면 계엄군사령부를 장악한 뒤 군사혁명위원회로 전환해 정권을 장악한다는 것이 그의 구상이었다. 하지만 계엄령 선포를 의결하기 위해 소집된 국무회의에서 신현확 부총리 등이 사유를 분명히 해야 한다는 이유로 반대하면서 좌절되었고, 그 사이에 사건 현장에 있었던 김계원 비서실장이 노재현 국방부장관과 정승화 육군참모총장에게 사건의 전말을 알리면서 상황이 반전되었다. 정승화 총장은 육군본부 헌병대를 동원해 김재규를 체포했고, 전두환이 사령관으로 있던 보안사령부에서 수사하도록 넘김으로써 사건이 일단락됐다.

사건 직후인 1979년 12월 7일 긴급조치 9호가 해제되고, 12월 7일과 8일 사이에 문익환 등 구속된 민주화 인사들이 석방되었으며 김대중을 비롯한 정치인들에 대한 연금도 해제되었다. 유신체제가 일단락된 조짐이 곳곳에서 나타났고, 정부에서도 조만간 유신헌법을 개정하고 정치과정을 정상화하겠다는 약속을 내놓기도 했다. 그래서 당시의 사람들은 1980년의 봄을 '서울의 봄'이라고 부르며 18년간의 독재 시대를 지나고 맞는 민주화의 첫 계절로 인

식했다. 하지만 그 사이 전두
환의 정권 장악 음모가 진행
되어가고 있다는 사실은 알려
져있지 않았다.

박정희의 심복 중의 한 사
람이었고 중앙정보부장이라
는 핵심 권력기관의 책임자
인 김재규가 박정희를 암살
한 이유에 대해서는 여러 가
지 추측이 제기되어왔다. 스
스로 최고권력자의 자리에 오
르기 위한 일종의 쿠데타였다
는 설, 부마항쟁에 대한 유혈
진압을 막기 위한 국민에 대
한 충정이었다는 설, 경호실

박정희 대통령의 서거를 다룬 잡지. 영원한 권력을 꿈꾸던 그
는 부하의 손에 암살 당하며 허무하게 막을 내렸다. (사진출처:
국립민속박물관 민속아카이브)

장 차지철에게 끊임없이 수모를 당한 데 대한 분풀이였다는 설 등이 대표적
이며 미국 정부와 충돌하며 핵 개발 시도까지 구상하고 있던 박정희를 권좌
에서 몰아내기 위한 CIA의 공작이었다는 설을 제기하는 이들도 있다. 물론
그 진실은 정확히 밝혀질 수 없었는데, 전두환 보안사령관에게 이 사건의 수
사에 관한 칼자루가 쥐어지고 그가 그것을 스스로 권력을 장악하는 데 활용
했기 때문이다. 그 과정에서 전두환은 김재규의 암살을 권력욕에 사로잡혀
저지른 즉흥적인 사건으로 윤색했고 김재규의 조력자들과 함께 급히 사형장
으로 내몰면서 사후적으로 진실에 접근할 수 있는 근거들을 모두 제거했다.

사건의 가장 중요한 동기가 무엇이었는지는 알 수 없게 됐지만, 그 사건의
파장은 매우 컸다. 우선 정부 수립 이래 대통령이 임기 중에 사망한 최초의
사건이었고, 더구나 그 사인이 암살이었으며, 그것도 중앙정보부장이라는
핵심 권력층에 의해 저질러졌다는 사실에서 오는 충격이 대단했다. 그 결과
내각과 군, 정보기관들이 모두 혼란에 빠진 가운데 가장 분명한 권력의지를

가지고 있었고 하나회라는 친위세력을 거느렸던 전두환이 정권을 장악할 수 있었다. 그리고 그 과정에서 광주에서의 비극이 발생했고, 또 그를 통해 이미 수명이 다 해가던 유신체제는 다시 8년간 실질적으로 연장되며 국민들을 정치적으로 침묵시키는 비극적인 결과로 이어졌다.

신군부 군사반란:
(1979년 12월 12일)

1979년 10월 26일 김재규에 의해 박정희가 암살당하자 대통령 권한대행을 맡은 최규하 국무총리에 의해 계엄령이 선포되었고, 정승화 육군참모총장이 계엄사령관으로 임명된다. 그리고 국군보안사령관 전두환은 계엄사령부 합동수사본부장으로 임명되어 대통령에 대한 암살 사건에 대한 수사를 총괄하게 된다.

박정희의 비호 아래 육군사관학교 11기생들을 중심으로 군내 비밀 사조직인 하나회를 이끌며 군부 내에서 힘을 키워가던 전두환은 국군보안사령관 자리에서 10.26 사건을 마주한다. 박정희와 함께 대통령 경호실장 차지철이 사망하고 두 사람을 사살한 중앙정보부장 김재규마저 구속되면서 정상적으로 움직이는 정보기관은 보안사령부 뿐이었기 때문에 정보력이 국군보안사령부로 집중된 것은 당연했다. 거기에 계엄사령부 합동수사본부장을 맡아 대통령 시해 사건의 수사 자체를 맡게 된 전두환은 중앙정보부와 검찰, 경찰 등 모든 정보·수사 기관들을 총괄할 수 있는 권한까지 쥐게 되며 큰 기회를 얻게 된다.

하지만 전두환은 수사 중에 발견한 박정희의 비자금을 자의적으로 처분하거나 뇌물로 활용하는 등 권한을 남용했고, 그런 모습을 포착한 계엄사령관 정승화는 그를 지방으로 좌천시키려고 했다. 하지만 사전에 그런 움직임을 알아챈 전두환은 박정희 시해 사건 현장에 있었다는 사실을 구실로 김재규와 공모했다는 혐의를 씌워 정승화를 체포하고 군부를 장악할 계획을 세운다. 그 계획이 실행된 것이 1979년 12월 12일 저녁이었다.

전두환을 추종하는 하나회 소속 주요 지휘관들은 장세동 대령이 단장으로 있던 경복궁 옆 수도경비사령부 30경비단에 모여 지휘소를 구성했다. 그날 행동의 핵심은 정승화 계엄사령관을 체포하되 그 이전에 최규하 대통령으로부터 계엄사령관 체포에 관한 재가를 받음으로써 하극상이 아닌 것으로 꾸민다는 것이었고, 그 과정에 저항할 지도 모를 다른 지휘관들의 움직임을 봉쇄하는 것이었다.

계획에 따라 보안사령부 인사처장 허삼수 대령이 합동수사본부 수사관들과 수도경비사령부 33헌병대를 이끌고 참모총장 관사로 가서 총격전을 벌인 끝에 정승화 총장을 체포하는 데는 성공했다. 하지만 문제는 그 이전까지 최규하 대통령의 재가를 받는 데 실패했다는 점이었다. 최규하 대통령은 먼저 국방부 장관과 상의한 다음 재가 여부를 검토하겠다고 버텼는데, 국방부 장관 노재현은 관사가 붙어있던 육군참모총장 관사에서 총소리가 나는 것을 듣고 잠적해버렸기 때문이다.

따라서 명백한 하극상이라는 혐의를 피할 수 없게 된 전두환 일파는 정승화 총장을 따르는 지휘관들에 의해 진압될 수도 있는 상황에 놓였고, 실제로 수도경비사령관 장태완과 특전사령관 정병주, 헌병감 김진기 등은 정승화 총장이 납치됐다는 소식을 접하고 곧바로 부대로 복귀해 진압 준비에 나섰다.

하지만 전두환은 국군의 지휘체계와는 아무 상관 없이 하나회를 통해 연결된 후배 장교들을 조종해 대응했다. 하나회 소속 정동호와 고명승이 장악하고 있던 대통령 경호실 병력을 활용해 최규하 대통령 공관을 포위한 채 뒤늦게라도 정승화 총장 체포에 대해 재가할 것을 계속 압박했고, 특전사 제1공수여단을 동원해 국방부와 육군본부를 장악하고 제3공수여단을 보내 정

용산구 총격전으로 인한 극심한 교통체증이 발생한 모습. 박정희 대통령 암살로 혼란한 틈을 타 전두환 국군보안사령관은 권력 쟁탈을 위한 군사반란을 일으킨다.

병주 특전사령관을 체포하도록 했다. 그리고 수도경비사령부 헌병단을 동원해 장태완 수도경비사령관과 김진기 헌병감을 체포하도록 했다. 모두 지휘계통상 자신들의 직속상관이자 명령권자를 체포하도록 한 셈인데, 하나회 소속 장교들이 지휘계통이 아닌 하나회에 충성하고 있었기에 가능한 일이었다. 그리고 파주 축선의 전방 예비사단으로서 북한 남침에 대비하는 핵심 전력인 9사단과 30사단의 병력 일부를 반란군 지휘소가 있던 경복궁으로 출동시켜 진압에 대비했다.

진압이 실행될 가능성도 있었다. 정병주 특전사령관의 명령에 따른 유일한 휘하 부대인 인천의 제 9공수여단이 경인고속도로를 통해 서울로 출동했고, 장태완 수도경비사령관도 직접 사령부 병력을 이끌고 진압에 나서려고 하기도 했다. 하지만 '시내에서 국군 사이에 무력충돌이 벌어져서는 안 되니, 서로 병력 동원을 자제하자'는 반란군들의 거짓말에 속은 육군참모차장이 9공수여단을 철수시키는 실수를 저질렀고, 수도경비사령부도 예하의 전투병력 대부분이 사령관의 명령과 달리 하나회 소속 지휘관들에 의해 반란군에 가담하면서 좌절되고 말았다. 결국 정병주 특전사령관과 장태완 수경사령관 모두 자기 부하들의 손에 체포되면서 진압은 좌절되고 만다. 결국 전두환 일당의 작전이 개시된 지 10시간 만에 반란은 성공으로 끝났다.

군사반란의 성공으로 전두환은 실질적인 모든 권한을 한 손에 쥐었다. 전두환과 그를 추종한 하나회 세력을 20년 전 5.16 군사정변을 일으킨 박정희 중심의 군부 세력과 구분하기 위해 흔히 '신군부'라고 불렸는데, 그들이 이듬해 5월 17일 비상계엄을 전국으로 확대해 국회를 해산하고 정당 및 정치활동을 금지시키는 동시에 정치인과 재야인사, 학생지도자들 2,699명을 영장 없이 구금하는 쿠데타를 감행한 것 역시 12.12 군사반란의 연장선이자 그로부터 예정되어있던 일이기도 했다.

이후 전두환은 5.17 비상계엄 확대조치에 대한 광주 시민들의 저항을 유혈 진압한 뒤 8월 27일에 유신헌법에 따라 장충체육관에서 치러진 제 11대 대통령 선거에서 당선되어 대통령으로 취임했고, 7년 뒤에는 그의 동지이자 후계자인 노태우가 그 자리를 물려받게 된다. 신군부의 통치는 15년간 이어진 셈이다.

하지만 김영삼 대통령 시절 터진 노태우 비자금 사태가 도화선이 되어 전두환과 노태우를 비롯한 신군부 주도세력들이 12.12 군사반란의 주동자로 체포되어 재판에 회부되었고, 대법원으로부터 모두 13가지 혐의에 대해 유죄가 인정되어 처벌받았다. 그들에게 적용된 죄목은 다음과 같다.

1. 반란수괴
2. 반란모의참여
3. 반란중요임무종사
4. 불법진퇴
5. 지휘관계엄지역수소이탈
6. 상관살해
7. 상관살해미수
8. 초병살해
9. 내란수괴
10. 내란모의참여
11. 내란중요임무종사
12. 내란목적살인
13. 특정범죄가중처벌등에관한법률위반

1심 선고공판에서 전두환은 사형, 노태우는 유기징역 최고형량인 징역 22년 6개월을 선고받았다가 항소심에서 감형되어 각각 무기징역, 징역 17년으로 확정되었다. 하지만 김영삼 대통령 임기 말인 1997년 12월 22일 차기 대통령 당선자 김대중의 동의 하에 특별사면을 받았다.

광주민주화운동:
(1980년 5월 18일)

5.16 군사정변 당시 박정희는 곧바로 정부와 국회의 기능을 정지시키고 군사정부를 꾸려 대체했다. 일반적인 군사정변의 방식이었다. 하지만 전두환은 1979년 12월 12일에 군사반란을 일으켜 실질적인 권력을 장악하는데 성공했음에도 불구하고 보안사령관과 중앙정보부장 서리를 겸직하며 계엄사령부를 배후조종했을 뿐 정치권력을 인수하는 작업을 곧바로 진행하지는 않았다. 이미 5.16으로부터 이어진 군부정치를 20년 가까이 경험한 국민들의 반감을 의식했기 때문이다. 하지만 실질적으로는 이미 12.12 군사반란 때 정치권력은 장악한 것이었으며 형식을 갖추어 완결하기까지 시간이 필요했을 뿐이다. 그리고 그 형식마저 갖춘 것이 1980년 5월 17일의 비상계엄 전국 확대와 국회 해산이었다.

전두환의 의도와 계획에 대해서는 이미 어느 정도 알려져 있었지만, 반대로 박정희의 철권통치가 끝났다는 데 대한 안도감과 어떤 형식으로든 유신이 철폐될 것이라는 희망은 1980년 봄을 '서울의 봄'이라고 부르게 하고 있었다. 박정희를 대신해 대통령 권한대행을 맡은 최규하 총리는 유신헌법 개정을 약속했고, 국회에서는 여야 만장일치로 국회에 헌법개정심의특별위원회(개헌특위)를 설치해 국회 주도의 헌법 개정 추진을 시작했다. 그리고 체포된 정승화를 대신해 육군참모총장 겸 계엄사령관을 맡은 이희성 역시 '정치는 군의 영역 밖이고, 애국심과 양식 있는 정치인이 발전시켜야 한다. 군은 빠른 시일에 계엄 목표를 완수하고 군 본연의 임무로 돌아갈 것'이라는 담화를 발표했다. 뒤이어 2월 29일에는 윤보선과 김대중을 비롯한 긴급조치 위반자 등 687명을 사면·복권하기도 했다.

따라서 비관과 낙관, 절망과 희망이 교차하던 그 즈음 개학을 맞은 대학가에서는 비관을 낙관으로 바꾸기 위한 시위들이 시작되었고, 그것은 지역의 차이가 없었다. 서울에서 가장 큰 규모의 시위가 이어졌고, 부마항쟁의 열기가 남아있던 부산도 다르지 않았다. 전남 광주 역시 특별히 다른 점은 없었다.

특히 5월 1일, 서울대 총학생회는 '계엄령 즉각 해제'와 '유신잔당 퇴진', 그리고 '전두환·신현확 사퇴' 등을 내걸고 2일부터 13일까지 서울대 학생 10,000명이 교내 시위와 밤샘 농성을 이어가기로 결의했다. 5월 13일에는 연세대 주도로 서울 시내 6개 대학교 학생 2,500명이 세종로 일대에서 야간 가두시위를 벌였고, 고려대 등 7개 대학이 밤샘 농성에 들어갔다. 5월 14일에는 서울의 27개 대학교 총학생회 대표들이 모여 전면적 가두시위를 결의했고, 이날 낮 12시부터 학생 7만여 명이 일제히 화신백화점 앞, 남대문, 서울역, 광화문 등 서울 중심가를 메우면서 밤 10시 넘어서까지 시위를 벌였다. 그리고 이튿날인 15일 낮에는 서울역 앞 광장과 도로에는 서울 35개 대학교 학생 10만 명이 모여 3일째 시위를 벌여 진압을 시도하던 경찰 시위진압차 3대가 불탔다. 그러자 저녁 7시 50분 신현확 총리가 특별담화를 발표해 '연말까지 개헌안을 확정하고 내년에 선거를 실시해 정권을 이양하겠다. 사회가 안정되면 계엄령도 즉시 해제할 테니 학생들은 정부의 약속을 믿고 자숙하고 자제해달라'고 당부했다. 그러자 시위를 마친 서울대 등 서울 23개 대학교와 24개 지방대 총학생회장들은 밤 12시 고려대에서 모여 회의를 했는데, 이때 서울대 총학생회장 심재철의 주도로 '일단 가두시위를 멈추고 정상 수업에 들어가자'는 결의가 이루어졌다. 이른바 '서울역 회군' 결정이었다.

5월 18일의 금남로. 계엄해제와 김대중 석방을 외치던 시민을
향해 계엄군은 총과 칼로 시위를 해산했다.

이에 따라 다음 날인 5월 16일에는 서울, 부산, 대구, 전주 등 대부분 도시에서는 시위가 중단되고 정상 수업이 이루어졌다. 한편으로는 신현확 총리의 약속을 믿어 보자는 의미였고, 다른 한편으로는 무리한 시위로 비상계엄 전국 확대의 빌미를 주지 말자는 의미였다. 물론 이미 비상계엄 전국 확대를 통한 정권 찬탈 계획이 진행 중이라는 사실을 간파하지 못한 결과였다. 하지만 광주에서는 '회군'이 이루어지지 않았고, 전남대와 조선대 등 광주의 대학생 2만 명은 교내시위에 이어 가두시위를 벌인 뒤 낮에는 전남도청 앞 광장에서 시국 성토대회를 열고 밤에는 횃불 시가행진을 벌였다.

5월 17일 전두환과 신군부는 학생과 시민들의 기대와 달리 비상계엄의 전국 확대를 선포하고 정치인과 재야인사를 비롯해 각 대학 총학생회장과 학생회 간부들을 영장 없이 잡아들였다. 그리고 정부의 계엄해제와 유신헌법 개정 약속만 믿고 학교로 돌아가 수업에 임하던 서울의 학생 시위는 한 순간에 제압되고 말았다.

광주에서도 주요 학생 지도자들이 체포되거나 체포를 피해 피신했지만 1,000여 명의 전남대와 조선대 학생들이 광주 시내에 모여 시위를 벌였다. 서울과 달리 광주는 침묵하지 않은 것이다. 그리고 하루 뒤인 5월 18일부터 상황이 급변하게 된다.

원래 이 지역 시위 진압 임무를 맡고 있던 보병 31사단은 '해산'에 주력하고 있었고, 군인들은 밀집해있는 시위대를 향해 달려들긴 했지만 보통 흩어져 달아나는 사람들까지 추격하지는 않았다. 하지만 5월 18일 오후 4시 광주 시내 진압작전에 투입된 제7공수여단은 '거리에 있는 사람들을 전원 체포하라'는 명령에 따라 움직였고, 공수부대원들은 흩어져 달아나는 사람들까지 끝까지 쫓아가서 무차별 폭행을 하기 시작했다. 심지어는 건물 안으로 숨는 사람들을 추격해 들어갔고, 그곳에 있던 사람들까지 진압봉으로 구타하는 일이 빈발했다. 그리고 그날 28세의 제화공 김경철이 진압군에게 무차별적 구타를 당한 끝에 사망하는 일이 일어났다.

　애초의 시위는 대학생들이 중심이 된 평범한 형태였지만, 공수부대원들의 잔혹한 진압 방식에 놀라고 분노한 시민들은 사망자가 발생했다는 소식이 전해진 것을 계기로, 거리로 쏟아져나오기 시작했다. 그리고 19일 오전부터 5천여 명 이상의 시민들이 도청 앞으로 이어지는 금남로에 모여 '계엄해제'와 '김대중 석방' 등을 외치며 시위를 벌였다. 진압군들은 진압봉 외에 대검을 휘두르기도 하고, 일부 지역에서 발포를 하기까지 하면서 강경 진압을 이어가 희생자가 점점 늘어났다.

　그래서 20일에는 금남로에 남녀노소를 가리기 어려운 10만 명 이상의 시위대가 모여들었고, 대학생과 청년들이 앞에 나서 돌을 던지며 계엄군들과 맞서는 대규모 시위가 발생했다. 시위는 전체 광주 시민이 뭉쳐서 진압군과 맞서는 양상으로 이어졌는데, 주민들은 골목마다 물과 김밥 등을 내놓고 주변 상인들은 자전거나 리어카를 활용해 돌과 각목 등을 실어 나르며 도왔다. 이런 우호적인 환경 속에서 대규모 군중이 전진하자 계엄군은 도청 앞까지 밀려나 저지선을 구축한 채 시민들과 대치했고, 그 저지선을 돌파하기 위해 광주 시내의 택시기사와 버스기사들이 차량 200여 대를 몰고 도청 앞으로 전진하는 차량시위를 벌여 계엄군을 더욱 밀어붙이며 시위대를 고무시키기도 했다.

　그리고 21일 오전 10시부터 다시 금남로에 모인 시민들은 도지사 면담을 요청하며 계엄군 철수를 주장했다. 하지만 도지사는 아무런 결정권을 가지고 있지 못했고 유혈사태에 대한 사과와 연행된 시민들의 즉시 석방, 그리고 계엄군의 완전 철수라는 요구가 수용되지 않으면서 대치가 계속됐다. 그리고 1시 정각이 되자 도청 옥상의 스피커에서 애국가가 울려 퍼졌고, 모든 시민들이 그 소리에 맞춰 애국가를 부르기 시작한 순간 수백 발의 총성과 함께 수많은 사람들이 피를 흘리며 쓰러졌다. 군중을 위협해 해산하기 위한 발포가 아닌, 시위대를 정조준하고 저격수까지 동원한 목적의식적 사격이었다. 그날 최소한 54명이 사망하고 500명 이상이 부상을 입었다. 계엄사령부는 집단발포와 총기 사용을 정당하기 위해 당일 오후 2시에 국방장관 주영복, 보안사령관 전두환, 수경사령관 노태우, 특전사령관 정호용 등이 참석한 가운데 '자위권 발동'을 결정했고 저녁 7시 30분쯤 일선 부대로 자위권을 발동하라는 지시가 전달되었지만 이미 금남로에서 집단발포가 이루어진 뒤였다.

잔인한 진압 끝에 대규모 집단발포로 많은 사망자가 발생하자 시민들도 스스로 무장을 하기 시작했고, 파출소와 예비군부대, 군수품 생산 공장 등을 습격해 많은 총기와 실탄, 군용차량 등을 확보했다. 그리고 그렇게 시민들이 시위대에서 '시민군'으로 발전하자 계엄군은 일단 부대를 광주 외곽으로 철수시킨 다음 전면적인 포위 공격을 통해 시민군을 일망타진하는 방식으로 전술을 바꾸었다.

5월 21일 오후 5시경 계엄군은 광주를 빠져나갔고, 8시에는 시민들이 광주 시내 전체를 장악하고 도청을 접수했다. 그리고 계엄군이 광주 시내로 다시 진입한 27일까지 광주는 시민들에 의해 운영되었는데, 그 기간 동안 약탈을 비롯한 일체의 일탈 없이 질서를 유지함으로써 시민들이 높은 도덕성과 시민의식, 그리고 민주주의에 대한 신념을 가지고 있었음을 증명했다. 하지만 계엄군은 그 일주일간 광주를 포위해 교통과 통신을 끊어 고립시킨 채 다른 지역에는 언론을 통해 '광주에서 간첩들에 의해 선동된 폭도들이 날뛰고 있다'는 거짓 정보를 유포했다.

그리고 계엄군은 27일 자정부터 광주 시내의 시외전화선을 차단하고 '상무충정작전'이란 명칭으로 진압 작전에 돌입했다. 이 작전을 위해 47개 대대 2만 317명이 광주로 진입했다. 그날 새벽 2시쯤 계엄군이 광주 시내로 진입하기 시작했는데, 당시 도청에는 여성과 미성년자들을 피신시킨 후 죽음을 각오한 340여 명 정도의 시민군이 남아 있었다. 그리고 새벽 4시 쯤 도청을 완전히 포위한 계엄군이 도청으로 진입했고, 5시 10분에 도청을 완전히 장악했다. 그곳에서 시민군 16명이 사살당하고 200여 명이 체포되었으며, 계엄군의 피해는 사망자 0명, 부상자 2명이었다.

결국 광주에서의 민중항쟁은 대학생들의 시위가 전체 시민들의 저항으로 발전한 5월 18일로부터 9일 만에 마무리되었다. 그 기간을 전후해 500명 이상의 시민들이 목숨을 잃었고 65명이 실종되었으며 3,000명 이상의 부상자와 1,500명 이상의 고문 피해자가 발생했다.

광주에서의 유혈진압을 끝으로 전두환과 신군부는 모든 저항을 제거하는 데 성공했고, 3개월 뒤인 8월 27일 청와대에 입성하는 데 성공한다. 하지만 광주민주화운동은 전두환 정권의 도덕성에 치명적인 상처를 냈을 뿐 아니라 1980년대 내내 전두환 정권과 그 연장선 위에 있던 노태우 정권에 저항하는 모든 저항과 민주화운동의 정서적 출발점으로 작용한다. '대학생 친구가 있었으면' 하는 아쉬움 속에서 외롭게 싸우다가 근로기준법과 함께 몸을 불태운 전태일을 향한 때늦은 미안함이 그 이후 모든 노동운동가들의 삶에 스며들었듯이 타협하지 않고 싸우다가 피흘리며 쓰러진 광주의 시민들에 대한 부채의식 역시 민주화운동에 참여하거나 공감한 모든 사람들의 마음으로 흘러들었기 때문이다.

제 8차 개헌:
(1980년 10월 27일)

전두환을 중심으로 한 신군부는 1979년 12월 12일에 군부를 제압하고 대통령의 신병을 확보한 뒤 1980년 5월 17일 비상계엄을 전국으로 확대함으로써 행정권력을 장악하는 두 단계에 걸친 쿠데타에 성공했다. 그리고 그에 대한 국민적 저항을 예비검속과 광주민주화운동에 대한 유혈진압, 그리고 광주 시민들의 저항을 정치권의 배후조종에 의한 것으로 엮은 김대중 내란음모사건을 조작해 제압한 뒤 1980년 9월 1일 전두환이 제 11대 대통령으로 취임하면서 정권 장악의 모든 과정이 마무리되었다.

하지만 1972년 이후 8년간 지속되어 온 유신체제에 대한 국민적인 반감은 매우 강했다. 게다가 철폐가 기정사실화되었던 유신체제가 연장된다는 사실은 정서적으로 더욱 받아들이기 어려운 일이었다. 박정희가 사망한 직후 1980년 최규하 정부에 의해서도 유신헌법 개정은 공언되고 있었기 때문이다.

따라서 박정희 대통령의 비호 아래 성장하고, 유신헌법에 근거해 시민들의 정치적 참여를 봉쇄한 가운데 정권을 장악했지만, 역시 국민적 저항의 가능성을 의식하지 않을 수 없었던 전두환 일파로서는 유신헌법을 지켜야 하는 동시에 고쳐야 하는 딜레마에 놓여 있었다.

1980년 5월 31일, 전두환은 군사정변 이후 국회가 해산된 상황에서 입법권을 행사한 국가보위비상대책위원회(국보위)를 통해 개헌을 발의했다. 많은 부분이 수정되었지만, 가장 핵심적인 부분은 유지하기 위해 세심하게 다듬어진 헌법이었다.

우선 대통령의 임기는 7년이며, 한 번으로 제한되었다. 유신헌법에서 폐지되었던 연임 제한을 되살림으로써 장기독재의 가능성을 차단했음을 드러내기 위한 조항이었다. 하지만 가장 중요한 대통령 선출 방식은 간선제로 유지되었다. 동시에 유신체제에서 대통령과 유신정우회 선출을 담당했던 선거인단인 통일주체국민회의는 폐지되었지만, 새 헌법에 따른 선거인단 역시 별다른 의미를 가질 수 없다는 사실은 이듬해인 1981년 2월 25일에 치러진 제12대 대통령 선거에서 전두환 대통령이 90.11%의 득표율로 당선됨으로써 확인되기도 했다.

또한 정당제에 근거한 경쟁선거를 명시하고 정당에 대한 국고보조제도를 포함시킨 것은 의회민주주의에 관한 진일보한 조항임이 분명했다. 하지만 실질적으로는 야당 정치인들 대부분을 정치활동규제로 묶어놓은 채 안기부의 자금을 동원해 '관제야당'들을 만들어 조종함으로써 헌법을 우스갯거리로 만든 것 역시 전두환 정권이었다.

물론 대통령에게 주어지던 법관 임명권을 대법원장에게 돌려주도록 했고, 무죄추정의 원칙과 연좌제 폐지, 강제 자백의 증거능력 부정, 구속적부심제 부활, 국민행복추구권 명시 등도 유신헌법에 이해 무시되었던 인권과 시민권을 되살린 조항들이라고 할 수 있었다. 어떤 의미에서건 8차 개헌안은 유신헌법에 비해 개선된 것은 분명하다. 하지만 그것은 전두환 정권의 의지나 신념에 의한 것이 아니었으며, 단지 찬탈한 권력을 유지하기 위해 국민들에게 양보한 것들이었을 뿐이다. 게다가 전두환 정권은 관제야당을 통해 정당정치 관련 헌법 조항들을 우회한 것처럼 무수한 공작과 편법을 통해 스스로 만든 헌법을 유린했고, 국민의 기본권은 유신 시대와 별다를 것 없이 억압되었다.

개헌안은 10월 22일 국민투표에 부쳐졌고, 92.9%의 찬성으로 통과되어 10월 27일 공포되었다. 그래서 우리가 흔히 말하는 제 5공화국이 시작된 날이 바로 그 날이다. 당해의 국민투표 역시 일체의 반대 표현 없이 이루어진 것이었으며 다른 대안적 개헌의 가능성에 대한 어떠한 토론의 여지도 없는 상태에서 강행된 것이었다. 물론 정보의 부족 속에 일방적인 정부 주도의 선전을 통해 '유신 철폐'라는 무늬에 만족한 이들도 적지 않았다.

'제 5공화국 헌법'이 공포된 후 그 헌법에 따라 이듬해 2월 대통령 선거가 다시 치러져 전두환이 당선되었다. 그리고 이 헌법은 전두환의 임기와 함께 시작되고 막을 내리게 된다. 전두환은 그의 임기 마지막 해였던 1987년 4월, 이 헌법을 개정하지 않고 지키겠다는 '호헌' 선언을 하게 되는데 그것이 바로 6월 항쟁의 도화선에 불을 붙이는 순간이 되기도 했다. 그래서 유신헌법과 더불어 국민들로부터 직접적으로 '철폐' 요구의 대상이 되었던 헌법이라는 오명이 남아있기도 하다.

언론통폐합:
(1980년 11월 30일)

　전두환의 신군부가 군사정변을 일으켜 정권을 장악하는 과정은 두 개의 단계를 거쳐 이루어졌다. 1979년 직접 하나회 출신 장성들이 이끄는 부대들을 움직여 국군 수뇌부를 제압하며 실권을 장악한 것이 첫 번째 단계이고 1980년 5월 17일 기습적인 비상계엄 전국 확대를 통해 국회를 해산하고 정치활동을 봉쇄한 것이 두 번째 단계였다. 그렇게 두 단계를 거쳐야 했던 것은 이미 유신체제 철폐에 대한 희망에 부풀어있던 국민들의 반감을 무마하지 않는다면 1960년의 4.19 혁명이나 1979년의 부마항쟁 같은 저항에 직면할 수밖에 없다는 사실을 의식했기 때문이다.

　그래서 그 두 단계의 사이에 신군부가 가장 중요하게 생각했던 일 중의 하나가 언론을 장악해 통제하는 것, 이른바 'K-공작계획'이었다. 1980년 3월 보안사령부에서 사령관 전두환의 심복이었던 준위 이상재가 반장을 맡아 보안사령부 정보처에 언론대책반을 신설해 주도했다.

　보안사는 이미 집권을 위한 일차적 공작대상으로 언론을 지목하고 1980년 2월부터 보안사에 정보처를 부활시켜 민간정보를 수집했다. 그리고 신설된 언론대책반을 통해 7대 중앙일간지, 5대 방송사, 2대 통신사의 사장 이하 주요 간부들을 일차적 포섭대상으로 삼고 이들에 대한 회유 공작을 실시했다. 그리고 포섭되지 않거나 포섭할 필요가 없는 언론사들은 제거하거나 통폐합함으로써 정리할 대상으로 선정했다. 포섭된 언론을 통해 그들은 신군부와 전두환에 대한 긍정적 이미지를 유포하는 것과 동시에 사회적 혼란상을 부각함으로써 신군부 집권의 명분과 정당성을 얻고자 했다.

또한 신군부는 계엄 상황을 이유로 언론보도에 대한 검열도 강화했다. 그에 대해 언론인들은 제작을 거부하거나 언론검열 철폐를 주장하는 유인물을 제작·배포하는 등 다양한 방법으로 저항했다. 동아일보, 동양통신, 한국일보 등에서는 언론자유 결의문을 채택했고 기자협회도 검열 거부를 결의하기도 했다. 하지만 신군부는 1980년 5월 보안사와 국가보위비상대책위원회(국보위)를 통해 언론통폐합 기본계획을 수립해 모든 저항을 한꺼번에 분쇄했다. 먼저 통폐합의 사전작업으로서 보도검열에 협조하지 않은 이들을 중심으로 약 300명 이상의 해직대상자 명단을 만들었고, 이 명단은 보안사 정보처장 권정달과 문교부 장관 이광표를 거쳐 7월 말 각 언론사에 통보되었다. 하지만 언론사가 대상자들에게 사직을 종용하는 과정에서 저항이 발생하고 그에 대한 보복이 이루어지면서 오히려 해직자가 대폭 늘어나 10월 말까지 해직된 언론인의 수는 900명이 넘었다.

해직의 평계는 다양했다. 국시를 부정하거나 반정부 행위를 했다는 것을 비롯해 제작거부에 참여했다는 것도 해직 사유가 되었다. 그리고 언론사가 그 기회를 활용해 평소에 벼르고 있던 기자들을 해직시킨 경우도 적지 않았다. 해직된 언론인들에 대해서는 취업 제한 조치가 취해져 지속적으로 괴롭히기도 했고, 충주문화방송 사장 등 30여 명은 삼청교육대에 끌려가는 고난를 당하기도 했다. 경찰서나 합동수사본부의 남영동 대공분실에 끌려가 가혹행위를 당하는 경우도 적지 않았다.

또한 11월에는 언론사 통폐합이 단행되었다. 통폐합은 허문도 등이 중심이 되어 작성한 '언론창달계획'에 의한 것이었지만 언론사들의 자발적 의지에 따른 것으로 보이기 위해 신문협회와 방송협회가 각각 언론의 자율정화를 결의하는 방식을 택했다. 이에 따라 모든 방송국은 공영방송체제로 전환되고 지방지는 10개로 통합 개편된 것을 비롯해 28개 신문사는 14개로, 29개 방송사는 3개로, 7개의 통신사는 1개로 통폐합되었다. 방송을 공영화하고 재벌과 분리한다는 것이 통폐합의 주요 명분이었지만, 내부 문건들에 따르면 계엄 해제 이후의 상황에 대비해 신군부에 우호적 성향의 언론은 육성하고 반대로 야당 성향 또는 특정 정치인과 관련 있다고 판단되는 언론은 우호적 언론사로 통폐합하는 것이 주된 목적이었다.

통폐합을 실행하는 과정에서 신군부는 정보기관을 동원해 언론사 사주의 약점을 조사해 협박했고, 보안사는 물론 중앙정보부·국세청·경찰·감사원 등 다양한 권력기관을 동원해 주식의 헌납 또는 경영권 포기 등을 유도했다. 언론사로서는 별다른 대처 방안이 없었고 정당한 재산상의 보상조치도 받지 못했다.

신군부는 1980년 12월 31일에 언론기본법을 제정했는데, 이 법은 언론의 공적 책임(제3조)과 주의의무(제9조)를 강조하고, 특히 공적 책임을 다하지 못하는 정기간행물은 정부가 등록을 취소하거나 발행을 정지할 수 있도록 명시했다. '공적 책임'이란 민주적 여론형성에 기여, 타인의 명예와 권리 또는 공중도덕·사회윤리 존중, 폭력 등 공공질서를 문란케 하는 위법행위에 대한 고무·찬양 금지 등으로 명시되어 있었으며, 결국 자의적인 언론 통제를 가능하게 하는 법적 근거로서 기능했다.

신군부는 이후에도 '보도지침'을 내려 보도의 내용과 형태를 일일이 결정하는 등의 언론 통제를 일상적으로 벌였다. 그 결과 1980년 중반까지도 언론은 전두환과 신군부 정권에 완전히 장악되어 아무런 비판적 기능을 발휘하지 못했으며, 그것은 전두환 정권의 과감한 문화적 해금 정책들과 함께 국민들의 정치적 비판 여론을 일시적으로나마 무마하고 억누르는 데 효과를 발휘했다.

하지만 그렇게 막히고 가렸던 눈과 귀는 1980년대 중반 이후 일부 민주화운동세력과 일부 비판적 언론인들, 대학생들의 노력을 통해 조금씩 열리게 되었고 그렇게 알려진 실상은 오히려 더욱 폭발적인 힘을 발휘하며 전두환 정권의 몰락을 재촉하기도 했다.

제 11대 국회의원 선거:
(1981년 3월 25일)

전두환 정권은 실질적으로 박정희 집권 후반기에 수립된 유신체제에 근거하고 있었지만, 동시에 유신체제와의 차별화에 주력하고 있었다. 유신체제가 막을 내린 직접적인 계기는 김재규에 의해 박정희가 암살된 사건이었지만, 그 근본적인 원인이 된 것은 1978년 제 10대 국회의원 선거와 부마항쟁 등을 통해 확인된 민심의 이반 때문이었다는 사실을 잘 알고 있었기 때문이다. 본질적인 내용은 그대로 유지하면서도 표면적인 부분들을 대폭 수정한 헌법을 통해 대통령직에 오르고 정치적 비판을 철저히 봉쇄하는 동시에 문화소비의 영역에서는 폭넓은 자유를 보장한 것도 그 때문이었다.

전두환 정권은 국회에 있어서도 비슷한 문제의식을 가지고 접근했다. 유신체제와 같이 여당이 절대다수 의석을 확보한 채 정부의 들러리 역할을 하는 국회를 원했지만, 그렇다고 전체 의원의 1/3을 대통령이 직접 임명하다시피 하는 유신정우회 같은 기구를 유지하기는 어려웠다. 그래서 도달한 결론은 '관제야당'이었다.

전두환을 중심으로 한 신군부 세력은 포섭된 일단의 정치인들을 아울러 '민주정의당'을 창당했다. 하지만 그동안 박정희 정권과 첨예하게 대립해온 김대중과 김영삼은 구속하거나 가택연금시켜두고 있었고, 그들을 따르는 과거 신민당과 통일당 인사들 역시 대부분 정치활동을 금지당한 상태였다. 유신체제와는 다른 방식으로 정당정치를 복원하자면 기존 야당의 지도자와 정치인들에 대한 전면적인 해금 조치를 내려야 했지만, 그것은 신군부가 받아들일 수 있는 선택지가 아니었다.

그래서 조직된 것이 민주한국당(민한당)과 국민당(한국국민당)이었다. 과거 신민당 계열의 정치인들 중 타협적인 인사들을 모은 것이 민한당이었고, 공화당 출신 정치인들 중 역시 관리가 가능한 인사들을 모은 것이 국민당이었다. 두 정당은 창당 자체가 보안사령부와 안전기획부가 제공한 정치자금을 통해 이루어졌고, 따라서 핵심적인 운영과정 전반이 정보기관들과의 협의 혹은 지시에 따라 이루어진 완벽한 '위장된 야당'이었다. 민한당은 유치송과 신상우가 이끄는 형태였고 국민당은 김종철과 이만섭이 중심이었지만, 실상은 안전기획부에서 내려온 공천명단을 그대로 받아서 발표하는 수준의 완벽한 꼭두각시에 불과했다. 그런 민한당과 국민당을 사람들은 흔히 '민정당의 2중대와 1소대'라고 부를 정도였다. 그 외에도 관제야당은 더 있었는데, '혁신계' 정당을 가장한 민주사회당과 농민의 이해를 대변하는 것으로 꾸민 민주농민당 등이 그것이었다.

그렇게 무력으로 집권한 여당과 가짜 야당들이 벌이는 득표전에 유권자들의 관심이 모이기는 어려웠다. 1981년 3월 25일에 치러진 제11대 국회의원 선거는 그런 선거였다.

그 선거에서는 184석의 지역구 의원과 92석의 전국구 의원을 선출했으며 지역구는 각 선거구에서 2등까지 당선되는 중선거구제였다. 실질적으로 야당은 완전히 배제된 선거였을 뿐 아니라 그나마 전국구 배분 방식도 다수당에 유리하게 짜여 지역구 의석에서 1위를 한 정당이 전국구 의석의 2/3를 독식하도록 했다.

선거 결과 여당인 민주정의당의 득표율은 35.6%에 불과했지만 각 선거구에서 2등까지 당선되는 제도의 덕으로 지역구에서 90석을 얻었고, 지역구 최다 의석을 확보한 정당에게 전국구 의석의 2/3가 배분되는 제도의 덕으로

61석을 더해 과반을 20석 넘어선 총 151석을 차지했다. 그리고 그 뒤를 이어 민한당이 81석, 국민당이 25석, 군소정당인 민권당과 신정당, 민사당이 각각 2석 씩을 확보했고 무소속 당선자가 11명이었다.

그 선거에서는 당선자의 80%가 초선이었는데, 1948년에 치러진 제헌의회 선거를 제외하면 역대 국회의원 선거 중 그 비율이 가장 높았다. 기존에 활동하던 정치인들 대부분이 정치활동 금지에 묶였기 때문에 정치 신인들이 어느 때보다도 많이 등장할 수 있었던 것이다. 하지만 그해에 정치 이력을 시작한 정치인들의 대부분은 수명이 길지 못했고 1987년 이후까지 이어진 경우는 흔치 않았다. 신군부의 공작에 의해 만들어진 정당 안에서 시작한 정치활동은 민주화 이후 오점으로 변했고, 대부분 대중의 기피대상이 되었기 때문이다. 신인이라고 해서 늘 신선한 것은 아니라는 사실을 일깨워주는 사례 중의 하나라고 할 수 있겠다.

야간통행금지 해제:
(1982년 1월 5일)

1982년 1월 5일, 36년간 이어져 온 야간통행금지가 해제되었다. 1981년 9월 서울 올림픽 유치가 결정된 이후부터 대한민국의 안정적인 치안과 안보 상황을 대외적으로 알리기 위해 통금의 폐지를 검토해야 한다는 의견이 정부 일각에서 제기되기 시작했고, 국민의 기본권을 보장하기 위해 폐지를 적극적으로 검토하겠다는 청와대의 입장이 더해진 결과였다.

야간통행금지는 1945년 9월 7일 미군정이 발표한 더글러스 맥아더 사령관 명의의 포고령을 통해 저녁 8시부터 아침 5시까지 서울 시내의 통행을 금지하면서 시작되었고, 6.25 전쟁 직후 전국으로 확대되었다. 통행이 금지되는 시간은 1979년 부마민주항쟁 당시처럼 계엄령이 발동될 때는 밤 10시부터 4시까지로 연장되는 경우도 있었지만 보통의 경우에는 0시부터 4시까지였다. 그래서 자정이 되기 직전이면 시내 곳곳에서 택시를 잡아 타려는 사람들로 마지막 귀가전쟁이 벌어지기도 했고, 자정이 되어 긴 사이렌 소리가 울리면 가까운 여인숙이라도 들어가서 단속을 피해야만 했다. 그 시간 동안 거리를 다니다가 발각되면 곧바로 체포되어 경찰서 유치장에 갇혀야 했고, 통행금지령을 어긴 이유에 대해 조사를 받아야 했다. 그리고 전두환 정권기 초

성탄전야에 사람들로 붐비는 명동. 야간통행금지가 있던 시절 국가가 지정한 특정 날에는 야간에 통행이 가능했다. (사진출처: 서울역사아카이브)

기에는 통행금지 위반자들 상당수가 부랑자로 몰려 삼청교육대에 끌려가기도 했다.

통행금지가 예외적으로 해제되는 기간이 있었는데, 정기적인 것으로는 부처님 오신 날과 크리스마스, 신정 연휴가 있었고 부정기적인 경우로는 대통령 취임일이나 국풍81 축제기간 같이 정부에서 특별히 정한 날들이었다. 그래서 그 시대의 사람들에게 통행금지가 일상의 통제와 억압을 상징한다면 통행금지 해제는 해방을 의미하는 것으로 받아들여지곤 했다.

섬 지역으로서 주민 통제가 용이한 제주도와 울릉도가 1964년 통행금지가 적용되지 않는 예외 지역으로 정해졌고 1965년에는 해안이 없는 충청북도도 포함되어 멀지 않은 경기도나 충청남도 인근 지역에서 늦게까지 술을 마시던 취객들이 자정 즈음에는 경계를 넘어 충청북도로 넘어가는 일도 종종 있었다. 그 밖에 관광업이나 수출산업의 편의를 위해 경주시와 온양시, 해운대구, 영호남의 섬 지역, 수출산업단지 지역들에서도 통행금지가 해제되기도 했다.

야간통행금지가 유지된 가장 중요한 명분은 안보와 치안이었다. 섬 지역이나 해안이 없는 지역에서 먼저 해제되었던 사실을 통해서도 나타나듯, 야간통행금지는 간첩의 침투나 활동을 제어하는 데 가장 큰 목적을 두고 있었다. 그리고 좀도둑을 비롯한 범죄 행위를 예방하고 심야 유흥문화와 에너지 낭비 사례를 억제한다는 것도 흔히 거론되던 이유에 포함됐다.

하지만 보다 근본적으로는 국민들의 일상적인 생활과 활동을 국가적 통제 안에 가둠으로써 국민들로 하여금 감시와 처벌의 시선을 일상적으로 느끼고 내면화하도록 했고, 나아가 정치적 저항과 비판을 봉쇄하는 효과를 얻을 수 있었다.

물론 전두환 정권이 국민의 기본권을 신장하고 일상적 활동과 사유의 자유를 확대하는 데 관심을 가진 것은 아니었다. 하지만 유신체제에 대한 반감과 염증이 팽배한 상황에서 다시 한 번 군사정변을 통해 권력을 장악한 전두환으로서는 뭔가 이전과 달라졌다는 것을 체감하도록 할 필요성을 느꼈고, 반면 국민의 참정권을 봉쇄한 유신헌법의 핵심적인 내용은 유지해야 했다. 따라서 전두환 정권은 국민의 일상에서 체감할 수 있는 문화적 영역을 폭넓게 해금함으로써 오히려 정치적 자유의 억압이 유지되는 현실을 은폐하려 했던 것이다. 물론 여당 일각의 제안처럼, 올림픽을 앞두고 한국의 안보와 치안 상황, 그리고 인권 상황에 대해 과시하고 선전하려는 목적 또한 포함되어 있었다. 야간통행금지해제를 발표하기 하루 전인 1982년 1월 4일 정부가 중고등학생의 두발과 교복 자율화 조치를 발표한 것 역시 같은 맥락에서 이루어진 것이었다.

야간통행금지 해제는 36년간 굳어져 있던 일상에 커다란 변화를 일으켰고, 다시 수많은 문화, 경제적 파급이 이루어졌다. 산업현장에서는 야근과 철야 작업이 일반화되며 노동시간이 늘어났고, 농수산물의 경매가 이른 새벽에 이루어지기 시작한 것도 그 때부터였다. 그리고 동시에 자정이 넘어서까지 영업을 하는 유흥업소들이 늘면서 도시의 밤문화가 발달했고, 그로부터 에너지 소비량이 늘고 청소년 일탈을 비롯한 도시 범죄가 늘어나는 부작용도 있었다.

하지만 한국인들의 삶은 더 다양해졌고, 더 자유로워졌으며, 국가의 부당한 통제에 대해 더 민감하게 느끼고 반응할 수 있게 되었다. 그런 점에서 6년 뒤 우리 사회를 휩쓸게 될 민주화 열풍의 배경 중 하나가 바로 야간통행금지 해제 조치로부터 만들어졌다고도 볼 수 있을 것이다. 물론 그 조치를 단행한 이들이 예상한 것도, 기대한 것도 아니었을 테지만 말이다.

아웅 산 폭탄 테러 사건:
(1983년 10월 9일)

1953년 휴전 이후로도 북한은 종종 모험적인 무력 도발을 반복했고, 그 중에는 대한민국의 대통령을 직접 노린 경우도 두 번 있었다. 첫 번째가 청와대를 습격해 박정희를 암살하려던 1968년의 1.21 사태였고, 두 번째가 미얀마의 아웅 산 국립묘지를 참배하려던 전두환 정권의 정부 핵심요인들을 한꺼번에 폭사시키려던 1983년 10월 9일의 아웅 산 폭탄 테러 사건이었다.

1970년대와 1980년대 내내 남한과 북한은 제 3세계를 대상으로 한 외교전을 치열하게 전개했다. 국제연합을 비롯한 국제기구에서 각국이 1표씩의 의결권을 행사하면서 이전까지 무시되던 제 3세계 약소국들과 후진국들의 가치가 부각되었기 때문이기도 했고, 특히 1980년대 초반 이후로는 한국이 1988년 하계올림픽을 유치한 뒤 북한 역시 그 못지 않은 국제무대에서의 성과를 얻음으로써 체제경쟁에서 밀리지 않기 위해 안간힘을 쓰게 됐기 때문이다. 특히 아직 국제연합 회원국으로 가입하지 못하고 있던 두 나라는 하나라도 더 많은 나라들의 지지를 얻어 먼저 회원국으로 가입하기 위한 경쟁을 벌이기도 했다. 그래서 가능하면 북한과 단교하고 남한과 단독으로 수교하도록, 아니면 최소한 북한과 동시에 남한과도 수교하도록 유도하는 것이 그

아웅 산 폭탄 테러가 발생할 때 찍힌 모습. 테러로 인해 한국의 장관 등 17명이 사망했고, 사건의 주동자인 북한은 외교적으로 더 고립된다.

무렵 대한민국 제 3세계 외교의 가장 큰 목표이기도 했다.

미얀마는 제 3세계 비동맹 국가였지만 사회주의 이념이 지배하던 국가였기 때문에 상대적으로 북한과 더 우호적이었다. 하지만 한국은 다양한 경제협력 약속 등을 무기로 접근해 관계를 진전시키고 있었고, 확실한 단독수교국으로 만들기 위해 전두환 대통령은 1983년 가을로 예정된 동남아 방문 일정에 미얀마를 포함시켰다.

사실 외무부 장관 이범석과 외교관 출신이었던 안전기획부장 노신영 등은 대통령의 미얀마 방문에 반대했었다. 미얀마가 국제사회에서 가지는 위상이 크지 않고 북한을 지지하는 성향이 강하며 북한에 의한 테러 위협도 있다는 점 때문이었다. 하지만 북한과 가까운 미얀마를 단독수교국으로 끌어들일 경우 북한을 더욱 고립시킬 수 있다는 점을 들어 전두환은 미얀마 방문을 강행했다. 그리고 전두환은 비슷한 군부 출신으로 안정적으로 사회를 장악하고 있는 미얀마의 실권자 네 윈 장군의 통치기술에도 매력을 느끼고 있었다. 애초에 전두환과 신군부가 실행했던 두 단계의 군사정변 자체가 미얀마 네 윈의 모델을 참고해서 구상된 것이기도 했다.

1983년 10월 8일, 전두환 대통령을 비롯해 핵심 참모 및 관료들로 구성된 대한민국 정부 수행원 일행이 전용기를 통해 양곤에 도착했다. 그리고 공항에서 미얀마 대통령인 우 산유의 영접을 받고 영빈관으로 이동해 양국 정상 간 대담을 가졌다. 그리고 미얀마 방문 이틀째 일정은 오전 10시 30분에 미얀마의 독립 영웅 아웅 산 장군의 묘소를 참배하는 것이었다. 행사를 위해서 서석준 부총리와 이범석 외무장관 등의 정부 수행원들과 기자들은 먼저 인야레이크 호텔에서 별도 승용차편으로 이동해서 10시 18분 쯤 아웅 산 묘소에 먼저 도착했고, 이계철 주 미얀마 대사, 함병춘 대통령비서실장, 심상우 민주정의당 총재 비서실장, 민병석 대통령 주치의 등 나머지 수행원들은 영빈관에서 의전 행렬의 선발대로 10시 10분 경에 아웅 산 묘소로 출발하여 서석준 부총리 등 일행들과 최종 합류하도록 되어있었다.

10시 26분 경 태극기를 단 감색 벤츠 280SE 차량을 선두로 한 차량들이 앞뒤로 경찰의 호위를 받으면서 묘소에 도착하면서 수행원, 기자, 경호원들의 시선이 집중되었다. 이 차에서 내린 것은 이계철 주 미얀마 대사였다. 하지만 테러범이 그를 전두환 대통령으로 오인했기 때문인지 그 순간 미리 설치되어있던 폭탄이 폭발했고, 그 자리에 있던 요인 대부분이 목숨을 잃고 말았다. 하지만 핵심 표적이었던 전두환 대통령은 아직 현장에 도착하지 않아 화를 면했는데, 이계철 대사가 머리숱이 적고 안경을 낀 얼굴이 전두환 대통령과 흡사해 테러범들이 오인을 했을 가능성이 제기되었다. 그 자리에서 사망한 것은 서석준 부총리와 이범석 외무부 장관을 비롯한 한국의 장관, 차관, 의원, 기자 등 17명과 미얀마인 4명이었다.

범인은 3명의 북한 공작원이었는데 그 중 신기철 상위는 체포과정에서 사살되었고 2명은 체포되었다. 자국 국가원수 및 우방국 국가원수에 대한 암살을 시도할 경우 사형에 처해지는 미얀마의 형법에 의거해 김진수 소좌는 1984년 사형이 집행되었고, 강민철 상위는 수사에 협조한 점을 참작해 무기징역을 선고받고 25년간 미얀마 인세인 교도소에 수감되어 있다가 2008년 5월 18일에 간질환으로 옥사했다. 하지만 북한은 '독재자 전두환을 제거하려던 남조선 인민 스스로의 의거'라고 주장하며 3명의 범인은 '공화국의 인민이 아니라 대한민국 인민'이라고 주장했고 여전히 그 입장을 고수하고 있다.

사건 직후 전두환 대통령은 일정을 모두 취소하고 서울로 귀국했고 보복을 포함한 대응 방안에 대해 검토했다. 하지만 미국의 동의 없이 군사행동을 하는 것은 불가능했고, 주한 미국 대사 리처드 워커는 '테러행위가 북한이란 것을 확신하지만 보복공격에는 반대한다'는 의사를 표명했다. 1983년에는 특히 미국과 소련의 대립이 첨예해지면서 3차 세계대전이 발발할 수도 있다는 위기감이 고조되어 있었고 남북한 사이의 군사적 충돌은 위험한 계기가 될 수도 있었기 때문이다. 특히 그 해 11월에는 레이건 대통령의 한국 방문이 예정되어 있었기 때문에 전두환 대통령으로서도 미국의 입장을 존중하지 않을 수 없는 사정이 있었다.

하지만 북한은 이 테러로 인해 더욱 심한 외교적 고립을 당하게 됐다. 미국 등 세계 69개국이 대북 규탄 성명을 발표하였고, 미얀마 외에도 코스타리카 · 코모로 · 서사모아 등 여러 나라가 북한과의 외교 관계를 끊었기 때문이다. 그 외에 호주, 뉴질랜드, 브루나이, 필리핀, 도미니카, 프랑스, 네덜란드, 서독, 오만, 아랍에미리트 등 서유럽과 중동, 동아시아, 아메리카의 10여개 국가가 북한을 향후 절대로 수교할 수 없는 나라로 선포하기도 했다.

제 12대 국회의원 선거:
(1985년 2월 12일)

　박정희의 유신체제 몰락이 시작된 시점이 1978년 제 10대 국회의원 선거였다면 전두환 정권이 허물어지기 시작한 시점은 1985년의 제 12대 국회의원 선거였다고 할 수 있다. 그만큼 그 선거를 통해 드러난 민심은 충격적이었다.

　선거 제도는 4년 전의 11대 선거와 같았다. 의원 정수는 184명의 지역구의원과 92명의 전국구 의원을 합쳐 276명이었고 각 지역구에서 2등까지 동반 당선되는 중선거구제였다. 지역구 의석에서 1위를 한 정당에게 전국구 의석의 2/3를 배정하도록 해 일방적으로 여당에 유리한 조건이었던 것도 같았다. 다만 다른 점이 있었는데, 1983년 2월부터 1984년 11월 30일 사이에 3차에 걸쳐 정치인들에 대한 정치활동 규제 해제 조치가 이루어지면서 관제야당이 아닌 '진짜 야당'이 선거에 참여할 수 있게 된 것이다.

　전두환 정권이 정치활동 규제를 해제한 이유는 여러 가지 있었지만, 가장 중요한 것은 국제사회의 이목이 한국으로 쏠리면서 인권상황과 정치상황이 진전되고 있음을 확인시킬 필요가 있었다는 점이다. 1981년 9월에 독일 바덴바덴에서 열린 IOC 총회에서 1988년 하계올림픽 개최지로 서울이 선정된

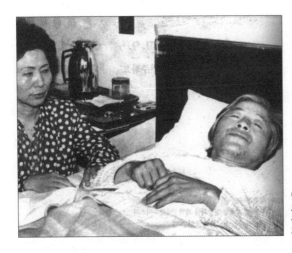

단식투쟁을 벌이고 있는 김영삼의 모습. 23일간이나 이어진 단식투쟁은 대부분의 정치인의 정치활동 규제를 풀어주는 결과를 낳았다.

이후 한국은 국제무대에서 이전과는 비교할 수 없는 폭넓은 관심을 받게 되었는데, 특히 1983년 11월에는 미국 대통령 레이건이, 1984년 5월에는 교황 요한 바오로 2세가 한국을 방문하면서 그 관심의 정도는 더욱 높아지게 된다. 그래서 광주민주화운동 3주년을 맞던 1983년 5월 18일부터 6월 8일까지 무려 23일간 벌였던 김영삼의 기록적인 단식투쟁은, 국내 언론을 철저히 봉쇄했음에도 불구하고 외신들을 통해 역으로 국내로 소식이 전해지며 정권을 압박하기도 했다. 그런 배경 위에서 전두환 정권은 결국 대부분의 정치인들을 정치활동 규제로부터 풀어주되 그 구심점이 될 수 있는 김영삼과 김대중 두 사람만은 제외하는 조치를 단행했다.

두 지도자가 여전히 정치규제에 묶여 있는 상태에서도 야당 정치인들은 모여서 과거 박정희 정권과 맞서 싸우던 '신민당'을 연상할 수 있는 이름의 '신한민주당'을 창당해 국회의원 선거에 참여했다. 여당과 관제야당들의 조작된 경쟁에 염증을 느끼던 유권자들이 신한민주당의 선거 참여를 환영하고, 유세장마다 몰려들어 귀를 기울인 것은 당연한 일이었다.

전두환 정권도 이미 정치규제를 풀 때부터 어느 정도의 불리한 전개는 예상을 하고 있었다. 그래서 신한민주당이 선거를 준비할 여유를 주지 않고 투표율도 떨어뜨리기 위해 원래 봄에 치러지던 선거일을 2월 12일로 앞당겼고, '신민당'이라는 약칭도 사용할 수 없도록 규제하기도 했다.

하지만 김영삼의 막후 지원에 이어 미국에서 망명 생활을 하던 김대중 역시 선거 2주 전인 2월 8일에 귀국함으로써 신한민주당에 대한 관심을 환기시키는 역할을 했다. 그 결과 창당 후 불과 한 달 만에 선거에 나선 신한민주당은 예상을 훨씬 뛰어 넘는 돌풍을 일으켰다.

선거 결과는 35.2%의 득표율로 지역구 87석을 당선시킨 민정당에 이어 신한민주당이 29.3%의 득표율로 지역구에서 50석을 얻었고, 그 뒤를 이어 19.7%를 득표한 민한당이 26명, 9.2%를 득표한 국민당이 15명을 당선시켰다. 전국구를 합한 전체 의석은 민정당 148석과 신한민주당 67석, 민한당과 국민당이 각각 35석과 20석이었다.

민정당은 최고 득표율로 과반 의석을 차지하긴 했지만 실질적으로는 참패라고 평가되었다. 우선 유리한 전국구 의석 배분 방식 때문에 의석수의 차이가 벌어지긴 했지만 지역구 의석수는 큰 차이가 나지 않았기 때문이다. 그리고 각 지역구에서 2명씩 동반 당선되는 선거제도에 따라 대부분의 선거구에 후보를 낸 여당이 가장 많은 표를 얻는 것은 당연한 일이었고, 창당 1달 만에 선거에 참여하느라 92개의 선거구 중 2곳에는 후보조차 낼 수 없었던 신한민주당의 득표율이 적은 것도 어쩔 수 없는 일이었다. 게다가 민한당은 비록 관제야당이기는 해도 과거 신민당 출신 인사들이 주축을 이루는 당이었기 때문에 야당 성향의 유권자들은 신한민주당 대신 선택할 수 있는 차선책으로 인식하는 상황이기도 했다. 실제로 선거 직후 민한당 당선자들 대부분이 신한민주당으로 옮겨 가면서 신한민주당의 의석수는 103석까지 늘어나기도 했다.

특히 서울의 경우 신한민주당은 43.9%의 득표율로 27.3%의 민정당을 압도했는데, 유권자들의 정치의식이 높고 정보에 대한 민감도가 높아 부정선거의 영향이 비교적 적은 지역이라는 점에서 전두환 정권과 민정당에 대한 민심을 파악할 수 있는 단면으로 인식되기도 했다. 그 선거에서 여러 가지 불리한 조건 속에서도 야권을 지지한 표가 여권을 지지한 표보다 많은 것으로 판명되었던 것이고, 전두환 대통령 역시 같은 판단에서 안전기획부장 노신영을 경질하기도 했다.

그 선거가 전두환 정권 몰락의 신호탄이 되었다고 평가되는 데는 몇 가지 이유가 있다. 우선 선거 과정과 결과를 통해 정권에 대한 비판적인 여론이 집중되고 드러났고, 그 결과로서 국회에 교두보를 마련한 신한민주당이 이전의 관제야당과는 비교할 수 없는 강도로 정권을 감시하고 비판하고 여론이 형성되고 집중될 수 있는 계기를 마련해주었기 때문이다. 특히 신한민주당은 선거 직후부터 재야, 민주화운동세력과 연합해 헌법개정운동의 한 축이 되었고, 그 과정은 6월 항쟁으로 이어지게 되었다.

김근태 고문 폭로:
(1985년 12월 19일)

전두환 정권은 기본적으로 압도적인 폭력성을 통해 조성한 광범위한 대중적 공포 위에서 성립했다. 1980년 5월 17일 비상계엄의 전국 확대와 동시에 정치인과 재야인사, 대학생 지도자들까지 광범위하게 체포하거나 연금했고 광주에서의 저항마저 군대를 동원해 잔인하게 짓밟았으며, 삼청교육대를 비롯한 사회정화 조치를 통해 정권의 행동에 대해 어떤 의심이나 문제제기도 불가능한 완벽한 공포 분위기를 만들었기 때문이다.

그런 상황에서 가장 먼저 민주화운동의 불씨를 살려낸 것이 민주화운동청년연합(민청련)이었다. 그 단체를 결성한 주역들은 주로 1970년대에 대학생으로서 박정희 정권에 맞서 싸우다가 구속된 뒤 박정희가 암살된 직후 풀려나 노동현장을 비롯한 사회 곳곳에서 활동하던 청년들이었다. 그들은 정치권은 물론이고 대학 마저 침묵하고 있던 시대에 돌파구를 만들기 위해 1983년 9월에 청년조직을 결성하고 공개활동을 시작한 것이다.

그 조직의 초대 의장을 맡은 김근태는 조영래, 손학규와 더불어 '서울대 65학번 삼총사'로 불렸는데, 1965년 한일회담 반대운동에 앞장선 이래 박정희 정권 내내 학생운동을 대표한 인물 중의 한 사람이었다. 그래서 박정희 정권이 학생운동을 탄압하기 위해 조작한 대표적인 사건인 1971년 서울대생 내란음모 사건과 1974년 민청학련 사건에 연루되어 긴급조치 9호 위반으로 9년 가까이 수배자로서 도피 생활을 하는 고난기를 보내기도 했다. 그가 민청련의 의장으로 추대된 것은 학생운동의 선배 격이기도 했지만 정치투쟁에 앞장섰던 경험과 수배자 시절 노동운동에 투신했던 경험을 두루 갖추고 있었고, 그래서 노동현장에서의 지속적 활동을 중시하는 이들과 정치투쟁의 시급성을 강조하는 이들로 나뉘어있던 당시 청년운동가들을 두루 아우를 수 있는 드문 인물이었기 때문이다.

정권의 탄압을 피해 대부분의 저항 세력들이 지하로 숨어 비밀 활동으로 전환하던 그 시대에 '대중과 함께 해야만 세상을 바꿀 수 있다'는 결심으로 공개적 활동을 시작한 그들 대부분은 당연히 닥쳐올 구속과 처벌을 각오하고 있었다. 그래서 민청련의 상징은 두꺼비였는데, 독사에게 잡아먹힌 다음 그 뱃속에서 알을 부화시켜 새끼들이 독사의 살을 파먹고 세상으로 나오게 한다는 두꺼비의 이야기에서 착안한 것이었다.

그들은 '민주화의 길'이라는 회보를 제작해 배포하고 '광주학살자 처벌'을 요구하는 시위를 공공연히 벌이며 정권과 충돌했다. 그리고 1985년 5월에는 조작사건일 뿐만 아니라 특히 민청련과는 아무 관계가 없었던 '서울대 민추위 사건'으로 의장 김근태가 체포되는 일이 벌어진다. 그 사건 관련자였던 문용식이 고문을 당하던 중 자신의 후배들을 보호하기 위해 아무 관련이 없던 김근태의 이름을 댄 것을 빌미로 삼은 것이었다.

그 때 체포된 김근태는 치안본부 남영동 대공분실로 끌려가 이근안과 김수현 등 경찰관 5명에게 22일 동안 고문을 당해 죽음 직전에 이르게 된다. 그 때 그가 당한 고문은 잠 안 재우기, 날개꺾기, 전기고문, 물고문 등이 망라되어 있었는데, 결국 그로 인한 후유증은 훗날 그를 죽음으로 몰고 간 파킨슨병과 뇌정맥혈전증 등의 직접적 원인이 되었다.

민주화 운동에 참여했던 수많은 사람들이 고문을 당했지만 그 사실이 밖으로 정확히 알려진 적은 거의 없었다. 고문의 흔적마저 남기지 않는 기술이 동원되고, 고문의 증거가 지워지기 전까지는 외부와의 접촉을 막는 방법도 사용되었지만 무엇보다도 고문 자체의 공포와 심리적 상처가 너무 커서 외부에 알릴 엄두를 내기 어려웠기 때문이었다. 하지만 김근태는 검사 심문을 위해 검찰청으로 불려가던 도중에 만난 아내 인재근에게 고문당한 사실과 방법, 일시 등을 정확하게 전달하고, 고문 사실을 입증하기 위해 고문을 당하면서 생긴 상처의 딱지들을 몰래 보관하기까지 하는 주도면밀한 정신력을 발휘한다.

결국 김근태 자신과 아내 인재근의 노력으로 그의 고문 사실은 9월 26일 밖으로 알려졌고, 1985년 12월 19일에는 직접 법정에서 선 김근태가 모두진술을 통해 고문 사실을 폭로해 다시 한 번 확인시키며 세상을 놀라게 했다. 그날의 진술은 다음과 같았다.

본인은 9월 한 달 동안 9월 4일부터 9월 20일까지 (매일) 전기고문과 물고문을 각 5시간 정도 당했습니다. 전기고문을 주로 하고 물고문은 전기고문으로 발생하는 쇼크를 완화하기 위해 가했습니다. 고문을 하는 동안 비명이 바깥으로 새어나가지 않게 하기 위해 라디오를 크게 틀었습니다. 그리고 비명 때문에 목이 부어서 말을 못하게 되면 즉각 약을 투여하여 목을 트이게 하였습니다. 이러한 과정에서 9월 4일 각 5시간씩 두 차례 물고문을 당했고 9월5일, 9월6일 각 한 차례씩의 전기고문과 물고문을 골고루 당했습니다. 8일에는 두차례 전기고문과 물고문을 당했고 10일 한차례, 13일... 13일의 금요일입니다. 9월 13일 고문자들은 본인에게 "최후의 만찬이다." "예수가 죽었던 최후의 만찬이다." "너 장례날이다." 이러한 협박을 가하면서 두 차례의 전기고문을 가했습니다. (중략)
고문을 할 때는 온몸을 발가벗기고 눈을 가렸습니다. 그 다음에 고문대에 눕히면서 몸을 다섯 군데 묶었습니다. 발목과 무르팍과 허벅지와 배와 가슴을 완전히 동여매고 그 밑에 담요를 깝니다. 머리와 가슴, 사타구니에는 전기고문이 잘되게 하기 위해서 물을 뿌리고 발에는 전원을 연결시켰습니다 처음에는 약하고 짧게, 점차 강하고 길게, 강약을 번갈아 하면서 전기고문이 진행되는 동안 죽음의 그림자가 코 앞에 다가와 이때 마음 속으로 '무릎을 꿇고 사느니보다 서서 죽기를 원한다'는 노래를 뇌까리면서 과연 이것을 지켜내기 위한 인간적인 결단이 얼마나 어려운 것인가를 절감했습니다. (중략)
결국 9월 20일이 되어서는 도저히 버텨내지 못하게 만신창이가 되었고 9월

25일에는 마침내 항복하게 되었습니다. 하루만 더 버티면 여기서 나갈 수 있는 마지막 날이 된다는 것을 알았지만 더 버틸 수 없었습니다. 그날 그들은 집단폭행을 가한 후 본인에게 알몸으로 바닥 기며 살려달라고 애원하며 빌라고 했습니다. 저는 그들이 요구하는대로 할 수 밖에 없었고, 그들이 쓰라는 조서내용을 보고 쓸 수밖에 없었습니다.

재판 직후, 당시 12대 국회의원 선거에서 약진한 신민당을 비롯한 여러 사회단체들이 '고문 및 용공 조작 저지 공동대책위원회(고문공대위)'를 결성해 정권에 고문 문제를 제기하기 시작했고, 그 소식은 전세계로 알려져 미국 하원 외교위 아·태소위원회의 스티븐 솔라즈 위원장과 하원 국제위 인권소위원회 거스 야트론 위원장 등 하원의원 54명이 전두환 대통령에게 항의 서한을 보낼 정도로 확산되기도 했다.

하지만 그럼에도 불구하고 저항을 분쇄하기 위해 계속 고문에 의존하던 전두환 정권은 2년 뒤 서울대생 박종철이 마찬가지로 남영동 대공분실에서 고문당한 끝에 사망하는 일이 도화선이 되어 촉발된 6월 민주항쟁 통해 몰락의 길을 걷게 된다.

6월 민주항쟁:
(1987년 6월 10일)

전두환 대통령의 임기는 1988년 2월까지였고, 후임 대통령을 선출하기 위한 선거는 1987년 12월에 치러져야 했다. 당시의 헌법은 신군부의 5.17 비상계엄 확대조치 직후 유신헌법의 기본적인 뼈대를 그대로 유지한 채 일부 주변적인 내용들을 수정한 '5공화국 헌법'이었고, 대통령은 과거 통일주체국민회의보다 약간 확장된 형태의 선거인단에서 간접선거로 선출하도록 되어 있었다. 하지만 물론 국민 직접선거를 통해 뽑는 것이 민주적 절차라는 인식은 국민 다수에게 공유되어 있었고, 특히 1985년 제 12대 국회의원 선거에서 직선제 개헌을 공약으로 내세운 신민당이 돌풍을 일으킨 뒤로 최소한 13대 대통령부터는 새로운 헌법 아래에서 선출되어야 한다는 공감이 확산되어 있었다. 그리고 정부와 민정당도 무작정 개헌 요구를 억제하기는 어렵다고 판단했기 때문에 의원내각제를 내용으로 하는 나름의 개헌안을 제시하고 있었다.

신민당에는 김영삼과 김대중이라는 확실한 대통령 후보감이 있었고 직선제 개헌의 요구가 관철된다면 그 기세가 야당 후보 쪽으로 유리하게 작용하리라는 점은 충분히 예상이 가능했다. 하지만 제도적으로 여당에게 유리하며 역사적으로도 여당이 다수 의석을 차지하지 못한 적이 한 번도 없었던 국회의원 선거에서는 여당의 승산이 높았고, 더구나 의원내각제 개헌이 이루어진다면 대통령으로서 임기를 마친 전두환이 직접 정치에 개입할 수 있는 여지도 훨씬 더 많았다. 여전히 전두환의 장악력이 강하게 관철되고 있던 민정당이 의원내각제 개헌안을 고집한 이유였다.

그런데 민정당과 신민당이 각각 의원내각제와 대통령제 개헌안을 고수하며 첨예하게 대립하는 시점에 돌발변수가 생긴다. 1985년 제 12대 국회의원 선거 당시까지도 정치활동 규제가 풀리지 않은 김영삼과 김대중을 대신해 신민당 총재 역할을 맡아온 이민우가 1986년 12월 24일 자택에서 가진 기자회견을 통해 '정부가 국회의원 선거법 개정과 지방자치제 도입에 동의한다면 자신도 의원내각제 개헌에 동의할 수도 있다'는 일명 '이민우 구상'을 발표한 것이다. 정권의 공작이나 회유의 결과인지, 나름의 충정 때문인지는 알 수 없지만 야당 총재의 그런 돌발적인 주장은 직선제 쟁취라는 목표에 집중하고 있던 기존 야당 정치인들을 큰 혼란으로 내몰았다.

마지막까지 이민우의 생각을 바꾸려고 노력하던 김영삼과 김대중은 결국 신민당을 탈당해 통일민주당을 창당해 직선제 요구를 이어가는 방식을 택했다. 그리고 신민당의 지역구 의원 대부분도 동반 탈당해 통일민주당에 참여하면서 신민당은 일거에 군소정당으로 전락하게 된다. 하지만 전두환 정권은 대통령 직선제 개헌을 요구하던 야당이 분열하는 기회를 민첩하게 포착했다. 1987년 4월 13일, 전두환 대통령은 '개헌 논의가 국론을 분열시키고 국력을 낭비하는 소모적인 방식으로' 흘러가고 있기 때문에 자신의 임기 중 개헌이 불가능하다는 판단을 내렸으며 현행 5공화국 헌법에 따라 차기 대통령 선거를 치르고 정권을 이양하겠다는 특별 담화를 발표했다. '4.13 호헌'이었다. 선거인단을 통한 간접 선거로 대통령를 선출하겠다는 의미였고, 달리 말하면 자신이 지목한 후계자에게 대통령직을 넘기겠다는 뜻을 분명히 한 것이었다. 그것은 박정희 대통령의 죽음과 함께 유신체제가 철폐되고 대통령 직선제가 부활할 것이라는 꿈이 5.17 비상계엄 확대조치로 무산된 뒤 다시 7년을 기다린 국민들의 인내심을 시험하는 행위였다.

이 선언을 계기로 제도권 야당과 재야 민주화 세력들이 모여 직선제 개헌을 쟁취하기 위한 국민운동본부를 발족했고, 전두환 정권을 반대하는 모든 세력이 '직선제 개헌'이라는 한 가지 목표로 결집했다. 1987년 '6월 민주항쟁'이 시작되는 순간이었다.

하지만 대통령 직선제를 놓고 날카롭게 대립하던 전두환 정권, 그리고 야당과 민주운동 세력 사이에 대규모 군중이 개입하기 시작한 계기는 이번에도 젊은이의 죽음이었다. 마산 앞바다에 떠오른 마산상고 신입생 김주열의 시신이 4.19 혁명의 도화선이 된 것처럼, 6월 민주항쟁에 본격적인 불을 댕긴 것은 서울대학생 박종철의 죽음에 관한 진실과 연세대학생 이한열의 죽음이었다.

1987년 1월 14일, 공안사건으로 수배 중이던 학교 선배를 숨겨준 혐의로 경찰에 연행되어 남영동 대공분실에서 조사를 받던 서울대학교 언어학과 3학년생 박종철이 사망하는 사건이 벌어졌다. 당시 사건은 단신으로만 보도되었고, 사건의 내막을 묻는 기자들의 질문에 강민창 치안본부장과 박처원 대공수사처장은 '탁 치니까 억 하고 숨졌다'고 표현하며 심장마비로 인한 사고였다고 둘러댔다. 하지만 현장에 왕진해 박종철의 죽음을 가장 먼저 확인한 중앙대병원 내과의 오연상, 박종철의 시신에 대한 부검을 지시한 서울지검 공안부장 최환, 부검을 맡아 '사인은 심장쇼크사로 해달라'는 경찰의 압력을 거부하고 '경부 압박에 의한 질식사'로 적은 고려대 외과의 황적준, 그런 사실들을 파헤치기 위해 분투한 각 언론사의 기자들에 의해 물고문에 의한 질식사라는 사실이 밝혀지고 1월 19일에는 내무부와 치안본부도 고문 사실을 시인해야 했다. 다만 그것은 고문을 실행한 수사관들의 개인적 일탈로 치부되었고, 관련자 2명을 구속하며 마무리하려고 했다.

하지만 그것으로 끝이 아니었는데, 구속된 2명의 수사관들이 억울함을 호소하며 울부짖는 소리를 같은 영등포교도소에 수감되어 있던 동아일보 해직 기자 이부영이 듣고 교도관을 통해 사실을 확인한 후 휴지조각에 그 내용을 적어 천주교정의구현전국사제단 김승훈 신부에게 전달했던 것이다. 내용은 더 많은 고문 가해자들이 있었고, 오히려 구속된 이들보다 더 결정적인 역할을 한 사람이 있었는데 사건이 축소되었다는 것이었다. 특히 당시 대공수사 처장 박처원은 구속된 두 명의 수사관에게 각각 1억 원씩의 돈을 주며 반발을 무마하려고 하기도 했다.

결국 이부영을 통해 사건의 진실을 알게 된 김승훈 신부는 1987년 5월 18일 광주 5.18 민주화운동 7주기 추모 미사에서 박종철 고문치사 사건이 축소·은폐되었고 고문경찰은 모두 5명이었다는 사실을 폭로했다. 그러자 야당과 민주화운동세력은 고문 살인 은폐 조작을 규탄하는 대규모 대회를 열었으며, 분노한 국민들이 거리로 나서기 시작했다. 그리고 5월 27일 서울 명동의 향린교회에서 「민주헌법쟁취 국민운동본부(국본)」가 결성되었고, 민정당의 대통령 후보 지명 전당대회 날인 6월 10일에 맞추어 박종철 고문치사 사건 은폐를 규탄하는 집회를 서울을 비롯한 전국 22개 도시에서 열기로 했다.

그런데 하루 전인 6월 9일, 국본이 계획한 전국대회를 하루 앞두고 전국의 각 대학생들이 각자 교내에서 사전집회를 가진 그 날 역시 집회를 마치고 교문 밖으로 진출하려다가 경찰과 충돌한 연세대학생 중 도서관학과 이한열 군이 후두부에 최루탄을 직격당해 쓰러졌고, 세브란스 병원 중환자실로 급히 옮겨졌지만 결국 뇌사 상태에 빠지는 사건이 벌어졌다. 진압에 나선 경찰들이 하늘을 향해 사선으로 발사해야 한다는 규정을 무시하고 최루탄 발사기를 학생 머리 쪽을 향해 직사한 탓이었다.

다음 날인 6월 10일 국본이 주관하는 전국대회가 서울시청 광장에서 열렸다. 그날 시위의 양상은 이전까지의 많은 다른 시위들과 달랐는데, 대학생들만의 집회가 아니었기 때문이다. 흔히 '넥타이 부대'라고 불리는 직장인들의 참여가 두드러졌고, 따라서 시위대의 규모 역시 예상 밖으로 엄청나게 불어났다. 이에 정부는 집회를 봉쇄하기 위해 선언문 발표가 예정된 성공회 서울 주교좌성당을 봉쇄했고, 당일 차량 경적시위에 동참할 것을 우려해 '경적을 울리는 모든 차량운전자는 도로교통법 위반으로 처벌하겠다'고 발표했으며 심지어 서울 시내버스와 택시의 경적을 미리 제거하기까지 했다. 또한 수도권 전철은 시내 구간을 무정차 통과했으며, 학교는 단축 수업을 하고 기업들에 직원들을 조기 퇴근시킬 것을 요구하기도 했다.

하지만 모든 봉쇄 노력에도 불구하고 약속된 12시 무렵 명동 제일백화점 앞에 천여 명의 대학생들이 모여 추격하는 경찰들과 숨바꼭질식 시위를 벌이기 시작했고, 오후가 되자 오히려 정부의 압박 때문에 조기퇴근하게 된 직장인들이 대거 거리로 쏟아져나와 합세하며 분위기를 반전시켰다. 그리고 저녁 6시가 되자 사전에 약속된 대로 저녁 6시에 서울주교좌성당에서 울린 저녁 기도 종소리를 신호로 주변의 모든 차량들이 일제히 경적을 울려댔고, 주변 건물 안에 머물던 시민들이 한꺼번에 거리로 쏟아져 나왔다.

6월 10일, 출동 가능한 전 병력이 동원된 경찰 역시 정권의 명운을 걸고 시위대를 진압했고 닥치는 대로 체포하면서 강하게 대응했다. 그리고 날이 저물자 시위대 일부가 근처의 명동성당으로 피신했는데, 경찰이 성당 주변을 포위하자 시위대도 밤샘 농성을 시작하게 됐다. 경찰은 성당 안으로 진입해 시위대를 모두 체포하려고 했지만 명동성당에는 당시 천주교 서울대교구장이던 김수환 추기경이 있었고, 그는 다음과 같이 말하며 경찰을 막아 시위대를 보호했다.

> "수녀들이 나와서 앞에 설 것이고, 그 앞에는 또 신부들이 있을 것이고, 그리고 그 맨 앞에서 나를 보게 될 것이다. 그러니까 나를 밟고 신부들을 밟고 수녀들까지 밟아야 학생들과 만날 것이다."

추기경과 충돌하며 한국 가톨릭의 상징인 명동성당에 진입하는 것은 한국의 천주교 신자만이 아니라 곧바로 교황청을 비롯한 전 세계 천주교인들과 적대하는 행위가 될 수 있었다. 특히 1988년 서울 올림픽에 최대한 많은 국가들을 참가시키는 데 외교력을 집중시키고 있던 당시 정부로서 그것은 유럽과 남미 가톨릭 국가들의 연쇄적인 보이콧을 부를 수 있는 사안이기도 했다. 따라서 명동성당 안의 시위대는 안전을 보장받을 수 있었다.

그 뒤로 6월 내내 수십 만의 군중이 서울의 종로를 비롯해 전국 각 도시의 중심도로로 쏟아져나와 '살인정권 퇴진'과 '직선제 개헌'을 외쳤다. 특히 6월

18일에는 150만 명이 넘는 인파가 시위에 나서자 전두환 정권은 계엄령 선포를 검토하기까지 이르게 된다. 하지만 부산이나 광주가 아닌 서울에서 벌어진 대규모 시위를 계엄령을 선포하고 억누를 수 있을 것인지, 그리고 억누를 수 있다고 해도 올림픽 유치를 앞두고 전 세계의 이목이 집중된 가운데 어떤 방식으로 억누를 것인지 갈등하지 않을 수 없었다. 이날 저녁 청와대 안가에서는 심야 대책 회의가 열렸고, 전두환은 이기백 국방부 장관과 각 군 참모총장,

6월 민주항쟁에서 시위대가 피신했던 명동성당. 전두환 정권은 서울 올림픽 개최에 부정적인 영향을 줄 것을 고려해 명동성당 안의 시위대를 체포하지 못했다. (사진출처: 한국 관광공사)

고명승 보안사령관에게 20일 새벽 4시를 기해 위수령을 발동한다는 전제 아래 출동 준비를 점검하라고 지시하기도 했다.

하지만 권복경 당시 치안본부장이 일단 경찰력으로 책임지고 막겠다면서 전두환을 설득하고 나서 군 투입을 미루었는데, 이튿날인 6월 19일에도 대규모 시위가 이어졌고, 경찰은 오히려 시위대에게 밀려나는 형세였다. 당시에 이미 경찰은 보유한 최루탄을 모두 소모해 진압 수단이 부족했을 정도였다. 그러자 전두환은 전군에 다음날 새벽 4시까지 '계엄령이 아니라 그 이상의 조치까지 준비'할 것을 지시했고, 그에 따라 수도방위사령부 산하의 전차부대들을 포함한 전투부대들 대부분이 출동 준비를 마치고 서울 진입 명령을 기다렸다.

하지만 냉전 체제를 마무리하고 싶었던 미국은 레이건 대통령의 친서를

주한미국대사 릴리에게 보내 6월 18일 전두환 대통령 접견을 시도했고, 그 의도를 짐작한 전두환 대통령이 회피하려고 했지만 미국의 강경한 태도가 이어져 결국 6월 19일에 접견이 이루어졌다. 당시 릴리 대사는 레이건 대통령의 친서를 전두환 대통령에게 전달하면서 시위를 진압하는 데 군대를 동원하지 말 것을 직접 요구했고, 심지어 군이 서울로 진입하려고 할 경우 주한미군이 막겠다고 공언하기까지 했다. 레이건 대통령의 친서에도 계엄령 선포에 대한 반대 입장이 들어있었다.

결국 국민들의 거센 저항과 미국의 반대라는 난관에 부닥친 전두환 정권은 타협을 택하는 수밖에 없었다. 민정당은 6월 21일 비상 의원총회를 열어 대통령 직선제에 대해 논의했고, 다음 날인 24일에는 전두환 대통령과 김영삼 통일민주당 총재의 영수회의가 성사되었다. 김영삼이 요구한 직선제, 선택적 국민투표, 구속자 석방 등은 다시 한 번 거부되었지만 전두환 대통령은 민정당 대통령 후보 노태우와 만나 직선제 요구를 수용하도록 했고, 25일에는 김대중이 가택 연금에서 풀려났다. 그리고 그 다음 날인 6월 29일, 노태우 민주정의당 대통령 후보의 이름으로 직선제 수용 선언(6.29 선언)이 이루어졌다. 거리의 시민들은 그것을 전두환 정권의 항복 선언으로 받아들였고, 시내의 많은 찻집과 식당들이 무료로 차와 밥을 나누며 기쁨을 함께 했다. 1987년 4월부터 시작돼 5월과 6월 동안 가장 뜨겁게 달아올랐던 민중항쟁의 결과로 대한민국 역사상 아홉 번째의 개헌이 이루어지고, 그 개헌을 통해 대통령 직선제를 포함한 민주주의의 제도적 발전이 이루어질 수 있었던 것이다.

6월 항쟁은 4.19 혁명과 더불어 한국 사회의 성격을 본질적으로 바꾼 시민혁명이었다. 그리고 독재정권을 국민의 힘으로 굴복시킨 사건으로서, 모든 통치자들이 두려워해야 할 대상이 누구이고 넘지 말아야 할 선이 무엇인지를 설정한 사건이었으며, 계엄령을 선포하고 군을 동원해서 국민의 저항을 누르는 것이 더 이상 가능하지 않게 됐음을 알리는 사건이기도 했다.

노동자대투쟁:
(1987년 7~9월)

　한국 노동운동의 역사는 의외로 짧지 않다. 19세기 개항 직후부터 인천의 부두노동자들을 중심으로 노동조합이 결성되기 시작했고 1929년에는 원산 지역의 노동자 2,200여 명이 3개월간 총파업에 나선 일도 있었다. 조선과 일본 사이에 관세가 철폐된 1920년대부터 일본 자본에 의해 세워지는 공장들이 늘어나면서 1920년대 후반에는 이미 노동자의 수가 100만 명이 넘었고 러시아 혁명의 여파로 다양한 사회주의 이념과 함께 노동운동 이론도 전파되었다.

　해방 후에는 남로당과 연계된 조선노동조합전국평의회(전평)이 대도시 지역에서 폭넓은 영향력을 발휘했고 이승만 정권기에는 어용조직으로 전락해 정부와 기업의 이익만 대변하는 한국노동조합총연맹(노총)에 맞선 김말룡 등의 노동운동가들이 다양한 활동을 벌이기도 했다. 하지만 6.25 전쟁 이후 전평의 영향력이 소멸하면서 노동운동의 힘은 급격히 쇠퇴했고, 특히 이승만 정권의 진보당 해체와 5.16 군사정변 이후 모든 사회운동이 억압되는 가운데 특히 노동운동은 사회주의와의 이념적 연관성을 의심받으며 더욱 집중적인 탄압을 받게 되었다.

하지만 산업화 과정에서 노동자의 수가 늘어나는 것은 필연적인 일이었으며, 더구나 성장의 가속화를 위해 자본의 입장에 경도된 정책이 노동자의 처우 개선에 무관심하고 저임금과 과로를 강요하는 한 노동자들의 불만과 연대의 요구가 높아지는 것을 막는 것은 불가능했다. 그 와중에 1970년 청계천의 재단사 전태일의 분신은 침묵하고 있던 노동자들이 각성하는 계기였고, 노동조합 결성이 급격히 늘어나는 전환점이 되었다.

하지만 당시만 해도 노조 결성과 노동운동은 소규모 사업장의 여성 노동자들 중심으로 이루어졌다. 군대 문화의 영향으로 위계질서에 복종하는 성향이 강하고 가족의 생계를 책임진다는 부담으로 저항적 행동에 나서는 데 거부감이 높던 남성들과 달리, 여성들은 다양한 동호회 활동 등을 통해 결속하는 성향이 강했고, 더구나 대부분 결혼을 하면 일을 그만두고 가사에 전념하던 과거 문화적 배경에 따라 노동자들은 대부분 젊은 미혼 여성들로서 공감대가 폭넓은 또래집단이었기 때문이다. 또한 여성들은 남성들과 달리 새로운 것을 배우고 받아들이는 성향이 강했고, 그것은 노동조합의 당위성이나 노동운동의 필요성에 대한 학습 역시 더욱 쉽게 수용되는 경향으로 이어졌다. 그리고 무엇보다도, 함께 먹고 자고 일하면서 가족적 연대를 맺은 이들이 기업주나 간부사원들에게 맞고 희롱당하고 부당한 대우를 받으며 명백한 존엄성을 짓밟히는 데 대해 저항하는 일에 있어서 당시의 여성들이 보다 용감하고 과감했기 때문이다. 1979년 박정희 유신체제가 몰락하는 신호탄이 된 YH무역 노동자들 역시 여성들이었다.

대기업의 남성 노동자들이 노동운동의 주력으로 나선 것은 1987년 여름부터였다. 그 해 6월 민주항쟁을 통해 독재권력을 굴복시키는 데 성공한 시민들은 싸워서 이기는 데 대한 자신감을 얻었고, 정권은 함부로 공권력을 동원해 저항을 억누르는 데 두려움을 느끼게 됐다. 그 빈틈에서 박정희와 전두환 정권기 내내 대학을 졸업하고 노동현장으로 가서 노동자들을 일깨우고 조직하는 데 헌신했던 노동운동가들이 동시다발적으로 공개적인 활동을 시작했고, 대기업들을 포함한 수많은 사업장에 노동조합들이 결성되어 저항하기 시작했다.

7월 5일에는 현대엔진 울산공장 노동자들이 비밀리에 울산 옥교동의 한 디스코텍에서 노동조합 결성대회를 치렀고, 그 소식에 영향을 받은 현대중공업, 현대정공, 현대종합목재 등의 현대그룹 계열사 전체에서 노동조합 결성이 이어졌다.

한국을 대표하는 대기업인 삼성과 현대의 창업자 이병철과 정주영은 한목소리로 '내 눈에 흙이 들어가기 전엔 노조는 안된다'고 공언한 바 있었고 그룹 경영진에서는 노동조합을 분쇄하기 위해 온갖 불법적인 시도를 동원했다. 노동자들을 협박하거나 회유하는 일 외에도 노조설립신고 서류를 탈취하거나 노조원들을 습격하는 일도 흔하게 벌어질 정도였다. 하지만 임금 인상을 통해 노동자들을 회유하는 방식을 택한 삼성과 달리 억누르는 방식을 택한 현대는 노동조합 결성을 막는 데 실패했을 뿐 아니라 노동조합과 더 격렬한 갈등을 겪어야 했다.

8월 17일에는 현대그룹 계열 6개 사업장 노동자들의 연합시위가 벌어졌는데, 노동자들이 각자 사업장에서 사용하던 중장비를 앞세워 울산 시내로 진출했기 때문에 경찰들은 도저히 막을 방법이 없었다. 저지에 나선 경찰들이 오히려 도망치는 모습의 사진과 영상들은 노동자들을 고양시켜 전국적으로 더 많은 노동자들이 노동조합으로 몰려드는 계기가 됐다.

하지만 8월 22일 임금교섭 중의 충돌 과정에서 대우조선 노동자 이석규가 경찰이 쏜 최루탄에 가슴을 직격당해 사망하고 그의 장례식을 계기로 노동자들이 결집하는 것을 막기 위해 대규모 공권력이 투입된 것을 계기로 정부도 다시 강경대응을 하기 시작했다. 9월 3일과 4일에는 임금협상이 진행 중이던 울산 현대중공업과 대우자동차 부평공장에 각각 대규모 경찰 병력이 투입돼 강제진압이 이루어졌고 그에 맞서 노동자들은 더욱 큰 연대조직을 만들고 연대파업을 벌이며 맞섰다. 그 결과 1988년에 '현대그룹노동조합협의회'를 비롯한 기업별, 업종별, 지역별 연대조직들이 만들어졌고 1990년에는 그런 조직들이 모인 전국조직인 '전국노동조합협의회(전노협)'가 결성되기도 했다.

1987년 7월부터 9월 사이에 발생한 노동쟁의는 모두 3,400여 건에 달해

하루 평균 40건이 넘었는데, 그것은 1975년부터 1986년까지 11년간 발생한 모든 노사분규 건수를 합친 것보다도 2배 가까이 많은 것이었다. 노동조합의 수도 폭발적으로 증가해 1987년 6월 30일 이전까지 한국노총에 가입했던 노조는 2,449개에 불과했지만 같은 해 12월 말까지는 3,532개로 1,000개 이상 늘어났을 정도였다. 이듬해에도 같은 추세가 이어져 1988년 6월 30일 까지 노조는 5천 개 이상으로 증가하기도 했다. 이는 1987년 6월 말과 비교해 각각 106%, 66% 증가한 수치였고, 이런 폭발적 노동자 투쟁은 이전까지 유명무실했거나 오히려 기업의 입장만 대변하던 '어용노조'를 노동자들이 직접 만든 '민주노조'로 대체하는 흐름을 만들기도 했다.

이러한 격변은 우선 노동자들의 삶에 직접적인 영향을 미쳤다. 임금의 인상과 노동조건의 개선 외에도 결속되지 못한 노동자들에게 인사권과 해고 위협을 무기로 휘둘렀던 여러 부조리와 비인간적 대우들이 급격히 줄어들었고, 그런 일이 반복될 때 노동자들은 노동조합을 찾거나 결성하며 문제를 해결하기 시작했다.

변화는 사회 전반으로도 이어졌다. '근로자'라는 말 대신 '노동자'라는 말이 다시 편견 없이 사용될 수 있게 되었고, 노동조합이나 노동운동에서 '빨갱이'를 연상하게 하던 억압적인 분위기와 편견을 강요하는 문화도 점차 사라졌다. 그렇게 '노동'과 '노동운동'에 대한 사회적인 인식 전환은 1988년 노조 결성을 목표로 한 한국프로야구선수협회 결성 시도와 1989년 전국교직원노동조합의 설립 등으로 이어져 또 다른 사회적 논의 과정을 시작하게 하기도 했다.

이후 여야 주요 정당들은 이후 국회의원 선거 때마다 주요 노동단체 간부들을 비례대표 의원으로 배려함으로써 노동자들의 의회 진출이 시작되었으며, 2000년대 이후에는 노동조합을 기반으로 조직된 진보정당을 통해 노동운동가들이 자력으로 국회에 진출하는 일도 늘어났다. 아울러 노사분규 현장에서 사망한 노동자 이석규를 변호하다가 제3자개입 위반으로 구속된 노무현 변호사와 한국프로야구선수협회와 전국교직원노동조합의 법률자문을 했던 문재인 변호사는 훗날 대통령이 되기도 했다.

우리 사회를 구성하는 사람들의 대다수가 노동자고, 그 노동자들이 자신의 권익과 존엄성을 지키기 위해 모이고 함께 행동하는 것이 매우 자연스러운 일임을 비로소 우리가 알게 되기 시작한 것이 그래서 1987년 여름 무렵부터였다고 할 수 있다.

제 13대 대통령 선거:
(1987년 12월 16일)

　6월 민주항쟁을 통해 개헌이 이루어지면서 1971년 제 7대 대통령 선거 이후 16년 만에 국민들의 직접선거로 대통령이 선출되게 됐다. 6월 29일에 민정당의 대통령 후보로 확정되어있던 노태우가 직선제 개헌을 받아들이겠다고 선언한 뒤 여야합의로 개헌안이 마련되고 국민투표를 거쳐 새 헌법이 확정되고 공포된 것은 1987년 10월 29일이었다. 그 헌법에는 '대한민국 대통령은 국민의 보통 · 평등 · 직접 · 비밀선거에 의하여 선출한다라는 규정'이 명문화되었고 임기는 5년 단임으로 규정되어 있었다.

　비록 6월 민주항쟁을 통해 보다 쉽게 대통령이 될 기회를 잃어버리긴 했지만 여당인 민주정의당의 노태우 후보가 여전히 가장 유력했고, 1985년 제12대 국회의원 선거에서 신한민주당 돌풍을 일으키며 야당의 지도자로 나란히 복귀한 김영삼과 김대중이 각각 통일민주당과 평화민주당의 후보로 출마했으며, 과거 박정희 정권의 2인자였던 김종필이 신민주공화당의 후보로 참여했다. 흔히 1노 3김이라고 부른 그 네 명의 주요 후보 외에 백기완이 재야 민주화운동과 노동운동 세력을 대표해 출마했고, 혁신계 관제야당이던 민주사회당의 후신 사회민주당의 홍숙자를 비롯한 김선적, 신정일 등의 군소 후보들이 등록하기도 했다. 하지만 백기완이 김영삼과 김대중 후보의 단일화를 촉구하면서 사퇴한 것을 시작으로 홍숙자가 김영삼, 김선적이 노태우를 각각 지지하며 사퇴했고 신정일만이 끝까지 완주해 5파전을 이루었다.

　13대 대통령 선거에서 가장 중요한 이슈는 역시 야권의 후보단일화였다. 김영삼과 김대중은 1971년 제 7대 대통령 선거를 앞두고 '40대 기수론'의 선풍을 일으키며 야당의 얼굴로 떠오른 이후 끊임 없이 경쟁과 협력을 반복하며 야당의 상징적인 인물이 되어 있었다. 특히 1985년 제 12대 국회의원 선거에서 신한민주당을 실질적으로 함께 이끌며 야당 돌풍을 일으키고, 그 여세를 몰아 헌법개정운동 과정에서도 중심적인 역할을 한 것이 두 사람이었다. 따라서 두 사람을 6월 항쟁의 주역이라고 할 수는 없었지만, 6월 항쟁 과정에 함께하고 그 대의를 지지했던 국민들이 선택할 수 있는 대안은 두 사람일 수밖에 없었다. 하지만 그 두 사람이 동시에 출마한다면, 가장 강력한 조직력과 자금력과 관권의 지원까지 등에 업은 노태우 후보를 상대로 승리한다는 것은 기대하기 어려웠다. 두 후보가 단일화한다면 승리할 가능성이 높지만, 그렇지 못하면 승리하기 어려운 상황이었던 셈이다. 야권의 후보 단일화보다 더 큰 이슈가 있을 수 없는 이유였다.

　개헌이 이루어지기 전까지는 김영삼과 김대중 모두 대통령직에 대한 미련이 없다고 밝히며 양보할 수 있다는 뜻을 비치기도 했다. 김대중은 1986년에 '직선제 개헌이 이루어진다면 대통령 선거에 출마하지 않겠다'는 불출마선언을 한 적이 있었고, 김영삼 역시 비슷한 시기에 언론과의 인터뷰 중에 '김대중에 대한 사면과 복권이 이루어진다면 대통령 선거에 출마하도록 권유하겠다'는 발언을 한 적이 있었다. 하지만 6.29 선언을 통해 직선제 개헌이 확정된 이후 김대중은 '전두환 대통령이 스스로 직선제 개헌을 결단한다면 출마하지 않겠다고 했던 것이고, 국민의 힘으로 쟁취한 지금은 상황이 다르다'며 불출마선언을 철회했다. 그리고 김영삼 역시 1971년 선거 당시 경선에서 패배한 자신이 승복하고 김대중 후보의 당선을 위해 적극적으로 뛰었다는 사실을 상기시키며 '이번에도 경선을 통해 야당의 단일 후보를 결정해야 한다'고 주장하며 스스로 후보로 나서겠다는 뜻을 분명히 했다.

하지만 두 사람이 모두 스스로 양보하겠다는 결심을 하지 않는 한 단일화를 이룰 수 있는 마땅한 방법은 없었다. 김영삼은 경선을 통해 후보를 결정하자고 주장했지만, 가택연금 상태에서나마 국내에 머물며 자기 세력을 유지할 수 있었던 김영삼과 달리 사형을 선고받고 미국에서 망명 생활을 하며 수 년간 세상과 격리되어온 김대중은 핵심 측근들을 제외한 계보 정치인들을 유지하기 어려웠다. 경선을 하게 되면 김영삼에게 유리할 것이 분명한 상황에서 김대중이 그것을 받아들일 가능성은 없었다. 두 사람의 참모들 사이에서 다양한 접촉과 협상이 이어졌고 재야의 중재노력이 이어졌지만 결국 후보 단일화는 실패로 돌아갔고 두 사람은 각자 후보로 나서게 되었다.

또 하나의 중요한 이슈는 지역주의였다. 네 명의 주요 후보들이 저마다 확실한 지역적 지지기반을 가지고 있었기 때문에 선거가 지역간의 대결구도로 이루어졌고, 선거운동이 격화되면서 지역 유세에서 물리적 폭력이 난무하는 일까지 벌어졌기 때문이다.

야권을 대표하는 두 후보인 김영삼은 부산과 경남, 김대중은 호남에서 절대적인 지지를 받았고 공주 출신인 김종필은 충청권에서, 그리고 대구 출신인 노태우는 대구와 경북권에서 많은 지지를 받았다. 따라서 각 후보들이 자신의 지지기반에서 벌이는 유세에는 경쟁적으로 수십만의 인파가 몰려 열광적인 반응을 보냈지만, 다른 후보의 유세 때는 종종 돌멩이가 날아들어 아수라장으로 변하곤 했다. 그런 물리적 충돌 양상은 TV 뉴스 화면을 통해 생생하게 전국에서 공유되었고, 각 지역에서는 경쟁적으로 지지 후보의 유세를 지원하고 다른 지역 출신 후보의 유세를 방해하는 방식으로 심화되기도 했다. 이 선거에서 노출되었던 그런 지역간 충돌 양상은 이후 한동안 한국 정치에서 지역 변수가 가장 중요하게 작용하게 되는 중요한 계기가 되기도 했다.

결국 승자는 36.6%를 득표한 노태우 후보였다. 야권 표가 김영삼과 김대중에게로 분산된 데다 선거를 약 2주 앞둔 1987년 11월 29일 북한 공작원에 의해 대한항공 858편 폭파 사건이 발생한 것도 유리하게 작용했다. 안전기획부는 그 사건의 주범 김현희를 대통령 선거 전날인 15일 오후 2시 30분 김

해외 방문 중인 노태우 대통령. 대통령 직선제 전환으로 야당의 우세가 점쳐졌지만, 야당의 분열로 인해 노태우가 대통령으로 당선되었다.

포공항에 착륙시키는 공작을 벌여 선거 당일까지 내내 국민들의 이목을 붙잡는 데 성공했다. 국민들의 안보 불안감을 자극함으로써 여당 후보에게 유리하게 작용하는 막판 변수로 활용한 것이다.

김영삼과 김대중은 각각 28%와 27%를 득표해 2, 3위를 기록했고 8%를 득표한 김종필이 4위였다. 김영삼과 김대중이 얻은 표를 단순합산하면 노태우보다 20%가량 많았기 때문에 단일화가 이루어졌다면 정권교체가 이루어졌을 것이라는 분석이 지배적이지만, 그 단일화가 이른 시기에 가장 긍정적인 방식으로 이루어진 것이 아니라면 감정의 골이 깊어진 영남과 호남의 유권자들이 이탈 없이 묶이기는 쉽지 않았을 것이라는 분석도 가능하다.

이 선거의 의미는 복합적이었으며, 이후 한국 정치의 진로에 다양한 변수를 만든 사건이 되었다. 우선 6월 민주항쟁을 통해 위기에 몰렸던 신군부 세력은 다소 후퇴된 형태로나마 권력을 연장하는 데 성공했다. '이승만 하야'라는 목표가 부각됐던 4.19 혁명과 달리 6월 민주항쟁은 '직선제 개헌'에 보다 초점이 맞추어진 차이가 있었는데, 실제로 전두환 정권의 후계자 노태우가 직선제 개헌을 수용하겠다고 선언한 것과 동시에 시민들의 행동도 중단되었다. 하지만 그것은 어떤 면에서는 '직선제 개헌이 이루어지기만 하면 신군부는 당연히 물러가게 될 것'이라는 예상이 전제된 것이었는데, 직접선거의 결과 노태우가 당선되어버린 결과는 항쟁에 참여했던 모든 사람들에게 매우 당혹스러운 것일 수밖에 없었다. 결코 용납할 수 없었지만 받아들이지 않을 수도 없었기 때문이다.

하지만 불과 1/3 정도의 득표로 당선된 노태우 대통령에 대한 회의적인 시선은 여전했고, 노태우 대통령도 임기 내내 그 점을 의식하지 않을 수 없었다. 특히 유신체제의 틀을 벗어난 민주적 헌법의 제약을 받는 한에서 전임 박정희, 전두환 대통령과 같은 철권통치는 애초에 불가능한 것이었고, 따라서 신군부라는 태생적 한계를 벗어날 수는 없었지만 이전 시기와는 비교하기 어려운 유화적인 방식의 통치를 이어갈 수밖에 없었다.

그리고 김영삼과 김대중은 다시 한 번 경쟁자의 관계로 돌아가게 됐는데, 같은 당이나 같은 운동의 흐름 속에서 협력하는 동시에 경쟁했던 과거와는 달리 각자의 당을 이끌고 각자의 지역적 지지기반을 가진 채 차기 대권이라는 보다 명확한 목표를 향한 경쟁이었다는 점에서 가장 격렬한 본격적인 경쟁의 시기였다. 그 경쟁의 결과는 가깝게는 3당 합당이라는 승부수를 통해, 길게는 두 번의 대통령 선거와 각자의 임기를 통해 한국정치사에 깊은 흔적을 남기며 만들어졌다.

제 13대 국회의원 선거:
(1988년 4월 26일)

헌법과 함께 개정된 선거법에 의해 적지 않은 제도적 변화가 있었다. 전국구 의석이 17석 줄어든 반면 지역구 의석이 40석 늘어나면서 전체 의석수가 23석 늘어난 299석이 되었다. 선거제도도 중선거구제에서 소선거구제로 전환되어 세분화된 각 선거구에서 1등만 당선되게 되었다. 다수당에 유리하게 되어있던 전국구 배분도 다소 완화되어 지역구 의석수 1위 정당에 전국구 의석의 2/3이 아닌 1/2를 배정하게 됐다. 전국구 의석 자체가 줄어든 데다가 다수당에 배분되는 비율도 줄어들면서 제도적 불평등이 다소 해소된 셈이었다.

대통령 선거와 5개월의 간격을 두고 치러진 국회의원 선거라는 점에서 집권당인 민주정의당(민정당)이 희망을 가질 만한 요인이 적지 않았다. 비록 신군부의 2인자라는 태생적인 한계가 있긴 했지만 노태우는 16년 만에 치러진 직선제 대통령 선거를 통해 선출된 민주적 정당성을 가진 대통령이었고, 비록 과반수에는 못 미쳤지만 호남을 제외한 대부분의 지역에서 고른 득표력을 과시했기 때문이다.

하지만 민정당의 입장에서 더욱 고무적인 것은 끝내 단일화를 이루지 못

13대 국회가 개원하는 모습. 여당인 민정당보다, 야당인 평민당, 민주당, 공화당의 의석 수가 더 많아 여소야대라는 특징이 있다.

하고 분열함으로써 대통령 선거에서 패배한 두 야당이 국회의원 선거를 앞두고도 하나로 합치는 데 실패했다는 점이었다. 아직 60대에 불과했던 김영삼과 김대중 두 후보는 대선 패배에도 불구하고 정치 이력을 멈출 생각이 전혀 없었고, 더구나 대통령 선거에서 거의 대등한 득표율을 기록하며 어느 한 쪽이 다른 쪽으로 숙이고 들어갈 이유도 없었다. 더구나 대통령 선거 당시 후보 단일화 과정에서 끊임없이 이어졌던 갈등은 오히려 두 지도자와 그 추종자들을 그 이전보다도 멀어지게 만들었다. 결국 김영삼이 이끄는 통일민주당(민주당)과 김대중이 이끄는 평화민주당(평민당)은 나란히 후보를 내며 경쟁했다. 그 외에 대선 패배에 책임이 있는 두 야당 모두를 비판하던 야권 정치인들이 모여 만든 한겨레민주당을 비롯해 진보정당을 표방하는 민중의 당이 있었고, 김영삼과 김대중이 함께 만들었지만 모두 빠져나가면서 껍데기만 남다시피한 신한민주당, 역시 간판만 남아있다시피 했던 관제 야당 민한당과 국민당 등 모두 14개 정당이 이 선거에 참여했다.

하지만 선거 결과는 모두의 예상을 빗나가게 만들었다. 대통령 선거에서 비록 패배하기는 했지만 전두환 정권의 과오에 대한 비판적 여론이 여전했고, 두 야당의 분열은 이번에도 민정당에게 적지 않은 이익을 가져다주긴 했지만 대통령 선거만큼 결정적이지는 않았기 때문이다. 두 야당은 명확한 지역적 기반을 가지고 있었기 때문에 각자의 '텃밭'에서는 분열로 인한 타격이 크지 않았던 것이다.

실제로 광주와 전남북 지역에서는 민주당 후보들 대부분의 득표율이 한 자릿수를 넘어서지 못한 가운데 평민당 후보들이 모든 지역구를 석권했고, 부산과 경남 지역에서는 반대로 평민당이 아예 후보를 내지 못한 지역들도 적지 않았거니와 출마한 후보들도 5% 이상 득표한 경우가 드물 정도의 고전을 한 반면 민주당이 민정당의 두 배에 가까운 23명을 당선시켰다. 또한 대전을 포함한 충남북에서는 김종필이 이끄는 신민주공화당(공화당)이 과반의 지역구를 차지했고 대구와 경북에서는 민정당이 대부분의 의석을 석권했기 때문에 두 야당이 통합하거나 선거 공조를 했다고 해서 의미 있는 변화가 나타나기는 어려웠다. 결국 서울과 인천, 경기, 강원 정도의 지역이 문제였지만 서울은 워낙 야당이 강세를 보이던 지역이었기 때문에 분열의 여파에도 불구하고 평민당이 17석, 민주당이 10석을 차지해 민주정의당의 10석을 압도하는 결과를 내기도 했다.

전국적으로 민정당이 지역구에서 87석을 확보한 데 이어 평민당이 54석, 민주당이 46석을 확보했고 공화당도 27석을 차지해 그 뒤를 이었으며 한겨레민주당에 1석, 무소속에 9석이 돌아갔다. 그리고 지역구 당선자의 수에 따라 민정당에 전국구 의석의 절반인 38석이 배정되었고 평민당에 16석, 민주당에 13석, 공화당에 8석이 배정되었다. 결과적으로 정당별 의석수는 민정당이 125석, 평민당이 70석, 민주당이 59석, 공화당 35석 순이 되었다.

이 결과가 특히 충격적이었던 것은, 자유당이 창당되어 여당과 야당의 구분이 명확해진 이래 대통령을 배출한 정당, 즉 여당이 국회의원 선거에서 과반 의석 확보에 실패한 최초의 사례였기 때문이다. 특히 여당을 제외한 모든 정치세력을 야당으로 표현하는 사전적인 의미에서도 여당보다 야당이 차지한 의석이 많았을 뿐 아니라 박정희 정권기 이래로 꾸준히 군부정치에 도전해온 전통적인 야당인 평민당과 민주당의 의석만으로도 민정당보다 4석이 많았다는 점에서 여당과 야당 모두의 예상과 기대를 뛰어넘은 수준이었다. 그래서 13대 국회의 특징을 대표한 표현이 '여소야대'가 되었다.

그 선거의 또 다른 특징은 정국이 4개 주요 정당을 축으로 재편되면서, 전두환 정권기에 만들어진 관제야당의 잔존세력을 비롯해 4개 주요 정당과 다른 길을 걸어온 이전 시대의 거물 정치인들 상당수가 해체와 낙선의 길을 걸으며 정리되었다는 점이다. 민한당 총재 유치송과 국민당 총재 이만섭, 신한민주당에 남았던 이철승 등이 모두 그 선거에서 낙선했을 뿐 아니라 소속 정당들도 1석도 차지하지 못해 당이 해체되는 비운을 맞게 되었다.

13대 국회는 헌법 개정을 통해 부활한 국정조사권과 국정감사권을 가진 막강한 기관으로 돌아왔고, 마침 그런 조건 위에서 만들어진 사상 초유의 여소야대 정국은 이후의 한국 정치를 역사상 가장 역동적으로 움직이는 원동력이 된다. 5공비리와 광주민주화운동 유혈진압 과정에 관한 청문회는 정치의 힘을 온 국민이 새삼 되새기는 계기를 마련한 동시에 노무현을 비롯해 '청문회 스타'라고 불리는 신진정치인들을 발굴했고, '5공 청산'이라는 과제를 설정하게 함으로써 노태우 대통령이 전두환과 분리되어 보다 전향적이고 유연한 정책기조를 유지하게 강제하는 힘으로 작용했다. 하지만 반대로 정국을 반전시키고자 했던 노태우 정권의 의도와 라이벌 김대중을 따돌리고 차기 대권을 굳히고자 했던 김영삼의 의도가 결합되며 '3당 합당'이라는 초유의 이벤트를 설계하는 동기가 되기도 했다.

서울 올림픽:
(1988년 9월 17일)

1979년 2월 대한체육회장에 취임한 박종규의 기획으로 하계올림픽 유치에 관한 아이디어가 제안되었고 4월에는 박정희 대통령, 정상천 서울시장, 박종규 대한체육회장, 김택수 국제올림픽위원회 위원 등이 모여 올림픽 개최에 관해 의논했다. 그리고 6월에는 박종규 회장이 직접 푸에르토리코 ANOC(국가올림픽위원회총연합회) 총회에 참석해 서울 올림픽 유치 가능성을 타진했고, 9월 1일에는 정상천 서울특별시장이 기자회견을 통해 올림픽 유치 계획을 공개했다. 하지만 그로부터 2개월 뒤인 10월 26일 박정희 대통령의 암살로부터 시작된 정치적 혼란 속에서 박종규 대한체육회장 역시 부정축재자로 단죄되면서 올림픽 유치 작업은 제대로 시작되지도 못한 채 중단되었다.

하지만 군사정변과 민주화운동에 대한 유혈진압을 통해 집권한 전두환과 신군부 세력은 국민의 비판적 여론을 무마하고 관심을 돌리기 위한 방안을 찾게 되고, 자연스럽게 올림픽 유치 작업을 다시 시작하게 된다. 전두환 대통령의 직접 지시에 따라 1980년 11월 30일 IOC에 올림픽 유치신청서를 보내고 1981년 1월 6일에는 한국올림픽위원회 안에 올림픽 유치계획을 위한 실무반을 편성했다.

하지만 아직 올림픽을 통해 흑자를 낸 사례가 없던 시절이었기 때문에, 정부 안에서도 예산 부담을 이유로 반대하는 목소리가 없지는 않았다. '서강학파'의 시조로 불리는 경제학자 출신 남덕우 총리가 대표적이었고 예산에 대해 구체적으로 고민해야 했던 경제관료들은 대부분 소극적인 입장이었다.

하지만 올림픽 유치는 대통령의 결심으로부터 비롯된 것이었고, 관료들의 소극적인 반대 정도로 꺾일 수 있는 일은 아니었다. 전두환은 자신의 가장 강력한 후계자인 신군부의 2인자 노태우 정무장관에게 정부 차원의 올림픽 유치 작업 총괄을 맡기고 전국경제인연합회 회장인 현대그룹 정주영 회장을 민간 부문의 중심으로 세워 본격적으로 유치전에 뛰어들었다. 그리고 안기부와 외무부를 비롯한 관련 정부기관을 모두 동원해 적극적으로 지원하도록 했다.

그 당시는 올림픽에 관한 부정적인 전망과 세계 경제의 침체 때문에 올림픽 유치 경쟁이 비교적 치열하지 않았다. 1972 뮌헨 올림픽에서 검은 9월단의 테러로 이스라엘 선수와 코치, 심판 11명을 포함한 17명이 사망하는 사건이 벌어지면서 보안문제에 대한 부담이 커졌고, 2차 오일쇼크로 인한 물가상승과 경기침체로 대부분의 나라들이 긴축정책의 고삐를 당기고 있었기 때문이다. 1976년 하계 올림픽을 치른 캐나다의 몬트리올시는 올림픽 이후 파산하며 유치 의사를 가지고 있던 여러 나라들을 긴장시키기도 했다. 결국 호주의 시드니, 알제리의 알제이, 그리스의 아테네 같은 도시들이 1988년 하계올림픽 유치 의사를 포기했고, 남은 유력한 후보지는 일본의 나고야 정도였다.

그 중 일본은 이미 서유럽 대부분의 나라들을 넘어선 경제대국이었고 1964년에 도쿄에서 하계 올림픽을 치러본 경험이 있었을 뿐 아니라 스포츠 산업의 발전도 상당히 이루어져 올림픽의 경제효과를 충분히 누릴 수 있는 여건을 가지고 있었다. 반면 한국은 아직 개발도상국으로 분류되는 국가였고 국제대회를 개최해본 경험이 거의 없었으며, 군사정변과 광주민주화운동에 대한 유혈진압으로 국제사회에서의 이미지도 부족하거나 부정적이었다. 승부는 이미 결정된 것이나 다름 없어 보인 이유였다.

하지만 일본은 당연히 올림픽 유치에 성공할 것이라는 자만에 빠져 적극적인 유치활동을 하지 않았고, 후보지인 나고야의 시민들과 시민단체들이 올림픽 유치와 경기장 건설로 인한 환경파괴와 예산낭비 문제 등을 지적하며 올림픽 반대 운동을 전개하는 약점을 안고 있었다. 그리고 한국에 비해 국제정세에 보다 가깝고 민감했던 당시의 일본인들은 다른 나라들이 올림픽 유치 작업을 왜 포기했는지 더 잘 알고 있었고, 그런 올림픽을 굳이 일본이 유치해야 한다는 생각도 비교적 덜 강한 편이었다.

반면 올림픽을 둘러싼 국제사회의 비관적 인식에 어두웠고, 대통령의 직접적인 지시로 민과 관이 일사불란하게 유치작업에 나선 한국은 상대적으로 더 적극적이었다. 특히 당시 일본과 긴장관계를 유지하던 중동 아랍국가들을 상대로 한 유치전에서 큰 성과를 거둔 것을 시작으로 동유럽과 아시아 등 이전까지 IOC를 지배해온 서구 강대국들의 그늘에 가려져 왔던 여러 나라들을 상대로 한 개별적인 공략을 이어가며 역전극을 노렸다. 또한 한국은 독일의 세계적인 스포츠 브랜드 아디다스와 손을 잡으면서 유치 활동에 큰 도움을 얻었는데, 아디다스로서는 세계시장에서 경쟁하는 스포츠 브랜드를 여럿 가진 일본과 달리 스포츠 브랜드가 거의 발달하지 못한 한국의 파트너가 될 때 더욱 큰 가능성이 열린다는 점을 노렸다. 그래서 1981년 9월 30일 서독의 바덴바덴에서 열린 국제올림픽위원회(IOC) 제84차 총회에서 이루어진 표결 결과, 한국의 서울은 일본의 나고야를 52 대 27로 꺾고 결국 최종 개최지로 결정되었다.

국제사회의 비관적 분위기와는 무관하게, 올림픽 유치는 국내외적으로 대단한 폭발력을 가진 사건이었다. 우선 서울에서 올림픽이 개최되고 세계적인 이목이 집중될 경우 국제적 고립이 더욱 심화되고 체제경쟁에서도 타격을 입을 것을 우려한 북한이 집요한 방해공작을 벌이는 계기가 됐다. 1983년 아웅 산 국립묘지 테러 사건과 1986년 김포국제공항 폭탄 테러, 1987년 대한항공 858편 폭파 사건이 그 대표적인 사례였다. 그리고 사회주의권 국가들 대부분이 참가 의사를 밝힌 가운데서도 적극적인 보이콧 활동을 전개해 북한 자국을 비롯해 쿠바와 알바니아, 니카라과 등의 서울 올림픽 불참을 이

성화에 불을 붙이고 있
는 모습. 서울 올림픽
은 북한을 제외한 많은
사회주의권 국가가 참
여함으로써 북한의 외
교적 고립을 심화시켰
다. (사진출처: 국립민속
박물관 민속아카이브)

끌어내기도 했다. 하지만 물론 그 몇 개의 나라들을 제외하면 사회주의권 국
가들 역시 대부분 참가를 결정하면서 북한의 외교적 고립이 오히려 더 심화
되는 결과로 이어지기도 했다. 그리고 국내에서도 북한과는 무관하게 독재
정권에게 면죄부를 주고 국제적 공인을 받을 기회를 주는 데 대한 반감으로
올림픽 개최를 반대하는 활동이 대학가를 중심으로 이루어지기도 했다.

　하지만 올림픽은 다른 한 편으로 국내 인권상황의 악화를 막고 민주화의
진전에 큰 기여를 하기도 했다. 올림픽 유치에 성공한 후 국제적 관심이 집
중되면서 시민들의 저항에 대해서도 더 이상 1980년 광주에서와 같은 폭압
적 대응은 가능하지 않게 되었을 뿐 아니라 올림픽 개최에 차질이 생길 것을
우려해 격렬해지던 민주화운동에 대해서도 보다 유화적인 접근이 강요되었
기 때문이다. 예컨대 올림픽을 1년 앞둔 1987년 6월 항쟁의 와중에 폭력적인
시위와 진압이 반복되자 IOC에서 올림픽 장소 변경을 고려하기도 했는데,
그것을 막기 위해 체육부 장관으로서 대회 준비를 총괄하던 노태우가 급히
IOC를 방문해 무마해야 했고, 그런 상황의 전개가 6.29 선언을 통해 조기에
정국 혼란을 정리해야 했던 한 가지 요인으로 작용하기도 했다. 6월 민주항
쟁 중 전두환 정권이 명동성당에서 농성하던 시위대에 대한 무력 진압을 포
기해야 했던 것도 역시 가장 중요한 요인은 올림픽 개최 무산에 대한 우려였
던 것으로 전해진다.

결국 올림픽은 1988년 9월 17일부터 10월 2일까지 16일간 서울을 중심으로 부산, 광주, 대구 등에서 진행되었고 모두 160개국 8,391명의 선수가 참가한 역대 최대 규모의 대회로서 성공적으로 치러졌다. 한국은 그 대회에서 홈 그라운드의 이점과 일부 편파판정의 혜택까지 받으면서 소련, 동독, 미국에 이어 4번째로 많은 12개의 금메달을 따내는 기적적인 성적을 거두면서 경사스러운 분위기를 더욱 고조시켰다.

53

DIGEST

KOREA

5공화국 청문회:
(1988년 11월 2일)

1988년 4월 26일에 치러진 제13대 국회의원 선거에서 여당인 민정당이 과반에 훨씬 못 미치는 의석을 확보하는 데 그침으로써 '여소야대' 국회가 만들어졌고, 정국의 주도권은 공조에 나선 평민당과 민주당에게로 넘어갔다. 더구나 1987년 6월 민주항쟁을 통해 개정된 헌법은 대통령 선거를 직선제로 바꾼 것 외에도 유신시대 이래로 유명무실했던 국회의 권능을 회복시켰고, 그 점을 십분 활용한 야당이 성사시킨 것이 한국정치사에서 처음 시도된 청문회였다. 즉, 5공화국의 비리를 밝혀내고 5.18 광주민주화운동에 관한 진상을 조사하기 위해 국회 내에 특별위원회를 구성하고 사건 관련자들을 증인으로 불러 심문한 것이다.

1988년 6월 27일 국회에 5공 비리 특별위원회(5공특위)와 5.18 민주화운동 진상조사 특별위원회(광주특위)가 설치되었다. 그리고 같은 해 11월 2일부터 1989년 12월 31일까지 1년 여에 걸쳐 각각 청문회를 진행했다.

5공특위의 청문회는 정주영, 안현태, 장세동 등 총 18명을 증인으로 채택해 전두환의 일해재단 관련 정치자금 모금에 관한 비리 등을 심문했다. 청문회의 모든 과정은 TV를 통해 생중계되었는데, 시청률이 최고 80%에 이를 정

한국현대사 다이제스트100

5공비리 조사특위 2차 청문회 중, 질의하는 김동주 의원과 답하는 장세동.

도로 높은 관심을 모았다. 그 과정에서 증인으로 소환된 대통령 경호실장과 안전기획부장을 지낸 장세동은 당당하게 전두환을 변호해 공분을 사기도 했고, 현대그룹 회장 정주영은 적지 않은 정치자금을 제공해왔다는 증언으로 세상을 놀라게 하기도 했다. 한편 청문회장에서 정주영 증인에게 연신 '회장님'이라고 존칭하며 굽신거리는 듯한 모습을 보인 여당 의원들이 비난을 샀는가 하면 통일민주당 소속의 젊은 의원 노무현, 김동주 등은 능숙한 화술로 증인들의 증언을 이끌어내며 '청문회 스타'라는 별명을 얻고 전국적인 주목을 받기도 했다.

또한 광주특위 청문회에서도 5.18 당시 피해자들로부터 상황을 듣는 한편 당시 국방부 장관 주영복과 계엄사령관 이희성 등을 불러 발포책임의 소재와 광주 시민들을 '폭도'라고 규정한 이유 등에 대해 심문했고, 구체적인 증언을 끌어내지는 못했지만 시종일관 비굴한 모습을 노출하게 해 국민적인 분노를 사게 했다. 그리고 모든 청문회 일정이 마무리되던 1989년 12월 31일에는 전두환 전 대통령이 증언대에 서서 질문을 받지 않고 미리 작성한, 변명으로 일관된 발표문만 읽어 내리자 민주당 노무현 의원은 나무로 된 명패를 집어던지기도 했고 평민당 이철용 의원은 단상으로 나아가며 '살인마'라고 외치는 일도 있었다.

결국 청문회는 무성했던 화제만큼의 성과를 내지는 못했다. 야당의 주도로 청문회를 개최하고 진행할 수는 있었지만, 역시 야당과 거의 대등한 의석을 가진 여당의 방해가 이어졌고 증인들의 증언을 강제할 수 있는 법적 권한이나 수사권을 가진 것은 아니었기 때문이다.

하지만 청문회 기간을 통해 한국인들은 국회의 힘과 필요성에 대해 절감할 수 있었고, 동시에 6월 항쟁을 통해 바꾼 것이 대통령을 뽑는 방식만은 아니라는 사실도 느낄 수 있었다. 그리고 부족하나마 이전까지 '광주사태'라고 불리던 1980년 5월 광주에서의 저항들에 대해 '광주민주화운동'이라는 용어가 공식화되는 계기가 됐으며, 그 무렵까지도 거의 알려져있지 않던 그 사건의 성격과 내용에 대해 대부분의 국민이 알게 되는 결정적인 계기가 되기도 했다.

주택 200만 호 공급계획:
(1989년 2월)

'주택 200만 호 공급'은 1987년 제 13대 대통령 선거에 나선 민정당 노태우 후보의 공약이었다. 그리고 그 선거에서 당선된 노태우 대통령은 취임 1주년을 맞던 1989년 2월 기자회견을 통해 서민 대상 영구임대주택 25만 가구를 포함해 임기 내에 수도권에 90만호, 지방도시에 110만 호 총 200만 호를 짓겠다는 정책을 발표한다. 그 자리에서 그는 대통령 선거 당시 내세웠던 자신의 대표 슬로건인 '보통 사람들의 위대한 시대'를 되살려 '보통 사람들에게 내 집 마련 꿈을 당장 실현시킬 수 있는 주택 정책을 올해부터 밀고 나가겠다'고 말하기도 했다.

노태우 대통령이 임기 초기부터 주택 문제에 집중적인 관심을 보인 이유는, 당시 토지와 주택 가격이 치솟으며 주거 문제에 대한 불만과 불안감이 팽배했기 때문이다. 전두환 정권기 내내 평균 10% 안팎으로 안정되어 있던 지가 상승률은 노태우 정권 출범 첫 해인 1988년 30%까지 뛰어올랐고 그에 따라 주택 가격 상승도 이어졌다. 그리고 부동산 가격의 상승은 물가 불안 심리를 자극했는데, 물가 불안은 전통적으로 정부에 대한 국민적 저항으로 연결되어온 불길한 요인으로 인식되고 있었다.

당시 전국의 주택 수는 640만 호 안팎이었다. 따라서 5년간의 임기 안에 200만 호를 새로 지어 공급한다는 계획은 무리라는 인식이 지배적이었다. 그 무렵 이미 건설 붐이 불고 있기는 했지만 1988년에도 연간 주택건설물량은 20만 호 안팎에 불과했기 때문에 노태우 대통령의 구상은 통상적인 건설 물량을 두 배 이상 끌어올리겠다는 것이었던 셈이다.

200만 호 공급 계획을 실현하기 위한 승부수는 신도시였다. 서울 중심부는 이미 포화상태였고, 서울 도심을 둘러싼 외곽은 대부분 그린벨트로 묶여 있었기 때문에 대규모 주택 건설을 섣불리 밀어붙이기 어려웠다. 따라서 그린벨트 너머 경기도 지역에 대규모 신도시를 건설하고 그 신도시와 서울 도심을 잇는 도로를 연결하는 방안을 대안으로 채택한 것이다. 그렇게 시작된 1기 신도시가 분당과 일산 그리고 중동, 평촌, 산본이었다.

1989년 4월 신도시 건설 계획을 발표한 지 7개월 만인 같은 해 11월 분당 시범단지 4천 세대가 분양됐고 2년 뒤인 1991년 9월 첫 입주를 시작했다. 그 뒤를 이어 1992년 3월에는 평촌, 4월에는 산본, 8월에는 일산, 12월에는 중동에서도 역시 입주가 시작되었다. 그래서 1991년 8월까지 모두 214만 호의 새 집이 지어져 당초의 목표치를 초과 달성했다.

200만 호 공급은 빠르게 상승하던 집값을 안정화시켰고, 무주택 서민의 상당수가 신도시에 아파트를 소유하는 기회를 얻을 수도 있었다. 하지만 200만 호가 모두 아파트였던 것은 아니고, 서울 시내에 다가구 주택 건설과 공동주택 지하층 기준을 완화하는 등의 정책을 병행해 수치를 채운 경우도 적지 않았다. 그 결과 노태우 대통령의 임기 동안 서울에서만 10만 호 이상의 지하와 반지하주택이 생겨났고, 그 뒤에도 당시에 만들어진 기준을 활용해 반지하와 옥탑방 같은 불량주택들이 꾸준히 늘어나는 계기가 되기도 했다.

또한 신도시를 포함한 200만 호의 새집들은 계획부터 입주까지 2년 안팎의 시간 밖에는 걸리지 않았을 만큼 매우 빠른 속도로 지어졌고, 또한 동시에 엄청나게 많은 집들이 지어졌다. 따라서 건설자재 품귀 현상이 빚어지면서 시멘트와 모래, 골재들의 가격이 급등한 것은 물론이고 급한대로 불량 자재들을 사용하는 공사 현장들이 속출했다. 1991년에는 모래가 부족해 염분을 충분히 제거하지 못한 채 바닷모래를 퍼다가 사용한 건설업체들이 적발되기도 했고, 그 외에도 레미콘과 철근 등의 핵심 자재들이 품질 기준에 맞지 않거나 재사용되는 사례들이 적지 않았다.

뿐만 아니라 '200만 호'라는 목표를 달성하는 데만 집착해 너무 급하게 계획되고 건설되다보니 신도시들의 자족기능이 떨어지는 고질적인 문제도 생겨났다. 단지 잠만 자는 '베드타운'에 머물다보니 도심으로의 출퇴근 및 등하교 인구가 지나치게 밀집했고, 그들을 실어 나를 교통 부문에 과부하가 걸리는 문제가 노출되었을 뿐 아니라 신도시 주민들의 문화적 환경의 수준이 너무 부실하다는 지적도 제기되었다.

전국교직원노조 결성:
(1989년 5월 28일)

초중고등학교 교사들의 노동조합 결성 시도는 해방 직후부터 꾸준히 이어져왔다. 1946년에는 조선교육자협회가 조직되었고 1958년에도 교원노조 결성 시도가 있었다. 하지만 조선교육자협회는 미군정에 의해 해체되었고 교원노조 결성 시도도 '교육공무원법에 의하여 교원은 단체교섭과 단체행동을 할 수 없다'는 법무부의 유권해석으로 저지되었다. 4.19 혁명 직후 한국교원노동조합총연합(한교총)이 결성되긴 했지만 1961년 5.16 군사정변 직후 박정희와 군부는 한교총 핵심 구성원들을 용공분자로 몰아서 강제 해산하고 3,008명의 교사들을 교원노조에 가입했다는 이유만으로 해직시켰다. 특히 군사정부는 한교총의 저항을 완전히 분쇄하기 위해 혁명재판소를 통해 간부 54명을 구속 기소해 경북지부 위원장 김문심에게 무기징역을 선고한 것을 비롯해 2명에게 징역 10년, 1명에게 징역 5년을 선고하기도 했다. 이후 박정희 정권이 18년을 이어가며 점점 더 강경한 억압을 유지했기 때문에 교원노조 운동도 더 이상은 명맥을 이어가지 못했다.

그 이후 교사들의 결사 시도는 1981년 YMCA의 중등교육자협의회와 초등교육자협의회 등을 바탕으로 다시 시작되었다. 그 단체를 통해 모인 교사들은 1985년 4월과 5월 교육현장의 문제점들을 고발하고 교사들의 다양한 실천사례를 소개한 부정기 간행물 〈교육현장〉과 〈민중교육〉을 출간했고, 그 책을 접한 교사들의 많은 호응을 얻으며 모임에 참여하는 교사들도 늘어났다. 하지만 경찰은 〈민중교육〉이 좌경용공 선전물이라는 이유로 출판기념회를 봉쇄해 무산시키는 한편 책 출간을 주도한 김진경 · 윤재철 교사와 책을 출간한 출판사의 송기원 주간을 국가보안법 위반 혐의로 구속했다. 그리고 관련 교사 20명 가운데 10명을 파면하고 7명을 강제사직시키는 중징계를 내렸다. 하지만 해직된 교사들을 돕기 위한 격려금 모금 운동을 매개로 각 지역 교사들의 연대활동이 시작되었고, 그 과정에서 교원노조 결성 운동이 시작되었다.

그렇게 모인 교사들은 1986년 5월 10일 '교육민주화선언'을 발표했고 5월 15일에는 「민주교육실천협의회」를 결성했으며, 그 단체를 중심으로 5월 21일 자살학생위령제, 7월 17일 민주교육탄압저지대회, 8월 29일 민중교육지 사건 1주년에 즈음한 민주교육실천대회 등의 활동을 전개해나갔다.

교육부는 이런 활동에 앞장서는 교사들을 구속하거나 해임, 정직, 혹은 다른 시도나 도서 벽지로 전보 발령하는 등의 방식으로 탄압했고 그런 탄압에 대처하는 과정에서 교사 단체들은 기존 민주화운동 단체들과도 활발하게 연대하기 시작했다. 그리고 1987년 6월 항쟁 과정에서도 많은 교사들과 학생들이 참여해 사회민주화 과정에 동참하는 과정에서 '민주교육추진 전국교사협의회(전교협)'가 발족되어 교육 민주화, 교원의 노동 3권 보장, 국정교과서 폐지, 교장 선출임기제 실시, 학생 집회의 자유 등을 내걸고 다양한 활동을 벌였고, 노태우 정부가 들어선 이후에는 전국 15개 시 · 도와 130여 개 시 · 군 · 구, 600여 개의 학교에서 3만여 명의 평교사 회원을 보유한 조직으로 발전했다. 그리고 1988년 11월 20일 여의도 광장에서 열린 '참교육 실천을 위한 전국 교사대회'에 14개 시 · 도에서 모인 1만여 명의 교사들이 참가한 가운데 법적으로 보장된 교섭권을 행사하고, 교사들의 광범위한 자발적 참여를 끌어내기 위해서는 전국 단일노조의 형태를 갖추어 나가기로 결정했다.

특히 1988년 제 13대 국회의원 선거에서 야당이 승리하며 여소야대 국회가 구성되어 교원노조법을 상정해 통과시키면서 교원노조 설립은 무난히 이루어질 것으로 전망됐다. 하지만 노태우 대통령은 교원노조법에 대해 거부권을 행사했고, 교사들의 노조 설립에 대한 반대 입장을 분명히 밝혔다.

하지만 교사들은 계획대로 노조 설립을 추진했는데, 1989년 2월 19일 민교협 대의원회의에서 노동 3권의 보장을 관철시키기 위한 교직원 노동조합의 결성을 결의한 데 이어 5월 14일에는 1만 5천 명의 교사들이 모인 가운데 전교조 준비위원회 결성과 발기인 대회를 치렀다. 그리고 5월 28일에는 연세대에서 전교조 결성대회를 가지고 윤영규 교사를 초대 위원장으로 선출했다. 5.16 군사정변으로 교원노조가 해체된 이후 28년 만의 일이었다.

전국교직원노동조합(전교조)은 이날 교육의 자주성과 전문성 확립, 평화통일 실현, 교직원의 사회경제적 지위 향상과 민주적 권리의 획득, 교육여건 개선, 학생들의 노동계급으로서 노예의 삶으로부터 벗어나게 하는 민족·민주·인간화 교육의 실현, 자유·평화·민주주의를 사랑하는 여러 단체 및 교원단체와의 연대 등을 골자로 한 강령을 선포했다. 이후 전교조는 불과 한 달만에 130개 지회, 600여 개 분회, 2만 회원을 확보하는 데 성공했다.

하지만 교원노조법에 거부권을 행사한 노태우 대통령은 전교조에 대한 강경한 탄압 기조를 이어갔다. 문교부는 전교조가 불법이기 때문에 인정할 수 없으며 전교조에 가담하는 교사들 역시 모두 중징계하겠다고 선언했다. 그리고 실제로 1989년 7월 1일 문교부는 전교조 소속 교사들 중 탈퇴각서에 서명을 거부한 1,519명의 교사를 해직했다. 그리고 경찰과 검찰, 안기부 등의 공안기관들을 총동원해 전교조 탄압에 나서 47명을 구속하기도 했다. 특히 다수의 교사들이 해직되면서 동료 교사와 학생들이 동요하자 불법노조 결성이란 명분 외에 전교조의 이념에 좌경용공적인 요소들이 포함되어 있다는 점을 적극적으로 파헤치고 선전하기 시작했다. 전교조가 내세우는 참교육 이념인 민족·민주·인간화 교육이 북한의 민족해방 이념인 '삼민이념(민주·민중·민족)'과 똑같다는 식의 논리였다.

결국 대량해직된 교사들은 노태우 정권 내내 복직되지 못했고, 탈퇴각서에 서명하고 해직을 면한 동료 교사들의 성금으로 근근이 생활하며 교육민주화운동을 꾸준히 전개했다. 그리고 김영삼 정권 하에서 일부가 해임 전 동일 학교에 복직할 수 없고 단체활동을 하지 않는다는 조건으로 복직되었고 김대중 정부가 들어선 1999년 이후 나머지 일부가 복직되기도 했다. 전교조는 비록 탈퇴각서에 서명을 하긴 했지만 여전히 전교조에 남아 회비를 내고 활동을 이어간 12,000여 명의 교사들에 의해 지속적으로 활동하며 성장해서 오늘날까지도 이어지고 있다.

오늘날 전교조는 교사들의 이익단체로서의 기능과 교육운동단체로서의 기능을 모두 추구하고 있지만 1990년대만큼의 사회적 파급력을 가지지는 못하고 있다. 조합원의 구성이 확대되고 다양화되면서 외형적으로는 많은 성장을 이루었지만 오히려 교육철학에 대한 공감은 약해졌고 결속력도 약해졌기 때문이다.

1990년대 전교조의 활동은 당시의 교사들 외에도 그 교사들과 함께 학교생활을 해나갔던 학생들에게도 많은 영향을 미쳤다. 특히 중고등학생으로서 갑자기 해직되어 교단에서 쫓겨나는 선생님들을 지켜봐야 했던 1970년대 초중반 출생자들이 사회문제에 대해 상대적으로 높은 관심과 의식을 가지게 된 이유 중에는 전교조 교사들에 대한 대량해직과 그에 맞선 교육운동에 대한 세대적 경험을 빼놓을 수 없다.

3당 합당:
(1990년 1월 22일)

제 13대 국회의원 선거의 결과로 이루어진 사상 초유의 여소야대 국회는 이전에는 볼 수 없었던 새로운 형태의 정치과정을 선보였다. 집권 여당이 독식하던 국회부의장과 상임위원장을 의석수대로 배분했고, 의결이 필요한 대부분의 과정이 여야 4개 정당의 협상을 통한 합의로써 처리되었다. 반대로 한 쪽이 강행 처리를 시도하고 다른 한 쪽이 저지에 나서 물리적으로 충돌하는 전형적인 국회의 모습은 보기 어려워졌다.

특히 선거 과정에서는 갈등이 두드러지기도 했지만 기본적으로 비슷한 생각과 경험을 가진 민주당과 평민당의 의원들은 국회 운영 과정 중 다양한 형태로 공조했고, 공조한 두 당은 여당을 압도하는 의석수를 무기로 정국을 주도할 수도 있었다. 그 결과 5.18 광주민주화운동에 대한 유혈진압을 비롯해 전두환 정권의 비리를 파헤치는 국회 청문회가 TV 생중계로 보도되면서 전 국민의 폭발적인 관심을 끌었고, 그런 비판적 여론 안에서 결국 전두환의 측근 다수가 처벌받고 전두환 자신은 설악산 백담사에 유폐되기도 했다. 이런 상황은 오랜 세월 동안 유명무실했던 국민의 대표기관 국회가 비로소 자기 역할을 하기 시작했음을 의미하는 것이었고, 동시에 대화와 타협을 통한 합의라는 민주주의의 본질적인 가치로 다가가는 과정을 밟기 시작한 것이기도 했다.

하지만 그런 변화는 예상보다도 너무 빠르게 기득권을 상실하게 된 노태우 정권의 입장에서는 불만스럽고, 또 불안한 것일 수밖에 없었다. 특히 그 자신이 12.12 군사반란의 주역으로서 신군부의 핵심이었던 노태우 대통령은 5공화국의 잔재를 청산하는 작업의 결말에 자신에 대한 단죄가 포함되어 있을 가능성을 생각하지 않을 수 없었다.

더구나 선거 직후부터 언론 정치면은 야당통합 움직임으로 뒤덮이고 있었다. 어차피 비슷한 성장 배경을 공유하고 있어 성향의 차이가 거의 없을 뿐 아니라 실제로 13대 국회에서 성공적으로 공조를 이루어가고 있던 민주당과 평민당의 합당은 충분히 가능해 보였기 때문이다. 물론 두 당에서 절대적인 위상을 가지고 5년 뒤의 대통령 선거를 향해 달리던 김영삼과 김대중 두 사람이 다시 한 지붕 아래 모인다는 것은 쉽지만은 않은 일이었지만, 오히려 어차피 지역적 기반 자체가 겹치지 않는 두 당 의원들의 통합은 전혀 어려울 것이 없었다.

다양한 채널에서 합당에 관한 아이디어가 제안되는 가운데 당시 언론지면에서는 '소통합'이나 '대통합'이냐에 관한 분분한 전망과 의견들이 표출되기도 했다. 즉, 민주당과 평민당만의 합당이 되어야 하느냐, 아니면 민주당과 평민당 뿐만 아니라 공화당까지 포함하는 야당의 대통합이 되어야 하느냐는 논란이었다. 그 외에 평민당을 제외하고 민주당과 공화당이 합당하는 방식의 또 다른 '소통합'을 주장하거나 전망하는 이들도 있었다. 그리고 반대로 과거의 여당과 현재의 여당이 결합하는, 민정당과 공화당의 합당을 통한 '보수연합' 시나리오도 있었다.

하지만 실제 정치구조 개편은 당시에 가장 적극적으로 정치 상황의 변화를 시도하던 노태우 대통령에 의해 이루어졌다. 그 작업을 주도한 것은 노태우 대통령의 처조카로서 전두환 정권에서 청와대 정무비서관을 지낸 뒤 13대 국회에 전국구 의원으로 입성한 정무장관 박철언이었는데, 그의 구상은 가능하다면 주요 4개 정당을 모두 합쳐 하나의 당을 만든 뒤 내각제로 개헌해 계파간 합의를 통해 정국을 이끌어가는 일본의 자민당 같은 단일 지배 정당을 만드는 것이었다. 그리고 그것이 불가능하다면 최소한 제 1야당이자 가장 선명한 야당으로 인식되고 있던 평민당과 합당해 가장 많은 의석과 동시에 가장 넓은 이념적 스펙트럼을 포괄하는 거대 정당을 만드는 것이었다.

하지만 평민당의 김대중은 박철언을 통해 전달된 합당 제안을 거부했다. '국민이 투표를 통해 만든 여소야대를 마음대로 바꾸면 민주주의를 후퇴시키고 정치 윤리를 망치게 된다'는 명분과 '합당을 통해 정권을 잡기보다는 야당으로서 심판을 받고 싶다'는 이유였다. 반면 대통령 선거에서 미세한 차이긴 하더라도 2위에 오르며 라이벌과의 경쟁에서 한 발 앞섰지만 국회의원 선거에서 제 2야당으로 전락해 불안감에 사로잡힌 김영삼의 생각은 달랐다. 특히 4개 정당이 모두 합당해 다시 김대중과 당내 경쟁을 해야 한다면 별 이득이 없을 수도 있지만, 김대중을 제외한 합당이라면 자신의 대권 도전에 큰 힘이 될 수 있었기 때문이다. 결국 1990년 1월 22일, 노태우를 중심으로 양편에 김영삼과 김종필이 늘어선 채 기자회견을 가지고 3당 합당을 공식적으로 발표했다.

합당을 통해 새로 만들어진 당의 이름은 민주자유당이 되었으며, 노태우 대통령이 당 총재를 맡고 대표최고위원은 김영삼이, 최고위원은 김종필과 박태준이 각각 맡았다. 합당에 참여한 3당의 의석수는 220석에 가까웠기 때문에 언제든지 개헌을 할 수 있었고 조만간 내각제로 개헌하기로 합의한 뒤 각서를 작성하기도 했지만, 결국 대통령으로서 정권을 장악하기 원했던 김영삼에 의해 그 합의는 무산되게 된다.

합당을 통해 노태우 정부는 다시 절대다수의 의석을 확보한 강력한 여당의 뒷받침을 받게 되었고, 원내 2당이나 야권연대의 주도세력으로서 정국을 이끌어가던 김대중과 평민당은 순식간에 개헌저지선에도 못 미치는 소수 의석의 야당으로 전락하는 급격한 정치변동이 이루어졌다. 또한 평민당이 보유한 의석이 주로 호남과 서울에만 밀집해있었기 때문에, 야당의 세력권이 호남권으로 고립되는 지역적 왜곡도 3당 합당이 낳은 문제점이 되었다.

3당 합당 과정에서 민정당과 공화당 소속 의원들이 대부분 동참한 것과

창당 축하연의 모습. 여당인 민주정의당은 여소야대 정국을 극복하기 위해 통일민주당, 신민주공화당 두 야당과 합당을 통한 민주자유당을 결성했다.

달리 민주당에서는 일부 이탈자가 나왔다. 민주당 부총재 이기택과 노무현, 장석화, 김광일, 김정길 등 다섯 명의 국회의원과 김상현, 김현규 등의 원외 인사들이 합당 참여를 거부하며 이탈한 뒤 야당 성향의 무소속 박찬종, 이철 의원을 합류시키며 원내 7석의 군소 야당인 '민주당'(속칭 '꼬마 민주당')을 창당한 것이다.

특히 그 중 이미 청문회 과정을 통해 스타 정치인으로 발돋움하고 있던 부산의 초선의원 노무현은 합당을 결의하는 전당대회에서 강력하게 이의를 제기하는 모습으로 새삼 주목을 받았으며, 안정적인 당선과 출세가 보장된 여당의 영입 제안을 끝까지 뿌리치고 부산에서 야당 후보로 거듭 출마해 낙선하는 과정에서 미래의 대통령으로 성장할 수 있는 정치적 자산을 쌓아 올리기도 했다. 신민주공화당에서는 대전의 초선 김현 의원이 민자당 합류를 거부하고 무소속으로 남았다가 나중에 민주당 잔류파가 평민당과 함께 민주당을 창당할 때 참여했다.

이후 김영삼은 민자당 내에서 최대 계파는 아니었지만 가장 잘 결속되어 있던 민주계 정치인들을 이끌고 당내 주도권을 장악했고, 내각제 합의를 무산시키며 대통령 선거 후보 자리를 쟁취하는 데 성공한다. 그 과정에서 민정계는 당내 최대 계파였지만 결속력이 떨어졌고, 김대중이 당선되어 정권이 교체되는 것만은 막아야 한다는 위기감 때문에 김영삼의 적극적인 행보에 적절히 대응하는 데 실패했다. 그리고 민정계 의원들 대부분이 이념이나 가치관보다는 출세지향적이고 안정적인 권력 향유에 익숙했기 때문에 김영삼의 입지가 강화될 때마다 그 쪽으로 흡수되는 추세가 뚜렷해졌다.

반면 합당을 거부하고 야당으로 남은 김대중을 비롯한 평민당과 민주당 정치인들은 거대해진 여당의 압박과 지역적으로 고립된 구도에서 고전해야 했고, 특히 호남과 서울을 제외한 지역의 야당 정치인들은 선거 때마다 낙선이 기정사실화 되다시피 한 불리한 구도에 거듭 도전하는 고행을 강요받아야 했다.

3당 합당은 1990년대부터 최소한 2000년대까지 한국 정치의 기본적인 구도를 만든 결정적인 사건이었다. 그 사건 이후 호남의 야당과 비호남의 여당이라는 구도가 자리 잡았고, 그런 왜곡된 구도 위에 거대 여당과 소규모 야당의 '기울어진 운동장'이 만들어졌기 때문이다.

2000년대 초반 이후 그런 구도에 변화를 가져온 대표적인 정치인이 노무현이었다. '3당 합당 이전으로 되돌리는 것'을 정치 인생의 목표로 설정한 그는 실제로 왜곡된 지역구도와 정면으로 맞서 무수한 낙선을 되풀이하며 '바보'라는 별명을 얻은 것을 정치적 자산으로 삼아 대통령이 되었고, 우여곡절 끝에 비호남 지역에 민주당 계열 정당을 재건하는 바탕을 마련했기 때문이다.

3당 합당의 결과물인 민주자유당은 합당과 재창당, 당명변경 등의 과정을 거치며 신한국당, 한나라당, 새누리당, 자유한국당, 미래통합당으로 간판을 바꿔 달았고 2023년 현재 국민의힘으로 이어지고 있다.

강경대 피살 사건:
(1991년 4월 26일)

1991년 4월 26일 명지대학생이 경찰이 휘두른 쇠파이프에 머리를 맞고 사망하는 사건이 일어났다. 그날 교내 집회를 마치고 거리로 나선 명지대생들은 진압에 나선 경찰에 쫓겨 학교 쪽으로 도망쳤는데, 그 과정에서 강경대라는 이름의 신입생이 경찰관 5명에게 붙잡혀 집단폭행을 당한 뒤 쓰러져 동료 학생들에 의해 병원으로 옮겨졌지만 숨을 거둔 것이다. 당시 강경대의 시신은 오른쪽 눈썹 위에 사선 방향으로 7cm가량 찢어진 상처가 있었고 두개골 일부가 함몰되어 있었다.

다음날인 4월 27일 노태우 대통령은 이 사건에 대한 책임을 물어 내무부장관 안응모를 해임했고, 서울지검은 경찰로부터 강경대를 살해한 서울시경 4기동대 소속 전투경찰 5명의 신원을 확인해 구속했다. 하지만 학생들은 대통령의 직접 사과와 치안본부장을 비롯한 책임자 전원을 처벌할 것을 요구하면서 연세대학교에서 규탄대회를 벌였고, 이후 전국 대학에서 강경대의 폭행치사에 항의하는 집회와 시위가 이어졌다.

학생 시위 도중 사망자가 발생한 것은 1987년 6월 민주항쟁 이후 처음이었고, 그것은 1990년 3당 합당 이후 점차 격렬해지던 대학생들의 저항에 불을 붙이는 계기가 됐다. 특히 입학 후 채 두 달도 지나지 않은 신입생이 전경들의 무차별 폭행에 목숨을 잃었다는 점은 그 폭발력을 더한 요인이었다. 아직 오리엔테이션이 활발하게 이루어지던 대학가의 신입생들이 공분해 대거 시위에 동참하면서 시위 군중도 1987년 이후 가장 거대한 규모로 불어났던 것이다.

그런데 강경대의 죽음은 그 해 늦은 봄 한국 사회를 뜨겁게 달군 사건들의 시작에 불과했다. 사흘 뒤인 4월 29일 연세대에서 서울 지역 대학생들 3만여 명이 모여 '폭력살인정권 규탄 범국민결의대회'가 열린 것을 비롯해 전국 여러 도시에서도 비슷한 집회가 이어졌는데, 같은 날 광주의 전남대학교 교내 광장에서 열린 집회 도중 2학년생 박승희가 '노태우 정권 타도하고 미국놈들 몰아내자. 2만 학우 단결하라' 라는 구호를 외치며 분신하는 사건이 발생한 것이다.

경찰에 의한 죽음에 이어 자신의 몸을 스스로 불사르는 죽음까지 이어지면서 시위는 걷잡을 수 없는 규모로 확산되었다. 대부분의 대학들에서는 거의 수업이 이루어지지 못했고, 거리로 나선 대학생들은 각 도시의 주요 대로로 집결해 연일 시위를 벌이면서 도시 교통 역시 마비되다시피 했다. 더구나 박승희의 뒤를 이어 5월 1일에는 안동대학교 학생 김영균이 또다시 분신했고 5월 3일에는 경원대학교 학생 천세용, 5월 8일에는 전국민족민주운동연합(전민련) 사회부장 김기설, 5월 10일에는 노동자 윤용하 등이 잇따라 스스로 몸에 불을 붙여 목숨을 끊었다. 그리고 5월 6일에는 안양병원에 입원 중이던 노동운동가 박창수가 안기부 요원들이 병실에 다녀간 뒤 숨진 채 발견되는 의문사를 당하기도 했다. 그 뒤에도 고교생 김철수를 비롯해 이정순, 정상순 등의 분신이 이어졌다.

사태가 심각해지자 6월 민주항쟁 과정에서 조직된 전국적인 대학생 단체인 전국대학생대표자협의회(전대협)와 민주화운동 세력들의 연합체인 국민연합이 중심이 된 가운데 제 1야당인 신민당 등 44개 단체가 참여한 '고 강경대 열사 폭력살인 규탄 및 공안통치 종식을 위한 범국민대책회의(범대위)'가 구성되었다. 범대위는 노태우 대통령이 사태의 본질을 직시하지 못한 채

경찰에 피살 당한 강경대 열사를 추모하기 위한 문익환 목사의 추모시. 신입생이었던 강경대 열사의 사망은 학생 운동이 격렬해지는 계기가 되었다. (사진출처: 대한민국사박물관)

국민을 기만하고 있다고 비판하며, 대통령의 대국민 공개사과와 공안 내각 총사퇴, 내무부 장관 등 관련자 5명 구속, 백골단 해체 등 3가지 요구사항을 제시했다. 하지만 정부는 모든 요구사항을 무시한 채 강경 대응으로 일관하며 거리 곳곳에서 전투경찰과 학생들 사이에 시가전을 방불케 하는 투석전과 각목전투가 이어졌다. 그리고 그 과정에서 5월 25일에는 종로 일대에서 벌어진 시위에 참가했던 성균관대 학생 김귀정이 경찰의 '토끼몰이식 진압'에 쫓겨 막다른 골목으로 몰린 끝에 최루탄 연기와 압박을 못 이기고 질식사하는 사건마저 벌어지게 된다.

하지만 죽음을 통한 저항은 폭발력도 컸지만 반감도 일으켰다. 대표적으로 박정희 정권에 맞서 싸우다가 사형 선고까지 받았던 김지하 시인은 조선일보에 5월 5일자에 흔히 '죽음의 굿판을 걷어치워라'라는 부제로 더 널리 알려진 칼럼 '젊은 벗들, 역사에서 무엇을 배우는가?'를 통해 '죽음을 도구로 삼은 투쟁'을 비판해 파문을 일으켰다. 그리고 유신체제에 대한 공개적 비판으로 널리 알려졌던 연세대 교수 김동길 역시 교양강의 중 '강경대를 열사라고 부르지 말라. 신입생이 뭘 알아서 데모를 했겠나'라는 발언을 했다가 학생들이 항의 대자보를 붙이자 스스로 사표를 제출하기도 했다.

그렇게 두 달 가까이 이어진 시위 사태는 결국 노태우 정권의 노련한 공작에 의해 잦아들기 시작했다. 노태우 대통령은 주요 언론사 편집부장, 정치부장, 사회부장, 주필 등을 청와대로 불러 회동하며 회유했고 일련의 분신 과정에 배후 세력의 음모가 개입되어 있다는 정보를 흘려 보도되게 한다. 그리고 5월 18일에는 열흘 전에 분신한 전민련 사회부장 김기설이 남긴 유서 속의 필적이 그의 것과 다르고 그의 친구인 총무부장 강기훈의 것과 같다는 경찰의 주장이 국민일보를 통해 처음 보도되기 시작한다.

훗날 조작된 사건이라는 점이 밝혀지긴 했지만, 경찰과 검찰은 국과수의 부패한 문서실장 김형열을 통해 조작된 감정을 이끌어내고, 그것을 바탕으로 7월 24일 대법원은 강기훈에게 자살 방조와 국가보안법 위반에 관한 유죄 확정 판결을 내리기에 이른다. 시위 정국의 핵심에 있던 분신자살이라는 행위의 도덕적 정당성에 회의를 품게 함으로써 대중을 분리해낸 성공적인 공작이었던 셈이다.

그 와중에 6월 3일에는 국무총리로 내정된 정원식이 외국어대학교에서 강의를 마치고 나오던 중 둘러싼 외국어대학생들에게 계란과 밀가루 세례를 받고 봉변을 당하는 사건이 터졌다. 문교부 장관 재직 중에 전교조 탄압을 주도했던 정원식에 대한 분노와, 그런 정원식을 기용한 위선적인 국무총리 교체 카드로 시위를 진정시키려는 노태우 정권에 대한 항의의 행동이었다.

하지만 '밀가루와 계란 범벅이 되어 학생들에게 봉변을 당하고 쫓겨나는 스승'의 모습은 대중의 반감을 샀고, 정부와 언론은 대학생들을 '패륜 집단'으로 규정함으로써 학생운동 탄압의 빌미로 활용했다. 그 사건에 동참한 학생 20명이 검거되어 18명이 구속되었으며 10명은 실형, 8명은 집행유예 판결의 무거운 형벌을 받게 됐다.

1991년 5월과 6월의 시위는 온건한 표면적인 이미지 속에서 여전히 폭력진압과 공작정치에 의존하던 노태우 정권을 향한 학생과 민주화운동 세력의 반격이었다. 하지만 1987년과 달리 대중과 충분히 결합되지 못한 상태에서 잇따라 목숨을 버리는 조급함이 앞섰고, 그에 반해 노련한 정권의 공작에 걸려들어 별다른 성과 없이 큰 희생만을 치른 채 잦아들고 말았다. 그래서 그 사건은 1987년을 전후해 전면에 나섰던 학생운동이 수그러들기 시작한 계기로 꼽히기도 하며, 결합되어 있던 민주화운동세력, 그리고 대중과 분리되기 시작한 시점으로 분석되기도 한다.

하지만 시위 과정을 통해 전투경찰과 백골단의 폭력진압에 대한 비판 여론이 확산되며 거리의 폭력이 완화되는 계기가 되기도 했으며, 그에 대한 저항 역시 당장 거리에서 함성을 지르고 돌을 던지는 방식을 넘어 보다 장기적으로 대중을 설득하는 노력을 통해 이루어져야 한다는 교훈을 남겼다.

제 14대 국회의원 선거:
(1992년 3월 24일)

1992년 3월 24일에 치러진 제 14대 국회의원 선거에서도 299석의 전체 의석과 지역구의 소선거구제 선출방식은 유지되었다. 하지만 선거법이 일부 개정되어 전국구 의석이 13석 줄어든 62석으로 조정되면서 지역구 의석이 13석 늘어났고, 전국구 의석 배분도 원내 1당에게 과반수를 보장하던 이전의 규정이 사라지고 지역구 의석 비율에 따라 배분하는 방식으로 바뀌었다.

그 선거는 1990년 3당 합당을 통해 만들어진 거대 여당과 소수 야당의 구도로 임한 첫 번째 국회의원 선거였다. 하지만 이번에는 현대그룹의 자금력과 조직력, 그리고 정주영 회장의 인맥을 무기로 등장한 제 3세력인 통일국민당이 거대한 정치적 격변이 남긴 틈새를 파고 들었다. 그리고 1년 전인 1991년에 치러진 지방선거에서 조직력의 한계를 느낀 '꼬마 민주당'이 평민당이 재야 세력과 연합해서 만든 신민주연합당과 합당해 민주당을 창당함으로써 통합야당의 진용을 이루었다. 그 외에 김영삼과 김대중 어느 쪽과도 손을 잡지 않겠다는 의지로 꼬마 민주당을 이탈한 박찬종이 창당한 신정치개혁당(신정당)이 있었고, 진보정당인 민중당도 후보를 내며 선거에 참여했다.

선거 과정에서는 강남을구에서 야권 성향의 무소속 홍사덕 후보와 대결하

던 민자당 김만제 후보를 지원
하기 위해 국가안전기획부 요원
들이 홍사덕 후보에 관한 흑색
선전 유인물을 배포하다가 발
각되는 사건이 있었고, 선거 이
틀 전에는 현역 육군 중위 이지
문이 군 부재자투표 과정에 부
정이 저질러지고 있음을 폭로한
사건도 있었다. 박정희, 전두환
정권기와는 비교할 수 없지만
여전히 국가조직을 통한 부정선
거가 이루어지고 있음이 드러난
사건이었고, 노태우 정권과 민
자당 쪽에 불리한 여론이 확대
되는 계기가 되었다.

현대그룹의 회장이자, 통일국민당을 창당한 정주영 회장
의 모습. 통일국민당은 31석을 얻어내며, 큰 성과를 냈다.

이번에도 선거 결과는 예상을 크게 벗어났다. 원래 220석에 육박하는 의석
을 차지하고 있었고, 따라서 그보다 다소 줄어들더라도 최소한 과반은 훨씬
넘는 의석 확보를 낙관했던 민자당이 149석에 그치면서 과반 확보마저 실패
했기 때문이다.

한편 민주당은 전북에서 민자당에게 2석을 내준 것을 제외하면 호남의 모
든 선거구를 석권했고 서울에서 25석, 경기도에서 8석을 추가했으며, 약세가
예상되던 충청권에서도 대전 2석, 충남 1석, 충북 1석 등 총 4석의 의석을 확
보하는 성과를 냈다. 민주당은 모두 75곳의 지역구에서 승리해 22석의 전국
구를 배정받음으로써 모두 97석을 확보했다. 이전에 비해 20석 가까이 의석
을 늘림으로써 개헌저지선을 확보하는 성공을 거둔 셈이다.

하지만 그 선거에서 가장 인상적인 성과를 거둔 것은 통일국민당(국민당)
이었다. 한국 재벌을 대표하는 정주영이 직접 정치에 뛰어들었을 때 성공보
다는 실패를 전망하는 이들이 많았지만, 현대 그룹의 조직력과 자금력을 활

용하고 정주영의 인맥과 민자당의 공천 갈등 와중에 이탈한 이들을 끌어들여 구축한 후보진용이 의외의 파괴력을 발휘했기 때문이다. 국민당은 서울에서 가장 많은 관심이 집중되던 강남갑 선거구에서 김동길이 당선된 것을 비롯해 경기, 강원, 충청, 경남, 대구와 경북 등에서 고르게 당선자를 내면서 24명의 지역구 당선자를 배출했고, 7석의 전국구 의석을 배정받으면서 모두 31석을 차지해 단숨에 독자적으로 국회교섭단체를 구성하는 성과를 얻어냈다. 특히 그 선거에서 정주영은 자신과 평소에 친분이 깊었던 강부자, 이주일, 최불암 등의 유명 연예인들을 영입해 지역구와 전국구 후보로 공천함으로써 대중적 관심을 모으기도 했다.

그 외에 신정당은 박찬종 대표 한 사람만 당선되는 데 그쳤고, 민중당은 당선자 없이 전국 득표율 3%에 미달하면서 정당등록이 취소되는 수모를 당했다. 무소속 당선자는 21명이었고, 여당 성향과 야당 성향이 각각 절반 정도씩인 것으로 분석되었다.

1988년 제 13대에 이어 1992년 제 14대까지 두 차례의 국회의원 선거에서 모두 패배하면서 임기 마지막 해를 맞이하던 노태우 정권의 레임덕 현상은 가속화되게 되었다. 하지만 그로 인한 권력의 공백을 파고든 것은 야당의 김대중보다는 여당의 김영삼이었는데, 김영삼은 '내가 중심이 되어 치른다'고 공언했던 선거에서 패배하는 위기에 몰렸음에도 불구하고 오히려 공세적인 태도로 당내 권력투쟁을 벌여나간 끝에 자신에게 비협조적인 태도로 일관했던 민정계의 일부 핵심 정치인들을 축출했고, 그 결과 민자당의 대통령 선거 후보의 입지를 굳히는데 성공했다.

한중수교:
(1992년 8월 24일)

1988년 7월 7일 노태우 대통령은 '민족자존과 통일번영을 위한 특별 선언'을 발표했다. 그 내용은 다음의 6개 항이었다.

① 남북한 동포간의 상호 교류 및 해외 동포들의 자유로운 남북 왕래

② 이산 가족 교신·상호 방문 주선

③ 남북한 간에 물자 거래·문호 개방

④ 우방국과의 북한 무역 불반대

⑤ 대결 외교 지양, 국제 무대 협력

⑥ 북한은 미·일, 한국은 중·소와의 관계 개선 등이다.

정전 이후 고수해온 냉전적 진영논리, 즉 한미일 동맹을 통해 소련-중국-북한에 맞선다는 기본 개념을 벗어나 세계적인 탈냉전 흐름 속에서 남북한 관계 개선과 외교관계 확대를 천명한 것이다. 그 선언 이후 노태우 정권은 특히 사회주의권 국가들과 수교를 하거나 경제협력 관계를 맺는 데 외교적 역량을 기울였고, 그것은 흔히 '북방외교'라고 불리는 전향적인 방향 전환이

었다. 특히 중국과의 수교는 노태우 정권기에 이루어진 세계관과 외교전략 변화를 상징하는 사건이었다.

물론 이러한 방향 전환은 미국의 동의 속에서 가능했던 것이며, 미국을 포함한 세계의 전체적인 변화 속에서 이루어진 것이었다. 1989년 12월에는 미국과 소련 정상이 몰타에서 정상회의를 가진 뒤 냉전 종식을 선언했고, 한국은 헝가리, 폴란드, 체코슬로바키아, 유고슬라비아, 불가리아, 루마니아 등 동구권 국가들과 수교한 데 이어 1990년 9월에는 사회주의권의 종주국인 소련과도 외교관계를 맺었다.

소련과 달리 중국은 6.25 전쟁에 대규모 전투부대를 파병한 당사국이었다는 점에서 외교관계를 맺는 데에 있어서 조금 더 어려운 점이 있었다. 하지만 한국과 중국은 1991년 서로 무역대표부를 설치해 영사 기능까지 일부 겸하도록 하며 실질적인 외교 관계를 맺기 시작했다. 그리고 1991년 9월 남북한 유엔 동시 가입이 이루어진 후 두 차례에 걸쳐 한중 외무장관 회담을 가지고 정식 수교를 위한 준비 과정을 밟아갔다. 그리고 1991년 12월 제5차 남북고위급 회담에서 남북한 기본합의서가 채택되고 12월 31일에는 비핵화공동선언이 채택되어 남북관계가 상당히 개선됨에 따라 한중수교의 걸림돌이었던 북한의 반발이 상당 부분 무마되었다.

1992년 4월부터는 한국과 중국의 공식적인 수교 협상이 개시되었고, 4개월만인 1992년 8월 24일 한국 이상옥 외무장관과 중국 대표 첸지천 외교부장이 상호불가침, 상호내정불간섭, 중국의 유일합법정부로 중화인민공화국 승인, 한반도 통일문제의 자주적 해결원칙 등이 포함된 '대한민국과 중화인민공화국간의 외교관계수립에 관한 공동성명'을 발표했다.

한중수교의 마지막 걸림돌은 중국이 요구한 한국과 대만의 단교였는데, 미국의 사례를 따라 한국이 그 요구를 받아들임으로써 한중수교가 이루어지게 된다. 대만은 한국으로부터 일방적인 단교 통보를 받자 '국제연합 퇴출, 미국 단교에 이은 세 번째 충격'이라며 반발했지만 외교무대의 냉정함을 절감하는 수밖에 없었다.

국교 수립 이후 한중 교류는 여러 분야에서 비약적으로 성장했다. 교역량은 1992년 63억 8천만 달러에서 20년만인 2012년 2,206억 2천만 달러로 35배 가까이 증가했으며 사회문화적 교류도 급격히 증가하여 중국은 '한류'의 주요 무대가 되기도 했다. 오늘날 중국은 한국의 최대 무역상대국이며, 북한과의 관계를 풀어나가기 위해 반드시 협력해야 할 주요 외교 상대국으로 자리 잡고 있다.

중국과의 수교를 통해 한국은 사실상 북한을 제외한 사회주의권의 주요 국가 대부분과 외교관계를 맺게 됐다. 그것은 해방 이후 50년 이상 지구상 국가들 중 절반을 배제한 채 살아왔던 한국인의 인식적 영역이 두 배로 확장되었을 뿐 아니라 한국 기업들의 시장 역시 두 배로 확대되었음을 의미했다. 최소한 한국으로서는 중국이 소련보다 지리적으로 더 가깝고, 역사적으로 더 밀접하며, 산업적 연관성도 더 높고, 북한과 결부된 복잡한 정치, 군사적 맥락도 더 풍부한 상대라는 점에서 그 의미가 더욱 컸다.

제 14대 대통령 선거:
(1992년 12월 18일)

1971년 제 7대 대통령 선거를 앞두고 벌어진 신민당의 후보 경선을 통해 처음 격돌을 시작한 이래 20년간 경쟁과 협력을 되풀이해가며 한국정치사를 주도해온 김영삼과 김대중이 정면으로 격돌한 마지막 승부였다. 그 20년 중 대부분의 시간 동안 같은 야당의 길을 걸어온 두 사람이었지만 이번 대통령 선거에서는 여당과 야당으로 자리가 나뉘어 있었다. 김영삼은 3당 합당에 참여한 뒤 당내 권력투쟁에서 승리해 거대 여당 민자당의 대통령 후보 자리를 쟁취했고, 김대중은 3당 합당 참여를 거부한 뒤 통합 야당의 단일한 지도자로 자리매김하고 있었다.

각각 여당과 야당이라는 처지 외에 두 사람의 대결에 영향을 미친 가장 강력한 변수는 역시 1992년 봄 국회의원 선거를 통해 돌풍을 일으키며 정국의 한 축으로 자리잡은 국민당의 정주영이었다. 그 외에도 '양김시대 종식'을 내걸고 독자 행보를 걸어온 신정당의 박찬종이 있었고, 민자당 후보 경선 과정에 대한 반발로 탈당한 뒤 민정계 일부를 규합해서 만든 새한국당의 이종찬도 있었으며, '민중후보'를 자처하며 출마한 무소속의 백기완도 있었다. 하지만 막강한 조직과 자금과 대중적 인지도를 가졌으면서도 최소한 정치 영역에서는 갑자기 돌출한 존재인 데다가 고정 지지층의 범위가 확인된 적이 없는 정주영의 영향력은 아주 적을 수도, 매우 클 수도 있었다는 점에서 모두를 긴장하게 했다.

김영삼이 기존 여당 조직과 안정을 원하는 보수적 유권자들의 지지를 기반으로 김대중에 대한 거부감을 가진 비호남 지역 유권자들을 두루 공략하는 전략을 구사한 것은 당연한 일이었다. 반면 김대중은 통합 야당의 후보로서 노태우 정권과 야합한 김영삼에 대한 비판적 여론에 호소하는 동시에, 자신에 대한 편견과 거부감을 불식시키기 위해 온건한 모습을 강조하는 '뉴DJ 플랜'을 중심으로 선거를 치렀다. 자신이 집권하더라도 급진적인 변화는 없을 것이며 기존의 집권세력에 대한 정치보복도 없을 것이라는 사실을 강조한 것이다.

애초에 정가에 지배적이었던 정주영의 정치적 영향력에 대한 회의적인 시선은 14대 국회의원 선거에서 국민당이 31석을 확보하면서 완전히 제거되었다. 정주영은 현대그룹의 조직력과 자금력을 동원해 국민당의 당원을 전체 유권자의 절반에 육박하는 1,200만 명까지 늘렸고, 현대그룹의 폭넓은 인력들을 활용함으로써 예상을 뛰어넘는 정보력과 기획력을 자랑했다. 그럼으로써 이슈를 선점하는 획기적인 많은 공약들을 제시하기도 했는데, 예컨대 '공산당 정치활동 허용'이나 '반값 아파트' 같은 공약은 실현 가능성과는 별개로 많은 유권자의 관심을 모으고 다양한 논쟁을 일으켰다.

하지만 결과적으로 정주영의 돌풍도 국회의원 선거 때와는 달리 양대 후보의 경쟁구도에 의미 있는 영향을 주지 못한 것으로 나타났다. 많은 관심을 집중시키는 데까지는 성공했지만 김영삼과 김대중으로 이미 나뉘어있던 표심을 흔들 만큼의 신뢰를 얻지 못했기 때문이다. 특히 정주영의 아들 정몽준이 지휘하던 정보조직을 통해 선거 1주일 전 부산의 식당에서 검찰총장과 부산지검 검사장, 부산시장, 부산경찰청장, 안전기획부 부산지부장, 부산시 교육감, 부산상공회의소장 등 주요 정부기관장들이 모두 모여 김영삼 후보를 당선시키기 위한 관권선거에 관해 나눈 대화를 녹음해 폭로한 '초원복국 집 사건'이 터졌지만 결과적으로 선거 결과를 뒤바꿀 정도의 힘을 발휘하지 못했으며 오히려 영남과 보수층 유권자들의 결집을 자극해 김영삼 후보 쪽에 유리하게 작용한 것으로 나타나기도 했다.

결국 42%를 득표한 김영삼 후보가 34% 가량을 득표한 김대중 후보를 193만 표, 득표율 8% 차로 꺾고 당선되었다. 정주영 후보의 득표율은 16.3%였으며 박찬종 후보는 6.4% 가량에 그쳤다. 특히 김대중 후보는 호남과 서울을 제외한 대부분의 지역에서 김영삼 후보에 밀렸을 뿐 아니라 영남 지역에서는 정주영과 박찬종 후보에게까지 밀린 것으로 나타났다. 1987년 제 13대 대통령 선거와 1988년 제 13대 국회의원 선거를 통해 고착화되고 심화된 지역주의의 벽을 다시 한 번 절감할 수밖에 없었던 것이다.

김대중은 개표가 채 완료되기도 전에 패배를 인정하고 승복하는 동시에 정계 은퇴의 뜻을 밝히는 기자회견을 가졌고, 얼마 뒤 영국으로 출국했다. 하지만 물론 그것으로 김대중의 정치이력이 끝난 것은 아니었다. 그는 3년 뒤 정계복귀와 함께 인생에 마지막으로 대통령 선거에 다시 한 번 도전하게 되기 때문이다.

하나회 해체:
(1993년 3월 8일)

하나회는 대한민국 육군 내의 비밀 사조직으로서 전두환과 노태우 등 육군사관학교 11기들이 결성했고, 이후 후배들을 선별해 영입하면서 성장했다. 처음에는 친목회의 성격으로 시작됐던 이 조직은 5.16 군사정변 이후 박정희 대통령의 비호 속에 군내 핵심 보직을 주고받으며 군부 내의 권력집단으로 변질됐고 결국 12.12 군사반란과 5.17 비상계엄 확대조치를 통해 대한민국의 정치권력을 독점하는 '신군부'의 핵심이 되어 한국정치사를 비극으로 몰고 갔다.

전두환, 노태우가 속한 육사 11기는 1951년 6.25 전쟁 중 경상남도 진해에서 개교한 육군사관학교에 입학한 이들이다. 이들 중 같은 경북 출신인 전두환, 노태우, 김복동 등이 특히 입학 초기부터 친하게 지냈다. 그들은 대부분 성적은 좋지 못했지만 체육 활동에서 두각을 나타내 전두환은 축구부 주장, 김복동은 송구부(핸드볼부) 주장이었고 노태우는 럭비부 소속이었다.

하나회의 성격이 변질되며 급성장할 수 있었던 중요한 계기는 5.16 군사정변이었다. 당시 서울대 학군단에서 근무하던 전두환 대위는 육사로 달려가 교장 강영훈을 비롯한 교수들의 반대에도 불구하고 독단적으로 후배 생도들

김영삼 대통령이 육군참모
총장에 김동진 대장, 기무사
령관에 김도윤 소장을 임명
하고 있다. 김영삼 대통령은
하나회 숙청을 위해 차근차
근 준비했고, 이는 군부정치
역사에 마침표를 찍는 결과
를 낳았다.

을 이끌고 18일에 광화문 앞으로 가서 군사정변에 대한 지지행진을 벌여 국
민들의 여론을 호전시키는 데 일조했다. 박정희가 전두환을 주목하기 시작
한 사건이었다.

이후 박정희는 자신의 경호를 위해 충성스러운 젊은 장교들을 선발하라고
지시했고, 그에 따라 육사 8기 출신인 박종규 소령이 후배인 육사 11기생들
중에 하나회 소속 중심으로 10명을 추려 보고했다. 이들이 청와대 경호실에
서 근무하며 권력 핵심층과 접촉할 기회를 얻게 된 계기였다. 그리고 그들은
그곳에서 얻은 후원자들의 힘으로 이후 최고회의와 중앙정보부, 보안사 등
에서 요직을 차지하며 출세가도를 달릴 수 있게 되었다. 그리고 박정희의 은
밀한 지시에 따라 육사 동문들 내에서 박정희의 친위세력을 구축하는 역할
역시 그들이 담당하게 된다.

이후 하나회는 육사의 각 기수별로 10명 안팎의 젊은 장교들을 포섭해 엄
격한 절차를 거쳐 가입시켰다. 11기 구성원들이 각 기수에서 1명을 추천하
고, 그에 대한 철저한 뒷조사를 거쳐서 11기 전체의 동의를 받아서 선발하
며, 그 1명이 자기 기수의 다른 사람을 추천하고, 추천받은 사람은 역시 11기
와 해당 기수 동기 전체의 동의를 받아 가입 절차를 받는 방식이었다. 전두
환을 비롯한 11기 핵심들은 그렇게 모은 회원들을 정권과 군 고위층이나 재
벌로부터 얻은 활동비를 통해 관리했다. 그리고 하나회 회원들은 그렇게 권
력 핵심층의 지원 속에서 동기들에 비해 좋은 보직을 독점하며 훨씬 빠르게

승진하면서 군내에서 힘을 키워갈 수 있었다.

그렇게 권력이 집중되고 특권화되면서 군대 내에서 이들은 계급보다도 하나회의 기수를 더욱 중요하게 생각했고, 상급자의 명령보다 하나회 선배의 명령을 더욱 중요하게 여기는 습성을 가지게 됐다. 그리고 이것은 훗날 그들의 하극상을 감행하며 군사정변을 일으키는 배경이 된다.

전두환과 노태우 정권기 동안 전성기를 보냈던 하나회가 몰락한 것은 김영삼 대통령에 의해서였다. '군정종식'을 필생의 목표로 설정한 김영삼은 대통령에 취임하기 전부터 하나회 숙청을 계획하고 있었다. 그는 몇몇 비선을 통해 하나회의 구성을 파악하고 제거의 방법과 절차를 점검했다. 하지만 당선 직후 하나회 척결을 요구하는 주변의 진언에 대해서도 반응하지 않는 모습을 보이고, 하나회 핵심들과 지연이나 학연을 가진 측근들에게도 일부러 내색을 하지 않음으로써 하나회 장성들은 '김영삼이 군부의 힘을 두려워한다'고 생각했고, 별다른 경계심을 가지지 않고 있었다.

김영삼이 본격적인 하나회 숙청을 시작한 것은 취임 11일만인 1993년 3월 8일이었다. 그날 그는 전격적으로 육군참모총장과 기무사령관 교체를 선언했다. 육군참모총장 김진영과 기무사령관 서완수는 모두 하나회 핵심이었다. 각자 부대에서 회의를 주재하던 그 두 사람은 영문도 모른 채 전화로 해임통보를 받고 갑자기 옷을 벗어야 했다. 그리고 그들의 자리에는 비하나회 출신 김동진 대장과 김도윤 소장이 대신 임명되었다.

하지만 그 때만 해도 하나회 전체를 척결한다기보다는 자신이 직접 임명한 사람들을 통해 군내 요직을 장악하려는 김영삼 대통령의 시도라고 인식하는 이들이 많았다. 두 사람은 전임 대통령 노태우가 임명한 사람들이었기 때문이다. 하지만 김영삼 대통령은 4월 2일, 또다시 김형선 특전사령관과 안병호 수도방위사령관을 경질했고, 그들의 후임으로 김동진 신임 육군참모총장의 측근인 장창규 소장과 과거 하나회를 견제하다가 밀려난 강창성 전 보안사령관의 부하였던 도일규 소장을 보임한다. 하나회 제거라는 대통령의 목표가 명확히 드러난 시점이었다. 그리고 그 뒤를 이어 4월 8일 국무회의를 통해 2군사령관에 김진선 육군참모차장, 3군사령관에 윤용남 합참 전략기획본부장, 합참차장에 편장원 육군교육사령관 등 비하나회 장성들을 발탁해 중장으로 승진시키고 보임함으로써 하나회의 공백을 메워갔다. 그들에게 밀려 전역하게 된 2군사령관 김연각 대장과 3군 사령관 구창회 대장 역시 하나회 출신이었다.

그로부터 다시 일주일 뒤인 4월 15일에는 군단장과 사단장급 인사까지 벌여서 하나회 출신 일선 지휘관들을 대부분 몰아냈고, 보직 분류를 통해 하나회 출신들에게 특혜를 몰아 주던 국방부 인사국장과 육군본부 인사참모부장까지 모두 교체했다.

김영삼 대통령의 숙군 작업이 막 시작되던 4월 2일 용산 동빙고동의 군인 아파트 주차장에 하나회 회원 명단이 살포되는 사건이 있었다. 교육사령부 지원처장 백승도 대령이 벌인 일이었는데, 그 명단에는 육사 20기부터 36기까지 회원 125명의 명단이 들어있었다. 정확한 내용은 아니었지만 훗날 대략 90% 가량은 맞는 것으로 밝혀진 그 명단에 따르면 전두환과 노태우 대통령 임기 중 육참총장을 지낸 6명 중 5명, 보안사령관 10명 전원, 수방사령관 10명 중 8명, 청와대 경호실장 5명 전원, 육본 인사참모부장 15명 중 13명, 수방사 30 경비단장 6명 전원, 33 경비단장 7명 전원이 하나회원이었던 것이다. 그 명단을 본 비육사, 비하나회 장교들은 분노했고 하나회 척결에 대한 군내의 여론이 급격히 확산되며 김영삼 대통령의 숙군 작업에 힘이 실렸다. 그리고 명단을 토대로 밝혀져 간 하나회 소속 영관급 장교들은 그 후로 오히려 불이익을 받으며 진급에 실패해 차례로 밀려나게 되었다.

이렇게 김영삼 대통령 취임 3달 만에 장군 18명을 전역시켰고, 그 뒤로도 1993년 10월 군 정기 인사와 1994년 4월과 10월 정기 인사까지 계속해서 하나회 색출해 축출함으로써 대부분의 하나회 출신 장성들을 전역시켰다. 영관급 이하 장교들은 곧바로 전역시키는 것은 불가능했기 때문에 대부분 한직으로 좌천됐고, 진급에 실패한 끝에 계급정년을 채우고 전역하게 되는 경우가 많았다.

하나회 척결 과정은 역설적으로, 1990년대 초반까지도 한국 사회에서 군부의 위력이 막강했으며 대통령 당선자마저도 군사정변 위협에 시달려야 했음을 보여준다. 그리고 그런 상황에서 극비리에 계획을 세우고 추진한 결과 하나회를 뿌리 뽑았고, 그 과정에서 군에 대한 민간의 민주적 통제권이 확립되기 시작했다.

하나회의 숙청은 그런 점에서 박정희로부터 전두환과 노태우로 이어져 온 한국정치사의 군부정치 역사에 마침표를 찍는 순간이었고, 대통령 직선제 개헌을 통해 시작된 민주제도의 발전 과정이 중요한 한 고비를 넘는 시점이었다.

금융실명제:
(1993년 8월 12일)

1993년 8월 12일, 김영삼 대통령은 TV를 통해 전국으로 생중계되는 가운데 직접 「금융실명거래 및 비밀보장에 관한 긴급재정명령」을 발동했다. 발표 내용은 대략 다음과 같았다.

저는 이 순간 엄숙한 마음으로 헌법 제 76조 1항에 의거하여 금융실명제거래
및 비밀보장에 관한 대통령 긴급명령을 발표합니다. 아울러 헌법 제 37조 3항에
규정에 따라 대통령의 긴급재정경제명령을 심의 승인하기 위한 임시국회 소집을
요청하고자 합니다. 금융실명제에 대한 우리 국민들의 합의와 개혁에 대한 강렬한
열망에 비추어 국회의원여러분이 앞도 적인 시시로 승인해 줄 것을 믿어 의심치
않습니다.
친애하는 국민 여러분 드디어 우리는 금융실명제를 실시합니다. 이 시간 이후 모든
금융거래는 실명으로만 이루어집니다. (중략)
국민 여러분 금융실명제는 성실하고 정직하게 살아가는 국민에게는 아무런
해로움이 없습니다. 자신의 명예로 정상적인 금융거래를 해온 국민에게 절대수의
국민에게도 아무런 해가 없습니다. 실명에 의하지 않는 금융거래는 소정의 기한에
실명으로 명의를 전환하면 됩니다. (중략) 금융실명제로 인한 사생활의 침해나

자유로운 경제활동에 위축이 없도록 하겠습니다. 실명으로 전환되는 금융자산에 대해서는 자금출처 조사가 있을 수 있겠습니다만 그 목적은 비리 수사가 아닌 조세 징수에 한정될 것입니다.

그럼에도 불구하고 긴급 재정경제명령의 실시에는 금융거래 동요 등 다수의 부작용이 나타날 수 있습니다. 신 경제 5개년 계획의 실천과 경제 활력을 위해서 정부는 예상되는 부작용에 대한 만반의 대책을 마련하고 있습니다. 부동산투기와 해외로의 자금유출을 막기 위한 대응체제를 가동시킬 것입니다. 중소기업의 자금사정 악화에는 특별 긴급 대응책으로 조치할 것입니다. 금융시장 안정을 위해 한국은행에 비상대책반을 운영할 것이며 그리고 각종 분야별 대책반을 총괄하는 기구로 중앙대책위원회를 운영할 것입니다. (후략)

금융실명제란 금융기관에 예금을 하거나 증권을 매입하는 등 금융거래를 할 때 반드시 거래자 본인의 이름으로만 할 수 있도록 하는 제도이다. 즉, 가명이나 타인의 이름을 사용할 수 없도록 하는 것이다.

한국에서 가명이나 차명을 통한 금융 거래가 흔해진 것은 5 · 16 군사정변 직후인 1961년 7월 군사정부가 「예금 · 적금 등의 비밀보장에 관한 법률」을 제정하면서부터였다. 그 뒤로 예금과 주식, 채권 등 모든 금융자산의 가명 및 무기명 거래는 제도적으로 보장되었고, '검은 돈'들도 금융기관을 거쳐 나오면서 손쉽게 '돈세탁'이 이루어질 수 있었다. 각종 뇌물이나 불법적인 돈거래의 추적이 불가능했고, 그런 자금들이 다양한 방식으로 이루어지는 부정부패와 탈법의 기반이 된 것은 당연했다.

금융실명제의 필요성은 이미 여러 번 제기된 적이 있었다. 대표적으로 전두환 대통령의 인척인 이철희 · 장영자 부부가 1981년 2월부터 1982년 4월까지 공영토건 등의 회사로부터 7,111억 원 어치의 어음을 받아 사채시장에서 할인해 사용한 사기 사건인 '이철희 · 장영자 어음사기 사건' 직후 금융실명제의 도입을 주장하는 목소리가 높아졌다. 검찰과 법원에서는 이철희와 장영자 부부의 일탈행위로 결론짓고 마무리했지만 당시 많은 사람들은 신군부의 정치자금 조달과 돈세탁을 위해 이루어진 정치적 부정사건이라고 의심했기 때문이다.

이후 1987년 대통령 선거 과정에서 노태우 후보가 금융실명제 실시를 선거공약으로 내세우기도 했지만 1990년 4월 '경제 활성화 대책'을 발표하면서 금융실명제 실시를 무기한 연기했는데, 금융실명제가 실시될 경우 금융거래가 위축되고 자금의 해외 유출이 이어져 당장 우리 경제가 심각한 타격을 줄 수 있다는 우려 때문이었다. 비록 검은 돈일 망정 급하게 빠져나가거나 흐름을 멈출 경우 당장의 경제에 어려움을 초래하게 될 거라는 논리였다.

하지만 1993년에 취임한 김영삼 대통령은 임기 초 개혁과 부정부패 척결을 주요 국정지표로 삼고, 그 일환으로 금융실명제를 다시 추진했다. 김영삼 정부는 금융실명제 실시에 앞서 공직자 재산공개를 실시하고 그에 따라 사정작업을 벌였으며, 그 사정작업의 실효성을 확보하기 위한 후속작업으로서 금융실명제 도입을 준비했다. 당시 공직자들 대부분이 차명계좌를 보유하고 활용했던 탓에 재산신고액에 비해 예금액은 극히 적은 것으로 나타났기 때문이다.

실제로 금융실명제 추진 움직임이 가시화되자 그것을 막기 위한 움직임도 나타났다. 금융기관 단체장들은 금융실명제를 실시하더라도 경제 상황에 따라 단계적으로 실시해야 한다고 주장했고, 여당인 민자당 내부에서도 보수 정치인들을 중심으로 금융실명제를 저지하기 위한 조직적 움직임이 감지되었다.

김영삼 대통령은 금융실명제 즉시 실시에 찬성하는 입장이던 이경식 경제부총리와 KDI 연구위원들을 주축으로 준비작업을 진행했고, 긴급명령 발동 2개월 전부터는 홍재형 재무부 장관도 준비 작업에 참여시켰다. 하지만 마지막 순간까지도 경기회복이 먼저라는 입장을 견지한 경제수석과 국무총리에게는 비밀을 지켰다.

그래서 많은 사람들은 금융실명제 실시가 되지 않거나, 되더라도 2~3년가량의 시간을 두고 단계적으로 실시될 것으로 예상했다. 하지만 김영삼 대통령은 입법이 아닌 긴급명령을 통해 '즉시' 실시를 선언하는 전격적인 방법을 택했다. 제도의 실시 과정에 시간적 여유를 둘 경우 지하자금들이 빠져나갈 것을 우려했기 때문이다.

금융실명제 실시 이후 3년이 지난 1996년 12월 말 기준으로 실명예금의 실명 확인율은 98.3%이고, 비실명예금의 실명 전환율은 98.8%로 집계되었다. 대부분의 예금이 실명 확인되거나 실명으로 전환된 것이다. 그런 성공적인 제도 정착을 통해 소득세 탈루 규모가 축소되어 조세 형평성이 제고되었으며, 이자 및 배당 등 소득 분배의 형평성도 개선되었다. 또한 '검은 돈'이 가장 많이 유통되는 시기는 역시 선거철이었는데, 금융실명제 실시 이후 자금 수요의 과열 현상이 확연히 줄어들면서 금권선거를 비롯한 정치 과정의 부정부패가 크게 개선되는 또다른 성과를 거두기도 했다.

산업연수생제도:
(1993년 11월)

1980년대 후반부터 한국은 일부 영역에서 인력난을 겪기 시작한다. 여전히 경제활동인구가 증가하고 있던 시기였지만 산업구조가 고도화되고 국민소득이 상승했기 때문이다. 한국인들은 '3D'업종(dangerous, difficult, dirty)을 기피하는 경향이 점점 뚜렷해졌지만 여전히 중소제조업과 건설업에서는 저임금의 단순노동에 종사할 인력이 필요했다. 그런 흐름 속에서 외국의 인력을 노동자가 아닌 연수생 신분으로 들여와 활용하는 '해외투자기업 연수생제도'가 법무부 훈령에 의해 도입, 1991년 11월부터 시행되었다.

이 제도의 원래 취지는 해외 진출 기업체가 현지에서 고용하는 노동자의 기술을 향상시키기 위해 한국의 모기업에서 기술연수를 시키도록 하는 것이었다. 하지만 실제로는 대부분 국내 사업장의 인력난 해소를 위해 외국인 노동자를 들여오는 데 이용되었다.

이 제도는 실제로는 중소기업의 인력난 해소에 큰 도움이 되지 못했다. 해외에 사업장을 가지지 못한 기업들은 대상에서 제외됐을 뿐 아니라, 포함된 기업들도 연수허용 인원이 상시근로자의 10%에 불과했고, 연수 기간도 6개월로 한정되어 있었기 때문이다.

중소기업중앙회가 1992년 2월 외국인 산업연수생의 연수 기간을 연장하고 연수대상 업체의 범위를 확대해 줄 것을 요구하자 정부는 1993년 11월 24일에 외국인 산업기술연수조정협의회를 열고 '외국인산업기술연수 사증 발급에 관한 업무지침'을 개정해 종전의 연수업체 대상에 더해 '주무 부처의 장이 지정하는 산업체와 유관 공공단체장이 추천하는 사업체'를 추가함으로써 중소기업중앙회의 추천에 의해서도 연수생의 도입이 가능하도록 했다. 그리고 인원배정도 상시 종업원 수에 비례해 5명부터 최대 50명까지 배정받을 수 있도록 완화했다. 그리고 그런 새로운 제도에 의거하여 1994년 5월 말부터 중국, 베트남, 필리핀 등 10개국으로부터 1차 연수생 2만 명의 입국이 시작되었다.

이후 중소기업협동조합이 외국(네팔·미얀마·방글라데시·베트남·스리랑카·인도네시아·중국·필리핀·파키스탄·이란·우즈베키스탄·태국·몽고·카자흐스탄 등)의 인력송출 기관에서 연수생을 확보해 국내 기업 중 5인 이상 300인 이하의 섬유, 신발, 조립금속 등 22개 중소 제조업체를 중심으로 배정하고 업체로부터 연수생의 신청을 받은 중소기업협동조합이 업체를 선정해 연수생을 배정하고 법무부는 출입국을 허가해주고 있었다.

하지만 이런 산업연수제도는 배정받은 사업장에서만 일할 수 있다는 점과 연수생의 신분이 노동자가 아니어서 근로기준법과 건강보험, 산업재해보험 등의 법과 제도적 보호의 대상이 되지 않는다는 점을 악용한 기업들의 인권침해 사례가 속출했고, 동시에 송출비리와 사업장을 이탈하는 불법체류자 증가 등의 문제도 유발해왔다. 특히 1995년 1월 9일에는 네팔 출신의 외국인 근로자 13명이 명동성당에 모여 한국인 사용자의 비인간적 대우 등에 항의하는 농성을 벌이면서 사회적 충격을 주기도 했다.

이에 따라 노동부는 1995년 2월 14일 '외국인산업기술연수생의 보호 및 관리에 관한 지침'을 제정해 연수생에게도 산업재해보상보험, 의료보험을 적용하고 근로기준법상의 강제근로금지, 폭행금지, 금품청산, 근로시간준수 등의 법적 보호를 받을 수 있게 했으며 1995년 7월 1일부터는 최저임금법의 적용도 받게 하였다. 또한 노동부는 고용허가제 도입의 필요성을 검토하고 관련 법률을 제정하겠다고 밝혔고 인권시민단체와 노동단체에 의한 입법 청원이 이어지기도 했다. 하지만 기업들의 반대로 어려움을 겪다가 1997년 말 외환위기와 경제상황 악화로 논의가 전면 중단되었고, 2003년 7월에야 대안적인 제도인 고용허가제 법안이 국회를 통과할 수 있었다. 고용허가제는 고용주가 정부에 노동자를 신청하면, 정부에서 외국인을 선별하여 취업비자를 발급해 한국으로 입국할 수 있도록 허가하며, 그렇게 들여온 외국인에 대해 산재보험, 최저임금, 노동 3권 등 내국인과 똑같은 법적 권한을 대한민국 정부가 보장하도록 한다. 그에 따라 2003년 11월부터 2006년 12월까지는 산업연수제와 고용허가제가 함께 실시되었지만 2007년 1월부터 산업연수제도가 폐지되고 고용허가제로 단일화되어 현재에 이르고 있다.

2007년 노동부와 법무부 자료에 따르면 우리나라의 등록외국인 수는 724,967명이고 이 중 과반수 이상인 404,051명(56%)이 외국인 노동자로 나타났다. 이중 고용허가제와 산업연수제를 통해 들어온 합법적 체류 노동자는 51.4%(산업연수생 8.9%), 미등록 체류 노동자는 48.6%로 나타났다. 국적별로는 베트남, 필리핀, 태국, 몽골, 인도네시아, 스리랑카 순이다.

고용허가제 역시 적지 않은 문제점들이 지적되고 있다. 입국 전 모집과정과 송출과정에서의 문제들 외에도 입국 전과 후의 업무가 불일치하거나 장시간 노동, 저임금, 열악한 노동조건, 사업장 이동제한, 인권침해문제 등이 제기되고 있다. 그런 문제들을 해결하기 위해서는 법과 제도 외에도 한국인의 전반적인 인식 개선이 요구되는데, 특히 한국보다 경제 수준이 낮은 제3세계 외국인에 대해 비하, 무시하는 시선이 한국인들 사이에 만연하며, 그런 인식이 사업장에서 각종 위법과 차별적 행위로 이어지고 있기 때문이다.

이주노동자가 한국 사회로부터 많은 혜택을 받아 가고 있으며, 그들이 내국인들의 일할 기회를 빼앗아간다는 시선도 있다. 하지만 실제로 그들은 주로 내국인들이 기피하는 영역에서 우리 사회의 노동시장을 보완하는 역할을 해왔으며, 그들을 통해 한국 경제의 부가가치 생산량이 증가하고 산업경쟁력이 강화되어 국내 노동자가 취업할 수 있는 신규일자리를 창출할 여력을 만들고 있다.

성수대교 붕괴:
(1994년 10월 21일)

1994년 10월 21일 오전 7시 38분, 한강을 가로질러 성동구 성수동과 강남구 압구정동을 연결하는 성수대교 제10번과 11번 교각 사이 상부 트러스 약 50m가 붕괴해 무너져내렸다. 출근하던 직장인과 등교하던 학생들로 교통량이 많아지기 시작하던 그 순간 해당 지점을 통과하던 승합차 1대와 승용차 2대가 곧바로 한강으로 추락했고, 붕괴 지점에 걸쳐 있던 승용차 2대도 뒤이어 추락했다. 그리고 16번 시내버스 역시 앞바퀴가 붕괴 지점에 걸친 채 잠시 멈추었다가 차체가 뒤집히며 추락했다. 오히려 곧바로 물로 떨어진 차에서는 생존자가 많았지만 사고 지점에 걸쳐 있다가 추락한 버스에서는 많은 희생자가 나왔다. 가장 먼저 추락했던 승합차에는 경찰의 날을 맞아 우수중대 표창을 받으러 가던 의경들이 타고 있었는데, 모두 무사히 빠져나와 한강으로 추락한 다른 사람들을 구조하는 데 큰 역할을 하기도 했다. 반면 16번 버스는 먼저 떨어져 있던 상판 부분과 충돌해 찌그러지면서 타고 있던 승객 중 29명이 희생당했는데, 상당수는 등교하던 학생들이었다.

사고로 인해 모두 32명(남 16명, 여 16명)이 숨졌고 17명이 부상을 입었다. 특히 희생자 중에는 무학여자고등학교 학생 8명과 무학여자중학교 학생

1명, 서울교육대학교 대학생 1명이 포함되어 있었고 필리핀인도 1명 포함되어 있었다.

성수대교는 트러스 식으로 건설된 다리였는데, 트러스 식이란 삼각형의 철제 구조물이 연쇄적으로 연결되는 방식으로서 프랑스의 에펠탑이나 고척 스카이돔 같은 건축물에 활용되고 있다. 그 구조는 무엇보다도 트러스들을 연결하는 부분이 정확하고 견고하게 맞물려야만 내구성을 발휘할 수 있는데, 성수대교는 애초에 하부 트러스 연결 자체가 부실했을 뿐 아니라 그 연결 부분에 대한 점검과 보수가 충분히 이루어지지 못해 약화된 것이 문제였다. 사고 후 정밀분석 과정에서 볼트 체결 과정에도 문제가 있었고, 녹이 심하게 슬어 강도도 약화되어 있었음이 밝혀졌다. 게다가 설계 하중을 넘는 과적 차량들의 통과가 적절히 통제되지 못함으로써 과중한 압력이 지속적으로 가해진 것도 붕괴의 주요한 이유가 되었다. 특히 사고 발생 1년 전인 1993년 성수대교로부터 의정부까지 연결하는 동부간선도로가 개통되면서 교통량이 폭발적으로 늘어났는데도 서울시가 별다른 조치를 취하지 않은 문제도 있었다.

아직 지방자치단체장에 대한 주민 직접 선거가 이루어지기 전이었던 당시 정부는 사고 당일 오후 7시에 사고의 책임을 물어 이원종 서울특별시장을 경질했고, 다리는 다시 건설하기로 결정했다. 이듬해인 1995년 4월 26일부터 현대건설이 새 성수대교 건설을 시작해 2년만인 1997년 7월 3일에 직선 차선을 완성해 일단 차량 통행을 시작했으며 1998년 12월 31일에는 폭과 길이를 확장하는 공사까지 완료했다. 그 뒤 몇 차례의 확장과 보완 공사를 거쳐 최종 완공이 이루어진 것은 2004년 9월이었다.

성수대교 붕괴는 이듬해인 1995년 6월 29일에 일어난 삼풍백화점 붕괴 사고와 더불어 한국의 근대화 과정과 방식에 대한 근본적인 질문을 던진 사건이었다. 한국은 1960년대 이후 세계를 깜짝 놀라게 할 만한 고속성장을 거듭해왔고, 그 중에서도 세계 건설 업계의 상식을 깨는 '빠르고 저렴한' 토목 공사는 한국 특유의 압축적 근대화를 상징하는 것이었다. 하지만 그것이 무수한 부실을 내포하고 있었음이 잇따른 붕괴 사고를 통해 입증된 셈이었고,

성수대교 사고희생자 위령비. 성수대교 붕괴는 한국 근대화 과정에 대한 근본적인 물음을 던진 비극적인 사건이었다. (사진출처: 대한민국역사박물관)

'빨리 빨리'라는 것이 과연 한국의 자랑거리일 수 있는가에 대한 근본적인 반성이 제기된 것이다.

취임 직후 80% 이상의 압도적인 지지율을 자랑하던 김영삼 정권은 성수대교와 삼풍백화점 붕괴, 그리고 대구 지하철공사장 폭발 사고 등을 거치며 '사고공화국'이라는 오명을 쓰고 주저앉기 시작했으며, 1997년 겨울 IMF 외환위기와 함께 소멸하다시피 했다. 하지만 그것이 모두 김영삼 정권 기간 내에 터져나오긴 했지만 이미 박정희 시대부터 잉태된 것이었으며 마치 그런 방식이 언제까지나 지속될 것처럼 착각하고 반성 없이 누려온 모든 시대의 책임에 의한 것이었음은 되새길 필요가 있다. 그 시대를 거치면서 한국은 '견고하고 안정적인 성장' 혹은 '지속가능한 발전'과 '생태적 사고'에 대해 비로소 눈을 뜰 수 있었다.

조선총독부청사 철거:
(1995년 8월 15일)

1993년 2월 25일에 대한민국 제 14대 대통령으로 취임한 김영삼은 그해 8월 15일 광복절 축사에서 '문민정부가 수립된 1993년은 신한국 창조의 원년이자 민족사 복원의 원년'이라고 강조하며 '제 2의 광복운동'에 나서겠다고 선언했다. 일제강점기로부터 군사정권기에 이르기까지, 친일과 독재의 왜곡된 역사에 대한 재평가와 단죄로 이어진 이른바 '역사 바로세우기'의 시작을 알리는 순간이었다. 그리고 그 상징적인 조치로서 이루어진 것이 조선총독부 청사 건물의 철거였다.

1910년부터 한반도 통치 기구로서 군림한 조선총독부는 곧장 조선왕조의 정궁인 경복궁의 개조작업에 돌입했고, 경복궁 전각 6,806칸 중 일부는 철거하고 4천여 칸을 경매로 매각해 마련한 자금을 동원해 1912년부터 조선총독부 청사 건립 작업을 시작했다. 위치는 근정전 앞 홍례문, 영제교, 유화문이 헐린 자리로서 경복궁의 정문인 광화문 정면이었다. 네오 바로크 양식을 차용한 일본식 건축물이었고, 일본에서 공수해온 철근과 콘크리트를 사용하고 엘리베이터를 설치한 최첨단 건물이었다. 외벽은 창신동 채석장에서 캔 화강암을, 내장재는 황해도 금천, 평양, 원산에서 생산된 대리석을 사용했으며 모래와 자갈은 한강에서 채취했다. 설계와 기초공사를 마친 뒤 실제 공사가 시작된 것은 1916년 6월 26일이었고, 완공된 것은 10년 뒤인 1926년이었다. 그 이후 광화문과 근정전 사이에 버티고 선 웅장한 조선총독부의 건물은 일본의 조선 지배를 상징하는 이미지가 되었다.

8.15 광복 직후에는 이 건물에 걸려있던 일장기 대신 성조기가 게양되었고, 미군정의 본부로 활용되었다. 그리고 미군정 기간을 마친 뒤에는 바로 이

독립기념관 '조선총독부 철거 부재 전시 공원'에 전시된 첨탑. 총독부 건물은 예산 부족 등의 문제로 철거를 미루고 있었으나, 광복 50주년을 맞아 철거를 진행했다. (사진출처: 대한민국역사박물관)

건물에서 대한민국 정부 수립이 선포되었고, 이승만 대통령이 취임 연설을 하기도 했다. 이 건물은 대한민국 정부 수립 직후 정부 청사 겸 국회의사당으로도 활용되면서 '중앙청'이라고 불렸다.

전쟁 중 1.4 후퇴에서 돌아온 이승만 대통령은 새로운 출발을 위해 이 건물의 해체를 지시한 적이 있었다. 하지만 철거에 동원할 장비가 부족해 실행되지 못했고, 이후에는 예산 부족과 정부 시설의 공간 부족으로 계속 미루어졌다. 이후 1982년 까지 정부 청사로 사용되었지만 과천으로 정부 기능이 부분 이전한 뒤에는 국립중앙박물관으로 활용되기도 했다.

하지만 1993년 김영삼 대통령이 취임한 뒤 다시 해체 계획이 논의되었고, 1995년 3월 1일 오전 10시에 정부는 구 총독부 앞 광장에서 '광복 50주년 3.1절 기념 문화 축제'를 열어 김영삼 대통령의 지시에 따라 옛 총독부 건

물 철거한다고 선포했다. 그리고 같은 해 8월 15일 광복절 오전 9시, 주돈식 문화체육부 장관이 해방 50년 만에 이뤄지는 일제 상징의 제거를 호국 영령들에게 고하는 고유문을 낭독한 뒤 중앙돔 첨탑 분리를 시작으로 총독부 청사 철거 작업이 시작되었다. 조선총독부 철거는 다이아몬드 줄톱 머신과 굴삭기에 장착된 분쇄기 등의 첨단 장비들이 동원되어 소음과 진동 등의 피해를 최소화하는 방식으로 이루어졌다. 소음과 먼지와 진동으로 인해 경복궁과 광화문 등 문화재들의 손상이 예상되는 폭파 대신, 잘게 잘라내서 처리하는 안전하고 깨끗한 방식이 활용된 것이다. 철거 공사가 완료된 것은 그 해 11월 13일이었으니까, 모두 3개월이 소요된 셈이었다.

당시에는 철거에 반대하는 여론도 적지 않았다. 치욕의 역사도 역사이기 때문에 보존의 가치가 있다는 주장도 있었고, 불필요한 예산이 너무 많이 소모된다는 점을 지적하는 이들도 있었다. 그리고 건축사적 의미가 크다는 점에서 철거를 반대하거나 혹은 철거 후 다른 곳에 복원해야 한다는 건축학계의 의견도 있었다.

하지만 조선의 정궁 한복판이자 대한민국 대통령이 머무는 청와대의 정면에 세워진 거대한 구조물이었고 일본 식민통치를 상징하는 건물이었다는 점에서는 철거가 불가피했고, 대부분의 국민 역시 그 필요성에 공감했다. 이후 총독부 건물을 해체한 공간에는 원래 있던 경복궁 흥례문이 복원되었고, 제거된 총독부 건물의 첨탑과 일부 잔해는 독립기념관에 전시되었다.

공간과 이미지는 인식과 사유에 결정적인 영향을 미친다. 조선총독부 청사 해체 이후 대한민국은 비로소 이순신장군상 뒤편 세종대로와 광화문, 경복궁 근정전, 그리고 청와대로 이어지는 전경을 되찾을 수 있었다. 그래서 총독부의 기억과 그것을 해체한 이야기까지 포함된 그 전경은 대한민국의 과거와 현재를 상징하며 대표하는 이미지로 자리잡게 됐다.

노태우 비자금사건:
(1995년 10월 19일)

1995년 10월 19일 민주당의 박계동 의원이 국회 본회의장에서 열린 대정부 질의에서 노태우 전 대통령이 1993년 대통령 퇴임 직전 개설한 은행 차명계좌를 제시하며 '시중은행 40개 계좌에 100억 원씩, 모두 4,000억 원의 비자금이 예치돼 있다'고 폭로했다. 그리고 '이는 1993년 1월 말까지 한국상업은행 효자동 지점에 예치됐던 4,000억 원의 비자금을 이원조 씨가 시중은행 영업담당 상무를 시켜 각 시중은행에 100억씩 40개 계좌로 나누어 분산 예치시킨 것'이라고 주장했다.

김영삼 대통령은 해당 계좌에 대해 수사할 것을 지시했고, 8일 뒤인 1995년 10월 27일에는 노태우 전 대통령이 연희동 사저에서 기자회견을 열어 박계동 의원의 폭로 내용을 시인하며 자신이 재임하는 동안 거액의 비자금을 마련해 사용한 적이 있다는 사실을 자백했다. 다만 그 자금들을 정치자금과 공적자금으로 활용하였고 사적 이익을 위해 사용한 것은 아니라는 변명을 덧붙이기도 했다.

그는 기업들이 제공한 돈 등 5,000억 원 가량을 조성해 사용하고 1,700억 원 가량이 남았다고 밝혔지만, 검찰에서는 '기업에서 받은 돈 3,500억 원과 당선축하금 1,000억 원, 1987년 대통령 선거에 사용하기 위해 조성했다가 남은 돈 등을 합해 4,600억 원 가량을 조성했다고 진술했다. 노태우 대통령은 수서지구 특혜, 골프장 허가, 이동통신 사업자 선정이나 군 관련 공사나 전투기 도입 기종 선정 과정에서 재벌 기업들과 수의계약을 맺거나 낙찰을 도와주고 그 대가로 리베이트를 받아 비자금을 조성했던 것이다.

검찰 수사를 통해 노태우가 비자금을 사용한 내역은 1988년 4월 제13대 국회의원 선거와 1992년 4월 제14대 국회의원 선거에 각각 700억 원씩 1,400억 원, 부동산 위장매입에 382억 9,400만 원, 민정당과 민자당에 제공한 지원금 790억 3,300만 원, 예금 등 비자금 잔액 1,940억 원 등으로서 모두 합치면 4,513억 2,700만 원이었다. 하지만 김영삼 당시 대통령이 당선되었던 제14대 대통령 선거에 쓴 자금은 밝혀진 내역에 포함되지 않았다.

문제는 그것으로 끝나지 않았다. 김대중 새정치국민회의 총재가 1992년 14대 대통령 선거 직후에 당시 노태우에게 20억 원의 비자금을 받은 적이 있다는 사실을 고백했기 때문이다. 김대중은 '노 씨의 한 비서관이 순진한 인사의 뜻이라면서 가지고 왔고, 돈의 성격이 낙선 후 위로의 명목이고 어떠한 조건도 없었기 때문에 받았다'고 해명했고, 그 돈의 절반은 당에 주고 절반은 개인적으로 선거 때 썼다고 해명했다. 그리고 그 20억 원 이외에는 노 씨로부터 어떤 정치자금도 받은 일이 없다고 덧붙이기도 했다. 결국 대통령이 천문학적 규모의 비자금을 마련해 여당 뿐만 아니라 야당까지 관리하는 데 사용해온 사실이 밝혀진 셈이다.

물론 노태우 전 대통령과 같은 민자당의 대통령 후보로서 당선된 김영삼 대통령에게는 훨씬 큰 자금이 전달되었을 것으로 충분히 예상할 수 있었다. 하지만 김영삼 대통령은 '1992년 대선자금과 관련한 자료가 없어 이를 공개하지 못한다'는 말로 빠져나갔다. 하지만 당시 동아일보사의 시사주간지 〈NEWS+(현 주간동아)〉 1998년 4월 16일자는 민자당의 비밀문건 '제14대 대통령 선거자금 결산보고'를 인용해 14대 대선 당시 민자당이 사용한 대선 자금에 대해 폭로했는데, 민자당이 공식적으로 조성한 대선 자금의 총액은 3,176억 900만 원이고, 그 가운데 3,080억 원을 김영삼 총재가 혼자서 조달했다는 내용이었다. 그 중 대부분은 대기업에게서 받았거나 노태우 대통령에게 지원받았다고 보는 것이 합리적이다.

결국 노태우 비자금의 총액은 검찰이 발표한 4,500억~4,600억 원보다 훨씬 많았을 가능성이 높으며, 사용 내용도 그만큼 축소되었을 가능성이 높다. 실제로 노태우는 2011년에 출간한 회고록에서 '김영삼에게 3천억 원을 모아서 줬다'고 밝히기도 했다.

노태우는 11월 1일 9시 45분, 대한민국 전직 대통령으로는 최초로 서울특별시 서초구 서초동 대검찰청 중앙수사부에 직접 출두하여 검찰 조사를 받았다. 그리고 노태우에게 비자금을 제공한 혐의로 4일부터 한보그룹의 정태수 회장 등 재벌총수들이 줄줄이 소환되어 조사를 받았고, 16일에 노태우는 배임수뢰 혐의로 경기도 의왕시의 서울구치소에 수감되었다.

3차 공판이 열린 1996년 1월 29일에 노태우는 '피고인은 대통령 재임 중 쓰다 남은 비자금 2,200억 원을 어디다 쓰려고 하였는가?'라는 재판장의 질문에 '통일을 앞두고 보수세력과 혁신세력의 대립이 격화될 때 나라를 이끌어 가야 할 건전한 보수세력을 지원하는 데 쓰려고 했다'고 답했다. 결국 노태우는 재판에서 포괄적 뇌물죄가 인정되어 유죄를 선고받았고, 1997년 4월 17일 대법원에서 징역 17년 및 추징금 2,628억 원이 부과되었다.

이 사건이 드러낸 것은 단순히 노태우 개인의 문제가 아니라 정치권과 재벌이 합작해 밀실에서 국가를 주무른 정경유착과 6공화국의 작동 방식이었으며, 나아가 그 이전까지 한국 정치가 움직인 방식 자체였다. 전두환과 박정희 역시 노태우 못지 않은 규모의 비자금을 만들고 움직이며 권력을 유지해 갔을 것이라는 사실을 충분히 유추할 수 있기 때문이다.

6공 비자금 조성 과정에 중요한 역할을 담당한 이현우 전 청와대 경호실장은 재벌그룹을 A, B, C, D의 4등급으로 분류했고 그들이 바친 비자금의 규모에 따라 300억 원 이상은 A등급, 200억 원 정도는 B, 150억 원 정도는 C, 마지막으로 100억 원 전후는 D등급으로 분류했다고 진술했다. 그 중 A등급에는 삼성, 현대, 대우, LG, 롯데 등 5개 그룹, B등급에는 쌍용, 선경, 한진, 대림 등 4개 그룹, C등급에는 동부, 진로, 두산, 동아, 한화, 풍산, 삼부토건, 태평양, 한보, 동양화학, 한양 등 11개 그룹, D그룹에는 기아, 금호, 효성, 고합, 한일합섬, 코오롱, 해태, 극동, 미원, 대농, 효성, 동국제강, 대한전선, 삼양사 등 14개 기업이 포함되었다.

하지만 재벌총수들이 진술한 뇌물액수는 이현우의 진술과는 차이가 있었다. 이현우가 300억 원 이상 뇌물을 건넨 것으로 진술한 삼성, 현대, 대우, LG는 최고 250억 원에서 210억 원까지 돈을 건넨 사실을 시인했으나 롯데는 110억 원만 시인했다. 반면 200억 원 정도를 낸 것으로 진술이 된 쌍용은 80억 원, 선경 30억 원, 한진 170억 원, 대림 70억 원으로 그룹에 따라 최고 6배 가까이 차이가 났으며 150억 원 가량을 냈다고 진술이 된 동부그룹은 40억 원, 진로 100억 원, 두산 20억 원, 동아 230억 원, 풍산 5억 원, 삼부토건 30억 원, 태평양 10억 원, 한보 150억 원, 동양화학 10억 원, 한양 100억 원 등으로 각기 달랐다. 또 100억 원 전후를 낸 것으로 진술된 기아는 40억 원, 금호 70억 원, 고합 30억 원, 한일합섬 100억 원, 코오롱 20억 원, 극동건설 50억 원, 미원 20억 원, 대농 40억 원, 효성 75억 원, 동국제강 30억 원에 불과했으며 한화, 대한전선, 삼양사는 한 푼도 주지 않았다고 잡아뗐다.

반면 정주영 현대그룹 명예회장의 진술은 거침이 없었다. 그는 "250억 원을 갖다 바쳤는데, 노태우 그 사람을 나는 좋아하지 않는다. 그리고 정치권력에 돈을 계속 바치는 것보다는 직접 정치에 뛰어드는 게 돈이 적게 들겠더라. 그래서 14대 대선에도 출마했다"고 말하기도 했다. 그러자 삼성의 이건희 회장도 처음에는 80억밖에 주지 않았다고 버티다가 현대와 같은 수준인 250억 원이라고 진술을 바꾸기도 했다.

이 사건은 모든 국민을 충격에 빠지게 했지만, 역설적으로 한국 정치의 역사와 현실을 직시하게 했고 그럼으로써 한국정치를 발전시키는 중요한 계기가 됐다. 그 이후에도 정치인들은 불법적인 정치자금을 받고 써 왔지만 그 규모와 방식이 더 이상 예전과 같을 수는 없었기 때문이다.

제 15대 국회의원 선거:
(1996년 4월 11일)

1992년 제 14대 대통령 선거에서 패배한 후 정계 은퇴를 선언하고 영국에 머물다가 돌아온 김대중이 1995년 7월에 정계복귀를 선언한다. 하지만 그가 은퇴를 선언한 뒤 야당의 리더 역할을 맡았던 민주당의 이기택 대표와 비호남 계열 의원들이 그의 복귀를 반대하자, 김대중은 민주당 내에서 당권싸움을 하는 대신 신당을 창당하게 된다. 그렇게 만들어진 신당이 새정치국민회의(국민회의)이며, 민주당 내에서 김대중을 지지하던 이들이 대거 탈당해 국민회의로 옮겨가면서 곧바로 제 1야당의 지위를 얻게 된다.

14대 국회의원 선거를 통해 확보한 민주당의 의석수는 97석이었고 그 중 75명이 지역구의원이었다. 김대중이 국민회의를 창당하자 그 중 65명이 옮겨갔는데, 그들은 모두 지역구 의원이었다. 전국구 의석은 당에 배정한 것이기 때문에 전국구 의원들은 탈당을 하면 의원직이 박탈되기 때문이었다. 따라서 민주당에 남은 의원 32명 중 지역구 의원은 10명 밖에 되지 않았고, 그것은 외형적으로는 교섭단체를 구성하고 있었지만 실질적으로는 이미 군소정당으로 전락한 것이나 마찬가지였다.

국민회의 창당으로 야당이 분열된 가운데 여당은 민주자유당에서 신한국당으로 간판을 바꾸어 달고 있었다. 1992년 12월의 제 14대 대통령 선거를 통해 김영삼이 당선된 뒤 그의 직계인 민주계는 꾸준히 당내 최대계파였던 민정계를 밀어내며 자신의 세력을 확장했고, 임기의 절반을 넘긴 1995년 12월에는 당명을 아예 신한국당으로 바꾸면서 개혁 우파의 성향을 강화하고 공화당에서 민정당으로 이어지는 구여권의 색채를 탈색시키려고 노력했다. 그 결과 김종필과 충청권을 기반으로 하는 구 공화계 인사들이 떨어져 나가고 대구와 경북의 전통적인 구여권이 이탈하는 진통을 겪기는 했지만, 어느 정도 야당들과 정책경쟁을 하면서 신진 인사들을 영입할 수 있는 바탕을 마련할 수 있었다.

민주자유당 내에서 민주계의 주도권이 확립되던 1995년 3월에는 공화계의 수장 김종필이 대구 경북을 기반으로 하는 일부 구여권 정치인들과 함께 탈당해 자유민주연합(자민련)을 창당했다. 대선 출마를 염두에 둔 적극적인 행동으로 당내 주류를 이탈시킨 김대중의 국민회의와 달리, 자민련의 창당은 민주계의 젊은 의원들에게 '낡은 정치인'으로 낙인 찍히며 퇴진 압박을 받게 된 김종필이 쫓겨나다시피 밀려나는 과정에서 이루어진 것이었다. 그래서 김종필과 행동을 함께 한 것도 현직 의원 9명과 전직 의원 35명에 불과했다. 그의 정치적 미래에 대해 비관론이 더 우세했던 이유였다.

제 15대 국회의원 선거의 의원 정수는 299명으로 제 14대 국회의원 선거와 같았지만 지역구 의석이 16석 늘어 253석으로, 전국구 의석이 16석 줄어 46석이었다. 그리고 전국구 의석 배분 방식도 바뀌었는데, 그 이전까지 지역구 의석수에 비례해서 배분하던 것과 달리 각 정당이 얻은 표의 수에 따라 배분하게 되었다. 지역구에서 의석을 얻기 힘든 소수 정당에 대한 배려였다. 선거 전 신한국당은 원내 과반 의석을, 새정치국민회의는 개헌저지선인 100석 이상을, 자유민주연합과 민주당은 원내교섭단체를 구성할 수 있는 20석 이상의 확보를 목표로 삼고 있었다.

그리고 선거 결과는 신한국당의 승리와 국민회의의 패배, 자민련의 약진과 민주당의 몰락으로 요약될 수 있었다. 신한국당은 지역구 121석과 전국구 18석을 합해 139석을 확보함으로써, 목표치에는 미달했지만 넉넉한 차이로 원내 1당을 지킬 수 있었다. 반면 국민회의는 지역구 66석과 전국구 13석으로 모두 79석을 확보하며 14석을 늘리긴 했지만, 원래 보유하고 있던 현역 의원 65명이 모두 지역구의원이었다는 점에서는 늘어났다고 보기도 어려웠을 뿐 아니라 목표했던 100석에 크게 미달했다는 점에서도 아쉬움을 가질 만했다. 더구나 야당의 다른 한 축인 민주당이 지역구 9석과 전국구 6석으로 몰락하며 원내교섭단체 구성조차 할 수 없게 된 것에 대한 책임이 국민회의 창당에 있다는 여론이 형성되며 야권 성향 지지자들에게 비판적인 시선을 받게 된 것도 뼈아픈 부분이었다.

반면 자민련은 지역구 41석과 전국구 9석으로 50석을 확보하면서 기존 의석 대비 41석을 늘리는 대약진에 성공했다. 충청권에 대한 김종필의 영향력이 다시 입증된 데다가 대구와 경북을 기반으로 하는 구여권 유권자들이 결집한 결과였다.

그 선거에서는 1987년 제13대 대통령 선거 이후 선거 때마다 반복해서 나타난 지역구도가 다시 살아나면서 선거 결과에 여전한 영향력을 발휘했다. 부산과 경남 지역에서는 신한국당이, 호남 지역에서는 국민회의가, 충청권에서는 자민련이 압도적인 우세를 점했으며 마땅한 지역적 기반을 가지지 못한 민주당은 수도권과 영남권의 많은 지역구에서 차점으로 낙선한 후보들이 많았다.

특히 제15대 국회의원 선거에서 가장 두드러진 특징은 서울에서만큼은 역대 선거에서 늘 우세했던 민주당 계열의 야당이 열세에 몰렸다는 점이다. 서울의 47개 지역구 중 27곳에서 신한국당이 당선자를 냈고 국민회의는 18곳, 민주당이 1곳을 승리했으며 무소속이 1석을 가져갔던 것이다. 물론 그런 결과에 가장 큰 영향을 미친 것은 야권의 분열이었는데, 국민회의와 민주당 후보가 나란히 출마한 곳에서 표가 갈리면서 신한국당 후보에게 어부지리를 주는 경우가 많았기 때문이다.

또 한 가지 특이한 점은 박정희 정권 이래로 여당의 전통적인 지지기반이었던 대구와 경북 지역의 이탈이었다. 김영삼 정부에서 이 지역 출신 전두환, 노태우 두 전직 대통령이 구속되고 민정계 정치인들의 입지가 축소된 영향이었는데, 신한국당을 탈당하고 자민련 창당에 참여하거나 무소속으로 출마한 인사들이 선전함으로써 그런 흐름을 입증했다. 자민련 소속 후보들이 대거 당선된 것 외에도 포항 북구에서는 옥중출마한 5공 핵심 허화평이, 밀양에서는 전두환 정권의 민정수석 김용갑이 무소속으로 당선되기도 했다.

여당 139석, 야권 144석, 무소속 16석의 의석구성은 어쨌거나 '여소야대'이긴 했다. 하지만 야당이긴 하지만 전통적인 이념 구도와 성향상 여권에 가까운 자민련이 50석이나 차지한 채 강력한 캐스팅보터로 자리잡았다는 점에서 이전까지의 어느 국회와도 다른 구조였다.

그런 애매한 상황을 타개하기 위해 여당이 가장 먼저 선택한 방법은 '의원 빼가기'였다. 원래 같은 민자당 소속이었던 자민련과 여권 성향 무소속 당선자들 외에 민주당에서도 이규택과 최욱철, 황규선 등 3명의 당선자들을 영입한 끝에 무려 18명을 입당시키며 신한국당의 의석수는 다시 과반을 넘긴 157석까지 늘어났다.

그렇게 인위적으로 만든 다수 의석의 힘을 바탕으로 신한국당은 날치기 통과도 불사하며 15대 국회를 주도했지만 그것이 지나친 나머지 1996년 12월 노동법과 안기부법 개정안 날치기 통과를 계기로 국민적인 반발과 노동계의 총파업을 불러일으키며 재개정 절차를 밟아야 했고, 의원 빼가기 과정에서 갈등이 심화된 자민련이 1997년 제 15대 대통령 선거를 앞두고 김대중과 연대하며 김대중의 당선에 결정적인 기여를 하게 만드는 계기로 작용하기도 했다.

강릉무장공비사건:
(1996년 9월 18일)

　1996년 9월 18일 새벽 1시 30분 쯤 한 택시운전사가 강릉 해안 20m 해상에 좌초된 잠수함을 발견하여 파출소에 신고했다. 그리고 비슷한 시각에 68사단 해안경비초소 초병 역시 잠수함으로 보이는 물체를 관측해 보고했다. 그러자 신고와 보고를 접수한 사단 정보처에서 출동해 북한의 잠수함임을 확인하고 곧바로 부대의 전병력이 투입되어 경계와 수색 작전에 나섰다. 그리고 5시경에는 전군에 경계령이 내려졌다.

　아침이 밝으면서 상황은 좀 더 분명해졌다. 오전 7시 20분에는 부근 도로에서 권총과 구명조끼 등의 유류품이 발견되면서 잠수함을 통해 상륙한 북한 공작원들이 있음을 확인했다. 그리고 오후 4시 55분부터 경비함과 대잠초계기를 동원한 수색을 시작해 7시 25분에 구조 대원이 잠수함 내부로 진입해 AK소총과 실탄, 체코제 기관총을 발견했다. 그 날 저녁 7시부터 다음날 오전 6시까지 동해안 일대의 통행이 전면 금지되었다. 국방부는 대변인 성명을 통해 북한의 대남도발이며 중대한 정전협정 위반 사항이라고 발표했다.

　잠수함은 나흘 뒤인 9월 22일 동해시로 예인되어 정밀분석되었다. 분석 결과 스크루에는 해초가 감겨 있고 스크루 커버는 암초에 걸려 있어 더 이상

항해가 불가능한 상태였던 것으로 밝혀졌다. 잠수함은 북한에서 1986년에 자체개발해 10척을 보유하고 있던 상어급이었는데, 길이 23.5m, 폭 3.7m에 325톤급으로, 수상 7노트, 수중 12노트의 속도로 항해가 가능했다. 승조원은 11명이고 10여 명이 추가로 승선할 수 있으며, 어뢰 4발과 기뢰를 장착할 수 있었다. 특히 선체가 플라스틱으로 되어있어 레이다나 음향탐지기로 탐지하기 어려우며, 잠수 및 부상 속도가 빨라 비정규전이나 특수공작에 주로 이용되는 기종이었다.

첫 날 오후 동해고속도로 부근에서 청바지를 입고 권총과 실탄을 소지한 승조원 1명이 민가에 들어가 주인과 이야기를 나누다가 아내의 신고를 받고 출동한 경찰과 격투 끝에 생포되었고, 같은 날 민간인 복장을 한 11명이 청학산 정상에서 사체로 발견되었다. 사체는 북한 승조원들 중 전투가 가능한 인원들이 나머지를 사살해 정리한 것으로 밝혀졌으며, 달아난 나머지 인원은 모두 13명으로 파악되었다. 이후 이들과 군경의 교전이 곳곳에서 벌어졌다. 남은 13명이 모두 정예 공작원이었던 만큼 수색에는 엄청난 규모의 군과 경찰이 필요했고, 그 와중에 입은 인적 물적 피해도 컸다.

수색은 9월 18일부터 11월 5일까지 49일간 계속되었고, 작전에 투입된 군과 경찰은 연인원 200만 명에 달했다. 그 결과 잠수함에 탑승했던 26명 중 살해된 11명 외에 13명을 사살하고 1명은 생포했다. 그 외에 '김영일'이라는 승조원이 있었던 것 같다는 생존자의 진술이 있었지만 유류품이나 사체가 발견되지 않았는데, 무사히 월북에 성공했을 가능성과 애초에 승조원 중에 그런 인물이 없었을 가능성, 혹은 철저히 은신한 상태에서 사망했지만 흔적을 찾지 못했을 가능성 등이 제기되기도 했다. 그 과정에서 작전에 참여한 장교를 포함한 11명의 군인과 경찰 1명, 예비군 1명과 민간인 6명이 교전 중에 또는 사고로 사망했다. 그 밖에 부상자가 27명이었고, 피해액은 직접적인 것 외에도 송이버섯 채취 등의 경제활동 중단으로 인한 것 등을 포함해 수천억 원에 달했다.

애초에 북한 측과 생포된 승조원은 잠수함이 기관 고장을 일으켜 표류한 끝에 강릉에서 좌초한 것이라고 주장했다. 하지만 군 당국은 북한이 무장간첩을 남파하는 과정에서 사고를 당한 것으로 보았다. 잠수함에는 모두 26명이 탑승하고 있었는데, 모두 북한 인민무력부 정찰국 소속으로 대좌와 상좌 등 고위급 장교가 포함된 장교들이었고, 충분한 무장을 하고 있었기 때문이

강릉무장공비사건에 사용된 잠수함을 수색하는 모습. 강릉무장공비사건이 한 달 이상 매일 뉴스에서 보도 되면서, 분단이라는 현실을 체감하게 됐다.

다. 실제로 생존자인 이광수는, 나중에 무장공작원을 침투시켜 10월 7일부터 춘천시에서 열리는 전국체전 개회식 연설에 나서는 김영삼 대통령을 저격하려는 목적이었다고 증언하기도 했다.

이광수의 증언이 사실이라면 이 사건은 박정희의 목숨을 노린 1.21 사태와 전두환을 폭사시키려고 했던 아웅 산 테러사건에 이어 북한이 대한민국 대통령 암살을 시도한 세 번째 사건이 된다. 하지만 앞선 두 번의 경우와 달리 강릉무장공비사건은 당시의 맥락과 동떨어진 느낌을 준다. 군사적 긴장이 고조된 상황도 아니었을 뿐 아니라 북한 자신이 대한민국을 비롯한 국제사회의 경제적 지원을 받고 있던 입장이었기 때문이다.

하지만 거듭된 흉년으로 인해 상당수의 주민들이 굶어 죽어가던 '고난의 행군' 시기를 지나고 있던 북한이 내부 결속을 위해 군사적 긴장을 통한 돌파구를 모색한 것이라는 분석도 있다. 실제로 그 해 4월에 북한은 한미연합훈련에 대한 문제를 제기하며 각종 무력시위를 시도한 적도 있었다.

이 사건은 울진과 삼척에 대규모 무장공비가 침투했던 1968년 이후 가장 규모가 큰 대간첩수색작전으로 이어졌고, 군 작전 과정에서의 여러 문제점들을 찾아 고치는 계기가 되었다. 예컨대 수색 작전 계획이 언론을 통해 보도되어 북한 공작원들에게 노출된다거나, 수색 중 발견한 공작원들에게 수하를 시도하다가 선제공격을 당하는 문제가 발견되었고 식사와 보급품을 전달하는 과정에서도 여러 가지 문제점들이 발견되었다. 그리고 멀리서도 너

무 눈에 잘 띄어 저격의 표적이 되었던 장교들의 계급장이 흰색에서 검은색으로 바뀐 것도 그 때부터였다. 부족한 방탄조끼 보급을 늘리거나, 전투식량의 질을 개선할 필요성도 제기되었다. 병사들이 맛이 없어서 먹지 않고 버린 전투식량을 북한 공작원들이 주워 먹으면서 버티는 일이 있었기 때문이다.

하지만 무엇보다도 국민들에게 미친 충격이 매우 컸다. 남북한의 분단과 군사적 대치는 이미 50년이 가까워지고 있던 시점이었지만 당시 군대 내에는 월남전 참전 경험을 가진 극소수의 원로 부사관들을 제외하면 전투 경험을 가진 사람이 거의 없었고, 그것은 한국인 전체로 확장해도 마찬가지였다. 그런데 한 달 이상 매일 뉴스를 통해 사살과 피살에 관한 소식들이 전해지면서 분단 상황에 대해 새삼 실감하는 계기가 됐던 것이다. 이 사건이 이후 적지 않은 드라마와 영화 등을 통해 형상화된 데는 그런 충격도 영향을 미쳤다고 볼 수 있을 것이다.

IMF 구제금융 신청:
(1997년 11월 21일)

 1980년대 중반부터 1990년대 중반까지 한국 경제는 단군 이래 최대의 호황을 누리며 빠르게 세계 경제의 중심으로 진입했다. 하지만 1995년까지 9.6%로 순항하던 한국의 경제성장률이 1996년 7.9%로 떨어지면서 위기의 징후를 드러내기 시작했다. 특히 그 해의 성장률 감소는 수출액 감소와 대외채무 폭증 등이 동반된 것이었기 때문에 더욱 심각했다. 1996년 무역 적자는 230억 달러에 달했고 외채는 1,000억 달러를 넘어섰다. 하지만 정부와 기업들은 별다른 위기의식을 가지지 못했고, 그 사이에 1997년 여름 태국부터 시작된 동남아시아의 외환위기가 그 해 가을 한국을 강타했다. 특히 외채의 대부분이 단기부채로 구성되어 있던 한국의 특수한 상황이 타격의 강도를 더욱 커지게 했다.

 애초에 자본이 형성되기 전에 정부의 기획에 따라 산업화를 시작한 한국은 외국 자본에 대한 의존도가 높았고, 내수시장의 한계를 극복하기 위해 자국 화폐의 가치를 평가절하함으로써 수출을 늘리는 방식에 의존할 수밖에 없었다. 하지만 수출이 늘어나서 경제력이 성장할수록 화폐의 가치도 올라갈 수밖에 없게 되는데, 그럴 경우 수출이 둔화되고 경상수지 적자가 늘어나는 문제가 생기기 때문에 다시 환율조작을 통해 강제적으로 자국의 화폐를 평가절하시켜 수출을 확대하는 방식의 비정상적인 경제 운영을 하고 있었다. 1996년에도 GDP의 5%에 달하는 경상수지 적자가 발생하자 정부는 사치성 수입재가 주요 원인이라고 둘러대며 '절약'이라는 미봉책을 제시했지만 실효성이 나타나기는 어려웠다.

게다가 1997년 1월 미국에서 금리 인상을 시작하자 자본이 미국으로 빠져나가면서 자금 부족문제가 대두됐고 그로 인해 미국 내수가 축소되자 미국에 대한 한국의 수출도 더욱 둔화됐다. 위기 극복을 위해서는 수출을 늘리는 것이 자연스러운 대응이었지만, 그러기 위해 자국의 화폐를 평가절하하면 갚아야 할 외채 부담이 늘어나게 되는 딜레마가 닥친 것이다.

결국 화폐의 평가절하를 포기하자 기업들은 외채상환 부담이 늘어나는 상황은 피할 수 있었지만 반대로 경상수지가 악화되는 상황을 감수해야 했고, 결국 재고품을 덤핑 판매하는 적자수출을 통해 자금을 충당하거나 조건이 나쁜 단기부채를 끌어오며 연명할 수밖에 없었다. 그래서 당시 정부는 한국의 외환보유고가 300억 달러 이상으로 유지되고 있어 문제가 없다고 주장했지만 사실 외채는 그 5배가 넘는 1,530억 달러에 달하고 있었다.

1997년 3월 26일 한국은행이 외환위기 도래 가능성을 경고하며 청와대와 재정경제원에 국제통화기금(IMF)을 비롯한 국제금융기구로부터 외화를 긴급 차입하는 비상대책을 강구할 것을 건의했다. 그리고 비슷한 시기에 한국개발연구원(KDI) 역시 위기 가능성을 시사하며 대책강구를 촉구하는 보고서를 발간하였다. 하지만 강경식 경제부총리는 이 보고서가 시중에 유포되는 것을 막았다. 경제적 비상 상황에 정치논리가 개입한 것이다. 1994년에 달성한 수출액 1,000억 달러 돌파와 1995년 국민소득 10,000달러 돌파는 김영삼 정부의 대표적인 업적으로 평가되고 있었고, 연말에 치러질 대통령 선거를 앞두고 그 지표를 유지하기 위해서는 환율의 급등을 막아야 했던 것이다. 외환위기가 본격적으로 시작된 1997년 10월과 11월 사이 정부는 118억 달러를 외환시장에 쏟아부어 환율 방어에 나섰지만 무디스 등 신용평가회사들의 평점은 계속 하락했고 외채 상환에 필요한 마지막 외화마저 고갈되어버리고 말았다. 김영삼 전 대통령은 뒤늦게 빌 클린턴 미국 대통령과 하시모토 일본 총리에게 긴급하게 외환을 빌려줄 것을 요청했지만, 모두 거절당하고 만다.

1997년 1월 재계 14위 한보그룹 부도를 시작으로 3월에는 삼미그룹(26위), 5월에는 한신공영이 각각 법정관리를 신청했고 진로그룹과 대농그룹도 4월 과 5월에 각각 부도유예협약을 체결했다. 그리고 7월에는 재계 7위 기아그 룹이 부도를 맞아 하청업체 수만 개를 부도위기로 몰아넣었고, 10월에는 쌍 방울그룹, 바로크가구, 태일정밀 등이, 11월에는 부도위기 중이던 해태그룹 이 화의신청을 한 데 이어 뉴코아그룹, 한라그룹, 청구그룹도 부도처리됐다. 쌍용은 위기를 넘기기 위해 주력 계열사인 쌍용자동차를 대우에 넘겨야 했 다. 그 외에 삼성과 현대그룹도 대규모 조직감축 및 투자규모 축소 등을 발 표했으며, 1998년에는 거평그룹, 1999년에는 대우그룹 등이 부도를 맞아 해 체되었다.

대기업의 연쇄 부도에 의해 1997년에는 제일은행과 서울은행이 부실화된 것을 시작으로 1998과 1999년 사이에 동남은행, 동화은행, 대동은행, 평화 은행, 경기은행, 충청은행, 보람은행 등이 부도처리되거나 다른 은행과 합병 되어 사라졌다. 그리고 보험사 중에도 두원생명, BYC생명, 조선생명, 해동화 재, 국제화재, 삼신올스테이트생명 등이, 증권사로는 고려증권, 동서증권, 동 방페레그린증권, 한국산업증권, 장은증권, 환은살로먼스미스바니증권 등이 각각 합병되거나 매각 혹은 퇴출되었다. 그렇게 한국 경제 전 영역으로 번진 부도와 매각과 퇴출 속에 1997년 12월 3.1% 수준이던 실업률은 1998년 1월 4.7%까지 올라갔고 1999년 2월에는 8.7%까지 치솟았다.

결국 정부는 IMF에 구제금융을 신청하는 최후의 방법을 검토하기 시작했 고, 김영삼 대통령은 1997년 11월 19일에 경제부총리를 강경식에서 임창열 로 교체한 뒤 11월 20일 오후 IMF 수석부총재와 만나 IMF 구제금융 신청 계 획을 알리도록 했으며, 이튿날인 11월 21일 IMF 구제금융 신청 방침을 발표 했다.

12월 3일 임창열 경제부총리와 협상을 마치고 양해각서에 서명한 미셸 캉 드쉬 IMF 총재는 한국에 지원할 자금 규모는 모두 550억 달러가 될 것이라고 밝혔다. 세부적인 내역은 IMF가 210억 달러, IBRD 세계은행이 100억 달러, ADB 아시아 개발은행이 40억 달러 등 총 350억 달러를 국제기구를 통해 지원하고 미국, 일본, 독일, 프랑스, 영국, 캐나다, 호주에서 200억 달러가 추가로 지원되게 되었다. 실제로 그 중 가장 많은 자금을 지원한 국가는 100억 달러 이상을 지원한 일본이었다.

정부는 IMF 대표단과의 협상을 통해 국내 금융기관에 대한 외국인 투자자들의 인수합병을 허용하고, 노동시장의 유연성을 확보하며, 기업들의 회계제도 투명성을 확보한다는 등의 조건에 합의하고 IMF 이사회의 승인을 요청했다. 이후 한국은 긴급지원된 자금을 통해 국가부도 위기를 넘겼고 외채의 만기연장률도 1997년 12월 18일 5.1%에서 1998년 1월 15일 77.4%로 빠르게 회복되었다. 하지만 환율이 급등한 가운데 자금을 조달할 길이 막힌 기업들이 대거 도산하면서 대량실업과 소비 위축이 이어졌다.

IMF는 구제금융 지원의 대가로 혹독한 구조조정을 요구했고, 한국은 전적으로 그 계획에 따르면서 엄청난 고통과 큰 폭의 변화를 겪었다.

우선 IMF의 요구에 따라 금리를 큰 폭으로 올렸다. 시중은행의 금리를 연 29.5%까지 올리는 엄청난 변동이었다. 고금리로 자본유입을 늘리기 위한 조치였지만 그 과정에서 자금 조달길이 막힌 수많은 기업이 도산했다. 특히 공격적인 투자를 통해 빠른 성장을 거듭해온 기업들일수록 부채상환부담이 가중돼 부도를 피하기 어려웠고, 그 기업의 규모가 클수록 연쇄부도의 파장도 커졌다. 결국 대량의 실업과 경기후퇴는 불가피했다.

국내외의 많은 경제학자들이 지나친 고금리 정책의 부작용을 경고했고, 결국 IMF 역시 한국 정부의 재협상을 수용함으로써 3개월 뒤인 1998년 1월 하순에 국내 금융기관을 외국에서 인수할 수 있도록 하는 금융시장 개방을 조건으로 이율을 낮추는 데 동의하게 된다. 하지만 고금리 정책은 기업 도산과 실업 증가 속도와 규모를 지나치게 키우는 원인이 됐다. 그 밖에도 고금리로 인한 시중의 자금 부족 사태는 사채시장의 힘이라도 빌기 위해 사채에 대한 이자제한법 폐지로 이어졌고, 그 틈을 타서 일본의 대부업 자본들이 한국 시장에 진입하는 계기가 되기도 했다.

또한 광범위한 민영화와 공공부문 감원이 단행되었다. 자기자본비율 8%를 맞추지 못하는 은행들이 문을 닫게 된 것을 시작으로 한국중공업, 한국통신, 한국전력공사, 한국담배인삼공사, 한국가스공사 등 굵직한 공기업들이 민영화되었고 동시에, 당시 공공부문 전체 인력의 20%인 14만 1천 명을 감원했다. IMF는 한국공항공사, 한국지역난방공사, 한국도로공사, 철도청, 수도권매립지관리공사, 지방공기업인 서울지하철공사와 서울도시철도공사, 부산교통공단 등도 민영화할 것을 강요했지만 그나마 2001년 한국이 IMF 관리체제를 조기 졸업하면서 민영화 대상에서 제외될 수 있었다.

공무원도 전체 정원의 10% 가량을 감축하였으며, 공무원의 정년은 1년, 교사 정년도 3년 단축되었다. 그리고 그런 흐름은 기업으로 번져나가서 대기업에서도 구조조정의 이름을 내걸고 명예퇴직, 희망퇴직 신청을 받기 시작했다.

그렇게 지나친 수준의 감원은 필연적으로 인력 부족 현상으로 이어졌고, 그것을 해결하기 위해 또한 광범위하게 도입된 것은 사내하청과 아웃소싱을 비롯한 다단계 하청과 파견직, 비정규직 활용이었다. 그리고 그런 과정에서 뚜렷한 소득 양극화 현상이 나타나게 됐다.

고용환경의 변화는 우선 취업 여건에 극적인 변화를 가져왔다. 실업률이 정부 공식 통계에 드러난 것만으로도 4배 이상(2%에서 8.8%)로 올랐고, 그에 따라 실업의 위험이 상대적으로 적은 전문직과 공무원에 대한 선호도가 비약적으로 상승했다. '임금 낮고 재미 없는' 대표적인 직업으로 꼽혔던 공무원의 인기가 치솟아 미달을 간신히 면하는 정도였던 9급 공무원과 순경 채용시험의 경쟁률이 수십대 1로 치솟았고, 전국 대부분의 지방 의대 입학 커트라인이 서울대의 비의대 자연계열 학과들을 일제히 추월하는 현상이 시작되었다. '말년에 사고 치면' 처벌 받는 대신 울며 겨자먹기로 군장기복무원서에 서명하던 시절이 끝난 것도 그 무렵이었다.

하지만 더욱 비참한 것은 취업시장에 새로 진입하는 젊은이들보다 감원의 대상이 된 40~50대 직장인들이었다. 이들 상당수는 실직 사실을 숨긴 채 아침에 양복 차림으로 출근하는 척하고 하루를 산에서 지내다 자신이 다니던 직장 퇴근 시간이 될 때쯤 귀가하는 '등산출근'을 해야 했고, 원래보다 훨씬 열악해진 사내하청이나 비정규직 전환을 감수하기도 했으며, 퇴직금을 투자해 조개구이나 대만카스테라, 치킨배달점 같은 요식업 창업에 나섰다가 모두 날리고 도시빈민으로 전락하기도 했다. 한스밴드의 노래 '오락실'이나 봉준호 감독의 영화 '기생충' 등에서 표현된 그 시대의 단면이기도 했다.

물론 그런 흐름에 저항하는 노동운동의 움직임도 있었지만 정권을 인수한 김대중 정부는 강경한 탄압으로 대응해 1998년 만도기계 파업을 비롯해 1999년 지하철노조 파업 및 민중대회, 2000년 롯데호텔 및 사회보험노조 파업, 2001년 대우자동차 총파업과 화학섬유 3사 노조 총파업 등의 현장에 과거 군사정권 시대와 다르지 않은 폭력진압이 이어졌다.

최소한의 존엄성을 지키며 가정을 유지하는 일의 어려움을 체감한 한국인들은 본능적으로 결혼과 출산을 자제하기 시작했고, 그런 변화는 출산율의 급격한 하락으로 이어졌다. 1970년대 중반까지 100만 명 대를 기록했던 출생아 수는 2001년에 처음으로 50만 명 대로 급감했고 2002년에는 40만 명 대로 떨어졌으며 그 추세가 이어져 2020년대 들어서는 20만 명 대로 진입했다. 1996년의 평균 초혼 연령은 남성 28세, 여성 25세 전후였지만 2014년에는 남성 33세 여성 30세로 빠르게 상승했으며, 여성들의 평균 초산 연령도 1993년 26세에서 2014년 32세로 상승했다.

이런 상황들은 2001년 8월 23일 한국은행이 IMF 구제금융 차입금 195억 달러 전액을 상환해서 당초 예정보다 3년 먼저 IMF 관리 체제 종료가 될 때까지, 적어도 2년 이상 이어졌다.

하지만 그 거친 변화의 과정을 견디고 살아남은 기업들의 체질이 강화되는 면은 있었다. IMF 구제금융을 받기 이전까지는 부채 비율이 300%만 돼도 건실한 기업으로 분류됐지만 2000년대 중반 이후로는 100%를 넘는 곳도 드물 정도가 됐기 때문이다.

또한 외환보유고 비축에 많은 노력을 기울인 결과 2022년 기준으로 4,500억 달러 안팎을 보유한 세계 9위권의 주요 외환보유국이 되었다. 게다가 대외금융자산을 축적해 한국은 순채무국에서 순채권국으로 지위가 변경

IMF 구제신청,
1998년 금모으기
행사에 참여한 사람
들. (사진출처: 웅진
미디어자료관)

되었으며 여러 나라와 적극적으로 양자간 통화스와프를 추진해 또다시 외환
위기가 발생할 경우에 대비한 안전망을 2중, 3중으로 설치하는 데 성공했다.

20년 이상이 경과하며 그 사태 이후에 태어난 세대가 성인 연령으로 진입
하는 오늘날 IMF는 막연한 기억 속의 이미지들로 각인되어 있다. 기업의 줄
도산과 대량 실업과 자살사태, 그리고 반대편의 금 모으기와 달러 모으기 국
민운동 같은 것들이다. 하지만 그 이면에는 1960년대 이후 한국 경제를 빠르
게 성장시켜온 방식에 내재된 위험이 현실화된 과정과 필요 이상의 고통을
강요한 IMF의 잔인한 구조조정, 그리고 짧은 시간 내에 그 고통에서 벗어나
기 위해 몸부림쳤던 그 세대의 눈물겨운 노력과 성과, 그리고 그 시대의 흔
적으로 사회의 모든 부문에 남아있는 불안과 불신과 개별화된 인간관계들이
포괄되어있다. 어떤 면에서 이 책에서 기록하고 있는 다른 99개의 사건들보
다 '직접성'이라는 면에서 가장 큰 영향을 오늘날의 한국인들에게 미치고 있
는 사건이 1997년 11월에 발생한 외환위기와 그로부터 2년간 이어진 IMF 주
도의 구조조정이었다고 할 수 있을 것이다.

제 15대 대통령 선거:
(1997년 12월 18일)

　제 14대 대통령 선거에서 평생의 라이벌 김영삼에게 패배한 뒤 정계를 은 퇴했던 김대중은 3년 뒤인 1995년에 복귀했고, 제 15대 대통령 선거에 다시 한 번 도전했다. 1971년 제 7대 대통령 선거에 첫 도전을 한 이래 26년간 네 번째 도전이었다. 첫 도전 때 48세의 젊은 나이로 '40대 기수'를 상징했던 그 는 이미 74세의 노인이 되어있었고, 선명 야당을 외치던 자리에서 한 걸음 물러나 김종필과 손을 잡는 노회한 전략가로 변신해 있었다. 새정치국민회 의(국민회의)는 1997년 5월 19일 서울 잠실 올림픽체조경기장에서 대의원 투 표를 통해 대통령 후보와 당 총재를 선출했다. 두 가지 선거에 모두 출마한 김대중은 대통령 후보 선출에서는 정대철을, 당 총재 선출에서는 김상현을 각각 여유 있게 누르고 당 총재 겸 대통령 후보로 확정되었다. 애초에 국민 회의 자체가 김대중에 의해 만들어진 당이며 김대중의 대통령 선거 재도전 을 지지하는 정치인들이 모인 당이라는 점에서 그것은 당연한 결과라고 할 수 있었다.

　반면 신한국당의 후보 경선 과정은 비교적 치열했다. 김영삼 대통령이 중 립을 선언한 가운데 9명의 후보들이 나서서 경쟁했는데, 그 중 이회창, 이

홍구, 이수성은 국무총리를 지낸 이력이 있었고 최형우와 김덕룡은 '민주계의 좌장'으로 불리는 김영삼의 오랜 측근들이었으며 김윤환과 이한동은 아직 당내에 남아있는 민정계를 대표하는 인물들이었다. 그들 외에 13대 국회의원 선거를 통해 정계에 입문한 40대의 젊은 변호사 출신 국회의원 이인제가 경선에 합류했는데, 그는 노동부 장관을 지내며 '무노동 무임금' 원칙에 수정을 가하는 등의 파격적인 행보로 당내 개혁적 분파의 지지를 받고 있었다. 그리고 1987년 이후 김영삼과 김대중 양 진영에 모두 속하기를 거부하며 독자노선을 걸어온 박찬종이 입당해 당내 기반은 부족했지만 대중적 인기를 바탕으로 후보직에 도전하고 있었다.

신한국당의 가장 큰 자산은 현직 대통령을 보유한 여당이라는 점이었지만, 임기 말 김영삼 대통령에 대한 지지율 하락은 매우 심각한 수준이었다. 김영삼 정부는 30년 만의 문민정부라는 상징적 의미 외에도 하나회를 해체해 군부의 정치적 개입 가능성을 분쇄하고 금융실명제를 도입해 검은 돈의 흐름을 봉쇄하는 등의 개혁적인 정책을 성공시키며 임기 초반에는 지지율이 80%를 넘어서는 신드롬을 일으키기도 했다. 하지만 대구 지하철 공사장 가스폭발 참사와 성수대교 붕괴 사고, 삼풍백화점 붕괴 사고 등의 대형사고들에 제대로 대처하지 못한 데다가 대통령 차남 김현철의 국정농단 사건, 1996년 연말 노동법과 안기부법 개정안 날치기 처리 강행 등을 통해 민심을 잃고 레임덕에 빠져있었다. 따라서 신한국당 후보들은 딜레마에 빠질 수밖에 없었는데, 당내에서 지지를 받기 위해서는 김영삼 대통령과의 친화성을 내세워야 하지만 본선에서 당 밖 민심을 얻으려면 김영삼 대통령과 오히려 차별화해야 했기 때문이다.

신한국당 경선이 시작되기 전 여론조사에서 가장 지지율이 높은 인물은 박찬종이었다. 그는 이미 지난 대선에서도 김영삼, 김대중, 정주영의 틈바구니에서 고군분투하면서 150만 표를 얻은 바 있었고, 선거 후에는 깨끗한 이미지를 살려 우유 CF 모델로 기용될만큼 대중에게 친근한 정치인이었다. 하지만 경선이 시작되자 조직의 지원을 받지 못하는 약점이 두드러지기 시작했고, '독불장군' 이미지가 강조되면서 급격히 지지율을 잃게 됐다. 대신 김영삼 대통령 임기 초기에 감사원장과 국무총리를 지내며 '대쪽'이라는 별명을 얻었을 만큼 원칙론자로 알려졌던 이회창의 지지율이 올랐고, 경선 후반에는 가장 약한 후보 중 한 명으로 꼽혔던 이인제가 젊은 층의 지지와 '박정희의 젊은 시절을 닮았다'는 엉뚱한 이유로 유입된 구여권 지지층의 지지를 모아 강력한 도전자로 떠올랐다.

결국 7월 21일에 치러진 신한국당 경선에서는 이회창이 1위, 이인제가 2위를 기록하며 결선에 진출했고 이인제는 박찬종과 연대하며 역전을 노렸지만 대세를 뒤집지는 못했다. 김윤환을 중심으로 한 민정계가 단합하여 이회창을 지지한 반면 민주계는 좌장격인 최형우가 경선 도중 뇌졸중으로 쓰러져 낙오한 가운데 이인제와 이회창 사이에서 분열하는 양상이 나타났기 때문이다.

하지만 신한국당 대선 후보로 확정된 이회창의 두 아들이 모두 체중 미달 사유로 병역 면제를 받았다는 사실이 알려졌고, 그 과정에 부정이 개입되었다는 의혹이 확산되며 지지율이 급격히 떨어지는 돌발변수가 등장했다. 그러자 이인제는 중대한 변화가 발생한 만큼 당의 대통령 후보를 교체해야 한다고 주장했지만 받아들여지지 않자 탈당해서 독자 출마하는 선택을 하게 된다. 김대중과 이회창의 양자 대결로 압축되던 대선의 판도가 갑자기 3파전으로 바뀌게 된 것이다.

이인제는 9월 13일 신한국당을 탈당했고, 뒤이어 이인제를 지지하던 서석재, 김학원, 원유철 등이 동반 탈당해 국민신당을 창당하고, 이인제를 대통령 후보로 선출해 대선 경쟁에 본격적으로 뛰어들게 된다. 그 시점에 주요 후보들의 지지율 순위는 김대중, 이인제, 이회창 순이었다.

이인제의 독자 출마와 더불어 대선의 판도를 움직인 또 하나의 변수는 이른바 'DJP 연합'이었다. 김대중이 자유민주연합의 대통령 후보로 선출된 김종필과 손을 잡고, 대통령 후보로서 김대중을 지지하되 당선 후 김종필이 국무총리를 맡아 새정치국민회의와 자유민주연합의 공동정부를 구성한다는 점에 합의한 것이다. 1987년과 1992년 두 번의 선거에서 지역구도의 벽을 넘지 못하고 호남 외의 지역에서 열세를 면치 못했던 김대중으로서는, 충청

제 15대 대통령 선거에 승리한 김대중 대통령. 한국에서 선거를 통한 정권 교체가 이뤄진 최초의 선거이다.

권의 표를 가져올 수 있는 김종필의 도움이 절실히 필요했기 때문이다. 하지만 김종필의 가세는 또다른 측면에서도 김대중에게 힘이 되었는데, 가장 보수적인 김종필과의 연대를 통해 김대중을 끊임 없이 의심해왔던 보수 유권자들의 거부감을 희석시킬 수 있었던 것이다.

김대중과 김종필의 연대에 맞서기 위해 이회창 역시 전 서울시장 조순과 손을 잡고 일정한 지지율 상승 효과를 누리기도 했다. 민주당 대통령 후보로 선출되었지만 당선 가능성과는 거리가 멀었던 조순을 향해 이회창은 '1대 1 합당'이라는 카드를 제시했고, 11월 21일 '한나라당'이라는 새 이름의 당으로 변신해 대통령 후보에 이회창, 총재에 조순을 선출했던 것이다. 조순은 경제전문가 출신으로서 초대 민선서울시장을 지내며 나름의 대중적 지지를 확보한 인물이었고, 그런 조순의 지원을 확보하며 다시 지지율 반등을 이룬 이회창은 이인제와 2위 다툼을 벌이며 본선에서 버틸 여력을 확보할 수 있었다.

그렇게 시작된 대권 경쟁에서 김대중은 '정권교체'를 내세웠고 이회창은 '3김 청산'을 외쳤으며 이인제는 '세대교체'로 맞섰다. 하지만 그 모든 이슈를 집어 삼키는 대형 이슈가 터지는데, 선거를 한 달 앞둔 1997년 11월 21일, 정부가 IMF에 구제금융을 신청한 것이다. 국가가 부도의 위기에 몰리는 사상 초유의 위기 속에서 김영삼 정권의 지지율은 한 자릿수로 추락했고, 김대중은 '정권교체' 대신 '준비된 대통령'을 슬로건으로 내세워 위기에 대처할 수 있는 자신의 경륜을 앞세웠다. '대권 4수생'이라는 비아냥을 '30년간 준비한 후보'로 뒤집은 것이다.

그렇게 요동을 친 과정 끝에 선거가 치러졌고, 김대중은 40.27%를 득표해 38.74%를 얻은 이회창을 불과 390,557표 차로 누르고 아슬아슬한 승리를 거두었다. 그 뒤를 이어 이인제가 19.2%, 민주노총을 기반으로 진보세력을 모아 출마한 권영길이 1.19%를 득표했다.

특히 김대중과 이회창 두 후보 사이의 차이는 예상보다도 훨씬 미세한 것으로 드러나 많은 이들을 놀라게 했다. 김대중 후보가 호남과 전통적 야당 지지층의 표를 모두 결집시킨 데 더해 김종필과의 연합을 통해 충청권의 표를 보태고 IMF 외환위기라는 초유의 사태를 통해 집권세력에 대한 책임론이 확산되는 외부 변수까지 더해진 반면 이회창 후보는 집권 여당 후보로서의 이점을 거의 누리지 못한 가운데 이인제의 탈당과 독자 출마로 상당한 고정 지지표를 잃었음에도 불구하고 격차가 거의 벌어지지 않았기 때문이다. 그것은 그만큼 그 시대에 한국 사회에서 보수층의 힘과 영향력이 강하고 지지 기반도 넓었다는 사실을 새삼 보여준 것이다.

이 선거는 무엇보다도 대한민국 역사에서 선거를 통해 정권 교체가 이루어진 최초의 사건이었다는 점에서 큰 의미를 가진다. 그 이전까지 한국 정치는 독재자의 장기집권과 군사정변, 혹은 민중항쟁이나 암살을 통한 정권교체만이 반복되어왔기 때문이다.

하지만 지역주의가 여전히 선거 결과에 결정적인 영향을 미쳤고, 심지어 지속적으로 지역주의에 의해 피해를 입었던 김대중마저 그것을 극복하기 위해 역으로 지역맹주간의 연대 전략에 의존해야 했을 만큼 그 위력은 강했다. 따라서 '선거를 통한 평화적 정권교체'와 '3김 시대 청산'이라는 과제까지 자연스럽게 해소된 그 이후로는 '지역주의 극복'이라는 과제에 한국 정치의 관심이 더욱 집중될 수 있었다.

금강산 관광:
(1998년 11월 18일)

분단 이전까지 금강산과 원산 앞바다 일대는 한반도를 대표하는 비경으로서 가장 인기 있는 관광지로 꼽혔다. 하지만 분단 이후 남쪽에서의 접근이 차단되었고 북한은 자금 부족으로 충분히 개발하거나 활용하지 못하고 있었다. 그런데 북한과의 다양한 경제협력을 추구하는 햇볕정책을 표방한 김대중 정부 시기에 현대그룹의 정주영 명예회장이 남북교류와 경제협력 사업의 일환으로서 금강산 관광을 제안했고, 북한이 받아들이면서 민간인이 휴전선을 넘나들며 관광을 즐기는 전향적인 변화가 가능했다.

1998년 1월 북한을 방문한 현대그룹의 정주영 명예회장이 금강산 남북공동개발 의정서를 체결했고, 같은 해 6월과 10월에는 소 1,001마리를 이끌고 다시 휴전선을 넘어 북한을 방문해 김정일 국방위원장을 면담하고 금강산 관광사업 준비를 서두르겠다는 약속을 받아냈다. 그 뒤를 이어 1998년 2월 14일에는 정주영 명예회장의 아들인 정몽헌 현대그룹 회장이 중국 베이징에서 북한 측과 만나 실무협의를 거쳤고 6월 23일 금강산관광 계약 체결이 발표되었다. 그리고 두 달 뒤인 8월 6일 통일부가 현대상선, 현대건설, 금강개발을 협력사업자로 승인했고 1998년 11월 18일에는 관광선 금강호가 이산

금강산 세존봉. 금강산 관광은 남북화해와 통일을 향한 첫 걸음이었지만, 북한군 초병에 의해 관광객이 피격 당하면서, 금강산 관광이 전면 중단되었다.

가족 등 826명의 1차 관광객들을 태우고 동해항을 출발해 북한의 장전항에 입항함으로써 금강산 관광이 시작되었다.

금강산 관광은 빠르게 결정된 만큼 시작된 이후 관련 시설 공사가 병행되며 발전했다. 초기에는 금강산 관광 지역 내에 숙박시설이 없어 유람선 내의 객실을 이용해야 했지만 2000년 10월 해금강호텔이 문을 열어 숙박을 하며 관광할 수 있게 됐다. 2003년 9월부터는 육로관광이 시작되어 왕복 시간이 단축되면서 2004년 7월 금강산 당일관광과 1박 2일 관광이 시작되어 관광객의 수가 더욱 늘어났고, 그 결과 2005년 6월에는 누적 관광객 100만 명을 돌파했다. 그 뒤로 2007년 5월에는 내금강 지역까지 관광이 확대되었고 2008년 3월에는 승용차관광도 시작되었다. 하지만 2008년 7월 11일 관광객 박왕자 씨가 해안가를 산책하던 도중 관광 통제 울타리를 넘어갔다가 인민군 육군 해안초소 초병이 쏜 총에 맞아 숨지는 사건이 터지면서 금강산 관광이 전면 중단되었다. 그 뒤로 남북관계가 계속 악화되면서 금강산 관광은 재개되지 못했고 2016년에는 개성공단 가동마저 중단되면서 사실상 육로를 통한 남북한 민간 교류는 완전히 중단되게 되었다.

금강산 관광은 정전 이후 50여 년만에 휴전선을 가로질러 민간인이 왕래한 역사적인 사건이었고, 남북화해와 통일을 향한 중대한 첫 걸음이 될 수 있었다. 하지만 남한의 대규모 관광객들에 대한 북한의 지나친 경계심과 경직된 태도가 관광객 피살이라는 돌발적 사건으로 비화되었고, 그 사건을 둘러싼 남북한의 적대적 인식이 더 이상의 진전을 불가능하게 만들고 말았다. 이후 이명박 정권과 박근혜 정권이 이어지며 정국을 주도한 보수정치권에서는 금강산 관광과 개성 경제협력사업을 통해 북한으로 흘러 들어간 자금이 핵무기 개발에 활용되었다는 의심을 거두지 않았고, 결국 북한의 돈줄을 죄기 위해 모든 경제협력을 중단하는 '바람 불기'가 시작되며 김대중 정부 이래의 햇볕정책은 전면 폐기되고 만다.

하지만 북한의 정치 상황에 급격한 변동이 일어나지 않는 한 그들과 마주해야 하는 대한민국의 입장은 늘 '햇볕'과 '바람' 사이를 오갈 수밖에 없을 것이고, 그 사이에서 고민을 할 때마다 금강산 관광과 개성공단의 사례는 다양하게 분석되어야 할 중요한 경험이자 출발점이 될 것이다.

문화산업진흥기본법:
(1999년 1월 7일)

1990년대 초반까지만 해도 한국에서 문화산업은 정부의 정책적 지원의 대상으로 인식되지 못했다. 영화산업의 경우 미국을 비롯한 해외에서 수입되는 컨텐츠의 비중이 압도적으로 높았고 대중음악 역시 내수시장의 일정 부분을 자체적으로 충당하는 정도에 불과했기 때문이다. 순수예술이나 전통문화에 대해서는 '보존'의 필요성을 인정해 일정한 정책적 관심을 할애했지만 대중문화는 정부나 정권의 홍보 수단으로 활용되거나 반대로 통제해야 할 대상 이상으로 인식되지 못했던 것이다.

그런 점에서 1993년에 취임한 김영삼 대통령이 '문화복지'라는 개념을 제시하고 국민의 삶의 질 향상을 위해 문화적 향유의 여건을 확충해야 한다고 천명한 것은 중요한 전환점이었다. 김영삼 대통령은 취임 5개월 만에 '새 문화 · 체육 · 청소년 진흥 5개년 계획'을 발표하고 문화부와 체육청소년부를 통합해 문화체육부를 신설했다. 그리고 이듬해인 1994년에는 문화체육부 내에 문화산업국을 신설함으로써 문화 소비 뿐만 아니라 문화 생산에 대해서도 정부가 정책적 관심을 기울여야 한다는 인식을 드러냈다.

특히 1993년에 개봉해 세계적인 흥행 기록을 세운 영화 〈쥬라기 공원〉은

문화산업진흥기본법으로 인해 한국문화가 성장하는 밑거름이 되었다.

정부가 문화산업에 대한 전향적 관심을 가지게 된 계기로 꼽힌다. 당시 6천만 달러의 제작비가 소요된 그 영화는 전세계적으로 11억 달러 이상의 수익을 거두어들였고, 그 사실은 1994년 과학기술자문회의 대통령 보고에서 등장한 '영화 〈쥬라기공원〉 1년 흥행 수입이 우리나라 자동차 150만 대 수출 수익과 같다'는 표현을 통해 되풀이 회자되며 정부 뿐만 아니라 사회 전체에 충격을 던졌다. 석유 소모도 없고 환경 오염도 없고 공장을 지을 필요도 없는 문화산업이 자동차산업보다도 더 큰 경제적 이익을 가져다줄 수 있다는 사실은 국가적인 지원을 통해 성장시킬 필요성을 매우 분명하게 설명해주었기 때문이다. 그 영향으로 1995년 문화예술진흥법 개정안에 영화와 연예산업이 처음으로 국가 진흥 대상으로 명기되면서 그 해는 한국 대중문화에 국가적 관심과 지원이 시작된 원년으로 기록되게 되었다.

하지만 불과 2년 뒤 IMF 외환위기가 닥치고, 지지율이 한 자릿수로 추락한 정부가 식물 상태로 전락하면서 문화산업에 대한 실질적 지원은 거의 이루어지지 못했다. 따라서 한국에서 문화산업 진흥 정책이 실질적으로 시작된 것은 경제위기를 빠르게 헤쳐나온 뒤 미래산업 기반 조성의 필요성이 강력하게 제기된 김대중 정부 집권기였다. 김대중 정부의 문화정책 기조는 문화체육부를 문화관광부로 바꾼 사실과 1999년 제정된 문화산업진흥기본법으로 나타났다.

문화산업진흥기본법은 전통문화와 순수예술 영역을 경제적으로 융합하고 당시 한국이 주도하기 시작한 정보통신(IT) 혁명의 흐름에 맞추어 게임, 캐릭터, 애니메이션, 광고, 디자인, 멀티미디어 콘텐츠 등 다양한 영역까지 포괄했다. 문민정부 시기까지도 여전히 남아있던 문화 규제와 검열이 대부분 철폐돼 표현의 자유가 확대되었고 문화창작의 사회적 여건 조성에도 많은 투자와 지원이 이루어졌다. 1999년 김대중 정부는 사상 최초로 정부 예산의 1%를 문화 영역에 배정했는데, 이것은 한국이 2010년대 중반 이후 세계 시장에서 강력한 경쟁력을 가지는 문화산업의 강대국으로 발전하는 마중물 역할을 했다.

　그 외에 한국게임산업개발원을 세워 초고속 통신망 상용화와 함께 성장하던 새 콘텐츠 분야인 게임산업 지원에도 나섰고 1천억 원 규모의 방송진흥기금을 만들어 제작사를 지원했다. 그 결과 2000년대 한국 콘텐츠 수출의 주역이 된 게임과 방송 산업 성장이 본격화되었고 때마침 중화권을 중심으로 서서히 형성된 '한류' 현상과 일본 대중문화 개방으로 촉발된 한일 문화 교류 활성화에 의해 더욱 가속화했다.

　오늘날 한국이 가지는 문화적 힘을 단순히 투자 대비 산출의 개념으로만 설명하기는 어렵다. 독특한 문화적 환경과 극적인 역사적 체험, 현실적 딜레마 등이 만든 독특함이 있고 그것을 보편적 형식으로 표현할 수 있었던 글로벌한 감각과 창작자들의 노력이 두루 결합되었기 때문이다. 하지만 그것이 빠르게 전세계인들에게 알려지고 향유되고 공감될 수 있었던 배경에는 세계에서 가장 빠르게 성장한 정보통신환경과 정책적 지원이 있었고, 그것이 적절한 시점에 적절한 규모로 이루어진 인식의 전환이 있었다. 그 사실을 상징하는 사건 중의 하나가 1999년 1월 9일에 제정된 문화산업진흥기본법이다.

ADSL 상용화:
(1999년 4월 1일)

ADSL(Asymmetric Digital Subscriber Line: 비대칭형 디지털 가입자망)은 기존의 구리 전화선을 통해 일반 음성통화 외에도 고속 데이터 통신을 가능하게 하는 기술이다. 송신과 수신 속도의 차이가 있어서 '비대칭'이라는 이름이 붙었는데, 출시되던 2002년 당시 기준으로 수신 속도는 최대 9Mbps까지 가능했지만 송신은 640Kbps에 불과했다. 하지만 대부분 이용자들의 입장에서는 보내는 것보다 받는 과정이 중요했기 때문에 송신 속도가 느리다는 점은 큰 문제가 되지 않았다.

ADSL은 1988년에 미국 벨코어 사에 의해 개별 가입자가 영화를 주문해 일반 전화선으로 볼 수 있도록 하는 VOD용으로 개발된 것이지만 상용화에 실패해 사장됐다가, 1990년대 중반 인터넷 붐이 일면서 재조명되었다.

한국에서는 1983년부터 컴퓨터에 전화선을 꽂아 정보를 주고받는 PC 통신이 시작되었고 1986년에는 천리안에 의해 화상정보 제공 서비스도 시작되었다. 그리고 1990년대 중반에는 청소년과 젊은 층 사이에서는 PC 통신이 일반화되어 전자우편을 주고받거나 채팅을 통해 낯선 사람과 교류하고 만남의 계기를 가지는 문화가 널리 퍼져나가기도 했다. 하지만 사진 한 장을 받

ADSL의 상용화 이후 PC 방에서 게임을 즐기는 사람들의 모습. ADSL 상용화로 인해 게임, 음악 등 다양한 문화 생활을 즐길 수 있게 되었다.

는 데 10분 이상의 시간이 걸렸을 만큼 느리고 그 시간만큼 전화요금이 부과되어 비쌌기 때문에 텍스트와 간단한 이미지나 그래픽 중심으로 국한될 수밖에 없었고 동영상이나 음성이 결합된 멀티미디어 환경으로 발전하기는 어려웠다.

하지만 1999년 4월 1일 제 2 시내전화사업자로 선정된 하나로통신(현 SK브로드밴드)이 기존 모뎀의 140배가 넘는 최대 8Mbps의 수신 속도를 자랑하는 ADSL 서비스를 정식으로 시작하면서 격변이 시작되었다. ADSL 서비스가 정식으로 시작되던 날, 김대중 대통령이 신윤식 하나로통신 사장과 ADSL 서비스를 통한 화상통화를 가졌는데, ADSL 서비스가 상용화된 것은 한국이 세계에서 처음이었다.

대통령의 화상통화 장면은 주요 언론을 통해 전국으로 전해졌고, 그것이 가능한 초고속 인터넷 서비스가 월 29,000원에 무제한 제공된다는 충격적인 사실이 알려지며 가입자 폭주로 이어졌다. 그 정도의 속도라면 어지간한 동영상을 실시간으로 즐기는 데 큰 문제가 없었고, 10만 원 이상의 PC 통신 요금을 부담하는 이용자가 적지 않던 당시에 월 3만 원이 채 안 되는 정액요금은 파격적인 것이었다. 게다가 유선전화와 동시에 사용할 수도 있다는 점도 중요했는데, 예전에는 전화기에 꽂혀 있는 선을 빼서 컴퓨터에 연결해야 했기 때문에 가족들(특히 부모님)이 모두 잠든 새벽 1시 안팎부터 이용자가 급증하는 현상이 일반적이었기 때문이다. 이제 시간과 비용과 다른 가족들의 활동 시간과 무관하게 PC를 통한 데이터 통신을 활용할 수 있는 여건이 마련된 것이다.

초고속 인터넷망의 빠른 보급이 가능했던 또 다른 이유는 스타크래프트 열풍과 EBS의 인터넷 서비스 시작이었다. 청소년들은 집에서도 편리하게 네트워크 게임을 즐기고 싶었고, 그러기 위해 필요한 PC와 초고속 인터넷망 설치 비용은 교육방송의 인터넷 강의를 활용하기 위해 필요하다는 명분으로 부모에게 요구할 수 있었기 때문이다. 정부에서 중소기업들과 연계해 100만 원 이하의 저렴한 PC를 '국민PC'라는 이름으로 우체국망을 통해 판매해 보급률을 빠르게 높인 것도 도움이 됐다.

IMF 경제위기 와중에 열등감에 젖어 있던 한국인들은 1999년을 지내며 어느 순간 세계에서 가장 빠른 속도의 정보통신을 대중적으로 활용하고 있는 자신을 발견했고, 그 영향으로 세계에서 가장 먼저 인터넷을 통해 신곡을 발표하는 가수와 그에 즉시 반응하며 팬덤과 비평문화를 발전시킨 대중들, 세계에서 가장 컴퓨터 게임을 잘 하는 한국인들에 대한 세계의 놀라움을 마주하게 된다. 그것은 한국의 정보통신과 대중문화와 민주화를 빠르게 발전시켜 세계를 선도하게 이끌었고, 그럼으로써 주저앉아 있었던 한국인들의 자존심을 세우는 역할을 하기도 했다. 'IT 강국 대한민국'이라는, 이제는 낯익은 표현이 시작된 시점이 바로 그 무렵이었다.

제 1차 연평해전:
(1999년 6월 15일)

  김대중 정부의 대북정책은 '햇볕정책'이라는 이름으로 대표되었다. 그 이름은 행인의 외투를 벗기기 위해 강한 바람을 부는 것보다 따뜻한 햇볕을 쬐게 하는 것이 더 효과적이었다는 이솝 우화 속 일화에서 차용된 것이었다. 압도적인 군사력과 경제력을 기반으로 압박하면서 개방을 강요하는 방법은 오히려 북한 체제를 폐쇄적으로 만들고 더욱 위험한 도발의 가능성을 높일 뿐이며, 오히려 북한 체제를 인정하고 더 많은 협력을 통한 발전의 가능성을 제시함으로써 개방과 변화를 유도할 수 있을 뿐 아니라 한반도 평화도 더욱 안정적으로 확보할 수 있다는 취지였다. 따라서 김대중 정부에서는 대북 화해 협력 정책을 확대해 추진했고, 1998년 11월에 시작된 금강산 관광은 그런 흐름을 상징적으로 보여주었다.

  하지만 북한은 군사적 행동을 멈추지 않았고, 1998년 6월에는 또다시 동해 북방한계선 남쪽에서 작전을 수행하던 북한의 잠수정이 어선의 그물에 걸려 발각되는 사건이 벌어지기도 했다. 2년 전 강릉 앞바다에 상어급 잠수함이 좌초하고 상륙한 공작원들과 그들을 추적하는 국군이 한 달 이상 교전을 벌였던 사건을 떠올리게 만드는 위험한 조짐이었다. 다행히 당시 잠수정

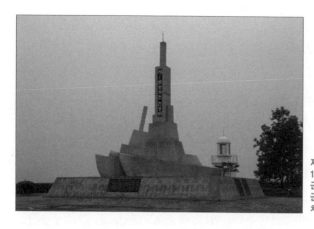

제 1차 연평해전 전승비. 제
1차, 2차 연평해전에서 북한
군은 기습을 감행했지만, 국
군은 승전을 거뒀다. (사진출
처: 대한민국역사박물관)

에서는 사살된 9명의 승조원이 발견되었고, 상륙한 흔적은 발견되지 않았다.
잠수정이 그물에 걸려 움직일 수 없게 되자 승조원들이 스스로 목숨을 끊어
작전의 기밀을 유지하려고 한 것으로 분석되었다. 그 외에도 1998년 7월에
는 동해시 부근에서 북한 무장간첩의 시신이 침투용 장비와 함께 발견되기
도 했고, 11월에는 간첩선이 강화도 해안에 접근을 시도하다가 발각되자 도
주했으며, 12월에는 여수 앞바다에 침투하던 반잠수정이 대한민국 해군에
의해 격침되기도 했다.

특히 이듬해인 1999년에는 6월 초부터 북한 경비정들이 연평도 부근의
NLL을 돌파해 남쪽으로 내려와 남북한 함정들이 대치하는 상황이 이어졌다.
NLL(북방한계선)은 휴전 직후 주한 유엔군 사령관 클라크 중장이 남북한 해군
의 우발적인 충돌을 막기 위해 선포한 해상경계선으로서 비록 남북간에 합
의된 선은 아니었지만 이후 수십 년간 서로 문제제기 없이 실질적으로 인정
되어온 경계선이었다. 하지만 북한은 1970년대 들어 처음 문제를 제기하기
시작했고, 1999년 그 경계선을 무력화하기 위해 일방적으로 넘나드는 도발
을 감행하기 시작한 것이다. 그래서 1999년 6월 6일부터 북한군 경비정이 매
일 북방한계선을 침범해 몇 시간씩 한국 영해에 머물면서 반응을 살피고 돌
아가는 일이 되풀이되었다.

북한군 경비정의 반복되는 북방한계선 침범 행위가 9일째 이어지던 날
인 1999년 6월 15일 오전, 북한 해군 경비정 4척이 어선 20척과 함께 북방

한계선 남쪽 2km 해역까지 내려왔고 우리 해군은 참수리급 고속정과 초계함 10여 척을 동원해 맞서며 교전 수칙에 따라 경고 방송을 했다. 그러자 8시 45분, 북한군 경비정 7척이 우리 해군 고속정에 접근해 충돌하는 공격을 감행했고, 함정의 규모와 내구성 면에서 앞서는 우리 해군에 오히려 밀려나게 되자 9시 28분, 북한군 경비정 684호에서 25mm 기관포를 발사하기 시작했다. 하지만 무기의 성능 역시 한국 해군이 월등했기 때문에 북한군 경비정 684호는 오히려 우리 해군의 반격으로 반파된 채 퇴각했다.

14분간 진행된 교전에서 우리 해군도 참수리급 고속정 325호의 정장 안지영 대위를 비롯한 장병 7명이 부상을 입고 국군수도병원으로 긴급 후송되었지만, 북한군은 어뢰정 1척이 침몰하고 경비정 1척 반파되었으며 3척이 파손되고 130여 명의 사상자가 발생하는 훨씬 큰 피해를 입은 것으로 추정되었다. 이 사건은 정전협정이 체결된 이후 남북한의 해군이 직접 전투를 치른 첫 번째 사례였다. 하지만 북방한계선 무력화를 위해 어선까지 동원해 도발을 감행했던 북한군은 장비의 열세를 절감하며 큰 피해를 입은 채 패퇴했고, 한국군은 기습적인 공격을 받았음에도 불구하고 승전을 거두며 자신감을 얻을 수 있었다.

이 사건은 한 편으로는 김대중 정부의 햇볕정책에 대한 의구심을 불러일으켰지만, 반대로 '따뜻한 햇볕은 압도적인 강함에 대한 자신감으로 뒷받침되며, 선을 넘는 도발에 대한 단호한 응징의 경고와 동반된다'는 내용으로 진전되어 남북관계의 바탕과 한계선을 구체화하는 계기가 되었다.

한편, 치명적인 패전을 감수해야 했던 북한은 3년 뒤, 같은 해역에서 다시 한 번 보복전을 감행해 대한민국 해군에 6명이 전사하고 19명이 부상하는 피해를 입히는 제 2차 연평해전을 일으키지만 그 때도 역시 한국 해군은 적극적인 반격작전을 통해 북한군에 30여 명 이상의 인명피해를 입히는 전과를 올리기도 했다. 두 차례의 해전을 통해 서해에서 북방한계선의 의미는 더욱 굳어졌으며, 북한 역시 재래식 무기를 통한 대남무력도발의 실효성에 대해 의문을 품게 되는 계기가 되었다.

제 16대 국회의원 선거:
(2000년 4월 13일)

1997년 12월 18일에 치러진 제 15대 대통령 선거를 통해 대한민국 정부 수립 이후 최초로 선거를 통한 수평적 정권교체를 이룬 후 처음으로 치러진 국회의원 선거였다. 따라서 이전까지의 큰 틀에서 수십 년 간 유지되어왔던 여당과 야당의 관계가 뒤바뀐 채 치러진 첫 번째 선거였다.

의원 정수는 제15대 국회의원 선거에 비해 26명이 줄어든 273명이었는데, IMF 외환위기의 극복을 위해 국회 역시 비용 절감에 동참해야 한다는 명분에 따른 것이었다. 비례대표 의석 수는 유지되었고 줄어든 26석은 모두 지역구 의석이었다. 당시 새천년민주당과 자유민주연합이 공동 여당을 구성하고 있었고 보수야당은 한나라당과 한나라당 공천 탈락자들 중심으로 창당된 민주국민당이 있었으며, 그 외에 제 15대 대통령 선거에 출마했던 권영길 후보를 중심으로 창당된 진보정당인 민주노동당이 있었다.

국민회의는 대통령 선거에서 승리한 뒤 적극적인 영입을 통해 몸집을 불렸다. 1980년대 대학생 운동을 이끌었던 이른바 '386세대'들을 대거 입당시킨 것을 비롯해 '꼬마 민주당' 시절부터 '비 김대중 계열 야당'에서 활동해온 노무현과 김원기 등을 합류시켜 과거 야권의 세력을 어느 정도 규합하는 데 성공했다. 거기에 더해 서영훈 전 KBS 사장과 최영희 전 한국여성단체협의회 회장, 김운용 대한체육회 회장 등의 각계 인사들과 12.12 군사반란 진압을 시도했던 장태완 전 수경사령관 등 군인 출신 인사들도 대거 영입해 외연을 확장했다. 당의 명칭도 '새천년민주당'으로 바꾸었고, 직후에는 대통령 선거에서 경쟁했던 이인제의 국민신당까지 흡수하며 충청권 공략의 교두보를 마련하기도 했다.

반면 한나라당은 대선 패배의 충격에도 불구하고 당내 주도권을 다시 장악하는 데 성공한 이회창이 국회의원 선거 공천 과정에서 입지를 더욱 단단히 했다. 그 과정에서 옛 민정계를 비롯해 당내 비이회창 계열의 중진 정치인들이 대거 공천에서 탈락하게 됐고, 그러자 민정계의 주류를 이끌면서 김영삼과 이회창을 지지해 '킹메이커'라고 불리던 김윤환이 역시 공천에서 탈락한 조순, 이기택, 신상우 등과 함께 탈당해 민주국민당을 창당하기도 했다.

민주국민당에는 김윤환이 이끄는 민정계 외에도 새천년민주당에서 밀려난 김상현과 그 계파, 대구의 무소속 의원 서훈, 신한국당 대선 후보 경선 이후 다시 원외로 나가 독자행보를 하고 있던 박찬종, 재야운동가 장기표 등이 두루 합류했다. 한국정치사에서 김영삼, 김대중 다음 서열에 놓일 만한 거물급 인사들 십수 명이 한 데 모인 중량급 정당이었다. 하지만 그들을 한 데 묶을 만한 이념적이거나 정책적 지향은 전혀 없었고 오로지 각자의 정당에서 공천에 탈락한 것에 대한 분노와 원내 진입을 위해 정당 구조가 필요하다는 정치적 실리를 매개로 모인 정략적 정치 연대일 뿐이었다.

선거 결과는 한나라당과 민주당이 각축을 벌인 가운데 자민련은 원내 교섭단체 구성도 어려울 만큼 쇠퇴하고 민주국민당은 소멸 위기에 몰리는 참패를 당한 것으로 나타났다.

원내 1당은 여전히 한나라당이었다. 전국적으로 48.71%를 득표해 지역구 112곳에서 당선자를 내고 비례대표로 21석을 추가해 모두 133석을 확보했다. 과반에는 4석 모자라지만 대선 패배에도 불구하고 원내 1당을 지켜낸 것은 나름대로 고무적인 결과였다. 한나라당이 예상보다 많은 의석을 확보할 수 있었던 것은 영남 지역 대부분의 지역구에서 승리했기 때문이다. 정몽준

제 16대 국회의원 선거 결과를 보는 이회창 한나라당 대표의 모습. 앞선 대선에서는 패배했지만, 원내 1당을 지켜내는 데는 성공했다.

이 울산 동구에서 무소속으로 당선된 것을 제외하면 부산, 대구, 경남과 경북을 모두 석권했을 정도였다.

반면 여당인 새천년민주당은 득표율 면에서 거의 같은 48.35%를 기록했지만 의석은 지역구 96석과 비례대표 19석으로 모두 115석에 머물며 한나라당보다 18석이 적었다. 호남에서의 강세는 여전했지만 영남에서는 전패했고, 수도권에서 의외로 한나라당과의 격차를 벌이지 못한 결과였다.

공동 여당인 자유민주연합은 기대에 훨씬 못 미치는 성적을 냈다. 4년 전 제 15대 국회의원 선거에서 50석을 차지하게 하는 데 기여했던 대구 경북 출신 정치인들이 이탈하거나 한나라당 후보들에 밀려 낙선했고, 충청권에서도 민주당에 합류한 이인제의 영향력으로 의석을 빼앗기며 위축되었기 때문이다. 자민련의 의석수는 지역구 12석과 비례대표 5석을 합쳐 17석에 불과했기 때문에 원내교섭단체 구성을 할 수 없었고, 결국 민주당이 '의원 꿔주기'를 통해 억지로 교섭단체 등록을 하기도 했지만 얼마 뒤 연대관계가 깨지면서 그마저 무산되고 말았다.

민주국민당의 몰락은 더욱 극적이었는데, 존재해야 할 아무런 당위를 설명하지 못한 채 정치인들 개인의 명성만으로 유권자들의 지지를 얻을 수는 없다는 사실을 입증한 사례였다. 지역구와 비례대표로 각 1석씩을 확보해 원내 2석의 군소정당으로 전락했고, 낙선한 수많은 거물급 정치인들은 대부분 그 곳에서 정치생명이 끊어졌다.

선거 이후 자민련의 존재감이 갑자기 줄어들면서 다시 양당 체제가 복원되는 양상이 이어졌다. 김대중 정부는 김종필에 이어 역시 자민련에 몸담고 있던 이한동을 국무총리로 지명하며 DJP연대를 이어가는 모습을 보여주긴 했지만 2001년 자민련의 반대에도 불구하고 대북평화협력정책을 주장한 임동원을 통일부 장관으로 지명하면서 단독 여당으로 돌아갔다. 이후로는 한나라당과 민주당의 1대 1 협상을 통해 중요한 문제들에 대한 합의를 이루어가는 방식으로 국정이 운영되었다.

그 선거는 이미 대통령을 지냈거나 지내던 김영삼과 김대중 이후의 한국 정치 질서가 형성되기 시작한 시점이었다. 한나라당의 이회창이 당내 기반을 다지고 종로에서 낙선한 노무현이 '바보'라는 별명을 전국적으로 알린 것이 그 앞면이었다면 김종필의 자민련과 그 밖의 무수한 거물 정치인들의 집합체였던 민주국민당의 몰락은 그 뒷면에 해당한다고 할 수 있을 것이다.

제 1차 남북정상회담:
(2000년 6월 13일)

   2000년 3월 9일, 독일을 국빈 방문 중이던 김대중 대통령은 냉전기에 분단되었다가 해빙기에 통일을 이룬 역사의 현장 베를린에서 한반도 역시 평화와 통일을 향해 나아가자는 내용의 '베를린 선언'을 발표했다. 특히 그 선언을 통해 '대북 3원칙'이 제시됐는데, 첫째는 북한의 무력도발을 용납하지 않을 것이며, 둘째는 북한의 체제를 위협하거나 흡수통일을 시도하지 않을 것이며, 셋째는 남북한의 화해협력을 추진할 것이라는 것이었다. 얼마 후 북한이 베를린 선언에 화답해 정상회담 개최 의사를 밝혔고, 3월 17일 중국 상하이에서 남북 간 첫 접촉이 이루어진 이후 몇 차례의 비공개 협의를 거친 뒤 4월 8일 남북 간 최종 합의서가 작성돼 남북회담이 합의됐다. 그리고 이틀 뒤인 4월 10일 박지원 문화관광부장관이 남북정상회담이 성사되었음을 발표했다. 분단 이후 다양한 방식의 남북간 대화가 이어져오긴 했지만 남북한의 정상이 직접 마주하는 것은 최초의 일이었다.

   1972년 7.4 남북공동성명을 발표하는 과정에서 이후락 중앙정보부장이 박정희 대통령의 특사로 방북해 김일성 주석을 만나고, 반대로 북한의 박성철 부수상이 김일성 주석의 특사로 방한해 박정희 대통령을 만난 것이 간접적

김대중 대통령과 김정일 국방위원장이 평양 순안공항에서 만나 악수를 나누고 있다.

으로나마 남북한 정상이 대화한 최초의 사례였다.

전두환 대통령과 노태우 대통령 임기 중에도 남북정상회담에 대한 제안이 오가거나 원칙적 합의가 이루어진 적이 있지만 결국에는 성사되지 못했다. 서울과 경기 일대에서 339명이 사망하거나 실종되는 대홍수가 일어난 1984년 북한의 인도적인 대남 수해복구 물자 지원을 계기로 남북대화가 재개되어 남북 예술단 상호 방문 공연과 이산가족 상봉으로 이어진 끝에 1985년 북한의 허담 대남비서 겸 조국평화통일위원장이 극비리에 내려와서 전두환을 만났고, 답례차 장세동 전 안기부장이 비밀리에 방북해서 김일성 전 주석을 만난 적이 있다. 그 때 비밀 접촉을 통해 남북정상회담 개최에 대한 원칙적 합의가 이루어지기도 했지만 직선제 개헌 요구가 가열되자 정국 불안을 이유로 미뤄지다가 1987년 대한항공 858편 폭파 사건 등을 거치며 무산되었다. 그리고 1988년에는 대우그룹 김우중 회장이 노태우 대통령의 특사로서 여러 차례 김일성과 김정일을 만나 남북정상회담 개최에 관한 합의를 이룬 적도 있지만 세부 사항에 관한 이견을 좁히지 못해 결국 무산되기도 했다.

실제로 남북정상회담 개최에 관한 최종적 합의가 이루어진 것은 1994년이었다. 당시 북한이 핵 개발을 시작하자 미국의 클린턴 행정부가 북한 선제폭격 가능성을 시사하며 전쟁위기가 고조되었고 지미 카터 전 미국 대통령이 전격적으로 평양을 방문해서 중재에 나섰다. 그리고 카터가 서울로 돌아와 북한의 대화 의지를 전하고 김영삼 전 대통령이 동의하면서 남북정상회담이 합의되었다. 그 뒤 남북 양측의 당국자들이 실무접촉을 이어간 끝에 회담 장소, 일정, 의제, 경호, 숙식, 인원 규모, 언론취재 방식 등 세부사항에 대해서도 모두 합의가 이루어졌다. 합의에 따라 회담은 1994년 7월 25일 평양에서 열릴 계획이었다. 이때 김영삼 대통령은 북한에 파격적인 경제지원을 하는 대신 대대적인 군축과 북한군 병력의 후방배치를 이끌어낸다는 계획을 세우고 있었다. 대북경제협력의 내용에는 고속도로와 철도 및 발전소 건설과 남북경협 공단 등이 포함되어 있었다. 하지만 회담 일정이 확정되어 있었고 내용적으로도 어느 때보다 남북관계를 진전시킬 가능성이 높았던 그 회담은 불과 보름 앞둔 7월 8일 북한의 김일성 주석이 갑자기 사망하면서 모두 무산되어버리고 말았다.

그래서 실제로 남북한 정상이 대면한 것은 김대중 정부가 들어선 뒤였다. 박지원 문화부 장관의 발표에 따르면 남북정상회담의 구체적인 일정은 2000년 6월 13일부터 15일까지의 사흘간이었고, 장소는 평양이었다. 북한의 김정일 국방위원장이 초청하고 김대중 대통령이 응하는 형식이었다.

2000년 6월 13일 9시 18분에 서울공항을 이륙한 대통령 특별기는 1시간 7분 뒤인 10시 25분 평양 순안공항에 도착했고, 10시 38분에 특별기에서 내린 김대중 대통령은 공항으로 마중 나온 김정일 국방위원장과 손을 맞잡았다.

두 정상은 그 날 함께 차를 타고 김대중 대통령의 숙소인 백화원 영빈관에 도착해 각각 수행원들을 배석시킨 채 첫 번째 정상회담을 가진 것을 시작으로 3일간 다양한 접촉을 가졌고, 마지막 날인 6월 15일에 합의 내용을 정리해 공동선언 형식으로 발표했다. 선언의 내용은 다음과 같다.

〈남북공동선언〉

조국의 평화적 통일을 염원하는 온 겨레의 숭고한 뜻에 따라 대한민국 김대중 대통령과 조선민주주의인민공화국 김정일 국방위원장은 2000년 6월 13일부터 6월 15일까지 평양에서 역사적인 상봉을 하였으며 정상회담을 가졌다.
남북 정상들은 분단 역사상 처음으로 열린 이번 상봉과 회담이 서로 이해를 증진시키고 남북관계를 발전시키며 평화통일을 실현하는데 중대한 의의를 가진다고 평가하고 다음과 같이 선언한다.

1. 남과 북은 나라의 통일문제를 그 주인인 우리 민족끼리 힘을 합쳐 자주적으로 해결해 나가기로 하였다.
2. 남과 북은 나라의 통일을 위한 남측의 연합제안과 북측의 낮은 연방제안이 서로 공통성이 있다고 인정하고 앞으로 이 방향에서 통일을 지향시켜 나가기로 하였다.
3. 남과 북은 올해 8.15에 즈음하여 흩어진 가족, 친척 방문단을 교환하며 비전향장기수 문제를 해결하는 등 인도적 문제를 조속히 풀어 나가기로 하였다.
4. 남과 북은 경제협력을 통하여 민족경제를 균형적으로 발전시키고 사회, 문화, 체육, 보건, 환경 등 제반 분야의 협력과 교류를 활성화하여 서로의 신뢰를 다져 나가기로 하였다.
5. 남과 북은 이상과 같은 합의사항을 조속히 실천에 옮기기 위하여 빠른 시일 안에 당국 사이의 대화를 개최하기로 하였다.

김대중 대통령은 김정일 국방위원장이 서울을 방문하도록 정중히 초청하였으며 김정일 국방위원장은 앞으로 적절한 시기에 서울을 방문하기로 하였다.

2000년 6월 15일
대한민국 대통령 김대중
조선민주주의인민공화국 국방위원장 김정일

남북 정상간의 회담과 공동선언은 분단 이후 처음이라는 사실만으로도 엄청난 의미를 가지는 것이었으며, 이후 남북 대화의 출발점이 될 만한 원칙을 확고히 했다는 점에서도 의미가 컸다. 이 선언은 남한과 북한이 서로를 동등한 대화상대로 받아들인다는 공식적인 선언이었고, 따라서 각각 적화통일과 흡수통일을 포기하고 공존과 화해, 협력을 도모한다는 원칙의 확인이었기 때문이다. 그런 의미들은 남북한만이 아니라 전세계의 지지와 환영을 받았는데, 특히 2000년 12월에 김대중 대통령이 한국인으로서는 최초로 노벨평화상 수상자로 선정된 것은 일생에 걸쳐 민주화를 위해 노력한 사실과 더불어 남북 평화를 진전시킨 점이 높이 평가받았기 때문이었다.

한일월드컵:
(2002년 5월 31일)

  1992년 12월 제 14대 대통령 선거에서 민자당 후보 김영삼은 2002년 월드컵 개최를 공약했고, 그 선거에서 당선된 뒤 1994년에 축구협회를 중심으로 월드컵 유치위원회를 조직하도록 했다. 일본 역시 1991년부터 월드컵 유치위원회를 조직해 2002년 개최를 노리고 있었고, 그 외에 멕시코도 유치를 희망하고 있었다. 하지만 마침 1930년에 창설된 이후 유럽과 아메리카 대륙에서만 개최되던 월드컵이 아시아에서도 열릴 때가 됐다는 국제적 여론이 강했고, 유력한 후보로 떠오른 한국과 일본 두 나라는 특히 치열한 유치 경쟁을 벌이게 된다.

  두 나라 모두 경제적 여력을 가지고 있었을 뿐 아니라 올림픽을 치러본 경험이 있었기 때문에 충분히 대회를 치를 수 있는 자격을 인정받고 있었다. 하지만 분단국으로서 군사적 대치 상황을 안고 있는 한국은 전쟁 위험이라는 고질적인 약점이 지적됐고, 일본은 역대 월드컵에서 한 번도 본선에 진출해본 적 없는 축구의 변방 국가라는 점이 치명적이었다. 세계축구계의 실력자들도 두 나라 편으로 갈려 서로의 약점을 지적하며 설전을 벌이곤 했는데, 브라질 출신의 후앙 아벨란제 FIFA 회장과 펠레가 일본 편에 서 있었다면 유

한일 월드컵 당시 시청에 모여 거리 응원을 하는 모습. 한일 월드컵에서 쾌거를 거둔 기억은 기쁨의 운명공동체라는 공감대를 형성했고, 경제 위기로 침체되어있던 한국인들의 자신감을 회복시켜 주었다. (사진출처: 국립민속박물관 민속아카이브)

럽축구협회장(UEFA) 레나르트 요한손이나 아시아축구협회장(AFC) 피터 벨라판, 아르헨티나의 축구 영웅 마라도나 등은 한국 편으로 조금 더 기울어 있었다.

하지만 두 나라 사이의 유치 전쟁이 치열해지고 양상도 팽팽하게 이어지자 어느 한 편을 들기 부담스러워하던 나라들을 중심으로 '지리적으로도 가까운 두 나라가 공동개최를 하면 어떻겠는가'라는 여론이 형성되었고, 유치전에서 패배했을 경우의 타격도 걱정해야 했던 두 나라 역시 공감하면서 공동개최지 신청에 합의하게 됐다. 결국 1996년 5월 31일 스위스 취리히 국제축구연맹(FIFA) 본부에서 열린 집행위원회에서 공동개최를 신청한 한국과 일본은 멕시코와의 경합에서 승리하며 2002년 제17회 월드컵 개최지로 선정되었다. 공식명칭은 '2002 FIFA WORLD CUP KOREA/JAPAN'이며 슬로건은 '새 천년, 새 만남, 새 출발'이었다.

총 199개국이 2002년 FIFA 월드컵 본선 진출을 위한 지역 예선에 참가했고, 1999년 12월 7일, 도쿄에서 예선 추첨식이 거행되었다. 전 대회 우승국 프랑스와 공동 개최국 대한민국과 일본은 자동 출전권을 획득함에 따라 예선전에서 빠졌고 UEFA(유럽)에 14장, CAF(아프리카)에 5장, CONMEBOL(남아메리카)에 4장, AFC(아시아)에 2장, 그리고 CONCACAF (북중미 및 카리브해)에 3장의 본선 진출권이 배당되었다. 그리고 AFC-UEFA, CONMEBOL-OFC (오세아니아) 대륙간 플레이오프 승자에게 2장이 추가로 배정되었다. 그 결과 32개국의 본선 출전국이 가려진 가운데 전통의 강호 네덜란드가 탈락하는 충격 속에 터키가 1954년 이후 48년 만에 본선 무대에 등장했고, 폴란드와 포르투갈도 1986년 이후 16년 만에 진출에 성공했다.

전통적으로 유럽에서 치러지는 대회에서는 남미 팀들이, 아메리카에서 치러지는 대회에서는 유럽 팀들이 부진한 경향이 있었는데, 물론 그것은 시차 적응과 원거리 원정에 따른 여러 불편함을 감수해야 했기 때문이다. 그런데 한일월드컵은 유럽과 남미 팀들 모두에게 원거리 원정이었고, 또한 대부분의 나라들에게 밤과 낮이 바뀌는 극단적인 시차를 경험한 첫 번째 대회였다. 그리고 그 영향 때문인지 전 대회 우승팀 프랑스와 우승후보 아르헨티나, 포르투갈 등이 조별 리그에서 탈락하고 누구도 선전을 예상하지 못했던 한국과 터키가 4강에 오르는 등의 이변이 속출했다. 특히 1986년 이후 월드컵 본선에 5번 연속으로 진출한 아시아의 축구강국이긴 했지만 본선에서는 단 한 번도 조별예선을 통과하지 못했을 뿐 아니라 단 1승도 기록해본 적이 없는 한국의 4강 진출은 전세계 뿐 아니라 한국인들까지 깜짝 놀라게 했다.

대회 주최국 자격으로 일찌감치 본선 진출권을 확보한 한국은 대회 전 네덜란드 출신의 거스 히딩크 감독을 영입하고 충분한 지원을 아끼지 않으며 대회를 준비했고, 대회 직전 치러진 평가전에서 유럽의 강팀인 프랑스와 잉글랜드를 상대로 대등한 경기를 벌이고 스코틀랜드에게는 대승을 거두며 강해진 면모를 보이긴 했다. 하지만 국민들의 기대치는 최소한 조별리그 1승과 16강 진출 정도였고, 더 큰 기대를 가진 이들도 8강 이상에 상상이 미치는 경우는 드물었다.

하지만 한국 대표팀은 본선 첫 경기에서 폴란드를 2대 0으로 누른 뒤 우승후보 포르투갈까지 꺾고 16강 진출에 성공했고, 그 뒤로도 이탈리아와 스페인을 연파하며 4강에 오르는 기적을 연출했다. 결국 준결승에서 독일에 패배하며 진군을 멈춘 한국은 3,4위 전에서도 터키에 밀리며 4위에 머물렀지만,

한국인들의 기쁨은 그 대회 우승을 차지한 브라질 국민들의 것에도 밀리지 않았다.

그런 놀라운 성과는 모든 한국인들을 흥분시켰고, 한국팀 경기가 있는 날마다 시청 앞 광장을 비롯한 전국 각지의 광장에 수십만의 인파가 붉은 색 옷을 맞춰 입고 모여 응원을 하고 축제를 벌이는 나날이 이어졌다. 수십 만이 모여 열정적인 응원을 벌였지만 인명사고나 범죄가 거의 일어나지 않았고 흩어진 뒤 휴지 조각 하나 남기지 않는 질서정연한 모습은 그것대로 전세계를 놀라게 했고, 그것에 대한 외신의 보도들은 한국인들의 자긍심을 한 단계 더 높이는 역할을 했다.

2002년 월드컵은 한국인들의 민족적 공동체 의식을 더욱 강하게 만든 계기로 꼽힌다. 1997년 겨울에 닥친 IMF 경제위기가 모든 한국인들에게 '고통의 운명공동체'라는 사실을 절감하게 했다면 월드컵은 '기쁨의 운명공동체'라는 공감대를 형성했기 때문이다. 1990년대 후반부터 2000년대 초반 사이에 한국인들은 매우 높은 밀도로 함께 울고 함께 웃는 경험을 한 셈이고, 그렇게 학습되고 경험한 공감은 그 얼마 뒤에 터져 나온 양주 여중생 압사사건에 항의하는 촛불시위 등으로 이어지며 한국 사회의 특이한 민족주의적 성격을 강화했다. 그리고 월드컵 4강을 통해 얻은 승리감과, 거리응원을 통해 확인한 서로에 대한 긍정은 경제 위기 와중에 번져있던 열패감을 떨쳐내고 한국인들이 자신감을 가지는 계기가 되기도 했다.

이 대회는 복수의 국가에서 개최한 최초의 FIFA 월드컵이며, 2004년 FIFA가 규칙 개정을 통해 공동개최를 허용하지 않기로 함으로써 전무후무한 대회로 남게 됐다. 또한 이 대회는 아시아에서 열린 첫 FIFA 월드컵 대회이자 유럽과 아메리카 밖에서 열린 첫 대회이며, 골든골 제도가 시행된 마지막 FIFA 월드컵이자 전 대회 우승국 자동 출전권이 적용된 마지막 FIFA 월드컵이기도 하다.

양주 여중생 압사:
(2002년 6월 13일)

2002년 6월 13일 오전 10시 30분 쯤 경기도 양주군 광적면 효촌리 56번 지방도 갓길에서 당시 조양중학교 2학년이던 신효순, 심미선 양이 국도를 따라 걷다가 주한미군 보병 2사단 44 공병대대 소속 M60 AVLM 장갑차에 깔려 숨지는 사건이 벌어졌다.

사고 당일 미 육군 8군사령관이 직접 유감을 표명했고 다음날인 6월 14일에는 미 육군 제2보병사단 참모장 등이 분향소를 방문해 조문했다. 그리고 피해 유가족에게 각각 조의금 명목으로 100만 원씩을 전달했다. 보상금은 따로 지급할 예정이었지만 조의금을 보상금으로 오해한 유가족들은 분노해서 2사단장 면담을 요구하며 항의했고, 미군은 장례식부터 치른 다음 사단장과 면담할 수 있도록 하겠다고 약속했다.

그리고 일주일 뒤인 19일 미 육군 2사단 측의 조사 결과가 발표되었다. '고의적이거나 악의적인 것이 아닌 비극적인 사고'였다는 내용이었는데, 장갑차 조종수인 마크 워커 하사가 두 명의 여학생을 확인하지 못했고, 전차장이었던 페르난도 니노 하사와의 통신 장애까지 겹쳐 사고를 피할 수 없었다는 내용이었다. 특히 전차장인 페르난도 니노 하사는 여중생들을 보긴 했지만 당황해 제대로 대처를 하지 못했다고 진술했다고 설명했다.

당시에는 이 사건에 관심을 가지는 이들이 거의 없었다. 관련 보도도 단신에 불과했고 2002 한일월드컵이 한창 진행 중이던 때여서 축구 외의 뉴스들은 거의 관심을 끌지 못했기 때문이다. 하지만 월드컵이 마무리된 6월 하순부터 일부 대학생과 의정부와 양주 지역 중고등학생들이 중심이 되어 의정부역이나 시내 광장에 사건 사진을 붙이며 사람들에게 알리기 시작했고, 또 일부는 의정부시 가능동의 미군 부대 '캠프 레드클라우드' 앞에서 항의집회를 벌이기도 했다.

그리고 7월 10일, SOFA(한미행정협정) 규정상 주한미군들의 훈련 중 사고를 비롯한 공무 집행과 관련된 범죄에 대해 재판권을 행사할 수 없게 되어있던 한국 법무부가 미군 측에 재판권 포기를 요청해 직접 다루겠다는 의지를 표명했지만 8월 7일 미군 당국은 전례가 없다며 이를 거부했다. 그리고 11월 20일과 22일 동두천 미군 기지인 캠프 케이시 내 군사법정에서 열린 군사재판에서 배심원단은 피고인 미 육군 부사관 2명의 업무상 과실치사 혐의에 대해 각각 무죄 평결을 내리면서 한국인들의 감정을 건드렸다. 전차장인 페르난도 니노 하사가 여중생들을 보고도 사고를 막지 못한 것은 잘못이지만 무전기 고장으로 그 사실을 조종수에게 알리는 것이 불가능했기 때문에 처벌할 근거가 없다고 판단했고, 관측병의 통보를 받아 움직이는 조종수인 마크 워커 하사는 여중생들을 볼 수 없었으므로 처음부터 범죄가 성립하지 않는다고 판단했다. 결국 두 명의 사건 관련자는 모두 무죄로 풀려났고, 무전기를 비롯한 장갑차 정비 책임자들에게만 약간의 징계가 내려지는 것으로 사건이 종결되었다. 두 명의 피고인은 그로부터 5일 후 미국 캘리포니아로 출국했다.

그 재판 소식은 한국인들을 분노하게 만들었다. 한국에서 한국인을 죽음에 이르게 한 사건의 피고인에 대해 한국의 검찰과 법원이 아무런 조치를 할 수 없었을 뿐 아니라 가해자 측인 미군의 자체적인 조사와 판결로 '무죄'라는 결론이 내려지는 부조리를 도저히 이해할 수 없었기 때문이다. 유가족과 주변에서는 사건 현장에서 촬영된 여러 장의 사진들을 토대로 애초에 이 사건은 '사고'가 아니라 '장난 삼아 한국인 여학생들을 깔아 뭉갠 범죄'라고 주장하기도 했다. 사건의 고의성 여부는 충분하고 객관적인 조사를 통해 밝혀져야 했지만, 한국의 정부와 법원은 그럴 권한이 없었고 미군 군사법정은 서둘러 조사와 판결을 마무리하며 한국인들의 의혹에 기름을 부었다.

월드컵 4강의 흥분이 사라지고 있던 그 무렵, 두 미국인 병사들이 무죄를 선고받고 무사히 출국했다는 소식을 접한 시민들은 11월 26일부터 광화문 일대에 모여 촛불을 들고 추모하기 시작했다. 그리고 인터넷을 통해 그 소식이 번져나가면서 추모객은 빠르게 늘어났다. 이튿날인 11월 27일에는 주한미국대사가 조지 W. 부시 미합중국 대통령의 사과를 간접적으로 전했고, 12월에는 직접 전화로 김대중 대통령에게 유감을 표명하기도 했지만 어느 경우에도 미군 병사들의 잘못을 인정하는 내용이 없었다는 사실에 추모 군중은 더욱 분노했다. 그리고 이전까지 많은 사람들의 관심을 받지 못한 채 지나갔던 미군 범죄 사례들이 되살아나 알려지고 회자되기 시작했고, 시민들의 요구는 '미군 병사 처벌'에서 'SOFA 개정'으로 확대되었다. 국내에서 범죄를 저지른 미군 및 군속, 미군 가족들에 대해 국내법으로 처벌할 수 없는 내용을 고쳐야 한다는 요구였다.

매주 주말이면 촛불을 들고 거리로 나선 수십만 명의 군중들로 광화문 일대의 교통이 마비되었고, 그런 추모 열기는 이듬해 초까지도 이어졌지만 결국 사건의 진상이 더 이상 밝혀지거나 책임자가 처벌되지도 못했고 SOFA 역시 조금도 개정되지 못했다.

하지만 이 사건 이후 촛불을 들고 자발적으로 모인 시민들이 평화적으로 행진하는 모습은 한국 사회에서 대표적인 시위의 형태로 자리잡았고, 더 이상 폭력적인 충돌 없이 다수의 의지를 표현하는 새로운 형태로 정착했다.

제 16대 대통령 선거:
(2002년 12월 19일)

    제 16대 대통령 선거를 앞두고 두 개의 주요 정당에서는 각각 유력한 대통령 후보가 일찍부터 등장했다. 한나라당은 대선에서 미세한 차이로 패배했지만 제 15대 국회의원 선거 공천 과정에서 자신의 반대 세력들을 완전히 정리하는 모험을 감행하고도 선거에서도 1당을 지켜내는 성과를 내 당에 대한 장악력을 더욱 높인 이회창의 위상이 압도적이었다. 그리고 민주당은 지난 대선에서 독자 출마해 20% 가까운 득표력을 과시한 뒤 민주당으로 합류해 국회의원 선거 과정에서 당 선거대책위원장을 맡아 충청권 선전에 기여했던 이인제가 가장 강력한 후보감으로 꼽히고 있었다. 반면 민주당의 최대 계파인 동교동계는 수장인 김대중이 이미 대통령을 지내고 있었던 반면 그 뒤를 이어 후보가 될 만한 대중적 정치인을 배출하지 못하고 있었고, 그 와중에 권노갑과 한화갑이 각각 구파와 신파로 나뉘어 대립하는 양상을 빚고 있었다.

    한나라당의 후보 경선에서는 별다른 이변 없이 이회창이 선출되었다. 경쟁자로는 이부영 의원이 있었는데, 그는 재야 민주화운동을 벌이다가 14대 국회의원 선거를 통해 민주당 국회의원으로서 정계에 입문했지만 15대 대통령 선거를 앞두고 정계은퇴를 번복하고 복귀한 김대중과 갈라선 인물이었다. 하지만 이부영은 대부분의 지역에서 이회창의 1/3에도 못 미치는 득표를 하는 들러리 역할에 불과했다.

반면 민주당의 대선 후보 경선에서는 극적인 역전극이 펼쳐지며 한국 정치에 파란을 일으켰다. 민주당의 후보 경선은 사상 처음으로 국민참여경선으로 치러졌는데, 당원과 일반 국민의 비율을 50대 50으로 반영하도록 해서 3개월 동안 전국 16개 지역을 순회하며 선거전을 벌이고 경선 투표를 하는 방식이었다. 경선에는 이인제 외에 당대표를 지낸 김중권과 한화갑, 부총재를 지낸 김근태와 노무현, 전북지사 유종근과 방송 앵커 출신의 젊은 국회의원 정동영 등이 참여했고 그나마 이인제의 라이벌이 될 수 있는 인물로는 동교동계의 한 분파를 이끌며 당내 기반이 가장 탄탄하던 한화갑 정도가 꼽히고 있었다.

이인제는 검증된 득표력과 전통적인 민주당 지지층 외에 구 여권 성향의 유권자 일부를 끌어들일 수 있다는 점이 강점으로 꼽혔다. 하지만 5년 전 선거에서 신한국당의 당내 경선 패배에 불복했다는 '반칙'의 이미지를 안고 있었고 여러 여론조사를 통해 민주당 내에서는 가장 앞서지만 이회창보다는 지지도가 뒤쳐진다는 점도 약점이었다.

그런데 민주당 내에 이런 이인제의 약점과 그대로 반대되는 이미지를 가진 후보가 있었다. 부산 출신으로서 김영삼의 3당 합당에 반대해 갈라선 이후 낙선이 뻔한 무수한 선거에 끊임없이 도전해 '바보'라는 별명을 얻은 노무현이었다. 그는 경선이 시작되기 전 여론조사를 통해 측정되는 국민지지도가 2%에 불과했지만 올바른 철학을 가진 정치인이라는 평가를 받고 있었고, 지지도와는 별개의 호감도가 가장 높은 정치인으로 꼽혔다. 민주당 경선에 참여한 국민들은 민주당 창당 과정에서 이인제나 한화갑이 기여한 점에 굳이 표를 던질 이유가 없었고, 노무현이 걸어온 길에 대한 자유로운 격려의 표를 던질 수 있었다.

특히 가장 깨끗한 정치인으로 알려졌던 김근태 후보가 동교동계로부터 정치자금을 받은 적이 있다고 고백하는 사건을 통해 음성적인 정치자금을 활용한 낡은 정치에 대한 대중적 혐오감이 일어났고, 그것은 권노갑을 중심으로 한 동교동계 구파의 조직적 지원을 받던 이인제에 대한 비호감을 높이는 계기로 작용했다. 그럴수록 그 반사이익을 얻는 것은 물론 노무현이었다. 그리고 첫 경선지인 제주도에서 가장 광범위한 당원 조직을 가진 한화갑이 1위를 차지하며 이인제가 2위로 밀린 데 이어 노동자가 밀집된 울산광역시에서의 두 번째 경선에서는 노무현이 1위를 하며 분위기의 반전이 이루어진다. 민주당원과 지지자들 사이에서 이인제가 대세라는 인식이 깨진 반면, 노무현이 후보가 될 수 있다는 인식이 확산된 것이다. 당선가능성이 확인되면서 노무현이 가지고 있던 호감도와 지명도는 곧바로 지지도로 전환되었고, 2% 선에서 출발한 그의 지지율은 순식간에 몇 배 뛰어올라 이인제를 넘어서는 신드롬을 일으킨다. 이른바 '노풍'의 출현이었다.

노무현이 강력한 대항마로 등장해 이인제와의 양강 구도를 형성하자 다른 후보들의 사퇴가 이어졌다. 광주에서의 3차 경선 직전 당내 개혁파를 대표하던 김근태가 사퇴해 또다른 개혁파의 상징 노무현으로의 자연스러운 단일화가 이루어졌고, 광주에서 노무현이 다시 승리해 승기를 잡기 시작하자 호남권을 기반으로 삼던 전북지사 유종근 역시 사퇴하게 된다. 그리고 광주 경선 직후부터 고심하던 한화갑이 대전에서의 4차 경선이 끝난 후 역시 사퇴했다. 특히 광주 경선 직전에 발표된 여론조사에서는 노무현이 한나라당의 이회창마저 앞지르는 것으로 나타났는데, 그것은 민주당 지지자들 사이에서 노무현이 단순한 '좋은 후보'가 아니라 '당선 가능한 강력한 후보'로 올라서는 순간이었다.

그 뒤를 이어 경선이 치러진 대전과 충남에서는 김종필에 이어 이 지역의 맹주로 떠오르던 이인제가 압도적인 표차로 승리하며 누적 득표 1위를 탈환했지만 중립적인 지역이던 강원도에서 치러진 6차 경선에서 노무현이 다시 1위에 올랐고, 그 직후 노무현과 같은 영남권을 기반으로 하던 김중권 역시 사퇴하면서 노무현의 상승세에 더욱 탄력이 붙었다. 그리고 경남에서 이어진 7차 경선에서 노무현이 4배 차이로 이인제를 압도하면서 다시 누적득표 1위에 올랐고, 이어서 전북과 대구에서도 표 차이를 벌리며 승기를 굳혀갔다.

열세에 몰린 이인제는 뒤늦게 각종 당내 음모론과 색깔론까지 제기하며 노무현의 상승세에 제동을 걸기 위해 안간힘을 썼지만, 그런 모습은 오랜 세월 동안 색깔론의 피해를 입어온 민주당 지지세력에게는 오히려 반감을 살 뿐이었다. 이제 민주당 지지자들에게 이인제는 민주당의 대통령 후보감이 아니라 한나라당 이회창 후보의 대리인 정도로 비쳐지게 됐고, 결국 인천과 경북으로 이어진 10차, 11차 경선에서도 노무현이 이인제를 누르고 1위에 오르면서 대세를 결정짓게 된다. 그 뒤 12차 경선이 치러진 충북에서 이인제가 다시 1위에 오르며 기사회생하는 듯 했지만 13차 전남 경선에서 노무현이 이인제보다 3배 가량 많은 표를 얻으며 압도하자 이인제가 경선 후보를 사퇴하며 사실상 경선이 마무리되게 된다. 남은 경선 지역인 부산과 서울, 경기에서 이인제가 노무현을 상대로 역전할 가능성은 전혀 없었기 때문이다.

흔히 '각본 없는 16부작 드라마'라고 불렸던 민주당의 국민경선은 한국정치사에서 하나의 당내 행사가 전국민적인 관심을 모은 사례였고, 그 기간을 전후해 민주당과 그 후보로 선출된 노무현에 대한 인기도와 지지도를 엄청나게 끌어올렸다. 그리고 민주당이 처음 시도했던 국민참여경선이 그런 대성공을 거두면서 이후 많은 당들이 비슷한 이벤트를 기획하게 하는 시초가 되기도 했다. 물론 그런 성공이 가능했던 것은 '낡은 이미지의 강자와 새로운 이미지의 도전자'가 격돌해 대역전극이 연출된 내용에도 있었지만 그 모든 과정이 초고속 인터넷통신망을 통해 생중계되고 네티즌들의 직접적인 참여와 의견 교류가 가능했기 때문이기도 했다. 김대중 정부 내내 심혈을 기울인 정보통신망 구축과 그것을 토대로 가능했던 ADSL 상용화 등이 어우러진 덕분이었다.

대통령 선거 본선 또한 극적인 부침이 거듭된 드라마였다. 경선 과정을 통해 지지율 1위 후보로 올라선 노무현은 김대중 정부와 민주당, 그리고 노무현 후보 본인이 발단이 된 여러 사건들로 인해 조금씩 지지율을 까먹었고, 반대로 월드컵 열기가 달아오르는 것과 동시에 대한축구협회장을 맡아 월드컵 유치와 국가대표팀 전력 강화에 기여한 정몽준 후보가 그 지지율 대부분

대통령 당선 확정 후 지지자들에게 인사하는 노무현 후보의 모습. 노무현 후보는 당내 대통령 후보 경선부터, 본선까지 노풍을 불러일으켰다.

을 가져갔다. 상대적으로 안정적인 지지기반과 조직력을 가진 이회창 후보 역시 자신의 기본적인 지지율을 지켰기 때문에 선거는 곧 3파전으로 재편되었고, 오히려 월드컵이 치러진 6월과 7월을 지나면서는 노무현이 3위로 떨어지는 조사 결과가 더 많이 나오기도 했다.

노무현의 지지율이 떨어지자 원래부터 그와 노선을 달리하던, 경선에서 이인제를 지지했던 민주당 국회의원들 상당수가 '후보단일화추진협의회'라는 모임을 만들어 반노무현 행보를 하는 반칙이 벌어지기도 한다. 그들은 정몽준과의 후보 단일화를 요구한다는 명분을 내세웠지만 사실상 노무현의 후보직 사퇴를 요구하고 있었고, 당의 경선을 통해 선출된 후보를 오히려 흠집내고 끌어내리는 일에 몰두했다.

하지만 월드컵 열기가 식기 시작하면서 정몽준의 지지율이 떨어져 상대적으로 노무현의 지지율이 회복되는가 하면 이회창은 지난 대선에서 제기되었던 아들 병역비리에 관한 의혹이 다시 제기되어 타격을 입는 변화가 나타났다. 그 과정에서 지지율이 거의 비슷했던 노무현과 정몽준이 여론조사를 통한 후보 단일화에 합의했고, 그 결과 미세한 차이로 노무현이 단일후보로 선정되었다. 그 결과 선거 구도는 다시 이회창과 노무현의 1대 1로 재편되었고, 그 중에서도 단일후보 노무현이 정몽준의 지지자 상당수를 끌어들이며 여론조사상 1위로 복귀하기도 했다.

하지만 선거 하루 전인 12월 18일 명동 유세에서 '차기 후보감으로는 정몽준 외에도 정동영, 추미애 등 많은 인물이 있다'고 소개한 노무현의 발언에 분노한 정몽준이 노무현 지지 철회와 단일화 파기를 선언하는 사건이 벌어지고, 엄청난 혼돈 속에서 선거운동의 모든 과정이 마무리된다. 여론조사상의 흐름으로는 노무현이 미세하게 앞섰지만, 선거 전날 밤의 극적인 정몽준의 반기가 어떤 식으로 흐름을 바꾸었는지 아무도 알 수 없는 상황이었다.

그날 밤 조선일보는 '정몽준도 노무현을 버렸다'는 제호의 신문을 인쇄해 전국에 배포했고, 노무현이 부산시장 선거에서 낙선한 뒤 결성되어 경선 과정 내내 맹활약한 사상 최초의 정치인 팬클럽인 '노무현을 사랑하는 사람들의 모임', 즉 노사모는 밤새도록 거리 가판대를 다니며 조선일보를 사 모아서 폐기하는 노력을 아끼지 않았다. 그리고 선거 당일에도 인터넷과 휴대폰 메시지를 통해 처절한 투표 독려 운동을 벌여 지지층을 결집시켰다. 그 결과 노무현 후보는 48.91%를 득표해 46.58%를 얻은 이회창 후보를 2.3% 앞서며 제16대 대통령으로 당선되게 된다.

노무현 대통령의 당선 과정에는 역대 어느 선거보다도 적극적인 유권자들의 참여가 있었고, 그것이 가능했던 것은 물론 인터넷과 휴대전화를 이용한 네트워크였다. 그래서 그 다음 날 발간된 영국의 가디언은 노무현의 당선 소식을 전하는 기사에 'World's first internet president logs on'(세계 최초의 인터넷 대통령이 로그인했다)이라는 제목을 달았다.

선거 결과 당선된 노무현은 정부의 공식 명칭을 '참여정부'로 정했고, 비록 부침이 있었지만 국민 대중과 호흡하는 다양한 적극적인 정책들을 전개했다. 반면 김대중에 이어 노무현에게도 근소한 차이로 패배한 이회창은 정계를 은퇴했다가 얼마 후 복귀하면서 김대중의 길을 따르는 듯했지만, 끝내 대통령의 꿈을 이루지 못한 채 퇴장해야 했다. 그리고 대권에 근접했던 정치인이고, 단일화 여론조사에서 밀렸지만 노무현 정부에서 상당한 지분을 확보할 수도 있었던 정몽준은 선거 하루 전의 변심 이후 긴 몰락의 길을 걸었다.

노무현은 민주당의 전통적인 지지기반인 호남권에서 김대중 못지않은 압도적인 지지를 받았고, 서울과 수도권에서 상당한 격차를 벌렸으며 대전과 충청권에서도 근소하나마 1위 득표를 기록했다. 하지만 자신의 출신 지역이었던 부산과 경남 지역에서는 30%에 못 미치는 득표를 하는 데 그쳤는데, 이는 3당 합당 이후 보수정당이 독점해온 관성이 여전히 남아있다는 증거였다. 세대별로는 40대 이하는 노무현, 50대 이상은 이회창으로 양분화된 것으로 나타난 것도 제16대 대통령 선거의 특징이었다.

제 17대 국회의원 선거:
(2004년 4월 15일)

　2002년 제 16대 대통령 선거에서 민주당의 노무현 후보가 한나라당의 이회창 후보를 미세한 차이로 앞서며 승리했지만, 최소한 민주당의 경우 모든 구성원들이 노무현 후보의 당선을 바라며 최선을 다해 선거운동에 임한 것은 아니었다. 실제로 반노무현 계열 의원 상당수는 선거기간 중에 '후단협'을 결성해 노무현 후보의 후보직 사퇴를 압박하기도 했고 그 중 일부는 한나라당으로 당적을 바꾸기까지 했다.

　대통령 선거가 끝난 후 노무현 대통령과 가깝던 민주당의 영남 출신 정치인들과 천정배, 신기남, 정동영을 중심으로 하는 소장파 의원들은 새천년민주당의 쇄신을 주장했다. 하지만 이들의 쇄신을 대선 당시 비협조적이었던 자신들을 몰아내기 위한 작업이라고 판단한 후단협 소속 의원들을 비롯한 호남 출신과 동교동계 정치인들이 격렬하게 저항한 끝에 소장파들이 당을 떠나 분당하는 것으로 결론이 맺어지게 된다.

　결국 40명의 민주당 의원들이 탈당한 뒤 새로 만든 당의 이름은 '열린우리당'이 되었고, 창당 직후 노무현 대통령이 열린우리당에 입당하면서 여당이 되었다. 그리고 김대중의 정계복귀에 반발해 한나라당으로 향했던 개혁파

열린우리당 국회의원들이 박관용 국회의장(오른쪽)을 가로막고 있는 모습. 다음날 야당 의원들에 의해 탄핵소추안 투표가 이뤄졌다.

의원 5명(이부영, 김부겸, 김영춘, 이우재, 안영근)과 개혁국민정당 소속 의원 2명(유시민, 김원웅)이 합류하며 열린우리당의 의원 수는 총 47명이 되었고, 초대 당대표는 김원기 의원, 원내대표는 김근태 의원이 맡게 되었다. 하지만 민주당에 남은 70여 명의 의원들이 그대로 여당에서 야당으로 바뀌면서 노무현 정권은 초기부터 극심한 여소야대의 구도 속으로 포위되고 말았다.

대통령 선거 직후 한나라당도 거대한 혼란에 휩쓸리게 되는데, 대통령 선거 중에 한나라당 이회창 후보 진영에서 엄청난 규모의 불법적인 자금을 수수한 사실이 밝혀졌기 때문이다. 사법개혁 구상과 관련해 신임 대통령 노무현과의 긴장 관계를 이어가던 검찰이 2003년 후반기 후보 시절 노무현의 정치자금 관련 비리의 흔적을 포착하기 위해 대선 전반의 불법자금 관련 의혹들을 조사하던 과정에서 이회창 후보의 측근인 서정우 변호사가 여러 기업들로부터 '차떼기' 방식으로 불법자금을 수수했다는 사실이 드러난 것이다. 서정우 변호사는 2003년 12월 8일 검찰에 긴급 체포되었다.

SK그룹이 대선 중에 민주당에 25억 원을 건네준 사실을 확인하고 조사하다 보니 SK그룹이 이회창 측에게는 100억 원 이상의 대선자금을 주었다는 사실이 따라 나왔고, 그 외에도 삼성과 LG그룹 등이 모두 823억 원을 한나라당에게 제공한 사실이 확인됐다. 물론 민주당에게도 자금이 제공되긴 했지만 액수는 113억 원으로 차이가 있었다. 특히 한나라당은 금융실명제를 피해 불법 사실을 숨기기 위해 기업이 전액 현금으로 바꾸어 트럭에 실은 채 약속된 장소에 세워두면, 직접 차를 운전해서 가져오는 방식으로 자금을 받았다. 그래서 흔히 '차떼기' 불법자금수수 사건이라고 부르게 됐다.

수사 결과가 발표된 뒤 한나라당은 대국민 사과와 함께 불법 정치자금 823억 원을 배상하기 위해 당사를 비롯한 당 소유의 부동산까지 처분해야 했고, 그 와중에 천막을 치고 당무를 보는 초라한 신세로 전락하기도 했다.

그렇게 여야 양쪽이 모두 큰 혼란을 겪던 가운데 모든 정치 질서를 한 번에 뒤엎어버리는 대형 사건이 이어졌다. 국회의원 선거를 불과 한 달 가량 앞둔 2004년 03월 9일, 여당에서 야당으로 전락한 민주당이 한나라당과 연대해 노무현 대통령에 대한 탄핵소추안을 제출한 것이다. 탄핵의 주요 명분은 대통령의 정치적 중립 위반이었는데, 열린우리당에 입당한 뒤 '열린우리당의 득표를 위해 합법적인 모든 것을 하고 싶다'고 발언한 것 등이 빌미가 됐다.

여당인 열린우리당 의원들이 탄핵안 처리를 저지하기 위해 국회 본회의장에 자리를 깔고 누워 밤을 새우며 농성을 시작했지만 이틀 뒤인 11일에 탄핵소추안이 국회에 상정되었다. 그리고 일단 열린우리당 의원들에 의해 저지되었지만 3월 12일 새벽에 본회의장에 진입한 한나라당과 민주당 의원들이 압도적인 수적 우세를 이용해 여당 의원들을 한 명씩 떼어낸 뒤 본회의장 의장석 단상을 확보했고, 오전 11시 5분쯤 박관용 국회의장이 국회 경위들의 호위를 받으며 본회의장에 들어와 경호권을 발동해 열린우리당 의원들의 물리적 저지를 막은 채 탄핵소추안에 대한 투표를 벌여 처리했다. 표결 결과는 한나라당, 새천년민주당, 자유민주연합 등 야당 의원들 195명 중 193명의 찬성으로 가결이었고, 곧바로 헌법재판소에 소추의결서가 접수되었다. 탄핵에 반대한 2명은 민주당의 이낙연과 한나라당의 김종호였던 것으로 나중에 밝혀졌다. 대한민국 헌정 사상 최초로 가결된 탄핵소추안이었고, 헌법재판소의 판결이 이루어지기 전까지 노무현 대통령의 모든 권한은 정지되어 고건 국무총리가 대통령 권한대행을 맡게 됐다.

그 날부터 전국 각지에서 탄핵에 반대하는 촛불시위가 잇따랐다. 각종 시민단체들은 탄핵소추안 가결을 3개 야당이 일으킨 '3.12 쿠데타'로 규정했고, 탄핵안 철회운동에 돌입했다. 민주사회를 위한 변호사모임과 대한변호사협회 등 변호사 단체들도 탄핵철회 촉구 결의문을 채택하기도 했다. 2002년 겨울 양주 여중생 압사 사건 이후 잠잠했던 촛불집회가 다시 시작되었고, 점점 더 많은 인파가 모여들어, 3월 20일에는 광화문 일대에 월드컵 당시를 넘어서는 군중이 모여 탄핵철회를 요구했다.

여론조사의 흐름도 야당들의 기대와는 반대 방향이었다. 탄핵안 가결 직후 연합뉴스의 여론조사에서 탄핵 찬성은 21.5%에 불과했던 반면 반대 의견은 78.2%였다. 대통령의 잘못이 있는지에 대해서는 의견이 분분했지만, 사과나 정치적 비난 정도를 넘어 탄핵까지 가는 건 지나치다는 게 다수 국민의 대체적인 의견이었던 셈이다.

이런 흐름은 국회의원 선거와 관련된 여론조사에서도 그대로 나타났다. 열린우리당 후보들에게 탄핵에 반대하는 시민들의 지지가 집중되며 선전했고 탄핵을 주도한 야당 후보들이 고전을 면치 못했다. 3월 말에는 전국 200개 이상의 선거구에서 열린우리당 후보가 1위로 조사되는 충격적인 결과가 나타나기도 했다.

제17대 국회의원 선거는 2004년 4월 15일에 치러졌고, 273명이었던 의원 총수는 다시 299명으로 회복되었다. 그 중 지역구가 243석이고 비례대표가 56석이었다. 이전 선거에 비해 가장 크게 달라진 점은 지역구 투표율에 따라 전국구 의석을 배정하던 방식 대신 지역구와 비례대표를 분리해 투표하는 1인 2표제가 도입된 것이다. 지역구 후보는 당선 가능한 대안 중에서 고르더라도 비례대표는 지지하는 정당에 몰아 주어 의석을 확보할 수 있도록 함으로써, 다양한 정치세력의 원내 진입을 돕기 위한 배려였다.

열린우리당의 압도적인 지지율이 계속되었지만 실제 선거일 전까지 열린우리당 정동영 의장이 '노인은 투표하지 않아도 되지만 젊은이들은 반드시 투표해야 한다'는 실언이 파문을 일으키기도 했고, 열린우리당의 압승에 대한 견제심리와 전통적 보수 유권자들의 결집현상이 살아나며 추세가 조금씩 약해지기도 했다. 하지만 실제 선거 결과의 큰 윤곽은 변화가 없었다.

노무현 대통령 탄핵에 반대하는 시민들의 촛불시위 전경. 탄핵 역풍으로 인해 열린우리당이 국회의원 선거에서 큰 승리를 거두게 된다.

열린우리당이 과반이 넘는 152석을 차지했고, 제1당이던 한나라당은 121석에 그쳤다. 더욱 처참한 결과를 얻은 것은 '배신자'로 여겨지며 더욱 집중적인 비판을 받은 새천년민주당으로 9석으로 추락했고 자유민주연합도 4석에 그치며 소멸 위기로 몰렸다. 1987년 민주화 이후 집권당이 국회 과반수 의석을 차지한 것은 그것이 처음이었다.

한나라당은 16대 대선에서 패배한 이회창이 정계를 은퇴한 공백에 더해 '차떼기 사건'으로 당의 이미지가 크게 실추되는 어려움이 겹쳤고, 거기에 탄핵 역풍까지 맞으며 큰 위기에 빠진 상태에서 치른 선거였다. 하지만 새로운 당대표로 선출된 박근혜 의원이 차떼기 사건에 대한 대국민 사죄를 하고 불법자금을 반납한 뒤 천막당사를 치며 몸을 낮추는 모습으로 타격을 최소화하는 데 성공했고, 그나마 121석을 확보할 수 있었다.

열린우리당에 이어 인상적인 성과를 남긴 정당은 민주노동당이었다. 민주노동당은 그 해부터 도입된 1인 2표제의 혜택을 가장 많이 보게 됐는데, 지역구에서는 권영길 대표를 포함해 2명이 당선되는 데 그쳤지만 정당투표에서 13%를 득표하면서 비례대표로만 8석을 차지해 민주당과 자민련까지 제치며 제 3당의 위치를 차지하게 되었다. 진보정당으로서는 처음으로 두 자릿수 의석을 확보하며 원내에서 의미 있는 위상을 확보하게 된 셈이었다.

새천년민주당은 탄핵 역풍을 정면으로 맞으며 대부분의 지역구에서 낙선을 면치 못했고, 전남에서만 지역구 5석을 확보하고 비례대표 4석을 보태 9석으로 민노당에 밀리며 원내 4당이 됐다. 그리고 자민련은 탄핵 역풍에 더해 노무현 대통령의 충청권 행정수도 건설 공약에마저 휩쓸리며 충청남도에서만 4석을 얻었을 뿐 정당투표에서도 2.8%를 득표하는 데 그치면서 비례대표를 한 석도 얻지 못했다. 그 와중에 비례대표 1번으로 입후보한 김종필 총재마저 낙선하며 정계은퇴했고, 당은 공중분해 위기로 몰리게 됐다.

선거가 끝난 직후인 4월 30일 최후변론을 끝으로 헌법재판소의 탄핵심판 과정은 모두 마무리되었고, 이후 2주일 동안의 집중 평의를 거쳐 5월 14일 탄핵소추안 기각 결정이 내려졌다. 두 달 동안 계속된 대통령의 권한정지가 자동적으로 해소되며 탄핵사태는 종결되었으며, 그 결과 극단적인 여소야대의 의석 구조가 여당이 과반수를 확보한 여대야소로 전환되었다.

공공기관 주 5일 근무제 실시:
(2004년 7월 1일)

한국에서는 오랫동안 주 6일제 근무가 유지되어왔다. 관공서와 은행을 비롯한 대부분의 사업장에서 매주 일요일에 휴무하고 토요일에는 오전까지만 근무하는 방식이 일반적이었다. 하지만 김대중 정권이 들어선 1998년 2월부터 주 5일 근무제에 대한 논의가 시작되었고 2000년 5월 노사정위원회에서 근로시간단축특별위원회를 구성하기도 했다. 그런 과정을 통해 2002년 10월에는 입법안을 국회에 제출하기도 했지만 기업 측의 반발이 심해 최종 합의와 국회 통과에는 실패했다. 2002년 4월부터 관공서에 한해 매월 1회씩 토요일을 쉬게 하는 시험 적용이 시작되는 정도였다.

하지만 노무현 정권이 들어선 2003년 8월 국회 환경노동위원회와 법제사법위원회에서 근로기준법이 개정되면서 2004년 7월부터 단계적으로 시행에 들어갈 수 있게 됐다. 우선 2004년 7월부터는 1단계로 공기업과 금융업, 보험업 및 1,000인 이상 사업장이 토요일에 쉬기 시작했고 1년 뒤인 2005년 7월부터는 2단계로 300인 이상 사업장, 2006년 7월부터는 3단계로 100인 이상 사업장, 2007년 7월에는 4단계로 50인 이상 사업장까지 확대되었으며 2008년 7월 20인 이상 사업장을 거쳐 2011년 6단계인 20인 미만 사업장까지 모두 적용하도록 했다.

흔히 '주 5일제'라고 부르지만 근로기준법을 통해 강제하는 것은 일주일에 40시간 이상의 근무를 하지 못하도록 하는 것이며, 따라서 평일에 8시간씩 근무할 경우 이틀을 쉬게 되는 방식이다. 따라서 박물관, 놀이공원, 마트 등과 같이 공휴일 근무가 불가피한 사업장의 경우에는 평일 중 하루를 전체 휴무하고 남은 평일 중 하루를 유동적으로 쉬게 하는 방식을 채택하기도 한다.

주 5일 근무제의 도입은 기업과 보수 언론의 강력한 반발과 충돌하며 추진되었다. 논의 초기부터 전경련을 비롯한 경영자 단체와 조선일보 등 보수 언론들은 '허리띠를 더욱 졸라매야 할 상황에서 놀자판으로 가자는 주장'으로 몰아붙이며 '망국의 길'이라고 비판했다. 정부 역시 그런 반발을 무마하기 위해 월차와 생리휴가를 폐지하는 등의 타협안을 제시했고, 이번에는 '근로조건 저하 없는 주 5일제'를 주장하는 노동계의 반발에 직면하기도 했다. 이후 근로시간이 줄어든 만큼 다른 비용을 줄이는 대책도 추가돼야 한다는 기업 측과 모든 사업장에 조건 없이 확대 적용되어야 한다는 노동계 측의 논쟁 사이에서 정부가 끼어 양쪽의 공격을 당하는 상황이 연출되기도 했다.

결국 대부분 정부가 제시한 일정에 따라 주 5일 근무제도는 적용되기 시작했고, 별다른 부작용 없이 안착하고 있다. 생산성 후퇴의 우려는 전혀 근거 없는 것으로 드러났는데, 2003년 3.1%였던 경제성장률은 오히려 이후 4년간 4.3~5.8%를 유지했다. 한국개발연구원의 연구에 따르면 주 40시간제가 1인당 노동생산성을 1.5% 증가시킨 것으로 나타나기도 했다. 또한 한국노동사회연구소의 연구에 따르면 주 5일제 시행 효과로 취업자가 267만 명 증가하면서 실업률 저하와 경기 회복에도 기여한 것으로 드러났다.

그 외에도 여가 시간의 확대에 따른 문화적 소비의 확대는 오히려 다양한 문화산업의 성장과 문화 역량 강화라는 순기능을 발휘했다. 그리고 그 모든 것을 떠나 한국인의 평균적인 삶의 질이 향상되었고, 더욱 다양하고 생산적인 영역에 시간을 투자해 더 많은 가능성을 모색하는 것이 가능해졌다.

행정수도 이전 위헌 판결:
(2004년 10월 21일)

　해방되던 해에 90만 명에 불과했던 서울의 인구는 전쟁 직후엔 150만으로 늘어났고 1960년에 244만, 1970년에는 540만에 이를 만큼 빠르게 불어났다. 매 10년 마다 2배 가까이 늘어나는 엄청난 속도와 규모였다. 그렇게 빠르게 늘어난 인구는 서울의 수용능력을 초과했고, 따라서 주택과 교통부터 실업, 범죄, 위생 등 수많은 도시문제들이 대두되게 되었다.

　도시로서의 수용 한계 문제와 더불어 수도 서울이 지나치게 군사분계선 가까이 있다는 점도 문제로 떠올랐다. 1950년부터 3년간의 전쟁을 치른 뒤 위도 38도선 언저리에 설정된 휴전선은 단순한 지리적 구분선이 아니라 서로 적대하는 두 세력간의 경계선으로 변질되었고, 북한의 무장 공작원들이 휴전선을 돌파해 도보로 청와대 코 앞까지 진격해 대통령의 생명을 위협했을 만큼 서울의 위치는 군사적 위협 앞에 지나치게 노출되어 있었다.

　그런 상황에 대한 문제의식이 이어지면서 수도를 이전하는 방안에 대한 다양한 제안과 검토가 이루어져왔다. 정치권에서는 1971년 제7대 대통령 선거 출마한 김대중 당시 신민당 후보가 공약으로 수도의 충청권 이전을 제시한 것이 처음이었고, 1977년에는 박정희 대통령 역시 '임시행정수도 건설 구

행정수도이전에 대해 위헌 판결을 내린 헌법재판소 건물. 헌법판소의 행정수도 위헌 결정은 관습헌법에 따라 가결되었다. (사진출처: 헌법재판소)

상'을 시작해 충청남도 공주군 장기면 일대에 100만 명을 수용할 수 있는 신도시를 건설해 정부의 행정기능을 이전하는 방안을 추진하기도 했다. 박정희 대통령의 계획은 실행되기 직전까지 진전되기도 했지만 얼마 뒤 대통령이 김재규 중앙정보부장에 의해 피살되면서 해당 계획은 백지화되고 말았다.

그 구상이 다시 한 번 수면 위로 떠오른 것은 2002년이었다. 제 16대 대통령 선거를 앞둔 당시 민주당의 대통령 후보 노무현이 '한계에 부딪힌 수도권 집중 억제와 낙후된 지역경제 문제의 근본적 해결을 위해 충청권에 신수도를 건설, 청와대와 중앙부처부터 옮겨가겠다'고 선언했기 때문이다. 그 공약은 주요 경쟁 후보였던 한나라당 이회창의 지역적 지지기반인 충청권의 표심을 흔드는 데 성공했을 뿐 아니라 수도권과 지나치게 멀다는 점이 개발의 장애로 작용해온 대부분의 영호남 지역민들 대부분에게 긍정적인 평가를 받게 된다.

그리고 그 해 12월의 선거에서 결국 승리한 노무현 대통령은 취임 직후인 2003년 10월 21일에 '신수도의 건설을 위한 특별조치법안'을 발의했고, 같은 해 12월 29일, 국회에서 과반 의석을 확보하는 데 성공한 여당인 열린우리당이 주도하고 충청권에 기반을 둔 자민련과 한나라당내 일부 의원들이 동조하는 가운데 찬성 167인, 반대 13인, 기권 14인으로 가결되었다.

하지만 행정수도 이전에 반대하는 이들이 헌법소원을 제기함에 따라 그 법안은 헌법재판소로 넘어가게 되고, 이듬해인 2004년 10월 21일, 헌법재판소 전원재판부에서 위헌 결정이 선고되면서 좌초하게 된다. 이미 국회를 통과한 법이 다시 효력을 상실한 것이다.

당시 헌법재판소가 위헌 결정의 이유로 제시한 근거는 서울을 수도로 한다는 것은 '관습헌법'이라는 것이었는데, 구체적으로는 '수도(首都)라는 개념은 헌법기관의 소재지, 특히 대통령과 국회의 소재지를 뜻하며, 따라서 헌법기관의 소재지, 특히 국가를 대표하는 대통령과 민주주의적 통치원리에 핵심적 역할을 하는 의회의 소재지를 정하는 문제는 국가의 정체성을 표현하는 실질적 헌법사항의 하나'라는 설명이었다.

위헌 결정의 근거로서 구체적인 헌법 조문이 아닌 '관습헌법'이라는 무형의 사실을 거론하면서 지나치게 자의적인 판결이 아니냐는 비판이 비등했지만, 헌법재판소의 판결을 되돌릴 방법은 전혀 없었다. 따라서 정부는 효력을 상실한 '신수도 건설'을 위한 법안 대신 '신행정수도 후속대책을 위한 연기·공주지역 행정중심복합도시 건설을 위한 특별법'을 발의해 여야 합의로 처리함으로써 '신수도'를 '행정중심복합도시'로 축소해 추진했다. 그렇게 만들어진 것이 세종특별자치시였다.

이 사건은 서울의 과밀화와 집중, 독점 등의 문제와 더불어 헌법재판소가 가진 권능의 타당성에 대한 의문을 제기한 계기가 되었다. 서울은 이미 1980년대 이후 대한민국 인구의 1/4이 밀집해 살아가는 도시가 되었으며, 또한 그만큼의 사회적 자원을 독점적으로 소비하는 특권지역이 되었다. 그 부하와 특권을 동시에 지방으로 분산하는 것은 공간적으로나 사회적으로나 보다 균형 있는 발전을 위해 반드시 필요한 일이라는 점에 대한 문제의식과 공감이 행정수도 이전을 둘러싼 논쟁 과정에서 더욱 확산되었으며, 그 결과물로서 세종시가 건설되고 일정한 분산 효과를 만들기 시작한 것도 긍정적이었다. 하지만 보다 큰 폭의 진전을 가로막은 헌법재판소의 판결 이유에 국민 대다수를 설득시키고 공감시킬 만한 근거를 제시하지 못함으로써 1987년 민주화를 통해 이루어낸 중요한 성과물 중의 하나인 헌법재판소에 대한 신뢰가 하락하게 된 것은 치명적인 일이었다.

호주제 폐지:
(2005년 3월 31일)

　개정 이전까지 민법에서 호주(戶主)란 '일가(一家)의 계통(系統)을 승계(承繼)한 자', 가족이란 '호주와 같은 호적인 자'로 정의되어 있었다. 쉽게 옮기자면 호주란 가족을 대표하는 사람이 되며, 호주제란 그 호주를 중심으로 가족의 관계를 표시하고 등록하는 제도를 말한다. 그런 호주와 가족의 개념을 인정함에 따라 모든 사람은 호주 밑에 부속된 누군가로 표시되고 그만큼의 차등적인 법률적 권리를 누렸으며 가족이 공동으로 소유하는 재산을 처분하는 데 있어서도 그 대표인 호주에게 특권이 주어졌다.

　하지만 헌법재판소는 2005년 2월 3일부로 이런 호주제에 대해 헌법불합치 결정을 내렸고, 그에 따라 2005년 3월 2일부로 민법 개정안이 통과됨으로써 2008년 1월 1일부터 호주제는 법률적 효력을 잃게 됐다. 물론 가족관계는 여전히 기록되지만 모든 사람이 자신을 중심으로 주변 가족들의 관계를 확인할 수 있다. 과거에는 결혼한 여성이 원가족의 호적에서 빠져나와 남편의 호적에 부속되었지만, 이제 남편의 가족관계등록부에서는 아내로 표시되고 자신의 가족관계등록부에서는 자신을 중심으로 표시되게 되었다.

　특히 호주제는 남성의 혈연 계통에 여성을 부속시키는 방식이었기 때문에

오랜 세월 동안 여성 차별적인 제도라는 비판을 받아왔다. 여성들은 결혼 전에는 아버지의 호적에, 결혼 후에 남편의 호적에 오를 뿐 아니라 남편이 사망하면 아들의 호적에 올라야 했기 때문에 스스로 독립적인 주체로 인정받기 어려웠다. 그렇게 남성이 여성보다 우선적인 법률적 순위를 가지는 제도는 자연스럽게 남성이 더 존중받는 사회

여성 최초의 고등고시 합격자이자, 호주제 폐지에 앞장선 이태영 변호사의 초상. 이태영 변호사는 호주제 폐지를 비롯한 다양한 여성인권 향상을 위해 애썼다. (사진제공: 재)정일형-이태영박사 기념사업회)

분위기의 배경이 되었으며, 남아선호사상을 부추기는 요인으로 작용해왔다. 그리고 다양한 형태의 결혼과 가족 구성이 법률적으로 인정받기 어렵게 만들어 소수자들에 대한 편견과 억압의 근거가 되기도 했다. 예컨대 편모가정이나 재혼가정의 경우 호적을 구성하는 과정에서 많은 고통을 받곤 했던 것이다.

1952년 여성 최초의 고등고시 합격자였던 이태영 변호사가 1956년 가족법개정운동을 주도한 것을 시작으로 많은 성평등운동가들이 노력한 끝에 1977년, 1990년, 2002년에 부분개정이 이루어졌고, 2005년에 이르러 마침내 호주제 폐지를 골자로 하는 민법개정안이 공포되기에 이르렀다. 특히 1999년 5월에 여성단체연합 호주제폐지운동본부의 발족과 함께 호주제 폐지 운동이 다시 한 번 확산되었고, 같은 해 11월 5일에는 유엔 인권이사회가

호주제 폐지 권고 결의를 전달하기도 했다.

　호주제 폐지 운동이 가시적인 성과를 낸 것은 2002년 12월 제 16대 대통령 선거에서 노무현 후보가 당선되면서부터였다. 2003년 2월 16일 대통령직 인수위원회가 호주제 폐지를 '12대 국정과제'로 선정해 본격적인 추진 준비에 들어갔고 그에 따라 2003년 9월 4일에는 법무부가 호주제 폐지 민법 개정안을 입법예고했으며, 같은 해 11월 20일 헌법재판소의 호주제 첫 공개변론이 시작되었다. 헌법재판소는 5차에 걸친 공개변론 끝에, 2월 3일 최종적으로 호주제 규정 민법 781조 1항 및 778조의 헌법불합치를 결정했다. 이미 1948년 7월 17일에 공포된 대한민국 헌법은 8조에 '모든 국민은 법 앞에 평등하며 성별, 신앙, 또는 사회적 신분에 의하여 정치적 경제적 사회적 생활의 모든 영역에서 차별받지 아니한다'라고 규정하고 있었기 때문에 성별에 따라 다른 위계를 부여한 호주제에 기초한 민법이 애초에 위헌적인 법률이었던 것이다.

　물론 유림을 중심으로 호주제 폐지를 반대하는 목소리가 있었고, 근친상간을 비롯한 온갖 패륜이 범람할 것이라는 경고도 있었지만 호주제 폐지 이후 가족관계에 대한 어떤 혼란이나 불편도 나타나지 않으면서 역사의 한 페이지는 또 그렇게 넘어갔다.

황우석 연구부정 보도:
(2005년 11월 12일)

　서울대 수의과 교수 황우석은 1999년에 체세포 복제를 통해 젖소 '영롱이'를 만들었다고 발표하며 국내외의 주목을 받았다. 1997년 영국에서 체세포 복제를 통해 양 '돌리'를 만들어 과학계에 충격을 던진 지 얼마 되지 않은 시점이었다. 당시 동물 체세포 복제는 인간이 신의 영역을 침범하는 일이라는 사회적 논란까지 일으킬 만큼 기술적으로 어려운 일로 여겨졌으며, 유전자에 직접 인간이 개입할 수 있다는 것은 불치병을 치료하기 위한 마지막 관문을 넘어서는 일로 받아들여졌다. 황우석의 연구는 그런 기술적 성취를 통해 인도주의적 성과 외에 의학과 반려동물산업 등에 있어서 막대한 부가가치를 창출할 수 있다는 희망까지도 부풀게 했다.

　황우석 교수는 여세를 몰아 2004년 세계 최고의 과학저널인 『사이언스』지에 발표한 논문을 통해 인간 체세포를 이용한 배아줄기세포 배양에 성공했다고 밝혀 전 세계적인 주목을 받기 시작했다. 그 시대에 가장 각광받는 첨단 과학 분야에서 '세계 최초'의 중요한 성과를 만든 과학자라는 점에서 '노벨상 수상이 유력한' 인물이라는 평가 역시 따라붙었다. 그리고 이듬해인 2005년에는 다시 한 번 『사이언스』지에 발표한 논문을 통해 체세포 복제를

서울대병원에 개설된 세계 줄기세포허브, 황우석 박사 가 소장으로 재직했다.

통해 줄기세포를 배양하는 데 성공했다고 밝혔다. 핵을 제거한 난자에 사람의 체세포를 이식해 얻은 수정란을 배반포 단계까지 키워 배아줄기세포를 만들었다는 것인데, 배아줄기세포는 다양한 기관을 만들 수 있는 '만능세포'라고 불리는 것이었기 때문에 그것을 만드는 것이 가능하다면 특정한 신체 기관이 손상된 환자를 위한 '환자맞춤형 줄기세포'를 통해 면역거부반응이 없는 새로운 기관을 만들어 치료하는 것도 가능해진다. 황우석 교수의 연구가 조만간 의료 현장에서 활용되거나 산업적으로 활용될 수 있는 '실용적인' 것이라는 점을 세상에 알린 것이다.

더구나 그는 언론과의 인터뷰를 통해 '해외에서 더 많은 지원금과 혜택을 주겠다는 제의가 있었지만, 국내에 남아서 연구를 계속 할 것'이라고 선언하면서 국민적 영웅으로 떠올랐다. 당시 노무현 정부의 과학정책을 총괄했던 박기영 청와대 정보과학기술보좌관과 진대제 정보통신부 장관, 그리고 김병준 정책실장이 모두 황우석 교수를 전폭적으로 지원한 것도 황우석이 국민적 신뢰를 얻을 수 있었던 중요한 배경이 됐다. 당시 정부에서는 경찰을 통해 황우석 교수에게 대통령급 경호를 지원했고, 대한항공에서는 퍼스트 클래스 항공권을 무료로 지원해주는 등 다양한 기업과 단체의 후원이 쏟아졌다.

황우석 교수의 위상을 보여주는 단적인 장면으로 회자되는 것이 2005년

7월 26일에 녹화한 KBS 열린음악회였다. 교통사고로 척추가 손상돼 하반신이 마비된 댄스그룹 '클론'의 강원래가 휠체어를 탄 채 공연한 다음 무대에 오른 그는 '다음 열린음악회에서는 벌떡 일어서서 예전의 화려한 춤을 볼 수 있기를 바란다'고 덕담을 해 박수갈채를 받았던 것이다. 그날 이후 많은 보행 장애인들이 황우석 교수의 연구를 통해 자신이 다시 일어설 수 있을 것이라고 믿고 자신을 실험대상으로 써달라고 부탁하기까지 할 정도였다.

하지만 2005년 11월 22일 MBC의 시사프로 PD수첩이 〈황우석 신화의 난자 의혹〉편을 방송하면서 파문이 일기 시작했다. 황 교수의 배아줄기세포 연구에 사용된 난자의 출처에 대한 의문을 제기하는 내용이었는데, 그 방송에서 PD수첩은 난자 채취 과정에서 난자 제공자에게 금품이 전달되기도 했고, 일부는 연구실의 여자 연구원들을 상대로 채취했다는 사실을 공개했다. 돈을 주고 난자를 구매하는 것과 인체실험에 대한 특별 보호대상으로 분류되는 연구 참여자의 신체를 활용하는 것은 모두 연구윤리에 위배되는 것들이었다. 연구 참여자들은 연구 책임자와 수직적 위계관계에 놓이기 때문에 그 몸을 이용할 때는 부당한 권력 관계가 개입될 수 있기 때문이다. 특히 난자를 채취할 때는 한 번에 많은 난자를 성숙시키기 위해 난소 자극 호르몬을 투여해야 하기 때문에 이 과정에서 여성의 몸은 심각한 부작용을 겪는 경우도 흔히 있고, 심지어 회복 불가능한 손상을 입는 경우도 있다.

방송 직후 황우석 교수는 제기된 의혹을 시인했지만 당시 많은 사람들은 오히려 PD수첩이 국가적 인재의 연구를 방해했다면서 비난을 퍼부었다. 사소한 잘못이 있었던 것은 사실이라도 그것 이상의 이익을 인류와 조국에 가져올 수 있는 기회를 무산시켜서는 안 된다는 논리였다. 방송 하루 만에 PD수첩 시청자 게시판에는 3,000개 이상의 비난 글들이 올라왔고, 황우석 지지자들이 MBC 앞으로 몰려가 촛불시위를 벌이며 PD수첩 폐지 운동을 벌였으며, 그런 움직임은 PD수첩 및 MBC 전체에 대한 네티즌들의 광고 불매 운동으로까지 확산되었다. 그리고 자신의 난자를 기증하겠다고 나서는 여성들이 줄을 잇기도 했다.

이런 비난과 압박 속에서도 PD수첩은 황우석 교수에 대한 또 다른 의혹이 있다며 2차 방송에 대한 강행 의지를 굽히지 않았지만 국민적 분노에 밀리며 PD수첩의 후속편 방송은 취소되었고 PD마저 경질됐다. 그리고 MBC는 대국민 사과문과 함께 밤 9시 뉴스에서 자사 프로그램인 PD수첩을 스스로 비판하기도 했다.

하지만 얼마 뒤 상황을 반전시키는 사건들이 터져 나오게 된다. 황우석 교수에게 줄기세포를 제공해온 미즈메디 병원의 이사장 노성일이 긴급 기자회견을 가지고 난자 채취 과정에서 문제가 있었을 뿐 아니라 그가 만들었다는 체세포 줄기세포 자체가 존재하지 않는다는 사실을 폭로했다. 그러자 MBC는 취소되었던 PD수첩 후속편을 방송했는데, 그 내용은 황 교수가 만들었다고 주장한 체세포 복제 줄기세포가 없고, 연구 결과가 조작되었다는 것이었다.

PD수첩의 보도 내용과 노성일 원장의 증언이 나오면서 서울대에서도 자체조사를 시작했고, 이번에도 연구결과가 조작되었다는 결과가 나오면서 사회적 동요가 일어났다. 황우석 교수가 자랑하던 성과 대부분이 허위거나 조작이었고, 그가 복제했다는 영롱이의 경우 논문이나 자료가 남아있지 않아 실제로 체세포 복제를 통해 태어난 것이 맞는지 검증할 방법도 없었다.

황우석 교수는 다시 한 번 기자회견을 통해 "1개면 어떻고 3개면 어떻습니까? 우리에게는 줄기세포를 만들 수 있는 원천 기술이 있지 않습니까?"라고 항변했고 6개월만 주면 재연해 보이겠다고 사정했지만 더 이상의 기회가 주어질 수는 없었다. 이후 황 교수는 대법원에서 판결을 통해 연구비 횡령 등의 혐의로 징역 1년 6개월, 집행유예 2년을 선고받았다.

이 사건은 결국 황우석의 조작으로 일단락 되었지만 한국 사회에 큰 충격을 던졌을 뿐 아니라 돌아봐야 할 수많은 논점을 제시했다. 황 교수팀은 특히 인간과 동물의 생명과 몸을 연구대상으로 하면서도 연구윤리를 지키지 않았고, 대중은 그가 보여준 장밋빛 미래에 현혹되어 연구윤리를 '사소한 흠'으로 치부하며 그런 사실을 보도한 PD수첩을 비난하고 압박했다. 또한 그의 논문에 이름을 올린 30여 명의 연구진은 대부분 실제 연구에 참여하지도 않았고 그래서 실제로 연구결과가 있는지 없는지 혹은 조작된 것인지도 모르면서 황 교수의 사기극에 동참한 대가로 공저자로 등재되었다. 그리고 대부분의 언론인들도 대중의 감성에 편승해 황 교수를 비호하고 그에 대한 비판을 압박하거나 무마하는 역할을 자임하기도 했다.

결국 이 사건을 통해 한국의 연구자들은 연구윤리의 중요성을 다시 한 번 절감하고 관련 제도와 규칙을 정비할 수 있었으며, 우리 사회는 윤리적 원칙이 경제적 효용에 비해 사소한 것이 아니라는 사실을 학습할 수 있었다.

북한 1차 핵실험:
(2006년 10월 9일)

1980년대 말, 세계적인 냉전 체제의 붕괴가 시작되면서 북한의 위기감이 고조되었다. 동유럽 공산주의 체제가 연쇄적으로 붕괴하는 한편 중국과 소련 역시 변화하기 시작했기 때문이다. 동시에 미국이 유일한 초강대국으로서의 입지를 다졌고, 남북한의 경제격차가 심해지면서 체제경쟁 뿐 아니라 군사력 경쟁에서도 열세가 뚜렷해지기 시작했다. 북한의 체제를 지탱해온 외적인 요인들이 동시에 소멸되어버리는 동시에 내적인 지지력도 쇠약해지고 있었던 것이다. 그런 상황에서 북한의 김일성 정권이 떠올릴 수 있었던 거의 유일한 대안이 핵 개발이었다.

물론 북한이 핵무기 개발에 관심을 가진 것은 아주 오래 전부터였다. 전쟁 중이던 1950년 11월 30일에 미국의 트루먼 대통령은 '한반도에서 공산군 침략을 저지하기 위해 핵무기를 포함한 모든 무기의 사용을 적극적으로 검토하고 있다'고 발표했고, 실제로 유엔군 사령관 맥아더는 북한군의 보급기지 역할을 하던 만주에 핵폭탄을 투하할 것을 건의하기도 했다. 당시 북한은 미국의 핵 사용 위협의 부당성을 성토했지만, 이미 핵에 대한 엄청난 공포를 느끼는 동시에 핵의 위력을 실감하게 되었다. 휴전 후에도 미국은 1955년

1월 2일 래드포드 합참의장의 핵무기 사용 가능성 언급, 아이젠하워 대통령의 전술핵 사용 가능 언급 등을 통해 북의 공포를 계속 자극했고, 실제로 1955년부터는 한반도에 미군의 전술핵이 배치되었다.

북한도 1955년 4월 원자 및 핵물리학 연구소를 설치하고 1962년 11월 영변에 핵 연구 단지를 조성했고, 1963년 6월에는 소련으로부터 2MW급 연구용 원자로를 도입해 가동하기 시작했다. 그리고 1978년부터 북한 전역에서 우라늄 탐사를 벌여 1980년에는 영변에 5MW 원자로를, 1985년에는 50MW 원자로를 건설하기 시작했다. 그런 과정에서 1980년대 후반부터 핵무기 생산에 필요한 플로토늄 분리도 시작되었을 것으로 추정된다.

그리고 1989년 9월 15일 프랑스 상업 위성 SPOT 2호에 의해 북한의 비밀 핵시설이 촬영되어 공개되자 IAEA가 북한에 대해 사찰을 받을 것을 요구했지만 북한은 주한미군이 이미 핵무기를 보유하고 있다는 이유를 들어 거부했다. 그러자 조지 부시 미국 대통령은 1991년 공군용을 제외한 모든 전술핵을 폐기하고 전략핵의 현대화 계획도 제한한다고 발표했고, 그 해 9월 부터 한국에서 핵무기를 철수시켰다. 그리고 북한이 사찰을 수용한다면 팀 스피릿 훈련도 중단하겠다고 약속했다. 그에 따라 노태우 대통령도 12월에 '이 순간 한반도에는 핵무기가 없다'고 선언하기도 했다.

그러자 북한도 제안을 수용해 1991년 12월 31일 '한반도 비핵화 공동선언'과 1992년 '핵안전협정'에 서명하고 IAEA 사찰을 수용했다. 사찰은 1992년 5월 25일부터 이듬해 2월 6일까지 6차례에 걸쳐 시행되었다. 하지만 북한이 제출한 보고서상의 플루토늄 양과 실제 사찰에서 발견된 양이 일치하지 않았고, 16개 핵시설 외에 또 다른 핵시설 의심지역 2개가 발견되었다는 IAEA의 발표에 북한이 반발하며 상황이 악화된다. 당시 미국 CIA가 첩보위성을 통해 촬영한 사진을 IAEA에 넘겨주며 영변의 2개 시설이 핵폐기물 저장장소로 의심된다고 제보했기 때문인데, 북한은 IAEA가 미국의 사주를 받은 단체라고 비난하며 추가적인 사찰을 거부했다. 그러자 미국도 IAEA 핵사찰을 강제하기 위해 1993년부터 중단된 팀 스피릿 한미합동훈련을 재개하겠다고 발표하며 군사적 압박을 가했고, 결국 북한은 1993년 3월 8일에 팀 스피릿 훈련에 대응해 준전시상태를 선포하는 동시에 NPT 탈퇴를 선언했다. 그리고 이런 북한의 반응에 대해 임기 초기에 비전향 장기수를 북송하는 등 유화적인 모습을 보이던 김영삼 정권도 '핵무기를 가진 나라와 악수할 수는 없다'라며 강경정책으로 선회했다. '북핵 위기'가 현실화되기 시작한 것이다.

이후 미국의 '북한 영변 핵시설 폭격 계획'에 대한 소문들이 보도되고 북한이 '서울 불바다' 발언을 하는가 하면 국내에서 생활필수품 사재기 열풍이 부는 소동들이 벌어지기도 했다. 하지만 김대중 아태평화재단(아시아태평양평화재단) 이사장의 제안에 따라 미국 정부가 지미 카터 전 대통령을 북한에 특사로 보내 김일성과 북미대화와 영변 원자로 재처리 중단에 합의하면서 첫 위기를 넘겼다. 카터의 방문을 통해 남북정상회담이 성사되기도 했는데 얼마 뒤 김일성이 사망하면서 불발되고 말았지만, 북미회담은 계속되어 1994년 10월 21일에 북미 제네바 합의까지 이르러 기본합의문이 채택된다. 합의 내용은 미국이 북한에 핵무기 개발 동결 대가로 종전 및 평화협정 체결 후 북미간 통상 수교, 통상 거래, 북한에 대한 핵무기 사용 금지 보장과 1,000MWe급 경수로 2기를 2003년까지 제공하고 대체에너지로 연간 중유 연 50만을 3개월 내로 제공하기 시작한다는 것이었다. 그리고 그에 대해 북한도 1개월 내 흑연감속원자로 및 관련 시설의 동결, 핵비확산조약(NPT) 당사국으로 잔류, 동결된 흑연감속원자로 및 관련 시설을 제외한 핵시설에 대한 국제원자력기구(IAEA)의 사찰 허용, 핵무기 개발의 전면 동결, 미국 측이 협의를 모두 이행할 경우 기존 핵무기 개발로 이용할 수 있는 시설의 궁극적인 해체를 약속했다.

하지만 북미 제네바 합의 타결 이후에도 갈등은 계속되었고 경수로 건설도 계속 지연되었다. 그리고 1994년 미국 중간선거에서 공화당이 승리해 상하원을 모두 장악하자 중유 공급과 제재 해제 등의 조치도 미루어졌다. 그리고 이후 여러 차례의 굴곡을 겪은 끝에 결국 제네바 합의는 파기되었고, 북한에 대한 지원과 제재 해제도 모두 무산되었으며 북한은 핵무기 개발에 박차를 가해 핵실험에 성공하기에 이르게 된다. 그 과정에서 미국 내 강경파들이 합의를 무산시키기 위해 고의적으로 일정을 지연시키거나 무리한 요구를 한 것도 사실이었고, 북한이 미국과 국제기구의 눈을 속이며 핵무기 개발의 여지를 계속 남겨두려는 시도를 이어간 것도 사실이었다.

특히 2001년 부시 대통령이 집권한 뒤 전임 클린턴 행정부 때 했던 모든 정책을 원점에서 검토하는 'ABC(Anything But Clinton) 정책'을 펴면서 북한에 대해서도 '악의적 무시' 정책을 고수했고, 2001년 9.11 테러가 발생한 이후에는 '테러와의 전쟁'을 선포하며 북한에 대해 노골적으로 압박 공세를 폈다. 11월 9일 존 볼턴 차관보가 북한이 이라크에 무기를 제공했을 가능성에 대해 언급했고 2002년 1월 29일 부시는 북을 '악의 축'으로 규정했다. 그리고 2002년 10월 3일에는 미국 대통령 특사 켈리가 북한을 방문하고 돌아왔는데, 미국 정부는 켈리 특사의 방북 결과를 설명하면서 '북한이 핵무기 개발을 시인했다'고 발표하기도 했다. 북한은 그런 사실을 부정했지만 미국은 일방적으로 제네바 합의의 파기를 선언하고 중유 공급을 중단했다. 그리고 그에 맞서 북한도 IAEA 사찰관이 보는 앞에서 핵시설 봉인을 제거하고 핵연료봉을 장전하기 시작했다. 그리고 2003년 1월 10일에는 NPT 탈퇴 선언을 했다.

이후 다시 여러 차례의 우여곡절을 겪으며 북한은 실질적인 핵무기 보유국이 됐고, 그와 동시에 북한의 경제적 외교적 고립은 더욱 심화되었다. 그 과정에서 경제적 보상과 핵무기 포기를 맞바꾸는 틀의 협상은 여러 차례 시도되고 타결되고 무산되어왔으며, 그 경험은 북한이 특별한 내용이나 보장이 없는 한 이미 개발까지 완료한 핵무기를 포기하기 어려운 상황으로 몰아넣고 있다.

김대중 정부로부터 윤석열 정부에 이르기까지, 새 정부가 들어설 때마다 정도의 차이는 있지만 나름대로 북한이 핵무기를 포기하고 개방의 길로 나올 수 있도록 유도하기 위한 제안을 내놓고 있다. 하지만 결과적으로는 모든 시도들이 실패했는데, 그것은 한 편으로는 북한의 잘못된 선택 때문인 동시에 다른 한 편으로는 다른 선택의 가능성들을 봉쇄해나간 한국과 미국 강경파들의 잘못된 대처와 정권이 교체될 때마다 접근방식의 급격한 변화를 반복해나갔기 때문이라는 점을 고려할 필요가 있다.

한미 FTA 타결:
(2007년 4월 2일)

2002년 제 16대 대통령 선거에서 당선된 노무현은 인수위 시절부터 한미 FTA 체결을 염두에 두고 협상 준비를 시작했다. 미국 시장에 대한 수출을 확대하는 것 외에도 대한민국의 경제 체질을 개선하는 데 필요하다고 판단했기 때문이다.

미국 역시 1989년부터 국제무역위원회(USTIC)보고서 등을 통해 아태지역에서 FTA를 체결할 유력한 후보로 한국을 꼽고 있었고, 1999년에는 주한미국상공회의소(AMCHAM)에서 빌 클린턴 대통령에게 한미 FTA를 촉구하는 서한을 발송했던 적도 있었던 만큼, 한미 FTA에 대한 태도는 적극적이었다.

하지만 국내적으로 한미 FTA는 많은 저항을 겪었고, 숱한 진통 끝에 이루어졌다. 시장을 통합하는 것은 승자에게 더 많은 이익을 안겨주는 반면 더 많은 패자들을 양산하는 변화를 수반할 수밖에 없는데, 한국은 승자의 이익을 나누는 사회적 준비 없이 FTA를 밀어 부쳤기 때문이다.

결국 노무현 정권에서 시작된 협상은 이명박 정권으로까지 이어졌고, 2008년 10월 9일 한미 FTA비준동의안이 외통위에 상정되어 2009년 4월 22일 통과되었지만 오역논란을 포함한 많은 문제점들이 지적되자 외통위

한미 FTA에 반대하는 시위

에 상정된 비준 동의안은 5월에 철회되었고 296개의 번역 오류를 수정한 뒤 6월에 다시 국회에 제출되었다. 제출된 이후에도 보다 세밀한 검토와 수정이 필요하다는 야당의 반대가 제기되었지만 이명박 대통령은 미국 방문중 상원 연설에서 2012년 1월 1일을 기해 효력을 발생시킬 수 있게 하겠다고 약속을 하기까지 했고, 그 일정에 맞추기 위해 2011년 11월 22일 당시 제 18대 국회 의원 선거에서의 압승을 통해 국회 절대다수 의석을 차지하고 있던 한나라 당 주도의 날치기로 비준안을 처리해버렸다. 외국과의 협정 비준안이 국회 에서 날치기 처리된 것은 1965년 8월 당시 민주공화당이 '한일기본조약 비 준안'을 통과시킨 후 처음이었다.

　한미자유무역협정이 발효된 뒤 다양한 평가가 제기되고 엇갈렸다. 2016년 에 한국무역협회 국제무역연구원이 발표한 '한미 FTA 4주년 평가와 시사점' 보고서에 따르면 한국의 미국시장 점유율은 2008년 2.29%에서 지난해 3.2% 로 크게 올랐다. 미국의 도널드 트럼프 전 대통령도 후보 시절에 미국이 한 국과의 무역협정으로 큰 피해를 보고 있다면서 원점 재검토를 주장하기도 했다.

한미 FTA를 통해 한국은 자동차를 비롯한 제조업 부문에서 전반적으로 긍정적 효과를 얻고 있지만 농업 부문 등에서의 손해는 주목을 받지 못한 측면이 있다. 또한 공공성이 강한 사회서비스 분야의 민영화와 상업화를 압박하는 요인이 되었다는 분석도 있으며, 자본의 이익이 증가한 반면 노동자나 서민들에게 그 이익이 분배되지 않고 있다는 비판도 여전하다.

협정의 효력이 발휘된 지 10년이 경과한 뒤의 다양한 분석과 평가들을 종합해보면, 한국과 미국 양쪽 모두 이익을 본 부분과 손해를 본 부분이 있으며 어느 한쪽에게 일방적으로 이익이거나 손해를 집중시킨 것은 아니라고 보는 것이 정확하다. 한국의 대미 무역수지가 증가한 것은 분명하지만 농업을 비롯한 일부 부문에 피해가 집중된 것도 사실이다. 그리고 협정 체결과 비준에 반대해온 측에서 우려해온 사회적 변화들 중에서도 상당 부문은 현실화되지 않았다.

하지만 그것은 한미 FTA의 파괴적 영향에 대해 경고하고 그것에 대한 비판적 여론을 형성함으로써, 공공부문 민영화를 저지하고 사회적 분배의 영역을 확대해옴으로써 가능했던 것이기도 하다. 국내에서 의료를 비롯해 공공성이 높은 영역에 대한 민영화 시도는 꾸준히 이루어지고 있지만 국민들의 강력한 반대 여론에 밀려 계속 좌절되어왔기 때문이다.

제 17대 대통령 선거:
(2007년 12월 19일)

　　노무현 정권은 대통령 당선 직후 여당인 민주당의 분열과 그로부터 시작
된 갈등 과정에서 헌정사상 처음으로 대통령 탄핵소추안이 국회에서 가결되
기까지 하며 불안정한 출발을 보였다. 이후 오히려 탄핵 역풍이 일어나면서
17대 국회의원 선거에서 열린우리당이 압승을 거두며 안정을 되찾았지만 임
기 중반을 넘기면서 다시 지지율이 급격히 떨어졌고, 그 와중에 거대 여당인
열린우리당의 자중지란이 가중되며 권력 재창출 가능성도 함께 추락했다.

　　노무현 정부의 지지율이 떨어진 데는 여러 가지 요인들이 있었다. 부동산
정책의 실패와 부동산 가격 폭등은 서민들의 원망을 샀고, 이라크 파병과 한
미 FTA 추진은 지난 대선 과정에서 노무현 후보를 지지했던 이들의 일부를
돌아서게 했다. 그런 흐름은 2006년 5월 31일에 치러진 제 4회 동시지방선
거에서 열린우리당이 13개 광역자치단체 중 전남과 전북을 제외한 모든 곳
에서 패배하는 결과로 이어져 1년 앞으로 다가온 대통령 선거의 전망 역시
어둡게 만들었다.

　　열린우리당을 통한 정권 재창출 가능성이 희박해지자 여권의 재편이 다시
시도되었다. 김한길을 비롯한 일군의 정치인들이 탈당해 중도개혁통합신당

을 창당한 뒤 손학규를 비롯해 한나라당을 탈당한 의원들과 합세했고, 그 뒤를 이어 열린우리당에 남아있던 의원들과 기존 민주당을 이탈한 의원들이 모여 새로운 정당을 만드는 방식이었다. 그렇게 만들어진 새로운 여당의 이름은 대통합민주신당이었다.

대통합민주신당의 대통령 후보 경선에는 정동영, 손학규, 이해찬과 한명숙, 유시민, 김두관, 추미애, 신기남, 천정배까지 모두 9명이 출마했다. 그리고 예비경선에서 추미애, 천정배, 신기남, 김두관이 컷오프되고 본경선 중 한명숙, 유시민이 후보직을 사퇴하고 친노계의 이해찬을 지지하면서 경선은 삼파전으로 압축됐다. 하지만 한나라당에서 넘어온 손학규는 당내 기반이 너무 약했고 이해찬은 당 지지율 하락의 책임이 있는 친노계라는 점에서 배제되는 분위기였다. 결국 당내 조직력이 가장 우세했던 정동영이 후보로 선출되었지만, 경선 과정에서 일명 '박스떼기'라고 불리는 선거인단 부정모집 사건이 터지고 그 와중에 당원들 간의 폭력사태가 벌어지기까지 하면서 더욱 지지율이 떨어진 상태에서 본선에 나서게 되었다.

열린우리당과 분당한 뒤 독자노선을 걷던 민주당은 장상, 신국환, 조순형, 김민석 등이 나서 경선을 치렀지만 뒤늦게 입당한 이인제가 결국 후보로 선출되었고, 그 이인제가 정동영과의 여권 후보 단일화 요구를 거부하고 대선 완주를 선언하자 조순형, 김홍업, 이낙연 등 당내 지역구 국회의원들이 모두 탈당해 대통합민주신당에 합류하게 된다. 결국 이인제는 군소정당 민주당의 대통령 후보로서 그 선거를 결국 완주하게 된다.

열린우리당과 민주당의 상황이 지지부진한 가운데 유한킴벌리 CEO 출신의 문국현이 대권 도전을 선언하면서 여권 정치인과 유권자 일부가 합류하는 흐름도 있었다. 문국현은 기업인으로서 축적한 사재를 동원해 창조한국당을 창당한 뒤 열린우리당 출신의 김영춘 의원과 정범구 전 의원을 영입해 세를 불렸고, 젊은 층을 중심으로 20% 가까운 여론조사상의 지지율을 확보하기도 했다. 하지만 조직력의 한계와 정치 경험의 부족, 대통령 후보로서의 준비 부족으로 인한 문제들이 노출되면서 당선 전망이 떨어지자 지지율 역시 급격히 빠져나가면서 군소후보로 전락하게 된다.

결국 여권의 열린우리당, 민주당, 창조한국당은 의미 있는 단일화 노력도 해보지 못했는데, 그것은 각자의 집권에 대한 열망이 강했기 때문이기도 하겠지만 그보다는 어느 한 쪽도 의미 있는 가능성을 보여주지 못함으로써 '단일화를 해도 별 의미가 없다'는 인식을 불식시키지 못했기 때문이다.

반면 민주노동당은 당을 대표하는 정치인으로서 가장 대중적인 이미지를 가지고 있는 데다가 민주노총이라는 조직적 지원도 받고 있는 권영길이 다시 한 번 대권에 도전했고, 당연히 독자적인 색깔을 과시하며 완주했다.

야당인 한나라당은 박근혜 의원이 2004년 제 17대 국회의원 선거에서 대표를 맡아 몰락 위기의 당을 추슬러 121석으로 선전한 이후 2005년 상반기 재보궐선거와 2006년 제4회 전국동시지방선거까지 모든 선거를 승리로 이끌며 당내 입지를 굳히고 있었다. 하지만 대통령 선거가 다가오면서 서울시장 임기 동안 청계천 복원과 시내버스 체계 개편 등 가시적인 업적을 남긴 이명박이 강력한 경쟁자로 떠오르며 양자 대결 구도를 만들었다. 그 두 사람 외에도 경기도지사를 지낸 손학규와 홍준표, 원희룡 등이 대권주자로 거론되었지만 손학규는 이탈해 민주당으로 합류했고 홍준표와 원희룡도 의미 있는 지지율 결집을 보여주지는 못했다.

박근혜와 이명박의 경쟁은 치열했고 확실한 우열이 갈리지 않는 팽팽한 형세가 지속되었다. 박근혜는 대구와 경북을 기반으로 하는 당의 전통적 지지층의 집중적인 지원을 받았지만 그 외의 지역에서는 대기업 경영자와 서울시장으로서 보여준 '경제적 능력, 강한 추진력'의 이미지를 가진 이명박에 대한 지지가 좀 더 폭넓은 형세였다. 그리고 북한의 핵위협이 가중되고 노무현 정권의 부동산 정책 실패 등 경제적 불만이 고조되면서 '경제에 특기가 있는 남성 지도자'인 이명박 쪽이 조금 더 유리한 입지를 점하기 시작했다.

그 와중에 박근혜와 이명박 지지로 양분된 한나라당 내에서 서로를 향한 폭로전이 가열되었는데, 특히 박근혜는 BBK와 도곡동 땅의 실소유주가 이명박이라는 의혹을 제기했고 이명박은 박근혜가 최태민 목사의 가문과 부적절한 관계를 맺고 있다는 의혹을 제기했다. 결국 그 선거와 그 이후 선거 과정에서는 두 가지 의혹 모두 명확히 입증되지 못했지만, 박근혜 정권이 국정

이명박 제 17대 대통령이 취임연설을 하는 모습

농단 사태에 휘말리며 붕괴된 이후 두 가지 모두 사실로 밝혀져 두 전직 대
통령이 감옥에 수감되는 결과로 이끌게 된다. 결국 국민참여선거인단 80%
와 여론조사 20%를 합산하는 방식으로 치러진 한나라당 대통령 후보 경선
에서는 49.6%를 얻은 이명박이 48.1%의 박근혜를 1.5% 차이로 따돌리며 승
리를 거두었고, 박근혜는 승복하며 5년 후를 기약하게 된다.

그 외에 소멸 위기에 몰린 자민련을 흡수하며 충청권 지역 정당으로 부상
한 국민중심당은 당대표인 심대평이 대선 후보로 선출되었지만 뒤늦게 이회
창을 영입해 대신 후보로 내세우게 된다. 이회창은 11월에 정계은퇴를 번복
하고 복귀해 5년 만에 세 번째 대선 출마를 선언하면서 그 해 선거의 유일한
변수를 만들었다. 5년 전 선거에서 한나라당의 대통령 후보였고 여전히 한나
라당에 속한 여러 정치인과 긴밀한 관계를 맺고 있던 이회창이 이명박 후보
의 표를 얼마나 잠식하느냐에 따라 전체 결과도 요동칠 수 있었기 때문이다.

이회창은 '경제'를 내세운 이명박 후보의 빈틈을 노려 안보분야를 강조하
며 보수적 유권자들을 끌어들이는 데 주력했고, 다른 한 편으로는 한나라당
경선에서 패배한 박근혜와 연대하기 위해 노력했다. 하지만 결국 박근혜가

이회창과의 만남을 거부하고 침묵을 지킴으로써 이회창의 시도는 실패로 돌아갔고, 이명박의 강세는 굳어졌다.

본선에서도 절대적인 지지율 열세에 몰린 정동영은 자신의 정책적 비전을 펼칠 여유가 없었다. 결국 한나라당 경선 과정에서 제기된 이명박의 의혹들을 다시 공격하는 데 주력했지만, 이미 유권자들은 반복된 이슈들에 싫증을 느낄 뿐이었다. 정동영은 한 대학 강연 도중 BBK가 자신의 것이라고 말하는 이명박의 동영상을 찾아내 집중공격하는 데 마지막 승부수를 던졌지만, 별 위력을 발휘하지 못한 채 무기력한 패배를 감수해야 했다. 그 선거에서 이명박은 1987년에 직선제 선거가 부활한 이후 가장 큰 표차인 5,317,708표 차로 당선되었다.

이명박이 48.67%를 득표해 당선된 데 이어 정동영이 26.14%로 2위, 이회창이 15.07%로 3위에 올랐으며 그 뒤를 이어 문국현, 권영길, 이인제가 4, 5, 6위가 됐다.

이 선거를 통해 김대중과 노무현으로 이어져 온 10년간의 민주당 계열 정치세력의 집권기가 끝나고 이명박과 박근혜로 이어지는 보수세력의 집권기가 시작되었으며, 그 기간 동안 이전 10년간 추진되었던 다양한 정책들이 취소되거나 역행되었다.

제 18대 국회의원 선거:
(2008년 4월 9일)

 제 18대 국회의원 선거는 제 17대 대통령 선거가 끝난 4개월 뒤인 2008년 4월 9일에 치러졌다. 이명박 대통령이 취임한 2008년 2월 25일로부터는 불과 한 달 남짓한 시간이 흐른 뒤였다. 직선제 부활 이후 가장 압도적인 승리를 거둔 이명박과 한나라당은 별다른 노력 없이도 낙승을 기대할 수 있는 상황이었고, 반대로 역대급 참패를 당하며 초토화된 민주당은 미처 당 조직을 추스를 새도 없이 감당해야 했던 '엎친 데 덮친' 재난과도 같은 선거였다.

 따라서 그 선거의 가장 중요한 변수는 한나라당과 민주당 사이가 아니라 한나라당 내부의 계파간 경쟁 과정에서 발생했다. 대통령 선거 이후 당내 주도권을 장악한 '친이계'는 이방호 사무총장 등의 주도로 공천 과정에서 '친박계' 정치인들을 대거 탈락시켰고, 그에 반발한 이들이 탈당해 무소속으로 출마하면서 '친박연대'나 '친박무소속연대' 등의 이름을 사용한 것이다. 정작 박근혜는 당내에 남았지만 탈당하는 측근들을 향해 '살아서 돌아오라'는 말을 남겨 사실상 그들과 뜻을 함께 한다는 사실을 밝히기도 했다. 실제로 상당수의 친박계 정치인들이 선거에서 당선되어 나중에 한나라당으로 복귀하게 되며, 박근혜 의원이 다시 당내 주도권을 장악하는 데 힘을 실어주게 된다.

또 한가지 변수는 서울 등 대도시를 중심으로 '뉴타운 건설' 공약이 바람을 일으킨 것이다. 이명박 대통령에게 표를 던진 유권자들이 가장 큰 기대를 품고 있던 것은 당연히 경제성장에 관한 것이었고, 그 중에서도 대규모 토목공사를 동반한 건설 경기에 대한 직접적 기대들이 있었다. 이명박 대통령과 오세훈 서울시장의 서울 도심 뉴타운 개발에 관한 직간접적인 언급들을 적극적으로 공약과 선전물에 반영한 한나라당 후보들이 많은 관심을 모았고, 다른 이슈들을 뒤덮으면서 선거 결과를 결정한 가장 큰 요인으로 꼽히게 됐다.

실제로 선거 결과는 한나라당의 대승이었다. 한나라당은 지역구에서 131명을 당선시켰고 비례대표 선거에서 37.5%를 득표해 22명을 당선시키며 모두 153석을 차지해 원내 과반정당이 됐다. 그런 선전에는 전통적인 약세 지역이었던 서울과 수도권에서의 승리가 바탕이 됐는데, 당시에 당선된 나경원(중구), 강승규(마포구 갑), 강용석(마포구 을), 진수희(성동구 갑), 김동성(성동구 을), 권택기(광진구 갑), 유정현(중랑구 갑), 진성호(중랑구 을), 정태근(성북구 갑), 김효재(성북구 을), 신지호(도봉구 갑), 현경병(노원구 갑), 권영진(노원구 을), 홍정욱(노원구 병), 정두언(서대문구 을), 전여옥(영등포구 갑), 김용태(양천구 을), 김성태(강서구 을), 김성식(관악구 갑), 이범래(구로구 갑) 등은 뉴타운 개발 공약의 혜택을 입었다는 의미로 흔히 '타운돌이'라고 불리기도 했다.

하지만 친박연대가 지역구에서 6석, 비례대표로 8석을 얻은 것을 비롯해 친박 무소속 후보들이 상당수 당선되고 또 박근혜를 지지하는 유권자들의 조직적인 친이계 낙선운동으로 박형준(부산 수영구), 정종복(경주시), 이재오(은평구 을), 이방호(사천시) 등의 친이계 핵심 인사들이 낙선하는 일도 있었다. 심지어 경남 사천에서는 친박계를 배제한 공천의 주인공인 이방호 사무총장을 낙선시키기 위해 친박세력이 민주노동당 후보를 집중적으로 지원해 강기갑 후보를 당선시키는 일이 벌어졌을 정도로 친이계에 대한 친박계의 반감은 강했다.

반면 민주당은 지역구에서 66명을 당선시키는 데 그쳤고 비례대표 선거에서도 25.2%의 득표율로 15명을 당선시켜 도합 81석을 확보하는 데 그치면서 개헌저지선 확보에 실패했다. 특히 당대표인 손학규와 대선후보였던 정동영이 각각 서울 종로와 동작 을에서 낙선했고, 대선후보급 거물정치인들인 한명숙, 김근태와 역시 중진급인 최재천, 임종석, 이인영 등도 낙선했다.

그 외에 자민련에 이어 충청권 지역정당의 입지를 구축한 자유선진당이 충청권 지역구에서 14석, 비례대표로 4석을 당선시키며 수명을 이어갔고, 문국현 대표의 창조한국당이 3석, 민주노동당이 5석을 확보했다.

그 선거에서 한나라당의 압승은 이명박 정권의 임기 내내 정국을 주도할 수 있는 힘이 되었고, 동시에 친이계의 '공천학살'에도 불구하고 살아남은 친박세력은 이후 박근혜가 다음 대통령 선거를 통해 부활할 수 있는 여지를 남겼다. 반면 민주당 계열은 거듭된 선거 참패와 지리멸렬한 분열 과정을 거치며 가장 어려운 시기를 통과해야 했다. 그 시기 한국 정치가 전반적으로 보수화하게 된 배경이었다.

미국산 쇠고기 수입 합의:
(2008년 4월 19일)

 2007년 중반 한미 FTA 협상 과정에서 미국산 쇠고기 수입 조건이 다루어졌고, 그 과정에서 광우병의 위험성이 제기되었다. 광우병은 변형된 단백질 감염원(프리온)에 의해 감염된 소의 뇌 해면 조직에 스펀지처럼 구멍이 생겨 퇴행적 증상을 보이다가 폐사하는 것으로서 정확한 명칭은 '소해면상뇌증'이다. 원인은 식물성인 소에게 동물성 사료를 먹이는 과정에 있었던 것으로 밝혀졌다.

 1985년 영국에서 처음 발견되었고, 1988년에는 사람에게도 전염된다는 사실이 확인되었다. 사람도 광우병에 걸린 쇠고기를 섭취함으로써 걸릴 수 있는데, 일단 증상이 발현되면 특별한 치료 방법이 없다는 점에서 많은 사람들을 공포에 떨게 했다. 감염의 매개물로는 특히 30개월 이상된 소의 골수와 내장 등이 위험한 부위로 알려졌다.

 1990년대 중반에 영국에서 166명 이상의 환자가 발생했고, 영국과의 교류가 많은 여러 나라에서도 환자들이 나왔다. 따라서 영국에서는 소에게 동물성 사료를 사용하는 것이 금지되었고, 한국을 비롯한 여러 나라에서도 해당 시기에 영국에 체류했던 사람들에 대해서는 헌혈을 금지하는 등의 조치를

미국산 소고기 수입에 반대하는 시위의 모습. 광우병으로 인한 국민들의 반감을 비롯해 국내 축산업계에서도 쇠고기 수입에 대한 반대 의견이 높았다.

취하고 있다. 그리고 영국을 비롯해 광우병 소가 발견되었던 국가들에서 생산된 쇠고기에 대한 수입 금지조치가 내려지기도 했다.

미국에서도 2003년 광우병에 걸린 소가 발견되면서 일본, 중국, 러시아, 호주, 대만, 태국, 멕시코 등 21개국이 미국산 소고기에 대한 수입을 중단했고, 한국도 마찬가지였다. 하지만 한미 FTA 협상 과정에서 미국은 소고기 수입 재개를 요구했고, 이명박 대통령이 취임 직후 그 요구를 수용해 2008년 4월 18일에 '뼈와 내장을 포함한 30개월 이상, 대부분의 특정한 위험 부위를 포함한 30개월 미만'의 미국산 쇠고기를 수입하는 협상을 타결했다. 하지만 충분한 안전이 확인되지 않은 상황에서 다른 나라들에 비해서도 성급하게 수입을 재개하려는 정부에 대한 비판 여론이 확산되었고, 광범위한 반대 시위를 촉발하게 됐다.

결국 이명박 정부는 30개월 미만의 어린 소의 고기만 수입하고 내장을 비롯한 위험부위는 제외하기로 방침을 바꾸었고, 미국과의 재협상을 통해 미국에서 또다시 광우병 소가 발견될 경우 수입중단조치를 취할 수 있는 권리를 보장받았다고 밝혔다. 이후 미국의 항의를 받고 '수입중단 권리'라는 설명은 사실이 아닌 것으로 드러났지만, 일정한 안전장치가 마련된 것은 사실이다. 그리고 미국 역시 미국 식품의약국(FDA)은 소를 비롯한 반추동물의 사료에 포유동물 단백질을 포함하는 것을 금지하는 사료금지법을 1997년부터 시행하고 있고 2009년부터는 고위험 조직 물질을 모든 동물의 사료에 사용하는 것을 금지하는 강화된 사료금지법을 시행하고 있어 최소한의 안전성은 보장되고 있다고 볼 수 있다.

미국산 소고기 수입 허용을 반대하는 과정에서 광우병의 위험을 부풀리고 근거가 없거나 박약한 사실까지 동원되었다는 비판이 사후적으로 제기되기도 한다. 하지만 대중 시위 과정에서 여론이 고조되고 위험의 가능성에 대해 강조되는 것은 자연스러운 일이며, 여전히 논쟁 중이거나 과학적 검증 과정 중이었던 사항들에 대해 '거짓 선동'이라고 비판하는 것은 옳지 않다. 오히려 당시 이명박 정부는 위험의 가능성에 대해 애써 무시하고 은폐했기 때문에 그 반대편에서 시위대는 그것을 드러내 강조할 수밖에 없었으며, 그 결과 최소한의 안전장치들이 마련된 것은 국민건강을 위해 긍정적인 변화였다고 평가할 수 있다.

노무현 전 대통령 서거:
(2009년 5월 23일)

　2007년 제 17대 대통령 선거에서 압도적인 승리를 거둔 이명박 대통령은 취임 직후부터 지나친 자신감으로 밀어붙인 정책들이 국민들의 반감을 사며 지지율 하락에 직면하게 된다. 특히 미국산 쇠고기 수입 허가를 강행해 대규모 촛불 집회가 이어지고, 그에 대해 세종로 입구에 컨테이너 박스를 쌓아 시위 군중의 진입을 막은 일명 '명박산성'은 그의 독단적인 통치 스타일을 상징하는 이미지로 받아들여졌다. 그리고 이명박 정권은 그런 시민들의 배후에 이미 지리멸렬한 상태였던 민주당이 아닌 전 대통령 노무현에 대한 야권 지지자들의 향수가 있다고 판단했다. 그래서 그 향수의 근원을 지워내기 위한 작업에 착수하게 된다.

　이명박 정권은 2009년부터 노무현 전 대통령의 주변에 대한 수사를 개시했다. 태광실업 박연차 회장으로부터 불법 자금을 받은 의혹이 있다는 '박연차 게이트'와 노무현 전 대통령의 오랜 친구이자 후원자인 창신섬유 강금원 회장과 거액의 돈 거래가 있었다는 의혹이 시작이었다. 노무현 전 대통령의 혐의를 입증하기는 쉽지 않았지만 검찰은 주변 인물들을 차례로 구속하며 압박해갔다.

이명박 대통령의 취임식 날 노무현 전 대통령(우)과 이명박 대통령(좌)의 모습

　노무현 전 대통령이 박연차에게 받은 15억 원은 이자율 7%, 차용기간 2008년 3월부터 2009년 3월까지로 명시되어 있는 차용증을 써주고 받은 것이라 사인 간의 거래로 판단돼 죄를 묻기 어렵다는 이유로 무혐의 처리되었다. 그리고 창신섬유 강금원 회장이 노무현에게 전달한 70억 원은 창신섬유 이사회에서 회의를 거친 후 후원금으로 건넨 것이고, 건넨 시점도 퇴임 이후이기 때문에 노 전 대통령에게는 불법성이 없다고 판단했다. 하지만 검찰은 그 돈을 강금원 회장의 횡령으로 보고 당시 뇌종양을 앓고 있던 강금원 회장을 구속했고, 병보석마저 허락하지 않아 결국 그를 죽음으로 몰아넣게 된다. 그러자 노무현 전 대통령은 모든 것이 자신의 책임이니 더 이상 여러 사람들을 괴롭히지 말아달라는 뜻을 담은 사과문을 발표한 뒤 칩거에 들어갔다.

　이후 검찰에서 수사를 받던 박연차 회장이 돌연 입장을 바꾸어 노무현 전 대통령에게 불리한 진술을 하기 시작했고, 검찰은 2009년 4월 30일 노무현 전 대통령을 소환해 약 10시간에 걸친 조사를 벌였다. 특히 도덕성 면에서 높은 평가를 받던 노무현 전 대통령의 이미지와 평판에 큰 상처를 남기는 상황이었다.

특히 그 무렵 언론을 통한 여론재판도 이어졌는데, 검찰이 박연차 회장으로부터 받은 명품 시계의 행방을 묻자 부인인 권양숙 여사가 '논두렁에 버렸다'고 둘러댔다는 보도가 대표적이었다. 하지만 훗날 그런 사실은 없었고 국정원에서 SBS를 비롯한 몇몇 언론사를 통해 유포한 헛소문이었음이 경찰과 검찰 관계자의 증언을 통해 밝혀지게 된다. 2015년 검찰에 따르면 2009년 이인규 전 대검 중앙수사부장이 이끌던 '노무현 수사팀'에게 국정원이 노 전 대통령을 불구속기소하고 대신 명품 시계 소문 등을 활용해 여론전을 벌일 것을 제안했다고 밝혔다. 또한 2017년 국가정보원 개혁발전위원회는 이명박 정권 때 국정원 직원 4명이 '논두렁 보도' 직전인 2009년 4월, 하금열 전 SBS 사장과 접촉해 노 전 대통령 수사 보도를 적극 요청하고 주장했다고 발표했다.

이후 불구속기소 상태에서 부정적 여론을 확산시키는 데 주력하고자 한 국정원을 비롯한 이명박 정권 핵심층의 입장과 구속기소를 원한 검찰의 입장이 충돌하는 상황이 이어졌고, 그 와중에 치러진 2009년 4월 29일의 상반기 국회의원 재보궐선거 5곳에서 한나라당이 모두 패하는 일이 벌어졌다. 노무현 전 대통령에 대한 비판 여론과는 별개로 그에 대한 지나친 검찰의 수사에 부정적이었던 여론이 반영된 것이었다. 당시 박희태 대표를 비롯한 대부분의 한나라당 국회의원들도 재보선 참패 뒤에 악화된 국민여론을 인식하여 노 전 대통령을 불구속하는 것이 옳다는 방향으로 의견을 모았고, 청와대조차도 국민여론을 의식하여 불구속기소할 것을 검찰에 요구했다. 하지만 수사를 전담하던 이인규, 우병우, 홍만표 등은 구속수사 주장을 굽히지 않았다.

그러던 2009년 5월 23일, 자택의 컴퓨터에 한글 파일로 유서를 미리 작성해 두고 사저 뒷산인 김해시 진영읍 본산리 봉화산에 오른 노무현 전 대통령이 부엉이바위에서 투신했다. 이후 경호 차량에 실려 진영읍내의 병원으로 옮겼다가 다시 가장 가까운 대형병원인 양산의 부산대학교병원으로 옮겼지만 도착 직후 사망했다. 장례는 국민장으로 거행되었으며, 시신은 고인의 뜻에 따라 화장을 거쳐 봉하마을 내 묘역에 안장되었다.

사건 직후 관련 사건들은 '공소권 없음'으로 수사 종결되었으며 검찰총장의 사표가 수리되었다. 이후 심재륜 전 부산고검장과 한나라당 홍준표 원내대표 등의 전직 검사들이 '수사보다는 모욕주기에 집중한' 검찰의 수사 행태를 비판하기도 했다.

6월 12일, 검찰은 6개월에 걸친 박연차 게이트 수사 결과를 최종적으로 발표하면서 전직 대통령에 대해서는 이미 불구속으로 내정한 상태였다고 밝혔다. 하지만 당시 박연차에게서 금품을 받은 사람은 모두 참고인으로서 다 불구속된 상태에서 유독 금품을 받지 않은 노무현에게만 피의자로서 구속 여부를 심의하고 결과를 발표하지 않은 채 시간을 끌며 모욕을 주었다는 점에서 또 다시 비난을 받았다.

정치권의 정치적 의도와 검찰조직의 공명심이 결합해 전직 대통령에 대한 무리한 수사와 여론전을 병행하며 죽음을 압박한 과정과는 별개로, 노무현 전 대통령이 뇌물을 받았는지 여부는 정확히 밝혀지지 않았다. 노 전 대통령 사망 이후 검찰이 관련 증거를 밝히지 않았기 때문인데, 일각에서는 형사처벌을 받을 만한 일이 없었거나 증거가 없었기 때문이라고 해석한다. 당시 노무현 전 대통령의 변호인으로 활동한 문재인 전 대통령과 전해철 전 의원 등은 저서 등을 통해 검찰이 가진 증거는 박연차 회장의 진술 뿐이었다고 주장했다. 우병우 역시 주변 사람들에게 '정황상 의심이 가는 거지 증거는 없다'고 말했다는 주장도 있다.

그럼에도 불구하고 법정 싸움이 아닌 자살을 택한 이유에 대해서도 여러 가지 추측이 제기되고 있다. 대표적으로는 주변에 대한 압박이 너무 심했기 때문이라는 것인데, 노 전 대통령이 자주 가던 삼계탕집마저 세무조사를 당하고 젊은 시절 다녔던 성당의 송기인 신부가 식당에서 밥을 사 먹은 영수증까지 압수당했을 정도로 주변에 대한 먼지털이식 수사와 피의사실공표 등이 이어졌기 때문이다. 측근인 안희정은 집에 계좌를 추적했다는 검찰의 통지서가 산처럼 쌓였다고 말할 정도였으며, 이름이 알려지지 않은 친인척과 주변 관계자들이 모두 비슷한 상황을 겪기도 했다.

노무현 전 대통령이 스스로 목숨을 끊은 뒤 이명박 대통령은 오히려 곤란한 상황으로 내몰리게 되었다. 여론조사 결과 60%의 국민들이 노무현 전 대

노무현 전 대통령 묘역. 봉하 마을에 위치한 묘역은 여전히 많은 정치인과 민간인이 찾는 곳이다. (사진출처: 대한민국역사박물관)

통령의 사망이 이명박 정부의 정치보복 때문이라고 생각했으며, 이명박 전 대통령이 사과해야 한다는 의견도 56%에 달했다. 그리고 민주당의 지지율이 28%로 급등한 반면 한나라당의 지지율은 24%로 떨어져 정당지지율 1위와 2위가 뒤바뀌었다.

또한 민주당내에서도 노무현 전 대통령과 가까웠거나 친노 진영의 지지를 받고 있는 인사들의 위상이 급상승하고, 비노로 분류되는 인사들이 주변으로 밀려나기 시작했다. 참여정부에서 산자부 장관을 지낸 정세균 의원을 비롯해 노무현 대통령 시절 중용됐던 이광재, 안희정, 김두관 등의 정치적 존재감이 두드러졌다. 이후 노무현 정부의 청와대 비서실장과 민정수석비서관을 지낸 문재인이 민주당으로 불려 들어와 대통령 후보로 발탁된 것도 그로부터 시작된 흐름의 결과였다. 당시 정두언 한나라당 의원은 2006년 제4회 전국동시지방선거, 2007년 제17대 대통령 선거, 2008년 제18대 국회의원 선거에서 연이은 참패를 거듭하던 민주당을 되살아나게 한 원동력이 노무현 전 대통령의 비극적인 죽음이라고 분석하기도 했다.

노무현 전 대통령의 사망 사건은 이후로도 한국 사회에 큰 영향을 미치고 있다. '친노'를 대표하는 인물인 문재인이 18대 대통령 선거에 이어 19대 대통령 선거에도 나서 결국 당선되었고, '친노'에서 '친문'으로 이어진 계파는 여전히 민주당 내에서 주류를 형성하고 있다. 또한 노무현은 박정희와 더불어 한국정치사에서 가장 영향력이 컸던 대통령으로 대중들에게 인식되고 있기도 하다. 노무현 전 대통령 사망 후에 설립된 노무현재단은 6만 명이 넘는 후원회원과 전국 곳곳에 지역위원회를 가지고 있으며, 전직 현직 유력 정치인들이 재단 이사장, 이사, 자문위원, 기획위원들을 맡고 있다. 그리고 노무현 전 대통령의 고향이자 생을 마감한 장소인 봉하마을은 김해시 최고의 인기 관광지가 되었다. 잔디공원과 생태문화공원이 들어서면서 정치색이 없는 일반 관광객들도 종종 찾는 명소가 되었고, 다양한 정파의 정치인들이 찾고 있기도 하다.

한편, 개인적으로 그를 매우 아꼈던 김대중 전 대통령이 이 일로 충격을 받고 건강이 급격히 악화되어 약 3개월 후인 8월 18일에 사망하기도 했다.

4대강 사업:
(2009년 7월)

　이명박 대통령은 후보 시절 주요 공약으로 한강과 낙동강을 연결해 서울부터 부산까지 배를 통해 화물을 이동시킬 수 있도록 하겠다는 한반도 대운하 건설을 내걸었다. 그리고 대통령에 당선되자 대통령직인수위원회에서 주요 국정과제로 선정했고, 취임 후 실행에 나서려고 했다. 하지만 막대한 비용이 들 뿐 아니라 엄청난 규모의 환경 파괴까지 우려되는 사업에 대한 반대 여론이 강하게 대두되자 대운하 건설이 아닌 '4대강 정비 사업'으로 명칭을 바꾸고 규모를 줄여 시행에 나섰다. 4대강이란 한강, 낙동강, 금강, 영산강을 가리키며 그 유역을 정비해 수질을 개선시키고 홍수를 예방하며 수변문화를 활성화함으로써 국토의 가치를 높인다는 것이 명분이었다. 하지만 대규모 토목공사를 일으켜 경기를 끌어올리려는 낡은 발상으로 건설업자의 배를 불리면서 반대급부로 정치자금을 마련하려는 것이 진짜 의도일 것이라는 의심의 시선이 적지 않았다.

　이명박 정부는 2008년 12월 공식적으로 4대강 정비 사업 추진을 발표했고 2009년 2월에 국토해양부 산하에 4대강 살리기 기획단을 설치했으며 2009년 4월에는 4대강살리기추진본부로 확대 개편했다. 2009년 6월에는

4대강 살리기 프로젝트 마스터플랜이 확정되고, 2009년 7월에 영산강 유역에서 첫 사업이 시작되었다. 야당과 시민단체들을 중심으로 예산 낭비와 부실공사, 환경파괴 우려 등을 제기하며 사업 중단을 요구했고 반대 시위와 농성이 이어진 지역들도 있었지만, 공사는 계속되었다. 그리고 2년여가 지난 2011년 10월에 4대강살리기추진본부는 사업 완료를 선언했다. 하지만 그 뒤로도 지천 정비와 친수 공간 조성과 같은 4대강 정비 연계 사업은 계속 진행되었다.

여름의 장마 기간에 강수가 집중되는 기후적 특성 때문에 수자원의 지속적 확보와 홍수나 가뭄 피해 예방을 위한 치수 사업의 필요성은 꾸준히 제기되어온 바 있다. 그리고 낙동강처럼 수질 오염이 심각해 산업단지 개발과 주택지 개발에 어려움을 겪으며 정비 사업의 필요성이 제기된 경우도 있었다. 하지만 이명박 정부에서 추진한 4대강 사업은 상당 부분 불필요한 부분에 불필요한 규모의 공사가 이루어지는 경우가 많았고, 그것은 애초의 필요와 동떨어진 다른 정치적인 이유가 개입했기 때문이라는 의혹이 제기되었다. 실제로 이명박 정부의 주장과 달리 4대강 사업 이후 강수량 대비 피해액은 전혀 줄지 않은 것으로 나타나기도 했고, 사업 이후 유속이 느려지면서 수질 오염이 더 심해진 구간도 적지 않게 나타났다. 그리고 강 바닥을 콘크리트로 포장해 생태조건을 파괴한 곳도 적지 않았다. 특히 4대강을 정비하는 데 걸린 시간이 겨우 2년에 불과하다는 것은 충분한 환경영향평가와 수질 및 수량 변화에 관한 연구 없이 강행되었음을 보여주며, 그것 자체로서 근본적으로 졸속한 계획과 부실한 공사가 이루어진 사실을 반증하기도 한다.

여러 가지 의혹이 제기되는 가운데 박근혜 정부의 감사원에서 4대강 사업에 대한 감사를 실시했는데, 공정한 감사였는지에 대한 의혹에도 불구하고 환경기준 설정 등에서 문제가 발견되기도 했다. 그리고 문재인 정부에서 다시 이루어진 감사에서는 수질 개선의 기준 설정이 부적절했고, 조류 발생 등의 위험요소에 관한 내용을 이명박의 지시로 삭제했으며, 국토부에서 낙찰 차액 등 4,544억 원의 집행 잔액을 은폐했고, 실제 물 부족량에 비해 4대강 사업으로 인해 해결된 양은 4% 정도 밖에 미치지 못하며, 낙동강과 영산강의 수질이 오히려 많이 악화된 점 등을 적발했다. 반대로 일부 지류에서 치수 안전도가 개선되고 한강과 금강 일부 지역에서 수질이 다소 개선된 점이 인정되기도 했다.

제 19대 국회의원 선거:
(2012년 4월 11일)

2012년은 이명박 대통령의 임기 마지막 해였고, 그래서 차기 대통령을 선출하기 위한 대통령 선거가 치러지는 해였다. 그 해 봄에 치러지는 제 19대 국회의원 선거는 이명박 정권에 대한 평가의 의미와 더불어 차기 대통령 선거의 윤곽을 가늠해볼 수 있는 예비선거의 의미까지 가지고 있었다.

물론 임기 마지막 해를 맞던 이명박 정부에 대한 평가가 높은 것은 아니었다. 2011년 여름을 기점으로 이명박 정부의 국정수행에 대한 여론조사에서 부정평가가 긍정평가를 앞서기 시작했고, 2012년 들어서는 그 격차가 점점 더 커져서 20%포인트 이상으로 벌어지고 있었다. 2009년 노무현 전 대통령과 김대중 전 대통령의 잇따른 사망에 대한 이명박 정부의 책임론이 대두되면서 반대세력의 결집이 강화되는 한편 롯데월드타워 건축 허가와 2010년의 연평도 포격 사건이 안보에 대한 우려를 낳기도 했으며 2011년에는 퇴임후 입주할 내곡동 사저가 호화롭게 꾸며지고 있다는 의혹이 제기되는 등 대통령 개인의 도덕성에 대한 의심이 번진 것이 주된 요인이었다.

그런 흐름 속에서 야권은 이명박 정권에 대한 수도권의 민심이반을 바탕으로 서울시장 보궐선거에서 시민운동의 대부격인 박원순을 공천하고 민주노동당과 국민참여당 등 야권 군소 정당들과의 공조를 이끌어내 승리하면서 반전의 계기를 마련했고, 12월에는 민주당이 원외의 시민운동세력인 시민통합당과 합당하는 형식으로 민주통합당을 창당해 외연을 확장했다. 그리고 진보 성향의 야권 정당들인 민주노동당과 국민참여당, 진보신당 탈당파(새진보통합연대)가 합당해 통합진보당을 창당하기도 했다. 임박한 선거를 매개로 범야권 정당들의 통합과 연대 작업이 활발하게 이루어진 것이다.

한나라당도 위기감을 느낄 수밖에 없었고, 2011년 12월 박근혜 전 대표를 비상대책위원장으로 추대하고 김종인을 비대위원으로 영입해 경제민주화를 내걸고 이명박 정권과의 온건한 차별화와 지지층 확대를 동시에 노렸다. 청년층 지지를 얻기 위해 26세의 청년 이준석을 비대위원으로 영입한 것도 같은 맥락이었다. 특히 2012년 2월에는 당명도 새누리당으로 바꾸어 당의 이미지를 개선하기 위해 노력했다.

그렇게 당내에서 박근혜의 주도권이 확대되면서, 4년 전과는 반대로 공천 과정에서 친이계 의원들이 배제되는 일이 늘어났고 공천에 반발해 탈당하는 이들도 있었지만 큰 반향을 일으키지는 못했다.

하지만 선거 결과는 예상과 달리 새누리당의 무난한 승리였다. 새누리당은 지역구에서 127석, 비례대표로 25석을 확보해 원내 과반인 152석을 얻었고 민주당은 지역구와 비례대표로 106석과 21석을 각각 얻어 모두 127석을 확보하는 데 그쳤기 때문이다. 물론 4년 전 선거에 비해 새누리당의 의석은 줄고 민주당의 의석은 늘어났지만, 이명박 정권의 지지율이 20%대 이하로 고착된 상황과는 맞지 않는 결과였다.

그것은 이명박과 박근혜의 특수한 관계에서 비롯된 것으로 분석되었다. 두 사람은 모두 새누리당 소속이었고 대통령과 여당 대표의 관계였지만, 이미 지난 대통령 선거의 당내 후보 경선과 국회의원 선거 공천 과정에서 회복하기 어려울 정도의 갈등을 겪었고, 두 사람을 정점으로 하는 두 계파인 '친이계'와 '친박계' 역시 같은 당이라고 생각하기 어려울 정도의 거리를 두고 있었다. 따라서 당대표 박근혜에 의해 주도된 '이명박 정권과의 거리두기'는 유권자에게도 단순한 겉치레 이상의 의미로 받아들여졌고, 그렇게 재건된 새누리당 역시 여당보다는 야당으로 인식되고 있었기 때문이다.

다시 말하면 민주당은 새누리당과의 대결을 '여당과의 대결'이 아니라 '야당으로서의 선명성 대결'로 인식해야 했지만, 이명박 정권에 대한 낮은 지지율과 비판 여론이 결국 반사이익으로 돌아올 것이라는 안이한 판단으로 필요한 적절한 대응을 하는 데 실패하게 했던 것이다.

그 외에 통합진보당은 야권연대의 수혜를 입어 13석으로 한국의 진보정당 역사상 최다 의석을 확보하는 성과를 내며 원내 3당이 됐고 자유선진당은 5석에 그치며 참패해 심대평과 이회창이 모두 퇴진하며 공중분해 위기에 몰리게 됐다. 그리고 서울시장 보궐선거 출마를 선언해 선풍적인 관심을 이끌어냈지만 박원순 후보에게 양보하고 물러난 안철수가 토크콘서트 등의 행사를 통해 존재감을 키우며 야권의 잠재적인 대권 주자로 부상하는 일도 있었다.

그 선거는 주요 정당들을 모두 여성 지도자가 이끈 선거였다는 점도 특징이었다. 새누리당을 박근혜 비상대책위원장이, 민주통합당은 한명숙 대표가 각각 선거를 지휘했으며 제 2야당이 된 통합진보당 또한 공동대표 심상정, 이정희를 중심으로 선거를 치렀다. 선거 결과 당선된 여성 의원도 역대 가장 많은 47명(15.7%)이었다.

한 쪽의 압도적인 승리와 패배가 갈린 선거는 아니었지만, 야당으로서는 난감한 결과일 수밖에 없었다. 확보한 의석도 기대에 미치지 못했지만, 박근혜라는 인물의 특징 때문에 대통령 선거 역시 '정권 심판론' 혹은 '정권 교체론'이라는 야당의 전통적인 프레임에 의존하기 어렵다는 사실을 절감하게 됐기 때문이다.

그런 상황 속에서 민주당은 전통적인 지지층을 결집시키고, 특히 그동안 민주당의 나약한 행보에 실망해 이탈했거나 흩어져있던 과거 노무현 대통령 집권 초기의 지지세력들을 모으는 구심점이 될 만한 인물을 찾아 나섰고, 그렇게 발탁된 인물이 바로 문재인이었다.

제 18대 대통령 선거:
(2012년 12월 19일)

새누리당은 제19대 국회의원 총선거에서 승리를 이끈 박근혜 전 비상대책위원장이 별다른 이변 없이 후보로 확정되었다. 김문수, 정몽준, 안상수, 임태희, 이재오, 김태호 등이 출마 선언을 하긴 했지만 이재오와 정몽준이 중도에 포기했고, 나머지 후보들 역시 의미 있는 지지를 끌어내지 못했다. 8월 19일 마감된 투표와 여론조사를 통해 박근혜 전 비대위원장이 무려 84%의 압도적인 득표율을 기록하며 새누리당 대통령 후보로 선출되었고 2위는 8.7%를 득표한 김문수 전 경기도지사였다.

민주통합당은 국민적 관심을 얻기 위해 2012 런던 올림픽 기간을 피해 경선을 열었다. 부산에서 민주당 후보로 3선에 성공한 조경태 의원과 손학규 전 대표가 먼저 출사표를 던졌고 그 뒤를 이어 문재인, 김영환, 김두관, 정세균, 박준영, 김정길 등의 출마 선언이 이어졌다. 경선은 여론조사를 통한 예비경선으로 6위 이하를 탈락시키고, 본경선에서 과반 득표자가 없을 경우 결선투표를 하는 방식이 채택되었다. 본경선 2위를 노리던 손학규와 김두관 후보 측의 요구에 따른 것이었다. 그리고 7월 30일에 발표된 컷오프 예비경선 결과 문재인, 손학규, 김두관, 정세균, 박준영이 1위부터 5위까지 차지하

광복 60주년 연설하는 박근혜 대통령의 모습 (사진출처: 해외 문화홍보원)

며 본경선에 진출했고 김영환, 김정길, 조경태가 탈락했다. 그리고 본경선은 초기에 박준영이 사퇴하면서 4파전으로 이어졌는데, 모든 지역에서 문재인 후보가 1위를 휩쓸며 56%의 득표율을 기록해 결선투표 없이 바로 민주당의 대선 후보로 확정되었다.

박근혜는 제 16대 대통령 선거 직후 소멸 위기의 한나라당을 지휘해 이후 대부분의 선거를 승리로 이끈 강력한 지도자였을 뿐 아니라 보수지지층이 향수를 가지고 있는 박정희 전 대통령의 장녀라는 상징성도 가지고 있었다. 반면 문재인은 부산의 대표적인 인권변호사 출신으로 노무현 전 대통령의 존경을 받는 친구이자 동지였다. 두 사람은 각각 여당과 야당 지지층의 폭넓고 적극적인 지지를 이끌어낼 수 있는 인물이었고, 그만큼 선거는 두 명의 후보 지지로 극단적으로 양분화되는 양상으로 이어졌다.

유일한 변수는 안철수였다. 의사 출신의 컴퓨터 바이러스 백신 프로그램 개발의 선구자로서 가장 성공적인 벤처기업인 중 한 명이라는 독특한 이력을 가진 그는 시민사회운동에 대한 지원을 통해 명망을 쌓았고, 서울시장 보궐선거 과정에서 정치에 뛰어든 뒤 반새누리당 진영에서 폭넓은 지지를 받고 있었다. 그런 그가 대통령 선거에 등장해 한때 양대 정당 후보들의 지지율을 넘어서는 위력을 보이기도 했지만, 선거 중반 이후 정치력 부족의 한계를 느끼며 하락세를 탄 끝에 문재인 후보와의 단일화 협상 중 후보직 사퇴를 선언하게 된다.

그 외에는 통합진보당 이정희 대표와 4명의 무소속후보가 출마했지만 이정희 후보는 중도 사퇴했고 무소속 후보들은 모두 합쳐 0.3% 안팎의 지지율을 기록하는 데 그쳤다.

선거 초반 여론은 여당 지지세를 통합한 박근혜가 앞서가고 문재인과 안철수가 야권 지지를 나누며 따라가는 형세였다. 각 당의 후보가 결정된 이후 발표된 대부분의 여론조사에서 박근혜가 40%대의 지지율을 보였고 문재인과 안철수가 20%대를 기록했으며, 야권 후보단일화를 가상한 양자대결에서는 문재인이나 안철수가 박근혜보다 미세하게 밀리는 정도의 수치였다. 특히 초반에는 그나마 안철수가 문재인보다는 박근혜와의 격차를 줄이거나, 경우에 따라서는 미세하게나마 이기는 것으로 나타나기도 하면서 문재인의 입지를 위협하기도 했다. 하지만 11월 중순을 넘어서면서 반대로 야권 후보 내에서 문재인이 안철수에 비해 조금씩 앞서는 조사들이 발표되기 시작했고, 압박감을 느낀 안철수는 빠른 시간 안에 야권 단일화 협상을 마무리짓기 위해 서둘렀지만 상승세를 탄 민주당 쪽의 반응은 여유만만했으며, 그 사이 안철수의 입지는 더욱 좁아지게 되었다. 두 후보가 단일화하기로 합의한 11월 7일 이후 대부분의 여론조사는 안철수에게 불리했고, 11월 21일에 열린 단일화 TV토론 이후 안후보의 지지율이 더 큰 폭으로 떨어지자 결국 안철수 후보는 중도사퇴를 선언했다. 이후 박근혜와 문재인 두 후보의 지지율 우열은 조사기관에 따라 달라질 정도의 혼전이 이어졌다.

그 외에 선거 막판 국가정보원 요원이 여론조작을 시도하며 대선에 개입하다가 발각되는 사건이 터졌는데, 경찰은 서울지방경찰청장의 지시에 따라 마지막 후보 TV토론이 끝난 12월 16일 일요일 오후 11시에 증거가 발견되지 않았다고 서둘러 발표하면서 사건을 무마했다. 하지만 선거가 끝난 후 검찰이 실제 수사 결과를 발표하면서 국정원의 행위가 사실이며, 실제로는 12월 중순 당시 증거를 발견하고도 허위 발표를 한 사실이 확인되었다. 그 사건으로 원세훈 국정원장은 선거법과 국정원법 위반으로 유죄판결을 받고 수감되었고 연제욱, 옥도경 전 사이버사령관도 정치관여죄로 유죄판결을 받았다. 또한 이와는 별도로 보수 개신교 계통의 여론조작단(일명 십자가알바단)이 박근혜 후보를 위해 온라인상에서 여론조작 활동을 벌였고, 그 활동을 주도했던 윤정훈 목사가 유죄판결을 받기도 했다. 그 외에도 훗날 드러난 바에 따르면 국정원 뿐만 아니라 대한민국 국군 사이버사령부와 기무사, 그리고 대한민국 경찰청까지 국가 정보·방첩·수사기관이 총동원되어 여론조작을 벌이며 대선에 개입한 사실이 드러났다. 하지만 당시에는 정확한 범죄 사실이 확인되지 않거나 무마되거나 정치논쟁으로 치부되며 선거 결과에 직접적인 영향을 미치지는 못했다.

결국 박근혜, 문재인 두 후보는 득표율 총합이 99.58%를 기록할 정도로 두 진영 유권자들의 표를 최대한 흡수한 가운데 결국 51.55%를 득표한 박근혜 후보가 48.02%를 득표한 문재인 후보를 100만여 표 차이로 누르고 당선되었다. 지역별로는 박근혜 후보는 영남권, 충청권, 강원권에서 앞섰고, 문재인 후보는 호남권에서 앞섰으며, 수도권과 제주도에서 거의 대등한 득표를 한 것으로 나타났다.

하지만 선거 과정에서 이미 의혹이 제기되기 시작한 국가기관의 선거 개입은 박근혜 정권 초기에 재판이 시작되며 발목을 잡았고, 또 그로 인한 정권의 정당성에 관한 문제제기 가능성에 민감하게 반응한 박근혜 대통령의 콤플렉스는 이후 세월호 사건 와중에 제기된 7시간의 공백 의혹 등에 대한 대응 과정에서 자충수를 두게 되는 계기로 작용한다. 결국 박근혜 대통령은 임기를 모두 채우지 못한 채 청와대에서 감옥으로 거처를 옮기게 되는 비극적인 사례를 남기게 된다.

세월호 침몰:
(2014년 4월 16일)

2014년 4월 16일 오전 8시 50분 경, 인천항에서 출발해 제주도로 향하던 연안 여객선 세월호가 전라남도 진도군 조도면 부근 해상에서 조난 신호를 보냈다. 당시 그 배에는 제주도로 수학여행을 떠나던 안산시 단원고등학교 학생들을 비롯해 443명의 승객과 33명의 선원 등 모두 476명이 타고 있었다. 세월호에는 승객 외에도 차량 180대와 화물 1,157톤이 실려 있었는데, 이는 적재 한도를 초과하는 것이었다.

오전 8시 30분경 맹골도와 서거차도 사이를 최고 속도로 진입한 뒤 지그재그로 운행하다가 8시 49분경에 병풍도 부근에서 다시 급격히 항로를 바꾸어 급선회하고 다시 왔던 길을 되돌아가는 비정상적인 경로로 항해하던 세월호는 갑자기 선체가 기울며 침몰하기 시작했다. 오전 8시 52분에 전남소방본부 119 상황실에 최초로 신고 전화를 건 것은 단원고 학생이었다. 세월호 조타실에서는 그로부터 3분 후인 8시 55분에 진도관제센터(VTS)가 아닌 제주관제센터(VTS)와 교신해 배가 침몰 중임을 알렸다. 제주관제센터(VTS)는 이 신고 내용을 제주해경에 전달했고, 제주해경이 다시 목포해경에 전달한 다음, 다시 목포해경에서 그 내용을 전달받은 진도관제센터(VTS)가 세월호와 교신해 직접 관제를 시작한 것은 9시 6분이었다. 맨 처음 학생이 신고한 시간으로부터 14분이 지나도록 세월호와 해경과 관제센터들 사이에 연락이 오고가며 적절한 조치가 이루어지지 않은 것이다. 진도관제센터가 관제를 시작한 시점에 세월호 선체는 이미 50도 이상 기울어져 있었다.

9시 25분 서해해경청 소속 헬기 511호와 해경 123정이 사고 해역에 도착했지만 승객들에게는 어떤 안내도 없었고, 123정은 10시 13분에 이준석 선장과 선원들만 태운 채 현장을 떠났다. 그 시점에 이미 3층의 침수한계선까지 물이 차 있었음에도 불구하고 선장과 선원은 승객들에게 탈출 지시를 내리지 않은 채 배를 떠난 것이다.

그 뒤에 도착한 해경 헬기 1대가 승객 6명을 구조하였고, 경비정들이 100여 명의 승객을 구조해 진도와 목포로 이송했다. 연락을 받은 해군도 사고 해역으로 유도탄고속함 1척과 고속정 6척, 해상초계가 가능한 링스헬기 1대 등을 투입했고, 새벽 조업을 마치고 귀항하던 민간 어선 한 척도 수협목포어업통신국이 송신한 긴급 구조 요청 신호를 받고 사고 해역에 도착해 승객 27명을 구조했다. 조도면에서도 이장으로부터 연락을 받은 어민 150여 명이 어선 60여 척을 동원해 현장에 도착해 구조작업을 도왔다. 하지만 해경 경비정들이 도착해있던 9시 38분 세월호 선내에서는 '선내에서 대기하라'는 방송이 나왔고, 그 방송을 믿고 객실 안에서 구조를 기다리던 승객들 대부분이 배와 함께 물 속으로 잠기고 말았다. 10시 21분 승객 40여 명이 구조된 것을 끝으로, 더 이상의 생존자는 없었다.

오전 9시 19분 YTN을 시작으로 각 언론에서 세월호의 침몰 소식을 전하기 시작했고, 오전 10시부터 정부가 여객선 침몰 사고에 대응하는 중앙재난안전대책본부를 구성했다. 사고 당일 구조된 세월호 탑승자는 승무원 23명, 단원고생 75명, 교사 3명, 일반인 71명으로 모두 172명이었다. 그리고 그들이 구조된 마지막 생존자가 되었다.

11시 14분, 완전히 전복되어 배의 바닥 일부를 제외하고 물 속으로 잠긴 세월호 내부로 진입하기 위해 구조대원들이 입수를 시도했지만 조류가 심해 별다른 성과를 거두지 못하고 철수했다. 사고 이틀 후인 4월 18일에 세월호는 완전히 침몰해서 수면 아래로 모습을 감추었고, 결국 304명이 사망한 것으로 집계되었다.

그로부터 추가적인 생존자를 구조할 가능성은 시시각각 희박해졌고, 결국 11월 11일까지 총 209일간 희생자 유해 수습을 위한 수색 작업이 이어져야 했다. 사고가 난 해역은 특히 조류가 심하고 부유물이 많아 시야가 좁으며 수온도 낮아 수색 작업에 여러 어려움이 있었다. 그럼에도 불구하고 전현직 해경과 해군 특수요원들을 비롯해 전국 각지에서 모인 잠수부들의 희생적인 노력 끝에 5명을 제외한 희생자 대부분의 유해를 수습했다.

세월호가 침몰한 과정부터 구조 작업이 원활하게 이루어지지 못한 모든 과정에서 문제점이 발견되었고, 그래서 세월호는 대한민국이라는 나라의 화려한 성장 과정 뒤에 숨겨진 모든 부실과 부조리를 상징했다.

우선 세월호는 일본에서 1994년에 건조되어 이미 20년이 지난 낡은 배였다. 원래 여객선의 운용 시한은 진수된 시점으로부터 20년으로 정해져 있었는데, 2009년 해운법 시행규칙이 개정되어 운용 시한이 30년으로 늘어났기 때문에 가능한 일이었다. 2009년 당시 국토해양부는 '여객선 선령 제한 완화를 통해 기업 비용을 연간 200억 원 가량 절감할 수 있다'고 규칙 개정 이유를 밝힌 바 있었다. 기업 이익을 늘려주기 위해 낡은 배를 운용할 수 있도록 해준 규칙 개정에 사고의 배경이 일부 있었던 것이다.

특히 청해진해운은 일본에서 사들인 선령 18년의 낡은 배를 무리하게 증축해 톤수는 239톤, 탑승 가능 정원은 116명을 늘렸다. 이런 무리한 개조를 통한 증축 역시 선박 설비 안전 검사 기관인 한국선급으로부터 통과되었지만, 결국 사고의 원인 중 하나로 밝혀지기도 했다.

그리고 세월호는 출항 전 운항관리자에게 차량 150대, 화물 675톤을 실었다고 보고했지만 실제로는 차량 180대, 화물 1,157톤이 실린 것으로 밝혀졌다. 상습적인 과적 운행이 있었던 것이고, 그것 역시 사고의 중요한 원인 중하나였다.

또한 선원의 처우 역시 열악했는데, 사고 당시 세월호를 운항하던 선장도 월급 270만 원의 1년 계약직이었을 만큼 선원들의 질이 떨어졌고, 당연히 선

광화문에 설치됐던, 세월호 희생자 분향소. 사고의 고통은 여전히 이어지고 있고, 수많은 갈등을 낳았다. (사진 출처: 대한민국역사박물관)

원에 대한 교육 관리도 부족해 사고 상황에서 적절한 대처를 하지 못하는 원인이 됐다. 청해진해운이 2013년에 선원 교육 비용으로 지출한 돈은 54만 1천 원에 불과했다.

물론 배의 부실과 선원들의 불량한 처우는 사고의 배경들이며, 직접적인 원인이 무엇이었는가에 대해서는 여전히 명확하게 밝혀지지 못했다. 해양경찰청은 무리한 변침 때문이라고 잠정 결론을 내렸는데, 그렇다 해도 무리한 변침을 해야 했던 이유에 대한 설명이 부족하다. 조타기에 결함이 있었거나 과적 화물의 고정이 느슨해 어느 시점에 급격히 한 쪽으로 쏠렸거나, 암초나 잠수함 등 다른 어떤 물체와 충돌했을 가능성 등이 제기되었다.

사고의 발생 과정과 별도로 대처 과정에서 나타난 문제점들 역시 심각했다. 청와대는 「국가위기관리기본지침」의 명시적 규정에 따라 국가위기상황에 컨트롤타워 역할을 수행했어야 했지만 그렇지 못했을 뿐 아니라 '청와대는 재난 대처 컨트롤타워가 아니다'라는 변명을 하기에 바빴다. 특히 청와대는 사고 수습과 유가족 위로보다는 그 사건을 계기로 정권에 대한 비판이 확산되는 것을 막기 위해 여론을 호도하고 국민들을 이간질하는 행위에 주력했다. 경찰과 국정원과 기무사를 비롯한 정보기관을 동원해 '정권의 위기'라는 분석을 내리고 대통령과 정부를 비판하는 개인과 단체를 종북세력으로 몰아세우는 방안들을 제시했다. 그러기 위해 우파단체를 활용하면서 금전적 지원을 하기도 하고 적극적으로 따라주는 인사들을 주요 보직에 임용하는 등 보수세력의 기반을 강화했다. 특별법 등 향후 재난대응력을 위한 철저한 진상규명조차 방해한 것은 물론이었다. 특히 사고 발생 직후 관련 보고를 받고 첫 번째 행동을 하기 전까지 박근혜 대통령의 행적에 7시간의 공백이 있었음이 알려지면서 여러 의혹이 제기되었는데, 그 의혹을 추적하는 과정에서 최순실에 의한 국정농단이 이루어져왔음이 밝혀지기도 했다. 이 사고에 대한 정권의 예민한 반응과 은폐의 노력들에는 박근혜 정권의 여러 가지 콤플렉스와 불안감이 깔려 있었음이 사후적으로나마 밝혀진 셈이다.

사고의 진상은 충분히 규명되지 못했으며, 이후로도 단원고등학교 강민규 교감과 진도경찰서 소속의 경찰, 민간잠수부 등이 자살했고 세월호 선원과 유가족들의 자살 시도가 이어지는 등 사고의 고통은 이어지고 있다. 그리고 오히려 세월호 희생자와 유가족들에 대한 조롱과 비난이 네티즌들 뿐 아니라 보수정치인들에 의해서도 이어지면서 또 다른 사회적 상처와 갈등으로 이어지고 있기도 하다. 세월호 침몰 사고를 둘러싼 여러 사건들은, 희생자와 유가족들 뿐 아니라 그 사건을 기억하며 고통받은 모든 한국인들의 상처를 치유하기 위해서라도 언제까지든 충분히 밝혀지고 정리되어야 하는 우리 시대의 과제라고 할 수 있다.

제 20대 국회의원 선거:
(2016년 4월 13일)

　　대통령의 임기는 5년이고 국회의원의 임기는 4년이기 때문에 두 가지 주요 선거의 시점은 늘 엇갈린다. 따라서 대통령의 입장에서 국회의원 선거는 임기 초에 치러지는 경우도 있고 임기 후반에 치러지는 경우도 있다. 임기 초에 치러지는 경우 대통령 선거 승리의 기세가 이어지며 여당에게 유리한 환경이 되는 경우가 많으며, 그럴 경우 원내 다수 의석을 차지한 여당의 지원 아래 안정적인 국정운영을 할 수 있다는 점에서 행운이라고 할 수 있다. 반면 임기 후반에 치러질 경우 정권심판론이 제기되며 여당에 불리한 환경이 조성될 가능성이 높고, 그 결과 여당이 원내 소수당으로 전락하게 되면 대통령의 레임덕 현상도 가속화되는 흐름으로 이어질 가능성이 높다.

　　제 20대 국회의원 선거가 치러진 2016년 4월 13일은 2013년에 취임한 박근혜 대통령의 임기 2/3 이상이 경과한 시점이었다. 통상적으로 정권심판론이 확산될 수 있는 상황이었다. 하지만 박근혜 대통령은 그 시점까지도 40% 이상의 꾸준한 지지율을 유지했는데, 무엇보다도 대구와 경북을 기반으로 하는 보수층의 안정적 지지가 있었기 때문이다. 박정희 전 대통령의 장녀라는 혈연적인 특징이 물론 가장 중요한 지지의 요인이 된 가운데 2014년 통합

제 20대 국회의원 투표 중인 종로 투표소. 야당인 민주당이 수도권에서 82석을 확보하는 성과를 거뒀다.

진보당이 북한과 연계된 무력혁명을 계획했다는 혐의로 정당해산을 명령했고 12월 19일 헌법재판소의 판결을 거쳐 통합진보당 해체가 결정된 것도 보수층의 결집과 지지를 끌어내는 데 기여했다.

반면 2014년 6월에는 국무총리로 지명한 문창극 등이 검증 과정에서 여러 문제점을 노출하는 일도 있었고, 세월호 침몰 사고에 대한 대처의 미숙과 유병언 검거 실패 등으로 무능이 부각되기도 했다. 또 2015년에는 메르스가 발병 지역인 중동을 제외하면 유독 한국에서만 창궐하며 지지율을 더욱 끌어내리기도 했다. 그 외에도 새누리당 국회의원을 지낸 성완종이 뇌물을 제공한 여권 정치인들의 이름을 적은 메모를 남긴 채 목숨을 끊는 사건도 있었다.

그럼에도 불구하고 전반적으로 높은 지지율을 유지하던 박근혜 대통령은 제 20대 국회의원 선거에서 여당의 승리를 자신했고, 특히 새누리당 내에 자신의 친위세력을 구축하겠다는 구상을 분명히 했다. 그래서 당시 새누리당 공천의 키워드는 '진박', 즉 '친박'의 넘어선 충성도를 보이는 '진실한 친박'을 골라내는 작업이었다. 이한구 공천심사위원장을 중심으로 최경환, 조원진 등 '진박 감별사'들이 실력을 행사한 새누리당 지역구 공천은 김무성계를 비롯해 박근혜에 비협조적이었던 이들을 일방적으로 배제하는 과정이었다. 특히 유승민에 대한 공천 배제 결정에 반발한 김무성 대표가 결재를 거부하고 자신의 정치적 고향인 부산 영도로 칩거한 '옥새런 파동'은 당시 공천과정의 당내갈등을 상징하는 장면이었다.

반면 문재인 대표 체제에 대한 안철수와 호남계의 저항으로 역시 당내 갈등을 겪던 제 1야당인 새정치민주연합은 문재인 대표 이전에 공동대표를 역임한 김한길, 안철수 의원과 그 계파 의원들이 탈당해 당 밖에 머물던 천정배, 정동영, 김민석, 박준영, 박주선, 박지원, 최재천, 정대철, 권노갑 등과 연합해 국민의당을 만들자 '더불어민주당'으로 당명을 바꾸고 김종인을 공천심사위원장으로 영입해 체질 개선을 시도했다. 그리고 김종인은 운동권 출신과 친노, 강경 이미지를 탈색시키는 동시에 낡은 이미지의 구 민주당 중진들을 배제하는 데 주력했다. 그 과정에서 높은 지지율을 유지하던 정청래를 비롯한 소장파 의원들과 친노 좌장 이해찬 의원이 컷오프되기도 했고, 김종인 자신이 비례대표로 공천되는 등 말썽이 이어지기도 했으며, 이해찬 의원이 탈당해 무소속으로 출마하기도 했지만 대부분은 '문재인 대표를 믿고' 참는 분위기였다.

여야 모두 갈등을 겪으며 임한 선거였지만, 분당 사태를 맞은 야당의 위기감이 조금 더 높았다. 그리고 여당은 '선거의 여인'이라 불린 박근혜 대통령을 향한 보수층의 굳건한 지지를 믿고 있었다.

하지만 선거 결과는 모두의 예상을 뒤엎는 것이었다. 선거가 종료되고 출구조사 결과가 발표되던 순간, 새누리당 전면에 앉아 있던 원유철 원내대표의 표정에서 미소가 순간적으로 굳어지던 장면은 당시의 분위기를 보여주는 단면이다.

지역구에서 새누리당은 105곳, 민주당은 110곳에서 당선자를 내면서 간발의 차이로 민주당이 승리한 것이다. 비례대표는 새누리당이 17명, 민주당이 13명을 당선시키면서 의석수의 격차는 새누리당 122석과 민주당 123석으로 좁혀졌지만, 새누리당이 패배했다는 평가를 바꿀 수는 없었다.

특히 그 해 선거에서 민주당에서 갈라져 나간 국민의당은 호남 지역을 석권하면서 25명의 지역구 의원을 배출했고 비례대표로 13명을 추가해 38석을 차지했는데, 역설적으로 호남 지역을 비롯한 전통적인 민주당 지지층의

제 20대 국회의원 선거 출구조사 결과를 보고 있는 원유철(가운데) 새누리당 원내대표의 모습. 민주당이 수도권에서 압승을 거두며 예상외의 승리를 거뒀다

표를 38석이나 떼어주고도 원내 1당으로 올라선 민주당의 저력이 더욱 돋보이게 되었다. 민주당은 서울과 인천, 경기도 등 수도권에서만 82석을 석권하며 새누리당을 두 배 이상 압도했고 취약지역이었던 부산과 경남에서 각각 5석과 3석, 심지어 대구에서도 1석을 얻으며 전국정당으로서의 면모를 갖추었다.

물론 그 선거를 통해 박근혜 대통령은 자신을 '진실하게 따르는' 정치인들로 여당을 채우는 데 성공했다. 하지만 그 과정에서 민주당이 확장되고 문재인 전 대표의 주도권이 더욱 강력해지는 데 기여했을 뿐 아니라, 새누리당의 당내 공천 과정에 불법적으로 개입한 정황이 뒤늦게 드러나면서 법정에 섰을 때 징역 2년의 형량이 추가되는 결과를 돌려받게 된다.

그 선거에서 뜻밖의 승리를 거둔 민주당은 2년 뒤로 예정된 대통령 선거에 자신감을 가질 수 있었고, 반대로 박근혜 정권은 누적되어왔던 의혹들을 더 이상 은폐하거나 무마할 여력을 점차 잃게 되면서 몰락으로 이어지는 계기를 맞게 됐다.

박근혜 대통령 탄핵 결정:
(2016년 12월 9일)

2014년 7월 7일 국회 운영위원회에서 진행된 청와대 비서실 업무 보고 과정에서 박근혜 대통령의 '7시간 의혹'이 제기된다. 세월호 참사가 있던 날 오전 10시쯤 서면으로 첫 보고를 받은 대통령이 중앙재난안전대책본부를 방문하기 전까지 7시간 동안 대면 보고도, 대통령 주재 회의도 없었다는 것이 드러났기 때문이다. 그 7시간 동안 대통령이 어디에서 무엇을 했는지 청와대는 명확히 해명하지 못했고, 항간에는 그날 모처에서 비선 실세와 함께 있었다는 루머가 번져갔다. 처음에는 그 비선 실세가 정윤회로 알려졌지만, 훗날 그의 전처이자 최태민 목사의 딸인 최순실이라는 사실이 밝혀지게 된다. 그 7시간의 행적은 여전히 명확히 밝혀지지 않았지만, 그렇게 시작된 의혹의 추적 과정에서 최순실이 비밀 통로를 통해 자유롭게 청와대에 출입했고 박근혜 정부에서 이루어진 많은 일들에 깊숙이 개입하고 있었다는 사실이 드러난 것이다.

한동안 묻혔던 의혹은 2년 뒤인 2016년 9월 20일 한겨레신문이 미르재단과 K스포츠재단 이사에 취임한 최순실이란 의문의 인물을 보도하면서 다시 수면 위로 떠올랐다. 이를 계기로 전국경제인연합회(전경련)가 800억 원에 달하는 거액을 정체불명의 두 재단에 무상으로 기부한 사실이 밝혀지면서 의혹은 더욱 불어났다. 그에 따라 국회의 국정감사장에 최순실을 증인으로 불러야 한다는 야당의 요구가 제기됐지만 박근혜 대통령의 핵심 측근이기도 했던 이정현 새누리당 대표는 10월 국정감사 기간 도중 이레 동안 단식투쟁을 벌이며 최순실의 국감 증인 채택을 막기도 했다.

그리고 한 달 뒤인 10월 중반 JTBC가 대통령이 독일 드레스덴 방문 중에 했던 연설문이 미리 최순실에게 새어나간 것으로 보인다는 의혹을 보도하는데, 이에 국회에 출석해 있던 이원종 청와대 비서실장은 '그런 일은 봉건시대에도 있을 수 없는 일'이라고 전면 부인했다. 그리고 10월 24일에는 국회를 방문한 박근혜 대통령이 갑자기 직접 10차 개헌 논의를 시작하겠다며 화제를 돌려 정국 전환을 시도했다. 하지만 이미 충분한 정보를 확보하고 있던 JTBC가 그 날 저녁 대형 특종을 보도한다. JTBC가 직접 입수한 최순실의 태블릿 PC 안에서 드레스덴 연설문을 포함한 대통령의 '말씀자료'와 대북 접촉 상황 등 중대한 국가 기밀들이 발견되었던 것이다. 단지 '의혹의 인물'에 불과했던 민간인 최순실이 대통령의 연설문을 미리 받아서 수정한 다음 대통령이 그대로 연설하게 했다는 사실에 모든 국민이 큰 충격을 받았다. 사태가 단순한 권력형 비리 의혹에서 국정농단 사건으로 비화하는 순간이었다.

결국 하루 뒤인 10월 25일 15시 43분경 박근혜 대통령이 녹화방송을 통해 대국민 사과를 하면서 '최순실의 도움을 조금 받아 온 것은 사실'이라고 시인했다. 하지만 의혹의 핵심 내용에 대해서는 언급이 없었고, 그 방송이 송출되던 시점에 또다시 최순실이 비선 국정 자문 모임을 운영해 왔다는 주장까지 제기되며 사태를 진정시키는 데는 실패하고 만다. 그리고 그날 저녁, JTBC는 전날 공개하지 않았던 태블릿 PC의 추가 자료를 통해 최순실이 단순한 연설문 수정 정도가 아니라 청와대 인사나 정부조직 개편, 행사 기획 등 다양한 일에 깊숙이 개입해왔음을 폭로함으로써 박근혜 대통령의 사과조차 거짓임을 입증했다. 그리고 이미 많은 정보들을 수집해놓고도 침묵해왔던 TV조선이 대통령의 의상을 직접 준비하고 결제까지 대신하는 최순실의 모습이 담긴 동영상을 비롯한 많은 내용들을 방송하기 시작했다.

박근혜 대통령의 탄핵을 요구하는 시민들. 탄핵 사건은 제도적인 절차를 통해 최고 권력자를 평화적으로 끌어
낸 첫 사례가 되었다. (사진출처: 대한민국역사박물관)

2016년 11월 4일 한국갤럽은 대통령의 지지율이 5% 이하로 떨어졌다는
여론조사 결과를 발표했고, 이념과 성향을 가릴 것 없이 모든 국민이 등을
돌렸음을 확인시켰다. 이후 시민들은 다시 촛불을 들고 광화문 광장을 비롯
한 곳곳의 광장과 거리로 모이기 시작했다. 야당과 시민들의 요구는 '하야'였
다.

하지만 박근혜 대통령은 하야를 거부했고, 야당은 여당의 비박근혜계 일
부와 연대해 탄핵을 추진했다. 12월 3일 더불어민주당 소속 121명 전원과 국
민의당 소속 38명 전원, 정의당 소속 6명 전원, 무소속 6명 등 모두 171명의
이름으로 박근혜 대통령 탄핵안이 발의되었고 새누리당의 비박계 모임인 비
상시국위원회에서 탄핵 표결 투표 참여를 발표함에 따라 급물살을 타게 됐
다. 12월 6일, 박근혜 대통령은 4월에 퇴진하겠다는 입장을 밝히며 타협을
시도했지만 발의된 탄핵안 처리를 저지할 수는 없었다. 12월 8일, 더불어민
주당·국민의당 소속 의원 전원은 탄핵안이 부결되면 의원직을 사퇴하겠다
는 결의서를 제출했고 정의당 역시 동참 의사를 밝히며 총력을 기울였다. 그
리고 정기국회 마지막 날인 12월 9일 오후 14시 45분부터 표결이 시작되어

헌법재판소에서 박근혜 대통령의 탄핵소추를 인용하고 있다.

234명의 찬성 투표로 탄핵안이 가결되었고, 그와 동시에 박근혜 대통령의 탄핵 심판 절차가 개시되었다.

국회의 탄핵 소추 의결서가 오후 7시 3분 청와대로 송달되면서 박근혜 대통령의 직무가 정지되었고 탄핵 심판이 끝날 때까지 황교안 국무총리가 대통령 권한을 대신하게 되었다. 의결서가 전달되기 10여 분 전 박근혜 대통령은 최재경 민정수석비서관의 사표를 수리하고 그 자리에 조대환 신임 수석을 임명함으로써 대통령으로서의 마지막 권한을 행사했다. 그리고 3개월만인 2017년 3월 10일 오전 11시 21분 27초, 대한민국 제 18대 대통령 박근혜는 파면되었다. 대한민국 헌정 사상 정부 수립 이래 최초의 대통령 파면이었다.

이정미 대법관은 세월호 참사에 대한 '무능'이나 '성실함'은 법적인 논리로 파악할 수 없기 때문에 판단할 수 없다고 말했고, 세계일보 인사 개입에 대해서도 위법이나 탄핵소추사유로서 인정하지 않았다. 하지만 최순실 일가의 국정 개입과 뇌물수수가 인정되었고, '헌법수호의 의지가 드러나지 않는다', '검찰, 특검 및 헌재의 수사 및 조사에 참여하지 않고 사실을 은폐하려고만 했다'는 등의 이유를 통해 탄핵 인용 사유를 설명했다.

박근혜 대통령에 대한 탄핵소추안 발의와 가결은 노무현 대통령에 이은 두 번째 사례였고, 헌법재판소에서 인용된 것은 처음이었다. 두 번의 탄핵안 가결 직후 나란히 대규모 촛불집회를 통해 주권자들의 의견 표출이 이어졌는데, 노무현 대통령에 대해서는 '탄핵 반대'가, 박근혜 대통령에 대해서는 '탄핵 인용'이 주된 요구였다는 점이 달랐다.

　대통령을 탄핵해 몰아낸 것은 전세계를 통틀어서도 매우 드문 일이며, 그만큼 당시 한국 정치가 치욕적인 상황을 겪었다는 의미가 된다. 하지만 반대로 최고 권력자의 일탈을 민중혁명이나 군사정변이 아닌 헌법적 절차를 통해 중단시키고 단죄하는 것이 가능한 사회라는 점을 반증하며 역설적으로 한국 정치에 대한 국제적 평가를 끌어올린 계기이기도 했다. 한국현대사를 통해서도 이승만과 박정희, 전두환의 독재정권이 각각 시민의 저항으로 인해 종말을 맞았지만 인명의 희생 없이 평화적으로 끌어내린 첫 번째 사례는 박근혜 정권이 되었으며, 그것도 제도적인 절차를 통해 가능했다는 점에서 특별한 의미를 부여할 수 있다.

제 19대 대통령 선거:
(2017년 5월 9일)

이 선거는 원래 2017년 12월 20일에 실시될 예정이었다. 하지만 그 해 3월 10일 박근혜 대통령이 국회의 탄핵소추안 의결과 헌법재판소의 인용 판결에 따라 파면됨에 따라 7개월 가량 앞당겨 치러지게 됐다. 궐위로 인한 선거는 궐위 사유가 발생한 날로부터 60일 이내에 치르도록 되어 있었기 때문에 황교안 대통령권한대행이 주재한 3월 15일 국무회의를 통해 5월 9일을 대통령 선거일로 하고 임시 공휴일로 지정했다. 그리고 이 선거에서 선출되는 대통령은 당선인 신분으로 대통령직인수위원회를 통해 권력 인수 작업을 할 시간 없이 곧바로 대통령직을 수행해야 하게 됐다.

박근혜 대통령 탄핵으로 인해 앞당겨 치러진 대선이었던 만큼 박근혜 정권을 뒷받침했던 여당에 대한 비판적인 여론이 광범위하게 확산되어 있었다. 새누리당은 박근혜 정권과 연관된 이미지를 희석시키기 위해 박근혜 대통령에 대한 탄핵소추안이 국회에서 가결된 직후인 2017년 2월 당명을 자유한국당으로 바꾸었지만, 큰 효과를 얻기는 어려웠다. 김무성과 유승민 등 탄핵 표결에 참여한 새누리당의 비박근혜 계열 의원 29명이 탈당해 바른정당을 창당하며 당세가 줄어들기도 했다. 누가 나와도 당선을 낙관하기 어려운

19대 대통령 선거 포스터. 박근혜 대통령 탄핵으로 인해, 7개월 가량 앞당겨 치러진 선거는 9년간의 보수정권의 시대의 막을 내렸다. (사진출처: 대한민국역사박물관)

상황에서 반기문 전 UN 사무총장이 범여권을 대표하는 후보로 나설 의지를 보였지만 후보 등록을 하기도 전에 검증 공세에 밀려 낙마했고, 대통령 권한 대행을 맡았던 황교안 법무부 장관도 출마를 포기하며 별다른 대안을 찾기 어려웠다. 그런 상황에서 비교적 박근혜와의 연관성이 적었고 나름대로 대중적 이미지를 가지고 있던 홍준표 전 경남지사가 별다른 이견 없이 후보로 선택되었다.

더불어민주당은 4년 전 근소한 차이로 낙선한 뒤 당대표로서 꾸준히 준비해온 문재인 상임고문이 당내경선에서 안희정 충남지사, 이재명 성남시장 등을 제치고 과반수의 지지를 얻으며 다시 한 번 도전할 기회를 얻었고, 지난 선거에서 문재인 후보와의 단일화 과정에서 사퇴했던 안철수 역시 국민의당 후보로서 재도전에 나섰다. 그 외에 자유한국당을 탈당한 의원들이 만든 바른정당에서는 유승민 의원이 후보로 나섰다.

선거과정에서 문재인 후보는 내내 선두에서 질주했지만, 유일한 변수를 만든 것은 국민의당 안철수 후보였다. 선거 초반에 안철수 후보는 그가 원래 가지고 있던 지지층에 더해 자유한국당과 바른정당 후보의 당선 가능성에

제 19대 대통령 선거 tv 토론회. 왼쪽부터 심상정, 홍준표, 유승민, 문재인, 안철수 후보 순

회의를 품은 보수층까지 유입되며 지지율이 급상승해 문재인 후보와 선두를 다투기도 했다. 하지만 이전까지 서울시장 선거와 대통령 선거를 완주하지 못하면서 본격적인 검증을 한 번도 겪어보지 못했던 그는, 아내인 김미경 교수 갑질 논란 등 여러 가지 의혹들이 제기되자 흔들리는 모습을 노출했고, 특히 TV 토론회에 심각한 약점을 노출하며 지지율을 깎아먹기 시작했다. 그리고 국민의당 일각에서 벌인 문재인 후보의 아들에 관한 의혹 인터뷰 조작 사건까지 터지면서 주저앉고 말았다.

결국 선거는 문재인 후보가 41.08%의 득표율을 기록하며 압도적으로 당선된 데 이어 그나마 온존된 조직력을 바탕으로 고정 지지층을 모으는 데 일정하게 성공한 자유한국당의 홍준표 후보가 24.03%로 2위를 차지했고, 안철수와 유승민, 그리고 정의당의 심상정 후보가 그 뒤를 잇는 것으로 마무리되었다. 특히 문재인 후보는 전국 17개 광역자치단체 중 14곳에서 1위에 올랐고 3곳에서 2위를 했는데, 경남에서는 최다득표는 아니었지만 경남지사 출신 홍준표 후보에게 불과 0.5% 차이로 따라붙을 만큼의 선전을 보여주었다. 즉, 박근혜의 기반이자 박정희 정권기 이후 대표적인 보수지역인 대구와 경북을 제외한 전국의 모든 지역에서 고른 득표를 보여줌으로써 지역주의의 벽을 상당히 낮추는 성과를 거둔 셈이었다.

　이 선거를 통해 두 차례 선거를 잇달아 승리하며 9년간 이어졌던 보수정부 시대가 막을 내렸고 김대중-노무현 정부를 계승하는 문재인 정부 시대의 5년이 시작되었다. 문재인 정부는 이명박과 박근혜 정부 기간에 있었던 부조리들을 파헤쳐 처벌하는 '과거사 청산'을 시작으로 다양한 사회개혁 작업을 시작했지만, 임기 중반에 닥친 코로나19 팬데믹이라는 또다른 돌발적 사태에 대응하느라 이후 대부분의 시간과 에너지를 소모했고 안희정-오거돈-박원순으로 이어진 민주당 출신 광역자치단체장들의 성적 일탈과 부동산 가격 폭등이 겹치면서 지지율 하락을 면치 못했다.

코로나19 팬데믹:
(2020년 1월 20일)

2019년 12월 30일, 중국 우한시 중심병원의 의사 리원량은 2003년 많은 인명피해를 냈던 중증급성호흡기증후군(사스 SARS)과 유사한 증상을 보이는 환자 7명이 발생했다는 보고서를 접하고 SNS를 통해 그 사실을 처음 세상에 알렸다. 그는 '허위 정보를 퍼트려 민심을 불안하게 만들었다'는 이유로 공안국에 소환돼 조사받고 잘못을 인정하는 자술서를 써야 했지만 얼마 지나지 않아 그가 경고했던 대로 그 호흡기 질환은 전국적으로 번져나갔고, 리원량 자신도 환자들을 돌보다가 감염되어 2020년 2월 7일에 사망했다. 중국 당국은 뒤늦게 그에게 사과했다.

증상이 처음 발견된 시점으로부터 대략 1년여가 지난 2020년 1월 7일, 중국 공영방송 CCTV는 우한에서 처음 발견된 원인 미상의 폐렴을 일으키는 병원체는 새로운 종류의 코로나바이러스라고 밝혔다. 현재까지 가장 유력한 바이러스의 발원지로 추정되는 곳은 중국 후베이성 우한 시의 화난수산시장인데, 수산물 외에도 다양한 야생동물들이 처리되어 거래되는 곳이다. 그래서 그곳에서 거래되는 야생동물 중에 감염원이 있을 가능성이 높은 것으로 추정되고 있다.

드라이브스루 방식으로 코로나19을 진단받는 모습. 다양한 방식으로 방역을 시도하면서 'K-방역'이 세계적 관심을 받았다. (사진출처: 웅진 미디어자료실)

2020년 1월부터는 중국을 넘어 아시아권 여러 나라들에서도 발견되기 시작했고, 2월 중순부터는 유럽과 미국 등에서도 발견되기 시작해 3월 말에는 전 세계의 거의 모든 국가에서 발견되었다. 그에 따라 세계보건기구(WHO)는 2020년 1월 31일 국제적 공중보건 비상사태를 선포하고 2월 28일부로 코로나19의 전 세계 위험도를 '매우 높음'으로 격상하였으며, 3월 11일에는 코로나19가 범유행전염병임을 선언했다. 그리고 대략 1년 가량의 시간이 지난 2020년 12월 23일 기준으로 전 세계 누적 확진자가 7,830만 명을 돌파하면서 당시 전 세계 인구 78억 3,000만 명 중 감염자 비율이 1%를 돌파했다. 그 뒤로도 확산세가 이어져 2021년 1월 26일에 전 세계 누적 확진자가 1억 명을, 2021년 8월 4일에는 2억 명을 돌파했으며 2022년 8월 20일부로 전 세계 누적 확진자가 전체 인구의 7.7% 해당하는 6억 명을 돌파했다. 이는 전 세계적으로 대유행하여 약 672만 명(다만, 추정치는 7억에서 14억 명)이 감염되었던 2009년 인플루엔자 범유행보다 무려 약 100배 가까운 사람들을 감염시킨 것으로, 역사상 가장 많은 사람들을 감염시킨 전염병이 되었다. 그 뿐만 아니라 약 1.9%에 달하는 코로나 19의 잠정 치사율 역시 2009년 인플루엔자의 치사율(약 0.03%)보다 63배나 높으며, 2022년 3월 7일 0시경 전 세계 누적 공식 사망자가 600만 명을 넘어서며 가장 많은 사람들을 사망에 이르게 한 전염병이기도 하다.

한국에서도 2020년 1월 20일에 첫 확진자가 발견된 이후 꾸준히 그 수가 늘어왔다. 첫 확진자가 발생하기 직전 진단시약을 개발하는 데 성공한 덕에 초기에는 대량검사 시행으로 조기에 확진자를 발견해 격리하는 조치를 취함으로써 전 세계 다른 지역들에 비해 현저하게 낮은 확진률을 유지하는 데 성공했다. 특히 차에서 내리지 않고 검사를 받는 '드라이브스루' 방식의 진단이나 검사를 하는 사람과 받는 사람이 공간적으로 분리한 채 팔만 뻗어서 검사를 진행하도록 하는 등의 창의적인 방법을 활용함으로써 세계적인 화제가 되었고, 한국산 진단시약과 마스크를 구하기 위해 전세계에서 요청이 줄을 잇기도 했다. 그렇게 확산세를 지연시키며 백신이 개발되어 보급될 때까지 버틴 덕에 한국은 치사율을 극히 낮은 수준으로 떨어트림으로써 많은 생명을 구할 수 있었다. 그런 사실은 'K-방역'이라는 말이 유행할 만큼 국내외의 높은 평가로 이어졌고, 한국인들의 자긍심을 높이는 역할을 하기도 했다.

하지만 2020년 겨울을 기점으로 확진자의 대규모 확산이 시작되었고, 그 이후로는 방역정책의 초점이 확진자 수 억제보다는 사망률을 낮추는 쪽으로 이동하게 된다. 첫 확진자가 발견된 시점으로부터 2만 명에 도달하는 시점까지 7개월이 걸린 반면 그로부터 다시 7개월이 지난 시점에는 확진자 수가 10만 명으로 늘어났고, 다시 7개월 뒤에는 40만 명에 육박했다. 2020년 10월 초반 기준으로 한국의 누적확진자는 2,500만 명을 넘어섬으로써 전국민의 절반 이상이 감염된 것으로 나타났다.

이 바이러스는 전염력이 매우 강하기 때문에 확진자의 증가를 막기 위해서는 사람들의 이동과 접촉을 막는 것이 필수적이다. 하지만 극단적인 봉쇄조치는 경제활동을 마비시키고, 일상생활에 지장을 주기 때문에 많은 고통을 강요하게 된다. 따라서 한국은 정부의 통제 아래 적절한 수준의 '사회적 거리두기'를 유지하기 위해 노력했는데, 실내외에서 반드시 마스크를 착용하고 일정 수 이상의 모임을 금지하는 한편 확진자에 대해서는 격리를 의무

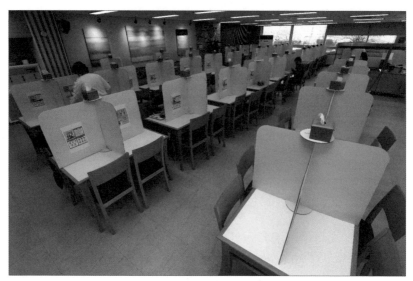

사회적 거리두기 방침에 따라 자리마다 칸막이가 쳐진 식당의 모습. 코로나19로 인해 사회의 모습이 크게 변화하였고, 뉴 노멀이라 불리며 새로운 사회상으로 자리잡았다. (사진출처: 웅진 미디어자료실)

화하고 동선을 추적해 공개하는 방식이었다. 그것은 한 편에서는 전염을 차단하는 데 부족하다는 의료계의 우려를 샀고 다른 한 편에서는 지나친 사생활의 침해와 통제라는 반발에 직면했다. 야당은 정부가 방역을 정치적으로 이용하고 있다거나 방역 방식이 비과학적이라는 비판을 제기하기도 했지만, 특별히 비정치적이거나 과학적인 방역의 방법을 제시한 것은 아니었다. 실제로 정권이 교체된 이후에도 방역 방법에 큰 변화가 이루어지지 않은 것은 물론이다. 결국 여러 가지 논란에도 불구하고 한국에서는 미국이나 유럽에 비해 질서 있게 사회적 거리두기에 참여하는 비율이 높았고, 일정 기간 동안 성공적인 방역이 이루어지는 배경이 되었다.

하지만 2년 이상 방역으로 인해 사람들의 이동과 교류가 억제되는 상황이 지속되면서 경제적 침체가 이어졌고, 특히 요식업을 비롯한 자영업자들의 고통이 극심했다. 그런 상황을 타개하기 위해 정부는 소비 활성화를 위한 보조금 지급과 자영업자 특별 대출 등을 단행했다. 하지만 그런 조치를 통해 시중에 풀린 자금은 곧 물가폭등을 가져오는 원인이 됐고, 그 문제를 해결하기 위해 단행된 금리 인상은 또다시 기업과 자영업자, 부동산대출자들의 고통을 가중시키는 악순환이 계속되었다. 다만 그것은 한국에 국한된 상황이 아니라 전 세계 거의 모든 나라들이 공통적으로 동시에 겪는 일이긴 했다.

문재인 정부는 임기의 절반 가까이를 코로나19 팬데믹과의 싸움에 소모해야 했다. 그 과정에서 일정한 성공을 거두며 높은 지지율을 유지할 수는 있었지만, 정권 초반에 구상했던 개혁 작업의 상당 부분을 시도조차 할 수 없게 되는 원인이 되기도 했다. 특히 부동산 가격을 안정화하려던 구상과는 달리 오히려 극단적인 양적 완화를 할 수 밖에 없는 상황에 내몰리며 부동산 가격 폭등을 감수할 수밖에 없었고, 그것은 임기 말에 서민들의 반감을 사서 정권 재창출에 실패하는 주요 요인으로 작용하기도 했다.

제 21대 국회의원 선거:
(2020년 4월 15일)

제 21대 국회의원 선거가 치러진 2020년 4월 한국의 코로나19 바이러스 누적 확진자 수는 1만 명을 넘어서고 있었다. 세계의 다른 지역들에 비해 현저하게 낮은 수준이었지만 점점 긴장도가 높아지고 있었고, 강도 높은 사회적 거리두기도 유지되고 있었다. 따라서 대부분의 국민이 직간접적인 접촉을 할 수밖에 없는 선거 과정이 코로나19 바이러스를 대규모로 확산시키는 계기가 될 수도 있다는 우려가 있었고, 그런 점에 대해 전 세계의 주목을 받기도 했다.

선거를 둘러싼 정치환경은 여당인 민주당에 비교적 유리했다. 문재인 대통령은 임기의 후반기로 접어들고 있었음에도 불구하고 성공적인 방역에 대한 높은 평가에 힘입어 여전히 50%를 넘나드는 높은 국정 지지도를 유지하고 있었고, 방역정책에 대한 여러 가지 비판을 제기해온 야당이 오히려 역풍을 맞아 지지율 정체 현상을 빚고 있었다. 펜데믹 초기에 대구 지역의 신천지 신도들을 중심으로 확산세가 두드러지면서 공포심이 확산되던 시기에 중국인들의 입국을 봉쇄하지 않은 점에 대한 야당의 공세가 효과를 내는 듯 했지만, 대규모 검사 시행과 강력한 거리두기 및 확진자 동선 추적을 통해 확

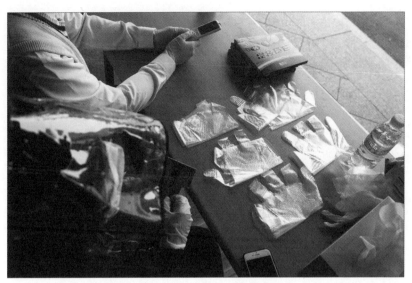

제 21대 국회의원 선거를 위해 비닐 장갑을 준비하고 있는 모습. 코로나19로 인한 사회적 거리두기 방침에 따라, 투표 시 비닐장갑 착용, 체온 측정 등 방역지침에 따른 투표를 진행했다.

산을 차단하고 확진자 수를 극적으로 떨어트린 데 이어 세계 각국에서 'K-방역'에 대한 찬사가 이어지면서 전세가 역전되어버린 것이다.

　코로나19 외에 선거에 영향을 미친 가장 중요한 변수는 새로운 선거법이었다. 2019년 12월 국회 본회의에서 이루어진 선거법 개정을 통해 준연동형 비례대표제가 도입되었는데, 그것은 의석수는 지역구 253석, 비례대표 47석으로 그대로 유지하되 비례대표 47석 중 30석에만 '연동형 상한선'을 적용하는 것이 핵심이었다. 유권자가 지역구 후보자에 한 표, 정당에 한 표를 투표하는 방식은 기존과 변화가 없었지만 비례대표 의석을 지역구 선거 결과와 독립적으로 배분했던 기존의 방식과 달리 절반은 지역구 선거결과와 연동하여 배분해 '준연동형' 30석과 '병립형' 17석으로 구성하는 것이다. 쉽게 말하자면 지역구 의석 점유율이 정당 지지율보다 못할 경우, 연동형 의석을 통해 정당 득표를 보완하는 방식이었다. 예컨대 어느 정당이 정당 득표율 20%, 지역구 당선자 10명을 배출했다면 전체 의석 300석 중 20%인 60석에서 지역구 당선 10석을 뺀 50석의 절반인 25석을, 30석이라는 상한선의 범위 안에서 다른 정당들과 비율에 따라 가져가는 것이다. 단 비례대표 의석 배분을 받기 위해선 최소 정당 득표율(3%, 봉쇄조항)을 넘겨야 한다. 다소 복잡한 이 방식의 의의는 지역구에서 당선자를 내지 못한 정당에게 좀더 많은 비례대표 의석을 배려하는 데 있었다. 보다 다양한 정당들에게 원내 진입의 기회를 열어주기 위한 것이었다.

이 선거법 개정안은 정의당을 비롯한 군소정당들이 적극적으로 주장하고 민주당이 동조하면서 국회를 통과한 반면 자유한국당은 반대했었다. 하지만 결국 개정이 이루어지자 자유한국당에서 이름이 바뀐 미래통합당은 제도의 빈틈을 노려 '위성정당을 만들어 대처하겠다'는 방침을 선언한다. 미래통합당은 지역구 의석 확보에만 전념하고 비례대표들만 공천하는 별도의 정당을 만들어 당 지지를 집중시킴으로써 비례대표 의석 확보를 늘리겠다는 것이었다. 말하자면 거대정당인 미래통합당이 위성정당이라는 편법을 통해 군소정당에 대한 배려까지 가로채겠다는 일종의 '꼼수'였던 셈이다.

이에 대해 민주당원과 지지자들 사이에 논쟁이 일어났다. 한 편에서는 민주당 역시 비례대표용 위성정당을 만들어 미래통합당의 시도를 좌절시켜야 한다고 주장했고, 다른 한 편에서는 의석 면에서 일정한 손해를 보더라도 새 제도의 취지를 살리기 위해 그대로 선거에 나서야 한다는 것이었다. 물론 새로운 선거법의 최대 수혜자가 될 것으로 예상되었던 정의당은 미래통합당의 '꼼수'를 비판하는 동시에 민주당까지 위성정당을 만들어서는 안 된다는 견제에 나섰다.

결국 민주당은 위성정당을 만들되, 일정 의석을 군소정당에 양보하겠다는 타협안을 택했다. 정의당을 비롯한 여러 정당들과 함께 비례대표용 정당을 만들어 상위 순번에 비민주당 후보들을 공천하고 그 나머지 순번에 민주당 후보들을 공천하겠다는 제안이었다. 그에 따라 건국대 경제학과 최배근 교수와 서울대 수의학과 우희종 교수가 중심이 되어 '더불어시민당'을 창당해 각 정당들의 참여를 요청했다.

정의당은 이에 대해 민주당의 미래통합당과 다를 바 없는 꼼수이자 배신행위라며 강력히 비판했고 녹색당은 참가를 선언했다가 당내 반발로 철회했으며, 민중당, 노동당 등도 불참했다. 반면 기본소득당, 시대전환, 가자환

경당, 가자!평화인권당 등이 참가를 선언했는데 그 정당들이 공천한 후보들 중 소설가 정도상이 위원장을 맡은 공천관리위원회의 검증을 거쳐 1-4번, 7-10번에는 시민사회 후보들을, 5, 6번에는 소수정당 후보들을 배치했고 민주당 비례대표 심사를 거친 후보들은 11번 이후로 배치됐다. 그 후보 명단에 포함된 것이 기본소득당의 용혜인, 시대전환의 조정훈과 정신대대책협의회의 윤미향 등이었다.

선거 결과는 여당인 더불어민주당의 예상을 훨씬 뛰어넘는 압승이었다. 당초 기대한 의석수는 원내 과반인 150석 이상이었지만, 실제로는 더불어민주당이 지역구에서 163석을 확보한 데 더해 더불어시민당 비례대표로 17석이 추가돼, 더불어시민당에 참여한 군소정당과 시민사회단체의 의석수를 포함할 경우 최대 180석에 이르는 절대다수의석을 차지한 것이다.

민주당은 전통적 약세 지역인 부산에서 평균 득표율 약 44%를 기록한 데 이어 서초 을과 강남 을에서도 40% 중반대를 득표했고 대구경북 지역에서도 의석은 얻지 못했지만 대부분의 선거구에서 15% 이상을 득표하면서 후보들이 선거비용을 보전받는, 이전에 비해 확연히 진전된 성과를 얻었다.

비례대표는 더불어시민당이 33.35%의 득표율로 17석을 얻어 33.84% 득표로 19석을 얻은 미래한국당에 미치지 못했지만 또다른 민주당계열의 열린민주당이 5.42%를 득표해 3석을 확보한 것을 합치면 오히려 더 많은 지지를 얻은 셈이었다.

제1야당인 미래통합당은 지역구 84석과 비례대표 19석을 합친 103석으로 민주자유당 이래의 전신정당들을 통틀어 가장 적은 의석수를 확보하는 참패를 당했다. 특히 당대표로 선거를 지휘한 황교안을 비롯해 당내 대권주자들로 꼽힌 나경원, 오세훈 등이 모두 낙선했고 심재철 원내대표 등 중진들도 상당수가 낙선했다.

당초 선거법 개정의 최대 수혜자가 될 것으로 예상되며 10석 이상을 낙관했던 정의당은 양대 거대정당이 비례대표용 위성정당을 만드는 악재 속에 비례대표 6석과 지역구 1석(심상정)으로 7석을 얻는 데 그쳤다.

국민의당은 지역구 후보 공천은 포기하고 비례대표만 내놓으면서 3석 획득에 그쳤고, 민주당 계열의 정치인들이 따로 만든 열린민주당도 비례대표로만 3석을 얻었다. 안철수의 국민의당과 결별한 호남 계열 정치인들의 민생당은 지역구와 비례대표 모두 참패하며 원래 보유하고 있던 20석을 모두 잃고 원외정당으로 전락했다.

이 선거에서의 압도적인 승리를 통해 문재인 정부는 1987년 민주화 이후 가장 강력한 여당의 뒷받침을 받으며 임기 후반기를 이끌어갈 수 있게 됐다. 하지만 그럼에도 불구하고 얼마 뒤부터 민주당의 지지율은 뜻밖에 하락세를 맞게 되고 지방선거와 대통령 선거에서도 열세를 면치 못하게 되는데, 두 가지 변수가 등장했기 때문이다. 하나는 부동산 가격의 폭등이었고, 다른 하나는 서울, 부산, 충남 지방정부를 이끌던 민주당 소속의 광역단체장들이 연쇄적으로 성추행 의혹 속에 낙마하는 추문이었다.

제 20대 대통령 선거:
(2022년 3월 9일)

문재인 대통령은 압도적인 득표율로 당선된 뒤 임기 후반까지도 높은 국정지지율을 꾸준히 유지했다. 국정농단 사태를 벌인 끝에 탄핵되어 파면된 전임 박근혜 대통령과의 대비 효과도 있었지만, 코로나19 펜데믹을 비롯한 여러 위기 상황에 대해 안정적으로 대처한 능력과 취임 당시 최악의 상황에 이르던 남북간의 군사적 긴장을 완화하는 데 성공한 측면에 높은 평가가 이루어졌기 때문이다.

하지만 임기 막판에는 부동산 가격 폭등으로 인한 서민들의 반감이 높아졌고, 안희정 충남지사와 오거돈 부산시장의 성추문에 이어 박원순 서울시장마저 부하 직원에 대한 성희롱 의혹이 제기된 와중에 스스로 목숨을 끊는 사건이 벌어지며 민주당 정권 자체에 대한 불신과 부정적 이미지가 확산되는 악재가 겹쳤다. 그에 따라 문재인 대통령 개인을 향한 지지율은 꾸준히 40% 이상을 유지하면서도 '정권교체'의 여론이 '정권연장'을 압도하는 특이한 흐름이 이어지기도 했다.

그런 흐름 속에서 민주당의 대통령 선거 후보로 결정된 것은 이재명이었다. 그는 성남시장과 경기도지사를 거치며 나름의 대중적 지지도를 쌓아온 인물이었던 동시에 문재인 대통령의 영향력 밖에서 성장하면서 정부의 책임과 가장 차별화될 수 있는 정치인이라는 강점을 가지고 있었기 때문이다.

이재명은 검정고시를 통해 중고등학교 과정을 마치는 어려움 속에서도 1986년 사법고시에 합격하여 변호사가 되었고, 2006년 열린우리당에 입당해 정동영과 정세균 계열에서 활동했다. 그리고 2010년 6월 성남시장에 당선되어 과감하게 시 재정을 개선하고 부정부패를 척결하며 주목을 받았다. 그리고 2016년 10월, 박근혜-최순실 게이트로 촉발된 촛불집회에 적극적으로 참여해 과감한 발언으로 인기를 얻으며 한때 대선 후보 여론조사에서 문재인 대표에 이어 지지율 2위를 기록하기도 했다. 그런 여세를 몰아 2018년 6월 제7회 전국동시지방선거에서 경기도지사에 당선되면서 체급을 키웠다. 이후 재난지원금, 기본소득제 등 진보적인 의제를 제시하며 대권 주자로서의 입지를 다졌고, 문재인 정부의 초대 국무총리를 지내며 당내에서 가장 높은 지지율을 누리던 이낙연이 2021년 재보궐선거 참패로 타격을 입은 사이에 당내 선두주자로 올라섰다. 그리고 이낙연과의 치열한 경쟁 끝에 2021년 10월 10일, 더불어민주당 경선에서 최종 승리하면서 대선 후보로 선출되었다.

그 사이에 새누리당에서 미래통합당을 거쳐 국민의힘으로 명칭이 변경된 야당은 문재인 정권에 대한 실망감이 확산된 틈을 노려 지지세를 확장했고, 2022년 4월 7일에 치러진 보궐선거를 통해 서울시장과 부산시장을 비롯해 궐석이 생겼던 영남과 충청권 지자체장과 지방의원들을 모두 국민의힘 후보들로 당선시키는 일방적인 승리를 거두기도 했다. 국민의힘은 마땅한 대통령 후보감이 부족하다는 약점이 있었지만 문재인 정부의 검찰총장으로서 오히려 사법개혁을 추진하던 정권과 대립각을 세우던 윤석열을 영입하는 승부수를 던지게 된다.

윤석열은 서울법대를 졸업하고 9번의 도전 끝에 사법고시에 합격해 검사의 길을 걷기 시작했으며 2003년 참여정부 인사의 정치자금법 위반 사건을 수사하면서 특수검사로서 인정받기 시작했다. 그리고 2008년 이명박 정부의 BBK 특검과 2013년 국가정보원 여론조작 사건 수사를 맡으면서 대중적으로 이름을 알렸고, 2016년 박근혜-최순실 국정농단사건 특검팀에 참여해 전직 대통령의 구속을 이끌어내기도 했다. 그 과정에서 좌천을 감수하면서도 살아있는 권력을 수사하는 강직한 검사라는 이미지를 얻었다.

박근혜 정부 내내 한직을 전전하던 그는 문재인 정부에서 파격적인 승진을 거듭하며 서울중앙지검장과 검찰총장에 임명되었지만, 검찰에게서 수사권을 박탈하는 것을 골자로 하는 사법개혁에 반발해 조국 법무부 장관 일가족에 대한 집중적인 수사를 지휘했고, 후임 추미애 법무부 장관과도 격렬하게 갈등하며 보수층의 지지를 얻었다. 국민의힘 지지자들은 '박근혜 전 대통령을 감옥에 보낸' 원한을 억누르고 윤석열을 수용했고, 윤석열은 당내 경선에서 홍준표, 유승민, 원희룡 후보를 모두 누르고 민주당 정권에서 벼락출세한 검찰총장이 국민의힘 대통령 후보가 되어 돌아오는 역설을 연출했다.

그 외에 안철수와 심상정이 국민의당과 정의당 후보로 나섰지만, 실질적으로는 이재명과 윤석열의 양자구도로 선거 구도는 형성되었다. 그리고 선거 과정에서 부인인 김건희 여사의 학력과 경력 위조, 처가의 재산 형성과정에서의 불법과 탈법 및 검사 시절 윤석열의 은폐 및 무마 의혹 등이 불거지기도 했지만 꾸준히 50%를 상회한 정권교체 여론을 기반으로 윤석열 후보가 우세를 유지했다.

실제 선거 결과는 뜻밖의 접전으로 나타나기 했다. 숨어있던 민주당 지지층이 선거 막판 이재명에게 집중되는 현상이 있었기 때문이다. 하지만 24만 7,077표라는 근소한 차이긴 했지만 윤석열 후보의 승리였고, 5년 만에 또 한 번의 정권교체가 이루어졌다.

윤석열 대통령은 군사정변을 통해 등장한 군인들을 제외하면, 역대 대통령 중 가장 대중에게 덜 알려진 인물이었다. 대부분의 이력은 대중의 관심사와 동떨어진 검찰 조직 내에서 쌓았고, 국정감사장에서 했던 '저는 사람에게 충성하지 않습니다'라는 발언을 통해 대중에게 이름을 알리기 시작한 이후 불과 10년이 되기 전에 대통령 선거에서 당선되었기 때문이다. 그 사이에 그는 국회의원 선거를 비롯한 어떤 선거에도 나선 적이 없었고, 따라서 대중과 여론의 검증대에 선 경험도 없었다.

현직 대통령의 높은 지지율과 반대로 정권교체에 대한 열망이 윤석열 후보를 제 20대 대통령 선거에서 승리하는 원동력이 되었다. (사진출처: 대한민국역사박물관)

    그래서 대중은 그의 '이미지', 그리고 그의 반대편에 있던 민주당 정권에 대한 반감을 기반으로 선택했고 그를 대통령으로 만들었다. 그리고 그것은 취임 직후부터 그에 대한 실망감이 표출된 배경이었는데, 애초에 국민들은 윤석열이라는 인물에 대해 어느 정도 안다고 생각했지만 사실은 잘 몰랐기 때문이다.

    하지만 역설적으로 그의 당선은 한국 정치가 가진 몇 가지 긍정적인 측면을 드러냈다고도 볼 수 있다. 한국에서는 경우에 따라 정치 신인도 대통령이 될 수 있는 유동성이 작용하고 있으며, 대중의 판단도 이념적으로 고착화되어있기보다는 상황에 따라 다르게 판단하는 유동성을 가지고 있다는 것이다. 그리고 무엇보다도 1997년에야 헌정사상 처음으로 선거를 통한 수평적 정권교체를 이룰 수 있었던 한국 정치는 30년도 채 지나기 전에 '어떤 정치 세력도 안심할 수 없는' 치열한 정치적 경쟁의 무대가 마련되었다는 것이다.

::참고문헌

국사편찬위원회 편, 『광고, 시대를 읽다』, 국사편찬위원회. 2017.

김낙년 외, 『한국의 장기통계 1』, 해남. 2018.

김경일 외, 『사건으로 한국사회 읽기』, 이학사, 2011.

김미경, 「한국 발전주의적 자본주의의 위기와 반-인플레이션 정치」, 『아세아연구』 59호, 2016.

김은식, 『대선의 현대사』, 브레인스토어, 2017

김지태 · 이낙영 · 오미애 · 이상인, 「우리나라 인구이동 및 인구중심의 변천에 관한 연구」, 『통계연구』, 제23권 제3호. 2018.

김정주, 「1970년대 경제적 동원 기제의 형성과 기원」, 『역사와 비평』, 81호, 2007.

김정한 외, 『한국현대생활문화사 : 1980년대』, 창비, 2016.

김종태, 「한국 발전주의의 담론구조」, 『경제와 사회』, 103호. 2014.

박명림, 『한국전쟁의 발발과 기원』(1,2), 나남, 1996.

박영구, 「컬러 TV를 통해 본 1970년대 후반의 한국사회와 시대성격」, 『지역과 세계』, 제43집 제2호, 2019.

박정래, 「광고비로 본 광고산업 20년」, 『광고현황』, 100호, 1999.

박진근, 『한국 역대정권의 주요 경제정책』, 한국경제연구원, 2009.

박진희, 「민주당 정권의 경제 제일주의와 경제개발 5개년 계획」, 『국사관논총』, 84집. 1999.

박해남, 「서울올림픽과 1980년대의 사회정치」, 2018. 서울대 사회학과 박사학위논문.

서중석, 『대한민국 선거이야기』, 역사비평사, 2008.

유정환, 「1980년대 초반 전두환 정부의 사회정화사업 시행과 지역감시체계 재편 : 지역정화위원회의 활동을 중심으로」, 『역사문제연구』, 40권, 2018.

이용주, 「한국 권위주의 정권의 정당성과 리더십에 관한 고찰」, 『현상과 인식』 38호. 2014.

이정은, 「1970년대 초중반 두 차례의 경제위기와 박정희 정부의 대응」, 『한국사학보』, 38호, 2010.

일본육전사연구보급회 편, 『한국전쟁』, 명성출판사. 1986.

임혁백, 「박정희에 대한 정치학적 평가 : 리더십, 근대화, 유신, 그리고 몰락」, 『평화연구』 20(2), 2012.

정용욱, 『해방의 공간, 점령의 시간』, 푸른역사, 2018.

최정운, 『오월의 사회과학』, 오월의 봄, 2012.

한국사회학회 편, 『대한민국 60년의 사회변동』, 인간사랑, 2009

한국선거학회, 『대한민국 선거 60년 : 이론과 실제』 (2010년 중앙선거관리위원회 연구용역 보고서), 2010.12.

한국정신문화연구원 편, 『1970년대 전반기의 정치사회변동』. 백산서당. 1999.

한홍구, 「한국 민주주의와 지역감정 – 남북분단과 동서분열」, 『역사연구』, 제37권, 2019.

4
한국현대사
다이제스트100